国家安全学
学科建设工程系列丛书

国家安全战略概论

唐永胜 / 刘　庆 · 主　编
沈志雄 / 姜　磊 · 副主编

时 事 出 版 社
北 京

《国家安全战略概论》

主　编

唐永胜　刘　庆

副主编

沈志雄　姜　磊

出版说明

国家安全是安邦定国的重要基石，是实现“两个一百年”奋斗目标和中华民族伟大复兴中国梦的重要保障。

进入新时代，我国国家安全内涵和外延比历史上任何时候都要丰富，时空领域比历史上任何时候都要宽广，内外因素比历史上任何时候都要复杂。内部安全和外部安全相互叠加，传统安全和非传统安全相互交织，“黑天鹅”“灰犀牛”事件时有发生，维护国家安全的任务更加艰巨。正是在对时代发展大势的科学准确把握中，在对中国特色国家安全道路的不懈探索中，总体国家安全观应运而生，为从党和国家工作全局上认识国家安全、定位国家安全、把握国家安全提供了强大思想武器。

总体国家安全观是系统完整、逻辑严密、相互贯通的科学理论体系，其顺应时代之变、满足理论之需、切合实践之要，科学回答了维护和塑造国家安全所面临的一系列重大问题，是马克思主义国家安全理论中国化的最新成果，是中国共产党和中国人民捍卫国家主权、安全、发展利益百年奋斗实践经验和集体智慧的结晶。总体国家安全观是习近平新时代中国特色社会主义思想的“国家安全篇”，是我们党深刻总结中外历史经验教训，在新时代创立并不断推动完善的中国特色国家安全理论，是新时代国家安全工作的根本遵循和行动指南。

在此背景下，2020 年 12 月国务院学位委员会决定设立交叉学科门类并下设国家安全学一级学科。国家安全学作为服务总体国家安全观的综合性、交叉性核心支撑学科，以统筹国家安全与发展的根本性、全局性重大风险安全问题及应对为研究对象，致力于培养具有宏观、全局和全球战略思维以及具备观大势、察风险、谋远略、控全局能力的国家安全复合型专门人才。国家安全学下设四个二级学科：国家安全思想与理论、国家安全战略、国家安全治理和国家安全技术。

为加强做好推动国家安全学学科建设，国家安全学学科评议组根据国务院学位办相关要求，认真学习贯彻总体国家安全观，为创建具有鲜明中国特色的国家安全学，切实加强和支撑国家安全学学科体系及教材建设，提高人才培养特色、质量和水平的力度，组织首批国家安全学博士和硕士学位授权点单位资深专家学者，集中精力，勠力同心，共同撰写国家安全学学科建设工程系列丛书。

该丛书的编写坚持以总体国家安全观为统领，以“四个二级学科”和国家安全“二十个重大领域”分别为研究撰写对象，从构建学科知识图谱入手，明确学科核心知识点及其演化与逻辑，兼具古今中外时空维度，学理性与实用性并重，理论阐释与实证分析并举，是国家安全学学科体系建设的一项基础性关键性工作，有助于构建好跨门类交叉的国家安全学知识体系和课程体系，探索闯出中国特色国家安全学学科建设新路径，为推进国家安全体系和能力现代化提供学理支撑及人才支持。

本套系列丛书可用于教材及科研、实务工作学习参考。

由于水平有限，书中难免有不当之处，欢迎读者批评指正。

国家安全学学科评议组

目　录

绪论：积极推进国家安全战略研究创新发展

国家安全是安邦定国的重要基石，维护国家安全是全国各族人民根本利益所在。国家安全战略作为维护国家安全的全局性筹划和指导，在国家战略体系中处于十分重要的地位。战略问题是一个政党、一个国家的根本性问题。大国兴衰，战略是关键。当前，我国国家安全内涵和外延比历史上任何时候都要丰富，时空领域比历史上任何时候都要宽广，内外因素比历史上任何时候都要复杂，必须从历史和全局的高度认识国家安全战略研究的重要意义，推动国家安全战略研究深化发展，为国家安全战略运筹提供理论支撑。理论产生于实践，宏阔的实践呼唤也助推着伟大的理论。实现中华民族伟大复兴，不但需要以中国式现代化为主要特征的国家发展战略提供基础和保障，也需要以确保国家长治久安的国家安全战略作为前提和支撑。在世界变局全面展开、中国与外部世界关系深度调整的关键阶段，维护国家安全面临新的形势和任务，加强国家安全战略理论探索和系统研究，就成为十分迫切同时也具有重大意义的工作。

一、因势利导赢得战略主动

离开了主动性，战略就会失去灵魂。面对国际安全局势深刻变化和国家安全严峻形势，只有在战略上从全局、长远和大势上作出判断和决策，才能因势利导把握战略主动，赢得行动先机，立于不败之地，实现积极的可持续安全。维护国家安全必须立于时代潮头，紧紧把握历史的发展演变和新的特点，科学谋划全局，牢牢把握战略主动，坚定不移实现战略目标。毛泽东指出：“行动自由是军队的命脉，失去了这种自由，军队就接近于被打败或被消灭”。[1] 如果说行动自由构成了维护军事安全的一个重大原则，用以区别被迫处于行动不自由的状态，那么拓展到整个国家安全层面，争得战略主动也就成为基本的不可或缺的必然要求，用以区别行动受限的被动态势。

当前，“世界之变、时代之变、历史之变正以前所未有的方式展开。一方面，和平、发展、合作、共赢的历史潮流不可阻挡，人心所向、大势所趋决定了人类前途终归光明。另一方面，恃强凌弱、巧取豪夺、零和博弈等霸权霸道霸凌行径危害深重，和平赤字、发展赤字、安全赤字、治理赤字加重，人类社会面临前所未有的挑战”。[2] 在世界变局中，维护国家安全面临更艰巨任务。“我国发展进入战略机遇和风险挑战并存、不确定难预料因素增多的时期，各种‘黑天鹅’、‘灰犀牛’事件随时可能发生。我们必须增强忧患意识，坚持底线思维，做到居安思危、未雨绸缪，准备经受风高浪急甚至惊涛骇浪的重大考验。”[3] 新时代的国家安全战略筹划，就是要贯彻总体国家安全观，推进国家安全体系和能力现代化，探索维护国家安全的可行途径，为实现中华民族伟大复兴中国梦提供强有力的安全保障。

世界正在进入一个前所未有的变革时期。在世界变局中，一方面，资本扩张、霸权主导、地缘竞争、零和博弈等旧有逻辑仍然在发挥着作用，在特定情况下还会凸显出来；另一方面，一些原本不那么显著或容易被忽视的要素也不断充实进来，其影响已变得越来越重要，如以信息技术和人工智能为代表的科学技术的突破性进展、跨国性和全球性问题凸显、非国家角色增多及其对国内政治和国际事务的渗透、社会思潮和安全观念的不断发展变化等。上述诸多逻辑和因素综合作用，深刻影响着世界历史进程，推动着国际体系变迁和国际关系复杂化发展。

一个时期以来，总有一些人认为中国曾拥有了几十年的战略机遇期已

---

① 《毛泽东选集》第 2 卷，人民出版社 1952 年版，第 477 页。

② 习近平：《高举中国特色社会主义伟大旗帜　为全面建设社会主义现代化国家而团结奋斗——在中国共产党第二十次全国代表大会上的报告》，人民出版社 2022 年版，第 60 页。

③ 习近平：《高举中国特色社会主义伟大旗帜　为全面建设社会主义现代化国家而团结奋斗——在中国共产党第二十次全国代表大会上的报告》，人民出版社 2022 年版，第 26 页。

经成为历史，美国对华政策的重大调整将使中国失去原有发展条件。殊不知，机遇从来就不是别人恩赐的，而是掌握在自己手中，其要义在于在内外局势发展变化之中能够因势利导、进退有度，争得战略主动。何况世界变局中原有权力结构及其惯性束缚都会出现松弛，中国可以借助的力量不是减少了，而是明显增多了，发挥作用的空间也将得到拓展。与以往相比，战略机遇的内涵和外延已经发展变化，在当前表现出更明显的多面性、转换性和可塑性。国际秩序和全球治理进入变革和重塑期，为中国创新驱动谋求生存与发展，在国际事务中发挥作用和提升影响力，提供了有利条件。当然，如果应对出现严重失误，就可能在变局中错失机遇，发展势头遭受重大挫折。一方面，国际关系的复杂化发展总体上有利于维持世界局势平稳，也有利于限制大国竞争极端化发展，促进大国关系进化。另一方面，强权政治和资本扩张具有贪婪本性，越是在遇到困难时其反噬力越不可低估。对此，需要积极应对，有效维护自身权益，用好变化之势而不是被变化所困，同时还要防止出现超出国情限制而犯下战略冒进的严重错误。

这对战略筹划提出了更高要求，在变化和动荡的世界中不能迷失发展方向。党的二十大报告进一步明确："中国坚持在和平共处五项原则基础上同各国发展友好合作，推动构建新型国际关系，深化拓展平等、开放、合作的全球伙伴关系，致力于扩大同各国利益的汇合点。"① 大国总要有大国的责任和担当，为此必须创造条件推进中国与外部世界更为积极的战略互动，推动国际关系健康发展，力所能及地提供更多公共产品。同时，大国要注重创新国家发展模式、提升国家治理能力，为实现国家长治久安筑牢基础，进而由内及外，为减少全球治理赤字提供新的动力；还必须注重运用利益增量，建设性地与周边国家发展关系，并以此对冲和化解来自美国对华加强竞争带来的紧张和压力，牵引大国关系尤其是中美关系的发展方向。

近代以来，工业革命在欧美主要国家完成并迅速发展，进而形成了世界市场。在此期间中国沦为半殖民地半封建国家，既见证了资本主义世界

---

① 习近平：《高举中国特色社会主义伟大旗帜　为全面建设社会主义现代化国家而团结奋斗——在中国共产党第二十次全国代表大会上的报告》，人民出版社 2022 年版，第 61 页。

的快速发展，也遭遇了帝国主义的权势冲击及其强加的战争。中国新民主主义革命取得胜利，新中国的面貌焕然一新，充分验证了毛泽东的远见卓识："我们中华民族有同自己的敌人血战到底的气概，有在自力更生的基础上光复旧物的决心，有自立于世界民族之林的能力。"[①] 改革开放政策使中国充分利用了国际体系演变过程中出现的结构性松动所提供的机会，实现了持续增长，同时积极调整与外部世界的关系，成为国际社会的重要成员，也推动了世界变局的积极发展。

新的历史条件下，新兴国家要想真正发展起来，必须寻求超越传统权力政治的新途径新模式，增强可持续发展的动力和韧性，实现经济社会的伟大变革，进而推动全球政治的不断进化。国际联系的不断强化和全球性挑战日渐凸显，需要国际社会开展更加广泛的协调和合作，个别国家或国家集团想要垄断资源和利益将遇到越来越大的困难。霸权兴替已经成为过时而且失效的原则，无论谋求维持原有霸权优势还是争当新的霸主都已不合时宜，任何国家试图凌驾于他国之上都将越来越不受欢迎，更经受不了历史的检验。在国际体系深度变迁中，尽管世界各种病态乱象日趋显现，矛盾深化难题增多，不确定性有所增强，中华民族伟大复兴面临超出想象的诸多重大风险。然而必须看到，世界人民对和平与发展的需求不仅没有减少，反而更加显著而迫切，国际安全在遭遇重大挑战的同时也正在开启新的合作空间。

二、加强统筹化解重大战略风险

今天的中国更加接近民族复兴的伟大目标，但国家发展面临新的安全环境、新的安全态势和新的安全要求。越在这样一个关键发展阶段，越要保持战略清醒，不能出现颠覆性的战略失误。在世界局势演变进程中，中国拥有条件也需要创造条件化解重大战略风险，有效维护国家安全，顺势而为拓展国际影响。

在世界变局中，我国国家安全总体可控的基本态势有望长期保持，维护国家安全的战略能力将得到持续增强。同时也要看到国家安全形势复杂严峻，各种矛盾和问题相互作用，引发各种可以预料和难以预料的安全风险。面对复杂严峻的安全形势，必须坚持底线思维，增强忧患意识，提高

---

① 《毛泽东选集》第 1 卷，人民出版社 1991 年版，第 161 页。

防控能力，着力化解重大风险，也必须做好未来较长时间应对外部环境变化的思想准备和工作准备。坚持总体国家安全观，推进国家安全体系和能力现代化，是我们防范化解重大风险，做好国家安全工作的必然要求；也是推进国家治理体系和治理能力现代化，建设更高水平的平安中国、满足人民群众日益增长的安全需要的必然要求。

维护国家安全既要高度警惕“黑天鹅”事件，也要有办法应对“灰犀牛”事件；既要有防范风险的先手，也要有应对和化解风险挑战的具体办法；既要打好防范和抵御风险的有准备之战，也要打好化险为夷、转危为机的战略主动仗。有效的战略筹划，要能够在纷繁复杂的现象中理清安全风险的基本线索，对可能出现的威胁采取有力措施，防止其生聚和扩散。要努力控制安全过程，不能简单以降低目标来规避风险，应寻求目标与手段的动态平衡，避免因过度投入而力不从心、顾此失彼；要突出重点，抓住主要矛盾，重点突破，改善安全态势。国家安全战略谋划需要面对多样的威胁和挑战，构成一个复杂的矛盾集合体，哪些矛盾必须化解、哪些矛盾应该突出，哪些矛盾可以淡化，哪些矛盾需要搁置，其中大有学问、大有奥妙。

坚持底线思维，其中一项重要工作是防范和慑止美国或由其主导的同盟集团挑起严重冲突甚至全面对抗。由于美国将中国定位为主要战略对手、强化对华战略竞争，中美关系进入了一个新的紧张阶段，其显著特征是两国关系中的竞争性和复杂性明显增强，并被越来越多学者和政治家赋予传统“崛起国与霸权国”冲突的历史与战略内涵。关于中美关系的可能走向，最重要的影响因素还是在于中美这两个非常有特点的大国，由于二者在国际体系中地位不同而形成的结构性矛盾的发展变化。中美两个国家实力确实都太强，谁都不可能被主导；两个国家又都太特殊，谁都不可能被改变；中美两国也都具有较为突出的发展韧性，能够较好地适应环境和条件的变化。这些特点是如此明显，并伴随两国关系发展到今天，其中霸权国家美国的战略焦虑越来越上升。在这样的背景下，中美结构性矛盾在较长时期不可能简单化解，甚至在一段时间仍可能处在上升通道。尽管结构性矛盾上升，但前述提到的几个特点或者条件也从反向对这一矛盾起到约束作用。由于中美两国实力都太强，谁都不能被主导，那只好不去主导；中美两国都太特殊，谁都不能被改变，那只能不去改变，加上两国具有的战略韧性，至少在未来较长时期里仍将是大国关系中的最重要力量。

结果就是，不论美国自身力量有多么强大，但运用起来也有限度；不管中国实现中华民族伟大复兴愿望多么强烈，也必然要经过岁月砥砺。党的二十大报告提出要求："促进大国协调和良性互动，推动构建和平共处、总体稳定、均衡发展的大国关系格局。"①

中美关系的发展变化是整个世界变局的重要组成部分，甚至一定程度上对世界未来走向起着某种引导作用。但是，中美关系远不是世界变局的全部内容，中美关系的未来取决于美国的战略选择，更取决于中国的战略选择，而且无疑要接受历史的检验。在今天国家间利益关系日益复杂交织的背景下，非合作即对抗的零和博弈已经捉襟见肘，过度强调本国优先既贻害世界也伤及自身；竞争不掩合作、合作中充满竞争，这样的复合关系将在世界政治中更多表现出来。不管一个国家实力多么强大，都必须在世界变局中找到自身定位。中美之间不能一味强调矛盾与冲突，还必须谋求协调与合作，并以协调与合作来约束矛盾与冲突。这也构成政策选择不可逾越的限制条件。只要中国保持持续发展和进步势头，美国亚洲政策的重心就只能放在中国，而不是放在其他方面。纷乱的世界更迫切需要构建合作共赢的大国关系。

当然，更广泛的大国协调不可能简单到来，过程中甚至会出现波折乃至冲突。然而，大国之间即使是中美关系也并非只有竞争和对抗的独木桥，其未来发展不能归于某种宿命。"故善战者，求之于势。"中国要在大国博弈中占有先机，就不能过于看重一般竞争技巧和拘泥于一时一域得失，关键还是要敏锐洞察世界政治的可能走势，适应时代发展变化，推进与世界更加积极的战略互动，因势利导，进退有据，以更广泛的国际合作对冲美国的战略挤压，牵引中美关系发展方向，塑造有利战略态势。

三、推进战略创新走出一条中国特色国家安全道路

世界变局既为中国提供了更广阔的战略空间和回旋余地，也对国家治理能力和战略筹划能力提出了更高要求，战略选择必须全面系统考虑国家安全的现实关切及其实现的客观条件。

---

① 习近平：《高举中国特色社会主义伟大旗帜 为全面建设社会主义现代化国家而团结奋斗——在中国共产党第二十次全国代表大会上的报告》，人民出版社 2022 年版，第 61 页。

当今世界，殖民主义、霸权主义的老路不仅走不通，而且一定会碰得头破血流。所以中国坚定不移走和平发展道路，反对各种形式的霸权主义和强权政治，不干涉别国内政，永远不称霸，永远不搞扩张。这种战略上的清醒和自觉，来源于对演变中的全球政治的深刻理解和认识。中国致力于实现开放条件下的国家安全，积极推动国家安全与国际安全良性互动。在国内安全上，突出表现为推动经济可持续发展，通过国家治理的完善和进步，谋求社会稳定，努力打造平安中国；在国际安全上，突出表现为开展广泛的国际和地区合作，寻求更具建设性地参与国际事务，以共同利益为牵引强化共识破解安全难题。

国际上尤其在美国总有一种传统现实主义观点，认为新兴大国实力的不断增长必然导致与原有霸权国家的冲突和碰撞。实际上，中国发展的目标是要做更好的自己，谋求民族复兴，而不是超越美国或向哪一个国家提出挑战。中国坚定奉行积极防御的军事战略，这既是发展中国特色社会主义的内在和本质要求，实际上也是适应世界局势发展变化所提出的客观要求。中国的前途命运日益紧密地同世界的前途命运联系在一起，只有不断推进和平发展合作，世界才会有更好的未来。积极防御与我国传统和合战略文化一脉相承，但其内涵也在拓展并被赋予时代意义。坚持积极防御，既是中国的政治优势，也是国家软实力的重要标志和体现。从长远看，坚持积极防御，将进一步增强我国维护国家利益的正义性与合法性。军事力量的运用必然服从于特定约束条件，需要为和平发展提供坚实保障。当然，积极防御并不意味着一味退缩，对于必须维护的核心关切，既要敢于斗争也要敢于胜利，只有做到义利并举、奖惩有别，才能承担起大国的历史责任，在地区和国际事务中发挥更大更积极的作用。

牢固树立开放条件下的安全思维，才能实现自身安全和共同安全的有机统一。中国提出的全球安全倡议突出强调：为了促进世界安危与共，“我们要坚持共同、综合、合作、可持续的安全观，共同维护世界和平和安全”。全球安全倡议为推动全球安全治理体系改革、摆脱国际安全困境、推动构建人类命运共同体提供了重要理念指引。中国坚持走和平发展道路，绝不是权宜之计，也不是外交辞令，而是从历史、现实、未来的客观判断中得出的结论，是思想自信和实践自觉的有机统一，真正实现了战略创新。中国正在发生的社会变革，虽然与开放政策紧密相关，但更多表现为社会活力的迸发和自身进步，体现在国家治理模式和维护安全模式的不断完善和自主创新，绝非排他性扩张。实际上，新中国七十多年的发展和改革开放，已经使中国与外部世界的关系进入可预期的良性互动的长期进程，更多国家和人民将会越来越真切地获得由中国发展带来的收益，感受到中国是维护国际安全和全球战略稳定的重要力量，是促进地区和世界增长的重要推动力量。中国不仅要在实践方面妥善处理好面临的各种安全挑战，而且要在理论观念方面为世界作出具有引领性的贡献。

国际关系是一个共同进化的过程，越是在全球化遭遇阻碍的时候，越要把目光放得更远一些，把暂时困难当作战略调整的契机，推动中国与世界更为积极的战略互动。世界局势中不确定性越是增加，国家之间越要保持沟通与协调，其中大国关系保持基本战略稳定尤其重要。简单粗暴地不顾及他人的限制措施无助于解决重大战略问题，只能强化不信任感，严重恶化国际环境，甚至会反过来危及自身利益。面对难以逆转的世界范围"权势扩散"①，大国更充分更有效的协调已变得必不可少，如果不能做到这一点，国际安全局势只能变得更加危险，最终甚至可能失去控制。理解和把握其中蕴含的世界局势的发展走向及其对大国关系的约束，并能将其有效转化为中国对外关系的有力措施和政策杠杆，以构筑国家安全的牢固依托，有力制衡因美国对华政策变化带来的紧张和冲击，也是一项重要工作。

面对变化中的世界，任何国家都不具备足够的资源来决定其他国家和人民的命运。国际关系民主化应该是世界历史发展的潮流，国际社会需要努力构建开放包容的多元治理模式，以应对日益复杂多样的安全威胁。国际制度建设需要适应新的要求，而要解决国际治理供应不足或存在缺失的问题，国际社会必须凝聚共识并努力找到可行办法。人类命运共同体理念拥有深厚的中国历史文化内涵，蕴含丰富的中国智慧，符合各国人民的根本利益，代表未来世界发展的正确方向，必将得到越来越多国家和民众的认可和支持。

---

① 苏珊·斯特兰奇在20世纪90年代中期就已经系统研究了非国家权威对国家权威的侵蚀，指出各种非国家角色普遍地参与到世界经济的进程之中。参见 Susan Strange, "The Diffusion of Power in the World Economy", Cambridge University Press, 1996。布热津斯基也曾在《大棋局》一书中指出美国是最后一个全球性大国，实际已经看到权力流散的发展趋势，只是其为美国提出的建议却是尽可能用传统的地缘竞争工具延长美国的霸权。结果就是，美国越是用力维护霸权，遇到的困难就越多。

在世界变局中，不仅军事手段受到更多约束，战争形态本身也在发生重大变化。“时代条件在不断变化，国际体系也是一个不断进化的系统，至少大国之间的正面战争已受到越来越多的限制。”① 当然不能由此就认定未来会向所有国家自动提供康庄大道，体系变革将是一个长期且曲折的进程。今天的变局虽然很有可能没有当初东欧剧变带来的直观冲击更为显著，但可以断定的是，其影响更为深远，直接关系到整个人类的前途和命运，其间甚至会遇到难以预料的困难和风险，也必然伴随着动荡和不安。而纵然面对诸多困难和不确定性，国际社会无疑将为争取美好生活和良好秩序而继续努力和斗争。② 由此而来，中国传统中的和合文化与天下情怀，在世界变局中就具备了新的条件得以发扬光大。

维护国家安全需要顺应世界发展潮流，战略筹划要有大国战略境界和远见，这是中国具有的传统优势，“执道、循理、审时、守度”③ 思想具有历史穿透力。要实现民族复兴的伟大目标，不能过多倚重国际竞争的一般技巧和权谋，关键还是要把握自身定位，知雄守雌，并能够准确认识和适应全球政治发展演变的基本趋势和特征变化，站在历史正确一边，顺应历史进程谋求战略创新，为国家的长治久安提供可靠安全保障。而新的国际秩序只有具备更大的包容性和必备的公正性，才能引导国际关系朝着可持续和可预期方向发展，进而也有利于实现国家之间的共同进化。世界变局已经开启，希望之中伴随诸多风险。现实中有很多人不喜欢不确定性，然而国际体系毕竟要不断演进。“如果一切行动都落入注定的确定性之内，人们就会无所顾忌地陶醉于各种激情和各种利己主义。如果事物是不确定的，那么未来就向创造力敞开大门，向可能性敞开大门，从而通向更好的

① 唐永胜：《理解和适应国际体系变迁》，《现代国际关系》2014 年第 7 期，第 17 页。

② 王缉思认为在不同的历史和社会条件下，世界各国的政治目标各不相同，甚至互相矛盾，但各自政治目标又有共同的终极追求。安全、财富、信仰、公正、自由，是世界政治的永恒主题、基本价值和终极目标。这一认识至少有益于人类社会的不断进步。参见王缉思：《世界政治的终极目标：安全、财富、信仰、公正、自由》，中信出版集团 2018 年版。

③ 在长沙马王堆三号汉墓出土的汉代帛书中，《老子》乙本卷前有四篇古佚书，其中《经法》的理论性最强，系统提出了执道、循理、审时、守度的思想，这里借用“守度”一词，强调在国家利益拓展中须系统认识和准确把握特定的条件和界限，进退有据，有效实现国家战略目标。

世界。”[①] 在新的历史条件下，维护国家安全的战略思考及探索，只有因势利导并不断创新发展，才能为实现国家的长治久安提供有效保障，进而也才能为推进全球安全治理作出重要贡献。

---

① Immamuel Wallerstein，“The End of the World as We Know It：Social Science for the Twenty－First Century”，University of Minnesota Press，1999，p. 6.

第一章　国家安全战略概念

国家安全战略是治国安邦之道，关乎国家的兴衰存亡。理论产生于实践，既维护国家安全的实践又呼唤理论的强有力支撑。而概念是理论研究的逻辑起点，也是构成理论体系的基础。国家安全战略与国家、国家安全和战略等概念密切相关。随着时代发展，人们对国家安全战略的讨论和认识也日渐增多。归纳总结国家安全战略筹划的实践经验和理论研究成果，有助于进一步厘清相关概念和范畴，并在此基础上形成系统的国家安全战略理论。

第一节　国家与国家安全

追根溯源，国家安全战略概念与国家安全、战略等概念密切相关，包含“国家安全”和“战略”的根本属性，因而既是“国家安全”的指涉对象之一，又是“战略”在国家层面的有效运用，特指施加于“国家安全”现象和问题的特定“战略”。

一、安全

现代意义的“安全”一词在古汉语中并不存在。但中国古代典籍中很早就有“安”字。甲骨文中的“安”字由“房屋”加“女”构成，象征有房有家是基本需求，得之则安，反之则慌，① 后引申出“安全、稳定”之意，如《易传 · 系辞传 · 下》载有“是故君子安而不忘危，存而不忘

① 郭丽娟：《中国古代安全思想探源》，中国人民公安大学出版社 2016 年版，“导论”第 1 页。

亡，治而不忘乱，是以身安而国家可保也”，再如《战国策·齐策六》也载有“今国已定，而社稷已安矣”。“安”字有时也表达对环境或事物感到安适、满足或习惯，如《吕氏春秋·乐成》载有“舟车之始见也，三世然后安之”①。在此意义上，《说文解字》将“安”理解为“静也”。中国古代典籍中载有“全”字。金文中“全”字是“入”加“下”再加“卯”，表示放入地宫中的物品。“全”有保全、完整之意，如《孙子·谋攻》提到“凡用兵之法，全国为上，破国次之；全军为上，破军次之”。《说文解字》将“全”理解为“完也”，即完整无缺之意。②

中文文献中也有个别“安”“全”两个字联用的情况。如汉代焦赣所著的《易林·小畜之无妄》中有“道里夷易，安全无恙”的说法，南朝齐所译古天竺《百喻经·愿为王剃须喻》中有“昔者有王，有一亲信，于军阵中，殁命救王，使得安全”的说法，北宋范仲淹在《答赵元昊书》中有“有在大王之国者，朝廷不戮其家，安全如故”的说法，都是形容平安无险的意思。有时，“安全”一词也作“保护、保全”之动词来使用，如《晋书·慕容垂载记》有“孤受主上不世之恩，故欲安全长乐公，使尽众赴京师，然后修复国家之业，与秦永为邻好”的用法。但总的来看，联用的情况并不多见，以致《词源》一书并未收录“安全”。或许在近代西方“security”和“safety”两个词语传入中国后，其最初汉译选择“安全”一词来对应，至此，“安全”的使用才逐渐流行。

西方“安全”概念同样可以追溯到较早时期。在拉丁语中，安全为“securitas”。其传统用法是指个人内在的镇静、精神安宁、无忧无虑的自由。③ 在英语中，安全词义有所拓展，一方面指没有危险和恐惧，另一方面指安全措施与安全机构。④ 法语中“安全”通常用“Sécurité”（表示一种“感觉”）和 Sûreté（表示一种“状态”）表达。尽管如此，作为国际关系范畴的安全概念直到 1943 年左右才伴随“国家安全”一词同步出现。

比较中西方“安全”含义，可以看出两者存在两大共同特点：一是都

---

① 《辞源》（合订本），商务印书馆 1988 年版，第 435 页。

② 郭丽娟：《中国古代安全思想探源》，中国人民公安大学出版社 2016 年版，“导论”第 1—2 页。

③ 储昭根：《安全的再定义及其边界》，《国际论坛》2015 年第 4 期，第 46 页。

④ “Webster's Ninth Collegiate Dictionary”，Merriam Webster，1983，p. 1062.

指代一种状态，即强调“安全”就是没有危险、不受威胁，其中“危险”相比“威胁”在程度上更为严重；二是二者都强调安全还含有实现安全状态的行动，是一段时间内对价值和体系的维护。①

虽然词源含义比较明确，但学界有关安全的界定依然众说纷纭，总体可以区分为三种类型：第一类观点强调安全不可定义，在根本上属于争议性概念，是一种给出性条件，甚至是一种没有任何精确意义的模糊符号。第二类观点强调安全问题太复杂、层次太多而且不同层次的安全实质完全不同，因而不能一概而论，应该根据不同层次或范围对其进行不同界定。第三类观点强调尽管安全的内涵比较模糊，但可以在最基本的层面上做简约化地理解与描述。② 持第三类观点的学者中还存在细微差别，如有学者认为安全是一种主观感受和感觉，即对国家慑止外在攻击和维护国家安全的能力的感觉与态度，涉及对国家力量、对友好国家及敌对国家相对力量与意图、对所面临形势的发展等的信心；③ 有学者认为安全是一种客观能力，如美国《国际社会科学百科全书》将安全看成国家保卫内部价值不受外部威胁的能力④，美国学者罗伯特·阿特也认为安全是国家保卫自己不受攻击、侵略、征服、毁灭的能力⑤，还有学者将上述两个方面结合起来，如美国学者阿诺德·沃尔弗斯认为，“安全，在客观的意义上，表明对所获得的价值不存在威胁，在主观的意义上，表明不存在这样的价值受到攻击的恐惧”⑥。哥本哈根学派同样认为，安全是客观与主观的结合，是一种自我参照的实践，某个问题之所以成为安全事务，不仅因为客观存在真正的“存在性威胁”，还因为这个问题在主观上被当作一种

---

① Helga Haftendorn, “The Security Puzzle: Theory - Building and Discipline - Building in International Security”, International Studies Quarterly, Vol. 35, 1991, p. 5.

② Terry Terriff, “Security Studies Today”, Polity Press, 1999, pp. 1 - 3.

③ Norman J. Padelford, Geoge A. Lincoln, “The Dynamics of International Politics”, The Macmillan, 1962, pp. 180 - 181.

④ Davia L. Shills, “International Encyclopedia of the Social Science”, Vol. 11, 1968, p. 40.

⑤ Robert J. Art, “A Defensible Defense: America’s Grand Strategy after the Cold War”, Interational Security, Vol. 15, No. 4, Spring 1995, p. 7.

⑥ Arnold Wolfers, “Discord and Collaboration”, Baltimore, Johns Hopkings University Press, 1962. 转引自李少军：《国际政治学概论》（第 6 版），上海人民出版社 2023 年版，第 170 页。

威胁而提出。①

显然，要对安全概念作出合理界定，应将词源意义上的“安全”与学术意义上的“安全”结合起来，既要顾及安全的本源意义，也要考虑安全研究相关界定。这样，安全首先表现为一种状态，这种状态包括两个方面因素：一是客观因素，即不受威胁或没有危险；二是主观因素，即不存在恐惧心理。其次，安全还表现为一种行动，即实现不受威胁或没有危险的过程。

二、国家安全

“国家安全”概念的诞生时间存在争议，主要说法有七种：

第一种说法认为它至少在中国先秦时期已经出现，不过当时的表达形式是“国安”，到了东汉时期，学者应劭直接使用“国家安全”一词；②

第二种说法认为它可能出现于明朝，根据之一是 1872 年日本印制的字号样板书中出现了“天下太平、国家安全”的字样，并注明此为明朝体；③

第三种说法认为至少在 1816 年牛津大学出版的《国家建议、国家安全对什一税减免的影响》中就提出了国家安全的概念；④

第四种说法认为它最早出现于 1900 年的英国国会文件中，到 20 世纪 30 年代又出现于苏联国家安全机构设置中；⑤

第五种说法认为它最早出现于 1936 年，刊于中国《世界知识》杂志所载文章之中；⑥

第六种说法认为它由美国普林斯顿大学教授爱德华·米德尔于 1940 年

---

① ［英］巴瑞·布赞、奥利·维夫、迪·怀尔德著，朱宁译：《新安全论》，浙江人民出版社 2003 年版，第 14 页。

② 刘跃进：《安全领域“传统”“非传统”相关概念与理论辨析》，《学术论坛》2021 年第 1 期，第 28 页。

③ 刘江永：《可持续安全论》，清华大学出版社 2016 年版，第 34 页。

④ William Edmeads, “National Establishment, National Security or the Thoughts on the Consequences of Commuting the Tithes”, Oxford, 1816. 转引自张永攀：《从先秦“王畿”到近代民族国家——论中国传统“国家安全观”的流变与转型》，《国际安全研究》2021 年第 6 期，第 61 页。

⑤ 刘跃进：《国家安全战略及其完善》，《新视野》2017 年第 4 期，第 6 页。

⑥ 张弼：《德国废弃罗加诺公约与欧洲政局》，《世界知识》1936 年第 1 期，第 7 页。转引自王桂芳主编：《国家安全战略学》，军事科学出版社 2018 年版，第 4 页。

在一份耶鲁大学刊物上最早提出；[①]

第七种说法最为普遍，认为它由美国学者沃尔特·李普曼在 1943 年《美国外交政策》中首次提出，“如果一个国家没有为避免战争而被迫牺牲自己的合法利益，并且在遇阻的时候还能通过战争维护本国的合法利益，那么这个国家就拥有国家安全”[②]。

官方意义上，1945 年 8 月，美国海军部长詹姆斯·福里斯特尔在出席美国参议院听证会时，第一次使用“国家安全”概念。1947 年 7 月 26 日公布的美国《国家安全法》在法律意义上首次使用“国家安全”概念。此后，“国家安全”在各国政府的政策文件、政府机构名称以及法律条文中不断出现，并逐渐成为国际政治、国际关系和军事战略的一个常用概念。

新中国成立后，“国家安全”一词最早公开出现于 1955 年 7 月颁布实施的《中华人民共和国无线电器材管理条例》，该条例第一条规定“为加强无线电器材的管理，防止反革命利用此类器材进行破坏，巩固国家安全，保卫经济建设，制定本条例”。1982 年版《中华人民共和国宪法》首次在国家根本法层面写入“国家安全”概念，其第二十八条、第四十条有直接规定，序言、第一条、第二十九条以及第二章多处直接点明“国家安全”，开启我国公开文本讨论“国家安全”的先河。1983 年，中央政府首次在第六届全国人民代表大会第一次会议《政府工作报告》中使用“国家安全”，国务院提请全国人大批准设立的国家安全部随后成为负责国家安全事务的专门机关。1986 年，《中共中央关于社会主义精神文明建设指导方针的决议》中提及“国家安全”。

尽管“国家安全”一词日益得到世界各国普遍使用，但有关其内涵的争论依然没有定论，相关观点大体可以划分为三类。

一是“状态说”，认为国家安全是一种安全状态。如 A. X. 沙瓦耶夫认为“国家安全就是国家利益免受内部和外部的威胁并受到保护的一种

① 于铁军：《美国国家安全战略的调整及其限度》，载微信公众号“时政国关分析”，2021 年 8 月 22 日。

② Walter Lippmann, “US Foreign Policy: Shield of the Republic”, Little, Brown and Company, 1943, p. 51.

状态"[①]，穆罕默德·阿约布认为"安全或不安全指的是内部及外部的脆弱性，它们对国家结构、领土、制度和统治机制构成威胁，可能使之崩溃或者受到削弱"[②]。巴里·布赞从国家强弱角度，以"作为一种安全对象的国家"为线索，使用"国家观念""国家的物质基础"和"国家的制度表现"作为国家安全状况的评判标准，进而得出国家安全就是国家处于"强国家"状态的描述性界定。[③] 还有学者认为国家安全除客观性因素外还包含主观性因素，如丹·考德威尔和罗伯特·E. 威廉姆斯明确把国家安全界定为"一种不受威胁的情形或状态，包括主观和客观两个方面"[④]，李少军认为"对国家来说，它的目标不单在于要造就一种安全的现状，还要造就一种安全的心态。一个国家没有安全的现状，是不安全，而没有安全的心态，也是不安全"[⑤]。

二是"能力说"，认为国家安全是国家面临威胁或可能面临威胁时所具有的维护和获取重大国家利益的能力。如哈罗德·布朗认为"国家安全是一种能力：保持国家的统一和领土完整，基于合理的条件维护它与世界其他部分的经济联系，防止外来力量打垮它的特质、制度和统治，并且控制它的边界"[⑥]。哈佛大学教授查理·迈尔将"国家安全"定义为一种能够确保控制国内和国外的条件，使得一个社群可以确信获得自决、自治、繁荣和幸福的能力。[⑦] 至于如何界定能力，特别是如何判定能力是否够用，需要将状态与能力进行双向匹配认定，难度相对较高。

三是"行为说"，认为国家安全是国家实现和维护安全的行为。A. X.

---

① ［俄］A. X. 沙瓦耶夫等，魏世举、石陆原译：《国家安全新论》，军事谊文出版社 2002 年版，第 23 页。

② Mohammed Ayoob, "The Third World Security Predicament: State Making, Regional Conflict, and the International System", Lynne Rienner Publishers, 1995, p. 213.

③ Buzan, B. People, "States and Fear: An Agenda for International Security Studies in the Post – Cold War Era", Harvester Wheatsheaf, 1991, pp. 57 – 96.

④ ［美］丹·考德威尔、罗伯特·E. 威廉姆斯著，彭子臣译：《危中求安——如何在动荡的世界寻求安全》，金城出版社 2017 年版，第 7 页。

⑤ 李少军：《国际政治学概论》，上海人民出版社 2002 年版，第 169 页。

⑥ Harold Brown, "Thinking about National Security: Defense and Foreign Policy in a Dangerous World", Westview Press, 1983, p. 4.

⑦ Charles S. Maier, "Peace and Security for the 1990s", Unpublished paper for the MacArthur Fellowship Program, Social Science Research Council, 12 June 1990.

沙瓦耶夫认为国家安全既是状态也是行为，后者即国家能够保护自己的完整性、稳定性以及有效地发挥职能和保持发展的能力，有能力可靠地捍卫自己和自己的利益，使其免受任何内部和外部破坏作用的损害。① 国家安全主体将依据对国家安全所面临威胁及危险程度的认知与判断，以能力为基础，采取相关行动，对威胁和危险进行处理，从而达成认定的理想安全状态。

实际上，国家安全是一种主客体关系，其中主体是国家，客体是造成威胁或危险的其他行为体。这样，国家安全首先是一种状态，即国家处于没有危险、不受威胁的状态，这种状态是国家之间、国家与国际社会之间，以及国家内部因素之间客观互动的结果。其次，国家安全还是一种反映客观状态的主观感受。至于国家达到什么状态才算安全，不同国家有着不同标准，这就是所谓的安全感问题，因而国家安全是由客观状态与反映这种客观状态的主观感受相结合而形成的有机统一体。最后，国家安全还是一种行动，是国家应对威胁和危险的活动。国家安全的客观状态与主观感受不是静止的，安全状态的实现有赖国家及时有效处理相关威胁和危险，包括主观认知也要从处置的过程中获得。2015 年，我国颁布新版《中华人民共和国国家安全法》，将国家安全界定为“国家政权、主权、统一和领土完整、人民福祉、经济社会可持续发展和国家其他重大利益相对处于没有危险和不受内外威胁的状态，以及保障持续安全状态的能力”②。这一表述表面看是“状态说”和“能力说”的结合，但因“保障持续安全状态”必须借助一系列国家安全行为，故也隐含“行为说”成分。

特别值得一提的是，西方学界在定义国家安全概念时，往往有着鲜明的外部威胁指向性，即认为国家安全主要指涉外部威胁来源。如学者拉斯韦尔将国家安全定义为“免于外国命令的自由”。③ 美国《国际社会关系百科全书》在解释“国家安全”概念时更明确指出“现代社会科学家在谈到这个概念时，一般是指一个国家保护它的内部社会制度不受外来威

① ［俄］A. X. 沙瓦耶夫著，魏世举等译：《国家安全新论》，军事译文出版社 2002 年版，第 48 页。

② 《国家安全法律政策全书》，中国法制出版社 2023 年版，第 2 页。

③ Joseph J. Romm, “Defining National Security: The Nonmilitary Aspects: Pew Project on America’s Task in a Changed World (Pew Project Series)”, Council on Foreign Relations, 1993, p. 79.

胁的能力”①。

关于国家安全所涉威胁或危险，当前主要存在两种观点。一是传统观点，认为国家安全主要涉及国家的生存问题，获得安全的主要手段是军事力量。如克劳斯·克诺尔认为“国家安全”就是“国家军事安全”的缩写。② 二是拓展派观点，认为国家安全不仅涉及生存还涉及发展，所以是国家的生存和发展不受威胁的状态以及对这种状态的维护。由于发展问题涉及诸多方面，因而国家安全要应对的威胁和危险同样多种多样，如巴里·布赞指出“虽然国家安全一词指出的是国家层面的现象，但不可否认的是国家层面与个人、区域系统层次的关联太多也太强；同样地，虽然国家安全的焦点在政治与军事领域，但此含义如果没有社会、经济及环境的部分，则就无法正确地概括了”③。

上述两种关于国家安全的界定都存在不足：就传统观点而言，军事威胁固然严重危及国家的生存，但能源危机、金融危机等问题同样能够严重威胁国家的生存，所以只关注军事威胁对国家生存造成的影响，有可能使国家忽视其他比较危险的威胁，从而影响国家的整体安全，以及造成国际关系普遍军事化而增加全球不安全。④ 就拓展派观点而言，其国家安全内涵过于泛化，几乎无所不包，令人眼花缭乱，⑤ 使得国家安全概念失去了作用。

第二节　国家安全战略的内涵

国家安全战略从战略而起，是战略概念的延伸，但其内涵至今仍然存

① David L. Shills, “International Encyclopedia of the Social Science”, Vol. 11, Mac Millan, 1968, p. 40.

② Klaus Knorr, “National Security Studies: Scope and Structure of the Field”, in Frank N. Trager and Philip S. Kronenberg, eds. , “National Security and American Society: Theory, Process, and Policy”, The University Press of Kansas, 1973, p. 6.

③ Barry Buzan, “People, States, and Fear: An Agenda for International Security Studies in the Post – Cold War Era”, Harvester Wheatsheaf, 1991, p. 363.

④ Richard H. Ullman, “Redefinning Security”, International Security, Vol. 8, No. 1, Summer 1983, p. 129.

⑤ Emma Rothschild, “What is Security?”, Daedalus, Vol. 124, No. 3, Summer 1995, pp. 70 – 71.

在一定争议。在国家安全变得愈加重要之际，厘清国家安全战略的内涵已经变得更加重要而迫切。

一、战略概念

战略最早是一个军事用语，随着军事斗争特别是战争实践不断丰富和发展。汉语中的“战略”一词最早以书面形式出现，见于西晋史学家司马彪所著《战略》。“战略”作为概念第一次出现于《宋书》中“授以兵经战略”。[①] 英文“strategy”一词源于希腊文“stratos”，意为军队。从这个词衍生出“strategos”，意为将军或领袖。580 年前后，东罗马帝国皇帝毛里斯著成军事教科书“strategikon”以教育将领，意为“将道”，这是西方最早使用“战略”一词。1770 年，法国人梅齐乐在翻译毛里斯的著作时，根据其名创造“strategy”一词，并于 1777 年在《战争理论》一书中首次使用，这是“战略”的现代起源。[②]

战略概念的发展过程可以划分为三个阶段。

第一阶段为我国古代和西方 18 世纪以前的古代战略时期。这一时期，战略和战术尚未分开，战略作为“作战的谋略”“将道”主要指当时空间范围较小的军事斗争。

第二阶段是 18 世纪末到第一次世界大战爆发的近代战略时期。普鲁士人海因里希·迪特里希·比洛首先对战略和战术进行了区分，并对战略进行了界定，认为“战略是关于在视界与火炮射程以外进行军事行动的科学”[③]。此后，19 世纪瑞士的若米尼、普鲁士的克劳塞维茨分别在《战争艺术概论》《战争论》中对战略进行了界定，揭示了其本质特征，奠定了西方军事战略概念的基础。如若米尼认为战略是“在地图上进行战争的艺术，是研究整个战争区的艺术”，“是把一支军队最大部分兵力集中到战争区域或作战区的最重点上去的一种艺术”；[④] 克劳塞维茨则认为“战略是为

---

① 李少军：《论战略观念的起源》，《世界经济与政治》2002 年第 7 期，第 6 页。

② 钮先钟：《西方战略思想史》，广西师范大学出版社 2003 年版，第 2、3、5、69 页。

③ ［苏］M. A. 米尔施泰因著，黄良羽译：《论资产阶级军事科学》，军事科学出版社 1985 年版，第 30 页。

④ ［瑞士］A. H. 若米尼著，刘聪等译：《战争艺术概论》，解放军出版社 1986 年版，第 87、346 页。

了达到战争目的而对战斗的运用”①。

第三阶段是第一次世界大战后，特别是第二次世界大战后的现代战略时期。1929 年，英国学者哈特在其专著《历史上的决定性战争：战略研究》中首次使用“大战略”概念。他将大战略视为一种区别于战术和军事战略的高级战略，认为“正如战术是军事战略较低一级的运用一样，军事战略是大战略在较低一级的运用”，其任务是“协调和指导一个国家（或是一群国家）的一切力量，使其达到战争的政治目的”。② 1935 年，英军野战条令大幅拓展大战略内涵，将其定义为是“最积极地运用国家全部力量的艺术。它包括运用外交、经济压力，与盟国缔结有利的条约，动员国家工业和分配现有的人力资源以及使用陆海空三军使之协调行动”③。1943 年，美国学者爱德华·米德·厄尔主编的《现代战略的缔造者：从马基雅维利到希特勒》一书，将大战略定义为“最高形态的战略”，并对其手段作了拓展，认为它是“将国家的各项政策和各种军事力量整合为一体，以至要么没有必要诉诸战争，要么能够保证获得最大限度的胜利机会”④，但该定义总体仍然围绕战争展开。直到 1967 年，《不列颠百科全书》仍延续这一界定。转折点出现在 1973 年，美国学者约翰·柯林斯在《大战略》一书中给出有关大战略的经典定义，认为大战略是“在各种情况下运用国家实力的一门艺术和科学，以便通过威胁、武力、间接压力、外交、计谋以及其他可以想到的手段，对敌方实施所需要的各种程度和各种样式的控制，以实现国家安全的利益和目标”，并明确强调“大战略支配军事战略，军事战略只是大战略的一个组成部分”。⑤ 这一定义将大战略从传统军事领域明确提升至国家安全领域，贯通平时和战时，囊括一切手段，实现了一次内涵上的飞跃。随着时代发展，战略概念不再仅停留于军事层面，而是

① ［普鲁士］克劳塞维茨：《战争论》，商务印书馆 1997 年版，第 103 页。

② ［英］李德·哈特著，钮先钟译：《战略论：间接路线》，上海人民出版社 2010 年版，第 277 页。

③ 孙向明、张辉灿：《战争与战略理论集粹》，军事科学出版社 1989 年版，第 477 页。

④ Edward Mead Earle，“Introduction，In Edward Mead Earle eds.，Makers of Modern Strategy：From Machiavelli”，Princeton University Press，1944，p. Ⅷ.

⑤ John M. Collins，“Grand Strategy”，Naval Institute Press，1973，pp. 14 – 15.

向政治层面延伸，最终催生出国家安全战略概念。[1]

二、国家安全战略概念的演变

约翰·柯林斯在提升大战略内涵的同时，又为理解大战略制造了障碍，那就是他指出各种“国家安全”战略汇集起来便构成大战略[2]。这句话虽然开创性地提出了国家安全战略概念，但它一方面将“实现国家安全的利益和目标”的大战略等同于总体国家安全战略，指出它区别于“实现国家的利益和目标”的国家战略；另一方面又暗示大战略相对要高于具体的国家安全战略，且没有为国家安全战略概念赋予明确定义。由此，有关国家安全战略概念与大战略概念关系的学术分歧开始产生。其中，支持大战略就是国家安全战略的学者为数不少。如丹尼斯·德鲁等认为国家安全战略就是大战略[3]，巴里·波森也认为大战略是关于一国如何最大程度保持国家安全的理论[4]。不过，支持大战略高于具体的国家安全战略的学者同样为数不少。如阿·魏德迈提出“大战略就是运用国家的力量，以实现国家政策所规定的目标的艺术与科学”，[5] 也即认为大战略就是国家战略，其内涵要大于仅强调实现安全目标的国家安全战略，这一观点得到施米特等学者支持[6]。

由此牵涉出一个国家战略概念。该概念同样由美国最早提出，但产生时间尚存争议。有观点称它出现于美国国防部 1963 年版《美国军用词典》[7]，更多观点则认为它最早出现于美国参联会 1972 年版《联合军事术语辞典》[8]。无论如何，国家战略概念的出现时间明显晚于大战略而早于国

---

① 王桂芳主编：《国家安全战略学》，军事科学出版社 2018 年版，第 8 页。

② John M. Collins，“Grand Strategy”，Naval Institute Press，1973，p. 14.

③ Dennis D. Drew，“Donald M. Snow，Making Strategy：An Introduction to National Security Processes and Problems”，Air University Press，1988，p. 16.

④ Barry R. Posen，“The Sources of Military Doctrine：France，Britain，and Germany Between the World Wars”，Cornell University Press，1984，p. 13.

⑤ 夏征难：《国外大战略研究的历史演变》，《军事历史》2007 年第 4 期，第 46 页。

⑥ Helmut Schmidt，“A Grand Strategy for the West”，Yale University Press，1985，pp. 5 – 6.

⑦ 吴春秋：《广义大战略》，时事出版社 1995 年版，第 4 页。

⑧ 军事科学院军事战略研究部：《战略学》，军事科学出版社 2013 年版，第 2 页。

家安全战略。按照2010年版美国《国防部军事及相关术语辞典》的解释，所谓国家战略“是平时和战时在使用武装力量的同时，发展和运用国家的政治、经济和信息量以实现国家目标的艺术和科学”①。显然，国家战略的内涵要大于国家安全战略，应是国家安全战略的上位战略。

直到20世纪70年代，尽管国家安全概念早已深入人心，但国家安全战略概念的使用仍不普遍。同时，在使用大战略还是国家战略问题上，美国官方与学界存在明显差别。总体看，美国官方一度偏好国家战略概念，美国学界更偏好使用大战略概念。在两个概念并行使用一段时间后，或许因为内涵过于丰富，国家战略概念的使用逐步走向式微。在国家战略概念下行之际，国家安全战略概念开始突出。到1984年，美国学者史蒂芬·辛巴拉主编的《国家安全战略：选择与限制》一书明确使用“国家安全战略”一词②，而不再像约翰·柯林斯一样在国家安全与战略之间用引号分隔。与国家战略概念命运不同，本质上不包含发展内涵的国家安全战略概念很快受到关注。到1986年9月，美国国会通过《戈德华特—尼科尔斯国防部改组法》，在第603款中正式使用国家安全战略概念，规定美国总统每年要向国会提交一份综合性的国家安全战略报告。至此，国家安全战略概念的美国官方地位正式确立。1987年1月，美国总统里根据此向国会递交首份美国《国家安全战略》报告。此后，国家安全战略概念得到各国广泛运用。如2009年俄罗斯从长期使用“国家安全构想”概念最终改为使用“国家安全战略”概念。

随着使用国家安全战略概念日益成为习惯，至少从2014年版《国防部军事及相关术语辞典》开始，美国国防部在所撰辞典中仅定义“国家安全战略”概念，不再像以前一样在“大战略”条目中注明“参见国家安全战略”③，甚至不再保留“大战略”和“国家战略”两个条目。④ 然而，这

① Department of Defense of the United States. , “The Department of Defense Dictionary of Military and Associated Terms”, 2010, p. 296.

② Stephen J. Cimbala, “National Security Strategy: Choices and Limits”, Praeger Publishers, 1984, p. 3.

③ Department of Defense of the United States, “The Department of Defense Dictionary of Military and Associated Terms”, 2010, p. 186.

④ Department of Defense of the United States, “The Department of Defense Dictionary of Military and Associated Terms”, 2014, p. 183.

一做法并未在所有领域一以贯之。相反，人们在美国官方资料中迄今仍能发现大战略概念。如 2018 年美国参联会发布联合条令参考文件，指出战略的最高层次是大战略，该战略“要高于以实现特定目标为意图的战略”，也即大战略高于国家安全战略，且其“目标是着眼长远，维护和推进国家长期的、持久的核心利益”。相比之下，国家安全战略是大战略的下位战略，“主要论述了国家的主要安全关切以及如何处理这些安全关切”①。事实上，这一理解又将大战略等同于国家战略，从而打造了一个由“大战略—国家安全战略—国家军事战略—作战司令部战略”构成的四级国家战略体系。

由于相关认识并未强制统一，且西方战略学界习惯接受大战略一词，故人们现在经常看到，世界诸多国家政府机构偏好使用“国家安全战略”一词，甚至纷纷发布名为“国家安全战略”的官方报告；各国学界则在不同内涵理解上同时使用着“国家安全战略”“大战略”和“国家战略”三个概念，其中一些学者依然偏好使用“大战略”概念，甚至在该概念的内涵上还坚持与军事或战争紧密关联的狭义理解，如美国学者罗伯特·阿特仍将大战略视作“集中关注为实现这些目标（国家应当追求的一系列目标）而采取的军事工具的使用方式。大战略告诉人们，一个国家应当怎么样通过运用军事力量来实现外交政策目标”②。所以，在大战略概念与国家安全战略概念的区分上，学界仍未有定论。

在我国，国家安全战略一词在 20 世纪 70 年代末出现，20 世纪 80 年代开始被学界频繁使用，后来又出现在党和国家有关报告中。2004 年中国共产党十六届四中全会首次明确提出要“增强国家安全意识，完善国家安全战略”。2007 年中国共产党第十七次全国代表大会报告强调要“完善国家安全战略，健全国家安全体制”，2012 年中国共产党第十八次全国代表大会报告强调要“完善国家安全战略”，2013 年中国共产党十八届三中全会明确提出要“设立国家安全委员会，完善国家安全体制和国家安全战略，确保国家安全”。2015 年《中华人民共和国国家安全法》明确规定

---

① Joint Chiefs of Staff of the United States, “Strategy, Joint Doctrine Note 1 – 18”, 2018, pp. 1 – 4.

② ［美］罗伯特·阿特著，郭树勇译：《美国大战略》，北京大学出版社 2005 年版，第 2 页。

“国家制定并不断完善国家安全战略，全面评估国际、国内安全形势，明确国家安全战略的指导方针、中长期目标、重点领域的国家安全政策、工作任务和措施”[①]。2015 年 1 月，中共中央政治局会议审议通过《国家安全战略纲要》，标志我国第一份国家安全战略正式出台。2021 年 11 月，中共中央政治局会议审议《国家安全战略（2021—2025 年）》，我国国家安全战略体系逐步完善。

目前，从官方层面看，使用国家安全战略已在全世界蔚为大观，甚至已经成为明显主流。正如 2022 年 12 月公布的日本《国家安全[②]战略》所界定的一样，现代国家安全战略是“安全保障的最高政策文件”，负责为与安全保障相关的各“领域各项政策提供战略指导”。[③] 它虽然只是各国国家战略的一部分，但其身份特殊、地位重要，在国家战略体系中不可或缺、影响深远。

从概念演变的历史看，国家安全战略明显高于军事战略。一是从战略目标看，国家安全战略的目标从赢得战争扩展到维护和平。约翰·柯林斯认为军事战略是以使用暴力或以暴力相威胁为基础的，它力求通过武力来取得胜利。国家安全战略寻求的远不是战争的胜利，而是持久的和平。[④] 国家安全目标可以细分为政治、军事、经济和其他各种类别，[⑤] 有军事安全、政治安全、经济安全、社会安全和环境安全，但军事安全是其他安全的基础。[⑥] 显然，维护国家安全的内涵比赢得战争胜利的内涵要丰富得多。二是从所涉领域看，国家安全战略涉及政治、经济、军事和文化等众多领域，“国家安全保障体系的内容和结构应当能够包括国家所有领域的现实和潜在危险以及与其相对应的具体安全类型”，“国家安全问题不仅限于军

---

① 《国家安全法律政策全书》，中国法制出版社 2023 年版，第 2 页。

② 当前，各国围绕国家安全内涵的理解并不完全一致，有的国家直接以国家安全表达维护安全之意，有的国家习惯加上“保障”等字眼，后一做法通常见诸日本、韩国、俄罗斯等国，本书统一称之为“安全”。

③ 日本 2022 年版《国家安全战略》，http：//mod. go. jp/j/approach/agenda/guideline/pdf/security_strategy. pdf。

④ ［美］约翰·柯林斯著，中国人民解放军军事科学院译：《大战略》，战士出版社 1978 年版，第 43 页。

⑤ ［美］约翰·柯林斯著，中国人民解放军军事科学院译：《大战略》，战士出版社 1978 年版，第 22 页。

⑥ Colin S. Gray，“Modern Strategy”，Oxford University Press，1999，p. 46.

事领域，而且包括国家生活中紧密联系并相互作用的所有方面”。[①] 三是从战略手段看，军事战略主要运用军事手段达成目标，而国家安全战略既要运用军事手段，也要运用其他手段达成目标。约翰·格雷指出，与使用或威胁使用武力不同，国家安全战略专家试图进行政治、心理、颠覆、外交、经济或文化战争。[②] 总之，国家安全战略是居于国家最顶层的战略，对军事战略具有指导、统领和支配作用，军事战略是国家安全战略的基础和重要组成，军事战略从属于国家安全战略。

三、国家安全战略概念的内涵

早在20世纪80年代初，学者们就尝试为已然明确的“国家安全战略”概念作内涵界定。如1984年出版的《国家安全战略：选择与限制》一书归纳了国家安全战略的“目的性、操纵性、系统性、辩证性和政治性”五个特征，但尚未得出一个完整清晰定义。[③] 直到1988年，《国家安全战略的制定》一书首次提出，所谓国家安全战略就是“协调地发展和运用国力手段以达成国家安全目标的艺术和科学”，但同时又强调它“所要解决的核心问题，是这个国家肯定要面临的一系列军事威胁”。[④]

1997年，美国参联会联合出版物《国防部军事及相关术语辞典》首次就国家安全战略给出官方定义，认为它是“为达到巩固国家安全目标而发展、运用和协调国力的各部分（包括外交、经济、军事和信息等）的艺术和科学，也称国家战略或大战略”[⑤]。直到2010年，在同一辞典中，美国军方仍认为国家安全战略是“为达到有利于国家安全的目标而发展、运用和协调国家力量（外交、经济、军事和信息）之手段的艺术和科学”[⑥]。

值得注意的是，从2014年版《国防部军事及相关术语辞典》开始，

---

① ［俄］A. X. 沙瓦耶夫著，魏世举等译：《国家安全新论》，军事谊文出版社2002年版，第19页。

② Colin S. Gray，“Modern Strategy”，Oxford University Press，1999，p. 162.

③ Stephen J. Cimbala，“National Security Strategy：Choices and Limits”，Praeger Publishers，1984，p. 3.

④ Dennis D. Drew，Donald M. Snow，“Making Strategy：An Introduction to National Security Processes and Problems”，Air University Press，1988，pp. XV，16.

⑤ 王桂芳主编：《国家安全战略学》，军事科学出版社2018年版，第9页。

⑥ Department of Defense of the United States，“The Department of Defense Dictionary of Military and Associated Terms”，2010，p. 295.

美国官方有关国家安全战略的定义发生了较大变化，被明确修正为“被美国总统批准的运用和协调国家工具来达成有利于国家安全的文件”[①]。也就是说，它更强调国家安全战略是一类“正式文件”而非“艺术和科学”。不过，这种理解在美国官方文本中未能一以贯之。如2018年美国参联会出版的联合条令参考文件《战略》指出，国家安全战略“主要论述了国家的主要安全关切以及如何处理这些安全关切”[②]；再如2019年美国国防大学国家战争学院发布《国家安全战略入门》一书，其中国家安全战略被界定为“主要是运用多种手段，统筹外交、信息、军事和经济等国家权力机构和各种权力工具，以实现维护和发展国家利益的可行目标”[③]，其内涵明显偏向传统理解。

这样，在当前美国官方语境中，国家安全战略概念同时存在两种不同理解：一种将其理解为有关国家安全战略的文件，另一种将其理解为实现国家安全目标的艺术和科学。而且，从发展态势看，第一种理解总体正呈现出越来越占上风的趋势。

国家安全战略概念诞生后，世界其他国家高度重视，并逐步发展出了富有自身特色的内涵界定。在这方面，俄罗斯、英国、日本等地区大国的理解比较具有代表性和影响力。如俄罗斯国家安全战略起步于安全概念，在1992年出台《俄罗斯联邦安全法》的基础上，1997年开始发布《俄罗斯联邦国家安全构想》文件，并长期使用“国家安全构想”一词，认为它是“根据现有资源和能力，为确保个人、社会和国家免受政治、经济、社会、军事、技术、生态、信息等领域的内外威胁而确定的关于安全保障目标和国家战略的官方观点的总和”[④]。俄罗斯著名战略学者A. X. 沙瓦耶夫认为，俄罗斯国家安全构想是关于确保国家利益免受一切现实和潜在危险

---

① Department of Defense of the United States, “The Department of Defense Dictionary of Military and Associated Terms”, 2014, p. 183; Department of Defense of the United States, “The Department of Defense Dictionary of Military and Associated Terms”, 2021, p. 150.

② Joint Chiefs of Staff of the United States, “Strategy, Joint Doctrine Note 1 – 18”, 2018, pp. 1 – 4.

③ Steven Heffington, Adam Oler, David Tretler, “A National Security Strategy Primer”, National Defense University Press, 2019, p. 1.

④ 孙成岗：《冷战后日本国家安全战略研究》，解放军出版社2008年版，第8页。

的威胁，为整个社会的有效运作和不断发展创造条件的官方观点体系。[①]不过，从2009年开始，俄罗斯政府转而使用国家安全战略概念，并认为它“旨在团结联邦国家权力机关、其他国家机关，以及俄联邦主体国家权力机关、地方自治机关、公民社会机构的力量，为实现俄联邦国家利益和国家战略优先方向，创造有利的内部和外部条件”，“是制定和落实国家安全保障领域政策的基础”[②]，规定每六年发布一版国家安全战略官方报告，但迄今没有明确定义国家安全战略概念。与美国相比，俄罗斯更强调国家安全保障对象的全面性和战略力量运用的综合性，更强调在诸多利益和战略目标中要优先保障最重要的方向。

随着国家安全问题日趋复杂多变，除俄罗斯外，世界其他主要国家也认识到国家安全战略在维护国家安全中的重要作用，相继提出了本国的《国家安全战略》报告或类似官方文件。如英国迄今发布过四版《国家安全战略》[③]，但名称各不相同，且未明确界定国家安全战略内涵，而是习惯性地专注于传统大战略所强调的战略目标和战略手段的匹配。在日本，国家安全战略一般被称作“综合安全保障战略”或“国家安全保障战略”。日本政府于2013年首次发布《国家安全战略》文件并于2022年更新，强调它是“更高层次的综合性战略”，但没有对其进行明确界定。不过，早在20世纪80年代，就有日本研究机构认为国家安全战略是为了保障国家安全在平时和战时发展并有效运用国家综合力量的方略。2013年推出的日本《国家安全战略》也强调要“举政府之力”来“灵活有效地运用国家所拥有的多种资源，推进综合施策”，认为其重心在于“战略性和系统性地”推进国家安全战略目标。[④] 菲律宾则将国家安全战略理解为本质上是

---

① ［俄］A. X. 沙瓦耶夫著，魏世举等译：《国家安全新论》，军事谊文出版社2002年版，第36页。

② 《俄罗斯联邦国家安全战略》，http：//www. kremlin. ru/acts/news/51129。

③ Cabinet Office，“The National Security of the United Kingdom：Security in an Interdependent World”，2008；Cabinet Office，“The National Security of the United Kingdom：Security for the Next Generation”，2009；Prime Minister's Office，“A Strong Britain in an Age of Uncertainty：The National Security Strategy”，2010；HM Government，“National Security Strategy and Strategic Defence and Security Review 2015：A Secure and Prosperous United Kingdom”，2015.

④ 日本2013年版《国家安全战略》，http：//www. cas. go. jp/jp/siryou/131217anzenhoshou/nss – j. pdf。

关于国家安全政策的操作性清晰表达。[①] 此外，德国类似文件被称作“安全政策白皮书”；法国将国家安全战略文件与国防白皮书合二为一并称作“国防与国家安全白皮书”；印度称作“国家安全政策文件”。尽管名称不一，这些国家安全战略文本实则大同小异，大多都包括战略环境评估、安全威胁判断、战略目标、战略方针和原则、战略途径、战略手段等基本战略要素。

国家安全战略概念同样深刻影响中国。同国外一样，国家安全战略概念在中国一直不乏论争。较早定义认为它是“关于维护国家安全的宏观筹划”[②]，后来又陆续修正为“是一定的国家实现和维护自身安全状态的科学和艺术”[③]，“筹划和指导国家生存与发展安全全局的方针和策略”[④]，“筹划和指导国家安全斗争全局的方略，即国家综合运用各种力量，维护国家安全利益的科学和艺术”[⑤]，“关于国家安全目标及实现这些目标的途径和手段的全局性、持久性方案”[⑥]，“筹划和指导国家安全全局的方略”[⑦]，“运用综合国力维护国家安全利益的指导方略”[⑧]。尽管当前在我国使用国家安全战略概念已成基本共识，但由于理解不同、定义各异，迄今为止国家安全战略概念仍然缺乏比较清晰的界定。

从直观意义上理解，国家安全战略就是“关于国家安全的战略”[⑨]。问题是，如果国家安全战略概念本身不断变化或相对模糊，那么国家安全战略概念的内涵也必然难以清晰。事实上，国家安全战略概念由战略衍生而来，因而其本质或者说界定中的“属”与战略紧密相关。有必要承认，尽管中国古代较早使用“战略”一词，但现代意义上的战略概念毫无疑问源自西方。法国战略大师薄富尔有句名言：只要有对立意志的冲突存在，就

---

① National Security Strategy, “Security and Development for Transformational Change and Well - Being of the Filipino People”, Manila, 2018, p. Ⅳ.

② 金钿主编:《国家安全论》，中国友谊出版公司 2010 年版，第 34 页。

③ 杨毅主编:《国家安全战略理论》，时事出版社 2008 年版，第 18 页。

④ 王桂芳主编:《国家安全战略学》，军事科学出版社 2018 年版，第 12 页。

⑤ 《中国军事百科全书》，中国大百科全书出版社 2014 版，第 87 页。

⑥ 刘跃进:《国家安全战略及其完善》，《新视野》2017 年第 4 期，第 5 页。

⑦ 王桂芳主编:《国家安全战略学》，军事科学出版社 2018 年版，第 13 页。

⑧ 全国人大法制工作委员会国家法室编著:《中华人民共和国国家安全法解读》，中国法制出版社 2016 年版，第 24 页。

⑨ 刘跃进:《刘跃进国家安全文集》，中国经济出版社 2020 年版，第 153、155 页。

离不了战略。[①] 这句话揭示了战略的本质属性。一般而论，战略的基本对象是战争，其主要方式在于“协调目标和手段”[②]，最终目标是为了达成“政治目的”[③]。国家安全战略是战略概念不断扩展的产物，与军事战略在宏观思维、整体把握、深谋远虑等方面同根同源。[④] 因而，国家安全战略必然是有目的、有计划、有规划的战略运筹活动，具有立足全局、着眼长远进行顶层设计的一般属性。

国家安全战略概念还受到国家安全概念施加的“种差”限制。事实上，何谓“国家安全”历来是一个争议话题，其中的一个问题在于如何定义“国家”，以及“国家”中应否包含社会和个人。现在一般认为“国家”即指“民族国家”，它必须拥有固定的领土、一定数量的居民、一定的政权机构以及国家主权，既是一国民众生存发展的必要工具，同时也是在该国占据主导地位的阶级的统治工具。国家安全不仅仅指国家政权安全，还应包括社会安全和人民安全。如 2017 年版美国《国家安全战略》报告强调“制定国家安全战略的目的就在于，保卫人民，保卫美国人的生活方式，保卫美国的利益”[⑤]。在 2000 年以来的官方文件中，俄罗斯政府明确将“个人、社会”与“国家”并列，强调“公民宪法权利和自由的实现、个人安全的保障、生活水平与质量的提高”和“俄罗斯精神的复苏，民主、法制的有效运转”同样是国家安全保障的重要对象。[⑥]

至此，围绕国家安全战略概念界定的问题可以主要简化为：首先，在“属性”上，它到底是“筹划和指导”“科学和艺术”“方针和策略”“计划和方案”“构想”“文件”中的哪一种？其次，在“种差”上，它到底只是面向抽象的“国家”还是同时面向具体的“社会”和“个人”？其

---

① ［法］薄富尔著，纽先钟译：《战略绪论——核时代最超群卓著的战略经典》，内蒙古文化出版社 1997 年版，第 43 页。

② ［美］约翰·刘易斯·加迪斯著，臧博、崔传刚译：《论大战略》，中信出版集团 2019 年版，第 25 页。

③ ［英］李德·哈特著，钮先钟译：《战略论：间接路线》，上海人民出版社 2010 年版，第 277 页。

④ 王桂芳主编：《国家安全战略学》，军事科学出版社 2018 年版，第 14 页。

⑤ The White House, “National Security Strategy of the United States”, December 2017.

⑥ 罗英杰等：《俄罗斯国家安全战略研究》，时事出版社 2020 年版，第 138—139 页。

中，更关键的是第一个问题。从中国学界最新定义看，一种取向坚持它是一种关于“筹划和指导”的“科学和艺术”，另一种取向则认为它是一种关于“筹划和指导”的“方略”。相对而言，单纯取计划、方案、构想、文件的界定较少。从前述美国政府定义的变迁可以看出，“科学和艺术”不仅难于把握，还存在“筹划”与“科学和艺术”之间关系的表达含混，故更可取的做法是像“战略”概念一样取其“筹划和指导”之意，而将“筹划和指导”所蕴含的科学性和艺术性融贯其中。① 此外，方略的本意是“方策、谋略”②，在中国历来使用比较广泛，如民国初年的《战略学》甚至有“既有一定之目的，即不可无一定之方略，所以战略是也”③ 之语。但“方策”兼有“典籍”和“谋划策略”之意，④ 而“谋略”通常被理解为“计谋策略”⑤。按此理解，“方略”的基本内涵应该是“策略”。但策略的本意是“计策谋略”⑥，而且它在中国语境中往往被理解为是战略的一部分，服从服务于战略。现实中，至少从 1958 年 12 月开始，毛泽东就将战略和策略区分开来，主要在政治和其他领域使用战略概念，而将策略概念转与战术概念并列。⑦ 再加上即使将“方略”进一步理解为“方针和策略”，也仅包括战略指导和战略途径，难以收纳战略环境、战略目标等要素，故使用“方略”作界定也面临问题。还要看到，正如 2009 年之前俄罗斯各界在讨论是否使用“国家安全战略”取代“国家安全构想”时一致表达的意见一样，使用前一概念可使相关国家在政策宣示上更好地与国际社会接轨，更便于与其他国家进行专业沟通，甚至更有利于本国融入国际

---

① 国防大学国家安全学院国家安全战略教研室课题组：《国家安全战略概念定义与理论体系探讨》，《国家安全论坛》2023 年第 3 期，第 53 页。

② 夏征农、陈至立主编：《辞海普及本》（第 6 版），上海辞书出版社 2010 年版，第 989 页。

③ 军事科学院战略研究院编：《战争与战略理论集粹》，军事科学出版社 1989 年版，第 439 页。

④ 夏征农、陈至立主编：《辞海普及本》（第 6 版），上海辞书出版社 2010 年版，第 987 页。

⑤ 夏征农、陈至立主编：《辞海普及本》（第 6 版），上海辞书出版社 2010 年版，第 2781 页。

⑥ 夏征农、陈至立主编：《辞海普及本》（第 6 版），上海辞书出版社 2010 年版，第 380 页。

⑦ 李景治、罗天虹等：《国际战略学》，中国人民大学出版社 2003 年版，第 4 页。

体系及其机制安排。

严格来讲，这些定义都存在一定不足。如将国家安全战略定义为维护国家安全利益的筹划和指导在表述上不够全面，缺少了维护国家发展利益安全的重要内容；把国家安全战略界定为“筹划和指导国家安全斗争全局的方略”也不够明确，没有表达出国家安全建设方面的内容。综合国内外表述，结合国家安全战略最新发展，可将其定义表述为：国家安全战略是维护国家安全全局的筹划和指导。①

依据这一表述，可从以下四个方面理解国家安全战略的内涵：首先，国家安全战略的制定和实施主体是国家，具体说由国家最高安全领导机构负责国家安全战略的相关事宜，这是由国家安全战略的“国家”属性所决定的；其次，国家安全战略的核心目标和使命是维护国家的安全，需要同时兼顾国家的阶级性和社会性，这是由国家安全战略的“安全”属性所决定的；再次，国家安全战略是关于国家安全的全局性、长远性、根本性筹划和指导，旨在解决一段时期内国家安全面临的重大矛盾和根本问题，这是由国家安全战略的“战略”属性所决定的；最后，国家安全战略可能包含但不完全是一个文本，文本只是国家安全战略的一种特殊外在呈现方式，国家安全战略的核心是国家安全战略决策，是围绕一段时期内国家安全长远性问题的总体谋划，也包含对重大国家安全事件乃至危机的决策应对，这是一个持续进行的动态过程，并可能呈现一定的周期性规律。从这一新定义出发，国家安全战略的内涵主要包括如下。

首先，国家安全战略的主体是国家，其制定和实施主要依靠“政府的强有力领导”，但其关注对象同时包括了本国和外国的政府、社会和个人，以及跨国性群体和事务。

其次，国家安全战略本质上是“战之方略”，对抗性、竞争性的一面非常突出，但它同时也具备合作性、控制性等特征；既强调把控全局、整体性的事务，也强调关注各个领域、地域、时节，还强调要抽取根本、紧抓关节；既注意向前看，也不忽略原地定位和反观复盘。因而，它在具体形式上可以呈现为一类官方文本，或者体现为一种经常性乃至例行性的筹划与指导活动，但个中充满严谨系统和可供检验的科学规律，甚至在特定

---

① 国防大学国家安全学院国家安全战略教研室课题组：《国家安全战略概念定义与理论体系探讨》，《国家安全论坛》2023 年第 3 期，第 53 页。

条件和环境下可以成为一门奇妙的思维和实践艺术。

最后，国家安全战略范畴呈现拓展态势，其内涵在不断扩大。像国家发展战略与国家安全战略本来同为国家战略的下位战略，但现代国家发展进程中的安全问题日益增多且影响日益突出，如何确保国家发展安全、实现国家安全发展成为一个重大课题。受这一态势驱动，国家安全战略不仅需要关注传统安全，也需要关注非传统安全；不仅需要关注国土安全，也需要关注整体性的社会和个人安全；不仅需要关注本国安全，也需要关注他国安全、地区安全和全球安全；不仅需要关注当前安全，也需要关注未来安全；不仅需要关注生存安全，也需要关注发展安全；不仅需要关注维护安全，也需要关注塑造安全，其统筹性特征日益突出。

第三节　国家安全战略的地位

自民族国家形成以来，如何确保国家安全是每个国家需要优先考虑的头等大事。进入 21 世纪，世界各国面临的安全威胁复杂性和不确定性明显增强，传统安全威胁与非传统安全威胁、外部安全威胁与内部安全威胁相互交织。在此背景下，以维护国家安全为核心使命的国家安全战略的地位进一步凸显，各国更加重视制定和运用国家安全战略，以期更好解决重大国家安全问题。

一是国家安全战略在国家战略体系中占据重要位置。目前，世界主要大国都基本建立了本国的国家安全战略体系。总体看，因国情和政情不同，各国国家安全战略在国家战略体系中的地位不尽相同。比如在美国国家战略体系中，国家安全战略是最高层次战略，其下是国防战略，再下是军事战略和其他领域、地域战略，底层是战区战略、军种战略、军事领域战略及相关规划计划方案，为其护持霸权地位提供了重要支撑；在俄罗斯国家战略体系中，国家安全战略同样是最高战略，此外还存在外交政策构想、经济安全战略、信息安全学说、生态安全战略、国家海洋战略、军事学说等战略，它们通常从属于国家安全战略。与这些国家不同，我国在 20 世纪 80 年代以前，除了军事战略之外，没有明确提出过其他层次的战略概念。随着战略指导实践与战略理论不断发展，特别是随着 2015 年《国家安全战略纲要》和 2021 年《国家安全战略（2021—2025 年）》相继出台，我国国家战略体系得到进一步完善。其中，国家安全战略与国家发展战略居于最高层次，相互影响、相互制约，共同服从服务于国家战略，并负责指导和统领军事、政治、经济、科技等诸多领域安全战略，在国家战略体系中扮演着承上启下的角色，地位和作用极为重要。

二是国家安全战略对有效维护和塑造国家安全至关重要。国家安全是安邦定国的重要基石，国家安全战略则是安邦定国之道。战略上是否判断得准，战略筹划是否科学，直接关系国家的前途与命运。国家安全战略的重要性既体现在它以维护国家安全为根本目的，又体现在它对维护国家安全种种行为的战略指导。历史证明，对任何一个国家来说，制定科学合理的国家安全战略，防止犯颠覆性战略错误，是一件至关重要的大事。在国家安全内涵更加丰富、时空领域更加宽广、内外关系更加复杂的历史大背景下，世界主要国家越来越重视国家安全战略运筹，纷纷成立专门负责国家安全的最高决策机构，强化国家安全战略决策功能，其中定期制定和发布国家安全战略已成为通行做法。

需要强调的是，世界主要国家在国家安全战略范畴的理解上存在一定差异，主要体现为在国家安全战略与国家发展战略相互关系的理解上，大体可以划分为“安全派”和“拓展派”两大派系。其中，“安全派”认为发展和安全是两个不同概念，是国家辩证统一的两个方面，其中发展是基础、安全是保障，支持把安全定位于应对威胁、危险和紧急事态，这属于传统界定，日本、德国、法国等国持类似认识；“拓展派”在“安全派”基础上进一步拓展，把促进社会繁荣、推行普遍价值等发展概念也纳入国家安全范畴，美国、英国、俄罗斯均奉行类似观点。美国历年《国家安全战略》报告均把“促进国内繁荣”“保卫美国人的生活方式”“领导世界”“推动海外民主和人权发展”等作为重要内容。2015 年版英国《国家安全战略》也包含“保持英国安全与繁荣”“实现全球到达且拥有全球影响力”“协助强化基于规则的国际秩序及其机构”“继续维护英国的价值观”等内容。这意味着国家安全战略关注的内涵在不断扩大，其地位作用将变得更加重要。

进入新时代，我国对国家安全和国家安全战略的重视显著提高，审议并通过两版《国家安全战略》是其重要标志之一。实现中华民族伟大复兴必须统筹好发展和安全两件大事，如何从根本上破解当前和今后一个时期我国国家安全面临的各类重大问题，积极稳妥地防范和化解中华民族伟大复兴道路上的各种风险挑战，经受住风高浪急甚至惊涛骇浪的重大考验，确保中华民族伟大复兴目标顺利实现，是新时代国家安全战略必须解决的时代课题，其重要性不言而喻。

第四节　国家安全战略的特征

概括起来，国家安全战略主要呈现出思想性、全局性、对抗性、谋略性、相对稳定性等鲜明特征。

一、思想性

思想性是国家安全战略的基本特征。战略是大道之行，国家安全战略之所以经常被学者们称作大战略，一个重要原因就在于它的层次比较高，地位十分重要，有时甚至直接关乎国家的生死存亡。所以，谋划国家安全时刻离不开大道指引，而所谓大道主要就是正确的国家安全思想和理论。国家安全战略涉及“国家”“安全”“国家安全”“战略”等概念，这些概念背后包含诸多历史悠久、内涵丰富的思想和理论，千百年来一直深刻影响着世界各国的国家安全战略实践，并使得各国的战略行为和战略效果呈现出重大差异。像美国战略安全观念与战略思维方式有几个近乎一以贯之的显著特点：立足“最坏假设”，强调实力地位，保持技术优势，偏重军事手段，追求绝对安全，维持全球霸权，秉持道德普遍主义和意识形态优越论。其中，物质与精神并重，权力尤其武力手段与道德、意识形态旗帜并举，是最具美国特色的战略思想。① 相比之下，中国军事思想的本质特征是求和平、谋统一、重防御②，奉行以“天下”思想为基础的内敛式安全观，以及以“和合”思想为核心的“慎战”“礼战”观，相关思想深刻影响着千年以降的中国国家安全认知和实践，成为总体国家安全观、全球安全倡议等现代中国国家安全成果的重要思想来源。可以说，有什么样的国家安全思想，就有什么样的国家安全战略。把握好国家安全战略的思想性特征，从思想入手进行分析，能够更准确地把住“魂”和“纲”，将国

① 石斌：《美国国家安全战略的思想根源》，《国际政治研究》2021 年第 1 期。
② 李际均：《军事战略思维》（增订版），军事科学出版社 1998 年版，第 239 页。

家安全战略研究和实践引向深入。

二、全局性

全局性是所有战略的基本特性，是国家安全战略首要的和最本质的特征。它要求从宏观视角，对国家安全全局做出正确评估和判断。所谓全局，主要是指各个局部在时间、空间和彼此关系上的互相联系、互相作用构成的统一整体。一般来说，全局高于局部、统帅局部、决定局部的地位和作用。战争与革命时期，决策者更多考虑的是军事战略的全局性问题。毛泽东指出："说战略胜利取决于战术胜利的这种意见是错误的，因为这种意见没有看见战争的胜败的主要和首先的问题，是对于全局和各阶段的关照得好或关照得不好。如果全局和各阶段的关照有了重要的缺点或错误，那个战争是一定要失败的。"[①] 和平与发展时期，国家安全战略涉及对象更多、空间更大、时间更长、维度更广，把握全局性要求相对更高，必须对相关要素进行通盘考虑、一体运筹。这要求战略指导者必须站在国家安全全局高度，整体把握国家面临的方方面面、林林总总的安全问题，准确判断不同安全问题之间的复杂关系以及它们对国家安全全局的深远影响，并在此基础上作出正确决策，采取得力措施，有效维护国家安全。习近平为此强调："我们是一个大党，领导的是一个大国，进行的是伟大的事业，绝不能犯战略性错误。小的方面有看不到的，出现这样那样的失误，是难以完全避免的，这样的失误牵涉的是一点一事的问题，影响面不大，纠正起来也比较容易。如果在战略上出现了偏差，那后果将是很严重的，付出的代价将会很大。"[②]

国家安全战略对国家安全全局的指导，往往是通过对全局具有决定性影响的关键安全问题的应对和解决来实现的。这个关键安全问题就是战略全局的重心。战略指导者最要紧的，就是要把注意力放在关照全局上面，处理好全局中的各种关系。[③] 因此，在确立和实施国家安全战略时，要善于分析影响全局的各种因素和矛盾，抓住其中对全局变化起决定作用的主

---

① 毛泽东：《中国革命战争的战略问题》，载《毛泽东选集》第 1 卷，人民出版社 1991 年版，第 175 页。

② 《习近平著作选读》第二卷，人民出版社 2023 年版，第 584 页。

③ 肖天亮主编：《战略学》（2020 年修订），国防大学出版社 2020 年版，第 20—21 页。

要矛盾，找出解决矛盾的有效手段和途径，确保实现国家安全战略目标。比如2021年版《俄罗斯联邦国家安全战略》评估“世界越来越不稳定”，判断主要威胁来自“一些国家视俄罗斯为威胁甚至是军事对手”，并据此确定“加强俄罗斯联邦的主权、独立、国家和领土完整，保护俄罗斯社会的传统精神和道德基础，确保国防和安全，以及不干涉俄罗斯联邦的内政，对我国至关重要”。[①]

三、对抗性

战略源自战争，而战争是敌对双方以军事力量为主体进行的对抗和较量。战略指导过程则是敌对双方运用各自力量进行博弈的过程，对抗性是显著特征。国家安全战略虽然高于军事战略，但它本质上依然是一种博弈，是围绕国家安全全局展开的一场对抗。如美国国防大学认为，“要实现国家安全，大致需要通过竞争获取对其他国家、国家集团或非国家行为体的战略优势、有利的外交地位以及能够成功遏止敌对行动的防务态势等条件”[②]。

当然，与军事战略层面的血腥对抗不同，国家安全战略对抗中多样性、整体性、持久性等特点更加突出。如在多样性上，国家安全战略指导下的国家对抗不仅关注国际安全，也关注国内安全；不仅注重运用军事手段，也注重运用非军事手段；不仅作用于传统安全领域，也作用于非传统安全领域。2022年初爆发的乌克兰危机充分展示了这一特点，被认为是“混合战争”的生动体现。在整体性方面，国家安全战略指导下的国家对抗强调打总体战，形成汇聚党政军民学各战线各方面各层级的强大合力，全社会全政府全体系全手段应对重大国家安全风险挑战。[③] 如面对突如其来的新冠疫情，中国政府开展抗击疫情人民战争、总体战、阻击战，最大限度保护了人民生命安全和身体健康，统筹疫情防控和经济社会发展取得重大积极成果。在持久性方面，国家安全战略指导下的国家对抗认识到对

---

① 2021年版《俄罗斯联邦国家安全战略》，http：//docs. cntd. ru/document/607148290。

② Steven Heffington，Adam Oler，and David Tretler，“A National Security Strategy Primer”，National Defense University Press，2019，p. 1.

③ 中共中央宣传部、中央国家安全委员会办公室：《总体国家安全观学习纲要》，学习出版社、人民出版社2022年版，第8页。

抗将以不同形式长期存在，通常不追求毕其功于一役，而是坚持在推进国家安全体系和能力现代化的过程中不断接受挑战、处置风险。如德国政府在 2023 年 6 月 14 日发布的首份《国家安全战略》报告中强调将预防措施与介入措施、后续措施相结合，着力应对中期和长期挑战。

四、谋略性

所谓谋略，主要是基于国家间利益竞争而产生的、以必要的客观条件为基础、以争取实现自身利益为根本目的的智慧博弈，是一种竞争性的思维艺术。① 谋略性是国家安全战略的固有特征之一。国家安全战略关系国家和民族命运，要求领导层和决策者必须为国家利益进行深谋远虑。制定国家安全战略的过程，实际上就是这种谋划的过程。② 像美国对苏竞争战略就是谋略性在国家安全战略中相对成功地运用。如 20 世纪 80 年代初，针对苏联面临的困境，美国里根政府实施了一项加剧苏联危机的政策，“这项政策有许多形式：隐蔽外交、秘密行动、科技潮流与持续不断地增强防御力量，以及一系列向苏联经济的转动装置上撒沙子的行动”，从而“加剧了苏联体制的崩溃”。③ 从 20 世纪 50 年代到 80 年代，中国实行积极防御战略，强调独立自主，也注重发挥统一战线的作用，推进改革开放，使国家安全环境逐步得到改善。

国家安全战略谋略运用有其前提条件，那就是必须具备相应的战略能力。《兵经》指出：“谋于心曰计，力可为曰能。从心运者虚，见诸为者实。有能则能计，即半计而亦可生计；无能则无从计，而善计皆空，筹空非计也。计必计所能，不惟攻击能，战守能，即走、降、死亦必要之能。……英雄善计者而有束手之时，无用武之地，势小足而能不在耳。”④ 这是因为谋略是思维艺术，将其转化为现实效果必须依靠力量。为此，决策者应学习客观审视自身，从已经具备和可能达成的能力条件出发，量力而行，否则不但会降低谋略的可行性，还会给国家安全制造新威胁。

---

① 杨毅主编：《国家安全战略理论》，时事出版社 2008 年版，第 265 页。

② 陈维仁主编：《军事谋略学》，国防大学出版社 1990 年版，第 45 页。

③ ［美］彼得·施魏策尔著，殷雄译：《里根政府是怎样搞垮苏联的》，新华出版社 2001 年版，第 4、8 页。

④ 出自清代揭暄所著的《兵经·蹙篇》。

五、相对稳定性

国家安全战略实践在不断发展变化，必然要求国家安全战略作出相应调整变化，因而，不可能存在一成不变、永远不变的国家安全战略。然而，国家安全战略毕竟是对维护国家安全全局的筹划和指导，只要总的国家安全形势和目标任务没有发生根本性改变，国家安全战略就应该保持相对的、基本的稳定。在这个意义上，国家安全战略应稳定作用一定时间段，不宜频繁变动。

这种相对稳定性主要体现在三个方面：一是国家安全战略指导对象相对稳定。由于一定时期内国家安全面临威胁的性质和程度相对稳定，所以国家安全战略的主要对手、战略方向应该保持相对稳定。二是国家安全战略基本指导原则相对稳定。国家安全战略作为国家根本性的战略筹划，基本指导原则受国家所遵循的理论和方针政策支配和制约，在一定时期内应该基本处于稳定状态。三是国家安全战略基本内容相对稳定。国家安全战略主要是通过制定战略目标、措施、手段、途径等内容表现出来，这些内容影响范围广，具有全局性、前瞻性和引领性，一旦确定，就应该成为相关行动的准则和依据，因此必须保持基本稳定。

第二章　国家安全战略环境

国家安全战略环境，是一定时期内主权国家所面临的影响国家安全的各类客观情况和条件的统称，是对国家安全行为产生影响的诸因素综合形成的客观状况。[①] 一国国家安全战略产生于特定国家安全环境并深受其影响，没有一个有利的安全环境，国家的生存就会受到威胁，经济和社会发展必然遭受掣肘和阻碍。不仅国家安全战略的制定受制于安全环境，国家安全战略的实施也受到安全环境制约。因此，国家安全战略环境是国家安全制定和实施过程中必须重视的因素，只有对本国安全环境进行全面准确地分析评估，才能判明威胁的可能性、性质、来源、程度等，进而甄别出主要对手、可以合作的朋友和能够借助的国际资源。

从空间看，国家安全战略环境主要包括国际安全环境和国内安全环境；从领域看，主要包括政治、经济、军事、外交、地理等方面的安全环境；从时间看，主要包括过去安全环境、当前安全环境、未来安全环境；从类别看，主要包括生存安全环境、发展安全环境；从属性看，主要包括社会安全环境和自然安全环境。综合起来，其中最值得重视的是时代特征、国际格局、国际秩序、国内状况等要素。这诸多因素相互之间紧密关联、复杂作用，共同影响乃至决定国家的总体安全战略环境。国家安全战略应以此为背景、前提和基础，开展客观分析决断，力避以偏概全、顾此

---

① 关于国家安全环境的定义存在多种解释，例如薛翔认为国家安全环境是一定时期内影响国家安全和发展全局的国内外客观情况与条件；王桂芳认为，国家安全环境是指在一定时期内国家所面临的影响和平稳定的客观情况和条件等因素的统称，包括政治、经济、军事、外交、科技、地理等方面的因素，是国家生存和发展的基本条件，是影响国家安全战略的基础因素。参见薛翔主编：《国家安全战略学教程》，军事科学出版社 2013 年版，第 62 页；王桂芳主编：《国家安全战略》，军事科学出版社 2018 年版，第 101 页。

失彼。

第一节 时代特征

客观事物由于内部矛盾运动而呈现不断变化和发展的过程，“时”因此成为物质存在的一种基本形式。人类社会存在和发展的“时”有时表现为历史发展所处的不同的大的阶段，这就是时代。所谓时代，是指整个世界的经济政治在其演进过程中具有不同个性的特殊发展阶段，它是“各式各样现象的总和”以及“各种关系的总和”，是关于世界发展进程和基本方向的最高概括①。

时代概念是马克思主义的产物。马克思、恩格斯曾在多种意义上使用过“时代”概念，并将人类社会发展形态划分为亚细亚、古希腊罗马、封建和现代资产阶级四个时代。但是，马克思、恩格斯在使用“时代”概念时并没有对其内涵进行明确规范，也没有指出划分不同时代的意义以及划分依据的科学标准。此后，完整系统的时代观是由列宁创立的，这是因为他所处的历史条件提供了可能也提出了要求。19 世纪末 20 世纪初，资本主义世界体系最终形成，为创立时代理论准备了历史前提，使列宁有可能整体把握世界政治经济形势的本质和发展趋势。同时，20 世纪初无产阶级革命条件的成熟，要求革命者清醒地分析国际形势，把握时代的基本特征，以便制定正确策略，把革命引向胜利。1913 年 3 月，列宁在《马克思学说的历史命运》一文中，首次把马克思主义产生以来的“世界历史”划分为“三个主要历史”，称这是“世界历史三大时代”。后来，他又具体定义了时代的内涵，先后提出“帝国主义时代”“无产阶级革命时代”等概念。因此，凡被称作时代的阶段，必须以重大事件为主要标志，具有特定内容，能够产生时间较长和范围较广的深远影响。

在此基础上，时代特征即所谓天下大势，是制约国家安全战略的一个根本因素，是观察和处理国际和国家安全问题的立足点和出发点。时代特征突出的是国际社会的潮流、主流问题，具有全球性和战略性特点，能够对国家安全战略产生根本性和全局性影响。关于时代特征的判断，决定了

---

① 梁守德、洪银娴：《国际政治理论》，北京大学出版社 2000 年版，第 288 页。

国家安全战略恰当与否。列宁指出，作为马克思主义者，“只有首先分析从一个时代转变到另一个时代的客观条件，才能理解我们面前发生的重大历史事件”，“只有在这个基础之上，即首先考虑到各个‘时代’的不同的基本特征（而不是个别国家的个别历史事件），我们才能够制定自己的策略”。[①] 判断时代特征，需要重点明确三个问题。

一、时代发展的动力和方向

矛盾和对抗是时代发展的根本动力，时代就是在人类社会的矛盾和对抗中变化、发展起来的，这些矛盾特别是社会基本矛盾推动了时代的发展和进步，是时代发展和进步的根本动力。由此可以说，时代特征是由人类社会的基本矛盾决定的。马克思指出：“大体说来，亚细亚的、古希腊罗马的、封建的和现代资产阶级的生产方式可以看作是经济的社会形态演进的几个时代。”[②] 其间的根本动力是生产力和生产关系、经济基础与上层建筑之间的矛盾关系，“社会的物质生产力发展到一定阶段，便同它们一直在其中运动的现存生产关系或财产关系发生矛盾。于是这些关系便由生产力的发展形式变成生产力的桎梏。那时社会革命的时代就到来了”[③]，列宁据此提出帝国主义时代理论。

从根本上讲，时代特征是由一定生产力的发展水平决定的，有什么样的生产力状况就有什么样的社会时代特征。当生产力水平发生重大变化时，时代特征会随之发生变化。20 世纪 70 年代以后，第三次科技革命浪潮推动资本主义生产力获得新发展，引发了生产关系新变化，国际无产阶级与资产阶级的尖锐矛盾斗争得到一定程度缓解，资本主义再次进入相对稳定发展时期。同期，世界社会主义运动遭遇曲折，进入新的力量积聚和理论反思时期。在这种情况下，战争与革命的固有时代主题开始发生变化。当然，生产力并不是机械地决定时代特征，时代特征的变化还受到生产关系、上层建筑等多种因素影响。

---

① 中共中央马克思恩格斯列宁斯大林著作编译局编译：《列宁全集》第 26 卷，人民出版社 1985 年版，第 142—143 页。

② 中共中央马克思恩格斯列宁斯大林著作编译局编译：《马克思恩格斯文集》第 2 卷，人民出版社 2009 年版，第 592 页。

③ 中共中央马克思恩格斯列宁斯大林著作编译局编译：《马克思恩格斯文集》第 2 卷，人民出版社 2009 年版，第 591—592 页。

二、推动时代发展的主体

马克思和恩格斯认为，人民群众是历史的创造者，是历史的主体。马克思明确指出，“人类的一切活动都是由人民群众在实践中创造出来的”①。在马克思时代观中，人民群众发挥的历史作用不可替代。列宁在此基础上进一步提出，分析时代要弄清楚“哪一个阶级是这个或那个时代的中心，决定着时代的主要内容、时代发展的主要方向、时代的历史背景的主要特点等等”②。他认为，无产阶级是帝国主义时代的中心，决定着帝国主义时代的主要内容、时代的发展方向和历史背景。以马克思主义理论为指导分析推动时代发展的主体，就是要明确今后一段时期内，哪类国家、哪种力量是时代发展的主导力量，主导或推动着时代发展；哪种活动决定着时代的主要内容和发展方向，构成了时代背景的主要特点。

20 世纪 70 年代以后，帝国主义的殖民体系在全世界土崩瓦解，被压迫民族和人民反对帝国主义殖民体系的政治斗争取得决定性胜利。获得独立的第三世界国家面临经济上继续受帝国主义国际体系剥削的问题，彻底冲破旧秩序束缚，赢得民族经济振兴，成为这些国家的中心任务。特别是在美苏两个超级大国争夺世界霸权的背景下，世界人民反霸斗争此起彼伏，和平力量的增长大大超过战争力量的增长，实现发展与和平更有希望。

三、时代主题

时代主题是一定时期国际社会面临的主要矛盾和问题，关系国际命运，影响各国兴衰。马克思认为：“问题就是公开的、无畏的、左右一切个人的时代声音。问题就是时代的口号，是它表现自己精神状态的最实际的呼声。”③ 时代主题是国际社会主要矛盾的反映，也是其面临的主要任务和正在解决的主要课题。

---

① 中共中央马克思恩格斯列宁斯大林著作编译局编译：《马克思恩格斯全集》第 1 卷，人民出版社 2002 年版，第 153 页。

② 中共中央马克思恩格斯列宁斯大林著作编译局编译：《列宁全集》第 21 卷，人民出版社 1985 年版，第 123 页。

③ 中共中央马克思恩格斯列宁斯大林著作编译局编译：《马克思恩格斯全集》第 40 卷，人民出版社 1982 年版，第 289 页。

在马克思主义发展史上，现代意义上的时代主题是由列宁首先提出的。19 世纪末 20 世纪初，资本主义由自由竞争阶段进入垄断即帝国主义阶段，资本主义生产方式的内在矛盾更加尖锐和激化。列宁明确指出，帝国主义阶段世界的基本矛盾是垄断资产阶级和无产阶级之间、帝国主义国家之间以及帝国主义国家和殖民地半殖民地国家之间的矛盾，这三大矛盾交织运动，必然导致帝国主义战争，而帝国战争的爆发为无产阶级革命准备了条件，即战争引起革命。因此，列宁提出帝国主义战争和无产阶级革命，也就是战争与革命，是这一时期的主要任务，即时代主题。

时代主题具有相当的稳定性，但并非一成不变，而是随着世界矛盾和形势发展发生变化。时代主题的转换是国际形势发生巨大而深刻变化的必然结果。第二次世界大战对时代主题的转换产生了深大影响，其爆发与结果是战争与革命时代主题的突出表现，同时又是时代主题从战争与革命向和平与发展转换的起点。

新中国成立后，基于对当时严峻国际形势的研判，在相当一段时期内延续了战争与革命仍是时代主题的判断。随着第二次世界大战后全球经济政治发展，和平与发展逐步代替战争与革命成为时代主题。20 世纪 70 年代后期至 80 年代中期，邓小平敏锐观察到国际局势发生重大变化，在总结国际共产主义运动经验和教训的基础上，从全球战略高度提出“和平与发展是当代世界两大问题”的著名论断。他明确指出：“国际上有两大问题非常突出，一个是和平问题，一个是南北问题。还有其他许多问题，但都不像这两个问题关系全局，带有全球性、战略性的意义。”① 他进一步指出：“现在世界上真正大的问题，带全球性的战略问题，一个是和平问题，一个是经济问题或者说发展问题。和平问题是东西问题，发展问题是南北问题。概括起来就是东西南北四个字。南北问题是核心问题。”② 1977 年 9 月，他预见性地指出“搞得好战争可以推迟”。1983 年 3 月，他又提出“大战打不起来”。1985 年 6 月，他明确表示“在较长时间内不发生大规模的世界战争是有可能的”。1987 年，中国共产党第十三次全国代表大会将这一理论概括为“和平与发展是当代世界的主题”。据此，党和政府果断把工作中心向经济建设转移，全面实施改革开放，中国国家安全战略实现

---

① 邓小平：《邓小平文选》第 3 卷，人民出版社 1993 年版，第 96 页。
② 邓小平：《邓小平文选》第 3 卷，人民出版社 1993 年版，第 105 页。

历史性转变，国家实力发展进入快车道。

有必要指出的是，强调时代特征主要是一些社会主义国家的习惯。如越南在 2019 年 11 月公布的《2019 年越南国防》白皮书中指出“在世界范围，和平、民族独立、民主、合作与发展仍是大趋势，也是国际社会的共同愿望和目标”，2022 年 2 月 4 日发布的《中华人民共和国和俄罗斯联邦关于新时代国际关系和全球可持续发展的联合声明》强调“国际社会对于和平与可持续发展的呼声更加强烈”。相比之下，以美国为首的西方国家一般不使用时代特征概念，甚至不接受“和平与发展是当今时代的主题”的论断，像美国反而不断强调“大国间的权力竞争是一条历史主线，当今时代与此毫无二致”，鼓吹“这种竞争将导致冲突”。

第二节　国际格局

国际格局也称国际战略格局，是指世界主要战略力量（主要是各大国）在一定历史时期内相互联系、相互作用所形成的一种较为稳定的全球结构或态势，主要包括大国实力分配和大国战略关系两大要素[①]。其中，大国之间的实力分配即实力对比是决定国际格局类型的更为基础性的因素，大国战略关系往往受制于彼此实力对比的状态。国际格局的内涵主要包括三个方面：第一，国际格局的构成角色只能是国际主要战略力量，即主要大国，因为只有它们才拥有超过多数国家的强大实力，具有全球性的战略、利益和影响力；第二，国际格局还是国际几大战略力量之间形成的一种相互关系；第三，这种相互关系在一定时期内保持相对稳定。国际格局的基础往往比较牢固，一经形成便难以在短时间内被局部事件所左右，只有在其内部力量对比发生根本变化时才会打破结构。而且，其改变经常发生在规模较大的战争或异常广泛的涉及许多重要国家的变革之后，但这种条件的出现并不简单。

国际格局与国际体系的区别在于，后者涵盖了各种国际行为体之间的主要关系，国际规范等也是构成要素之一，而国际格局的构成要素是那些

---

① 阎学通、何颖：《国际关系分析》（第 3 版），北京大学出版社 2017 年版，第 37 页。

对国际体系的运行能够独立发挥巨大影响作用的世界主要战略力量的对比及其相互战略关系。在这个意义上，国际格局的内涵通常要小于国际体系。国际格局在国际体系中的地位作用可以概括为三个方面[①]：第一，国际格局是国际体系的内部结构和外在表现形态；第二，世界格局影响并制约国际体系中各国际行为体之间的关系特点；第三，国际格局的主要矛盾影响和制约国际体系各种基本矛盾的发展变化。一定意义上，国际格局是国际体系的集中体现和核心内容，直接影响并制约国际体系行为主体间关系，成为分析国际战略形势的关键。

在国家安全战略领域，一般按照“极”的多少来划分国际格局类型。所谓“极”是指在国际格局中拥有强大经济、军事实力和政治影响力，扮演主要角色，起着主导作用的国家或国家集团。多数情况下，人们将在一定时期内占支配地位的主导性大国视为“极”。根据“极”的数量，可以将国际格局划分为单极、两极和多极三种类型。之所以使用大国来划分极，是因为即使中小国家改变与主导国的战略关系，并不能促使国际格局发生类型变化。如冷战期间印度选择与苏联结盟，但没有从根本上改变两极格局。此外，中小国家彼此结盟也无力改变国际格局类型。如不结盟运动从 1961 年成立至今，成员国已达到 121 个国家，囊括了三分之二的联合国会员国，却始终无法形成单独一极。近代以来，国际格局大致经历了四个发展阶段，即维也纳体系下的多极格局、“凡尔赛—华盛顿体系”下的多极格局、雅尔塔体系下的两极格局以及冷战结束以后的“一超多强”格局。进入 21 世纪，随着中国、印度、印尼等发展中国家加速发展，国际格局的多极化趋势变得更加明显。

一、单极格局

单极格局是指某一个主要的大国或力量在国际体系中占据主导地位，在该国周围存在着一系列其他主权国家，但并不能够成为与之抗衡的力量，一国独霸世界。[②] 严格意义上的全球单极格局从未出现，但在国际体系一定范围内，历史上曾出现过类似情况，如自由资本主义初期的大英帝

① 高金钿主编：《国际战略学概论》，国防大学出版社 2001 年版，第 249—251 页。

② 宋新宁、陈岳主编：《国际政治学概论》，中国人民大学出版社 2000 年版，第 77 页。

国和所谓的“不列颠统治下的和平”，这一单极格局是资本主义形成时期的特殊产物。当时资本主义刚刚在世界局部地区出现，现代意义的国际体系尚未形成，英国作为发展资本主义最早的大国暂时占据独霸地位，但这只是在局部地域而非全球形成了霸权，同时其领先优势很快缩小，因而只是一种不完全的、过渡性的格局状态。第二次世界大战后，美国作为唯一一个本土未遭受战火蹂躏的大国，曾经获得了与历史上的英国相同、甚至一度超越英国的世界“霸主”地位。但这种情况也非常短暂，苏联的快速崛起让美国实际只能称作资本主义世界的霸主。冷战结束后，美国凭借冷战红利，一度再次拉开与其他大国的实力差距，让单极格局论再次流行。根据世界银行数据，2006 年美国 GDP 为 13.2 万亿美元，占全球 GDP 总额 48.2 万亿美元的近三分之一，如果再加上美国的条约盟友，则其 GDP 总和占到全球 GDP 半数以上，于是有很多国家认为当时的国际格局属于美国主导下的单极格局。然而，随着次贷危机爆发，美国综合国力相对下降，新兴市场国家和发展中国家加速发展，越来越多的国家更加认同当今世界日益多极化的现实。

单极格局中，如果一个国家实力最强大，则它受到的外来约束相对最小，一般不会面临来自单个国家的安全压力，通常倾向于采取“单边”主义或所谓“自愿者同盟”策略。特殊情况下，主导国也可能面临其他国家联合起来所形成的战略压力，一旦某国拥有太多权力导致其他国家缺乏安全感，这些国家可能团结起来与之对抗，从而使该国变得更不安全。如战国时期秦国曾遭受东方六国的“合纵”压力，但这种同盟要么难以达到与超级大国同等的实力，要么难以组成有效制衡超级大国的稳固集团。如公元前 381 年，魏、赵、韩、燕、楚五国合纵攻秦，推楚怀王为纵长，实际只有魏、赵、韩三国出兵。待秦军反击时，魏国很快与秦讲和，导致三国纷纷退兵。结果次年秦军大举反击，斩首八万二千。所以，现实中，普通大国在单极格局中常常采取规避战略，中小国家则更倾向选择向超级大国靠拢的策略。当今世界，全球化方兴未艾，国际政治经济相互依赖进一步发展，任何一个国家都不可能脱离他国而单独存在和发展，也不可能完全凌驾于国际社会其他所有国家之上，因而纯粹意义上的单极格局实际无法实现。

二、两极格局

两极格局是指国际体系中有两个国家或国家集团的实力超过其他国家和国家集团，而且两个国家或国家集团之间的实力大体相当。这种类型的格局在历史上曾多次出现。比如，18 世纪末 19 世纪初的法国与反法联盟、第一次世界大战期间的同盟国与协约国、第二次世界大战期间的法西斯轴心国和反法西斯同盟国、第二次世界大战战后一段时期的社会主义和帝国主义两大阵营、20 世纪 60 年代以后的美国与苏联两个超级大国。其中，美苏两极格局最具代表性，时任美国国家顾问基辛格曾公开称美苏是军事两极。

历史上，两极格局更多表现为两大集团的相互制约，而不完全是两个国家之间的彼此对立。18 世纪末 19 世纪初，法国在面对反法联盟的同时也拥有自己的盟国或附庸国，如由拿破仑帝国所控制的意大利王国、荷兰王国、那不勒斯王国、西班牙等，甚至个别阶段俄国、奥匈帝国等反法同盟国家也一度成为其盟友。美苏两极也并非只是两个超级大国之间的对峙和抗衡，在美国一方有其西方盟国特别是北约集团，苏联一方也有东欧盟国和华约组织。而且，两极格局并非简单地将世界一分为二，在两极之外总有不愿从属于两极的国家存在，所谓的“牢固的两极”[①] 从未真正存在过。第一次世界大战前的两大集团之外有包括美国、日本两强在内的其他国家，第二次世界大战期间也存在很多没有卷入战争的国家，战后则存在着广大的“中间地带”。只不过两极之外的国家由于各种原因所致，其对国际体系和格局的作用相对较弱，从而使两极成为当时国际格局的主要特征。

在两极格局中，如果本国是其中的一极或属于其中一极阵营，则必然面临另一极及其阵营的战略压力。特别是其中的超级大国，所受到的战略约束要远大于其他任何国家。由于担心自己盟友的所作所为会被对方视作是己方在发起主动挑衅，超级大国在采取军事行动上往往持相对谨慎的态

① “牢固的两极”系统由美国学者莫顿·卡普兰最早提出。他在 1957 年出版的《国际政治的系统和过程》一书中提出著名的国际系统六模式：均势系统、松散的两极系统、“牢固的两极”系统、全球性系统、等级制系统、单位否决系统。“牢固的两极”系统以缺乏统一性为特征，整个世界被划分为两大集团或阵营，不存在任何其他行为主体。

度。同时，为了保证双方实力相对均衡，超级大国往往采取结盟的方式来有效保持自身实力，甚至期望通过结盟手段来相对超越对手的实力，因而对手阵营中的中小国家以及“中间地带”的国家容易成为超级大国积极争取的对象。而这为相关国家的战略选择提供了较大空间，完全可以通过改变与两大集团的关系来获取额外的好处。如冷战期间的埃及就曾凭借其重要的地缘战略位置，先后成为美苏两国竞相争取的对象。1971 年，苏联以提供援助为条件，说服埃及签订为期十五年的《苏埃友好合作条约》①。其后，美苏因各自面临严重问题，寻求新一轮缓和。1972 年 5 月美苏首脑莫斯科会谈后，苏联决定取消向埃及提供先进武器的计划。随后，埃及驱逐了几乎全部苏联军事顾问。1973 年 10 月，第四次中东战争爆发，苏联因担心战争升级一度以停止向埃及运送武器为威胁促其停火。战争失利之后，埃及总统萨达特大幅调整对外政策，于 1974 年 2 月恢复与美国的外交关系，并最终在 1976 年 3 月宣布废除《苏埃友好合作条约》，取消向苏联提供海港的协议。与此相反，在两极格局中，如果中小国家未加入任何一方且坚持独立自主政策，要么可能因为两极相互制约而有所抵消，如中国在 20 世纪 70 年代成为美国极力拉拢的对象，也成为苏联极力缓和的对象；要么可能同时面临来自两大阵营的压力，如 20 世纪 60 年代中国曾一度同时面临来自美国和苏联的严重战略压力。

三、多极格局

多极格局是指国际体系中有三个或三个以上相对均衡、相互制约的国家或国家集团实力，且各自独立、基本平等，相互之间不存在联盟或者隶属关系。在多极格局中，如果本国是其中的一极，有可能面临来自其他各极的共同战略压力或者其中一些极的战略压力。同时，由于主导大国数量较多，每个中小国家改变结盟关系对国际格局产生的影响均较为有限，所以每一极的盟主都不会愿意以较大妥协来拉拢盟友。如果本国不属于多极格局中的一极，则有可能因为大国相互制衡而拥有一定的战略自主，面临的安全压力相对较小，但如果自身安全能力过于有限，在无法得到某一极

---

① 该协议规定为加强阿拉伯联合共和国的防御能力，将根据双方之间相应协议，进一步发展军事方面的合作，包括协助阿拉伯联合共和国训练军事人员和向阿拉伯联合共和国提供武器与装备。

或某些极强力庇护的情况下，其国家命运有可能遭遇不测。18 世纪后期的波兰和中国晚清的命运均证明了这一点。

历史上，多极格局曾经多次出现。如 19 世纪的欧洲，由于英国、法国、普鲁士、奥匈帝国和俄国形成了稳定的均势结构，所以学界普遍将这一时期的欧洲国际格局称作多极格局。两次世界大战之间英国、法国、德国、意大利、日本、苏联、美国等强国并存的时期，也经常被称作是一个多极时代。但这些多极格局都带有局部性、不稳定性和过渡性特点，是一种不完全的多极格局。比如，19 世纪欧洲的多极均势只是一种局部地区的格局状态，虽然欧洲五大国是当时国际体系的主导力量，对多数国际事务拥有决定性影响，但对欧洲之外的美国和日本影响有限；而两次世界大战之间的多极时代是世界大战造成的短期特殊态势，缺乏稳定性，很快就被集团对立所取代，实际只是一种过渡性的形态。当前，世界正在加速形成的多极格局与历史上的多极格局存在显著区别，属于和平发展时代潮流下的多极化，是经济全球化和世界相互依存加深背景下的多极化，一旦形成将具有全局性和稳定性特征。

四、国际格局的稳定性

世界范围内一定的力量对比结构，只有在较长时期内处于相对稳定状态，才能最终形成国际格局。因此，国际格局的稳定因素便成为格局研究中的一个焦点问题。究竟单极格局、两极格局、多极格局哪一种更为稳定，学界存在一定争论。历史经验证明，某一格局是否稳定，不只是由构成“极”的成员数量所决定，成员数量的多寡是格局稳定与否的重要因素，但并不是决定性因素。概括起来，国际格局稳定应具备五个基本条件：（1）有两个以上不同质的“极”存在，即在战略上它们相互独立，彼此不存在依附关系；（2）构成“极”的成员之间竞争的重点不再是谋求军事霸权，其关系性质有了重大变化；（3）多数大国认同基本国际准则并大体保持一致；（4）具有一种强大的足以制止全面战争的威慑手段；（5）国际社会存在相对完善的调节机制。五个条件中，决定性的因素是构成“极”的成员之间的关系性质。

国际格局具有相对稳定性，但这并不代表国际格局不易改变，事实上稳定性是相对的，变动性才是绝对的。比如，大国实力对比的质变有可能引发国际格局的类型变化，像“东欧巨变”后美国迎来了所谓的

"单极时刻"。同时，大国战略关系的变化也会改变国际实力的结构。以2006年全球GDP为例，如果西欧国家结成同盟，其GDP总量能达到10.4万亿美元；如果中国、俄罗斯、印度、加拿大四国结成同盟，其GDP也能达到10.1万亿美元，均能与美国构成均势，从而形成一种新的多极格局。现实中，这两种情况都经常发生，特别是国家间发展不平衡是世界经济的基本规律，正是这一规律导致了国际格局周期性地发生重大变化。

当前，国际格局正在发生重大变化。2022年10月公布的美国《国家安全战略》报告指出"世界正变得更加分裂和不稳定"，同时强调"我们将充分利用自身的绝对优势"，也就是强调要继续护持其单极霸权。[①] 其他国家也认识到这一变化，其中部分国家更是承认世界总体呈现多极化发展趋势，如《2019年越南国防》白皮书强调"世界格局朝着多极化、多中心化加速演进"，再如2021年版《俄罗斯联邦国家安全战略》强调"当今世界正处于转型时期。世界经济和政治发展中心不断增加，新的全球性和区域性的领导国家的地位持续加强，改变着世界秩序结构，并推动着新的世界体制的架构、规则和原则的建立"[②]。中国政府也认为，"世界正在经历大变局，人类社会进入大发展、大变革的新时代。世界多极化、经济全球化、社会信息化、文化多样化持续发展，全球治理体系和国际秩序变革持续推进，各国相互联系和依存大大加深，国际力量分布趋于重构"[③]，也就是认为世界多极化、国际格局均衡是必然的发展趋势。

第三节　国际秩序

国际秩序是指某一时期国际体系中各个行为主体之间处理相互关系的

---

① The White House, "National Security Strategy of the United States", October 2022.

② 2021年版《俄罗斯联邦国家安全战略》，http://docs.cntd.ru/document/607148290。

③ 《中华人民共和国和俄罗斯联邦关于新时代国际关系和全球可持续发展的联合声明》，《人民日报》2022年2月5日，第2版。

行为规范、原则及相应的保障机制的总和。[①] 国际秩序包含三大基本构成要素，即国际主导价值观、国际规范和国际制度安排，其中国际规范起着决定性作用，是其核心要素。国际秩序从内容上可划分为国际经济秩序和国际政治秩序，从范围上可划分为全球性的国际秩序和地区性的国际秩序。国际秩序总是与国际格局相联系，历史上每一次大的国际格局变动都会引发重塑国际秩序的讨论，并最终推动形成与新格局相适应的新秩序。

一、国际秩序的建立与维护

一定国际秩序的建立和维护，总是与国际体系中各行为体，特别是与构成格局的主要行为体之间的利益矛盾和力量较量分不开，是各大战略力量之间相互斗争又相互合作的复杂过程。

首先，建立和维护一定国际秩序与各个主权国家的国家利益紧密相关，它集中反映了国家利益需求之间的相似和冲突。任何国家从不抽象看待和理解国际秩序，而是将已经存在的或者将要建立的国际秩序视为与其生存和发展休戚相关的基本外部环境，将建立和维护国际秩序看作争取解决与自身利益密切相关的各种国际问题的机会和途径。因而，各国关于建立和维护某种国际秩序的主张、构想及其为之所进行的种种努力，本质上都是为谋求其国家利益而推行的战略的集中体现。各国之所以围绕国际秩序的建立和维护展开激烈斗争，其深层动因正是在于各国国家利益之间存在矛盾，特别是大国之间往往出现国家利益碰撞。

其次，建立与维护一定国际秩序是国家间实力较量的结果。建立和维护国际秩序的实质，是由谁来制定规则，并由谁来掌管这些规则，而实力在其中发挥着十分重要的作用。迄今存在过的国际秩序，都是代表少数大国强国利益的秩序。大国强国凭借其超群实力在其中居于垄断或主导地

---

① 学界并没有关于国际秩序的统一定义，例如阎学通将国际秩序定义为“国际体系中的行为体依据国际规范采取非暴力方式处理冲突的和平状态”，张小明提出国际秩序是指“世界上的国家按照一定的规则在国际舞台上确定各自的地位”，英国学者赫德利．布尔将国际秩序定义为“追求国家社会或国际社会的基本或主要目标的行为格局”。参见阎学通、何颖：《国际关系分析》（第 3 版），北京大学出版社 2017 年版，第 42 页；张小明：《关于国际新秩序的几点认识》，《国际政治研究》1992 年第 3 期，第 42 页；Hedley Bull，“The Anarchical Society：A Study of Order in World Politics”，4th Edition，Palgrave Macmillan，2012，p. 8。

位，大多数弱小国家则处于被垄断、被支配地位。当前，国际社会能够确立什么样的国际新秩序，最终也将取决于各种力量斗争较量的结果。当然，强调实力在建立和维护国际新秩序中的重要作用，并不是说谁的实力最强，国际秩序就按谁的构想去实现。实际上，国际秩序必然是各大战略力量之间既斗争又妥协的“合力”所作用的结果。

一定国际秩序的建立与维护，不仅取决于一定国际格局，还会受到所处时代的制约。时代潮流和人心向背也是一种巨大的力量，它们通过影响格局的变化作为中介或者直接作用于国际秩序这两种渠道来制约秩序的建立与维护。当今世界，越来越多的国家和民众期盼改变现有国际秩序存在的不公正、不合理问题，这种要求为构建更加公平正义的国际秩序注入了强大的内在动力。

二、围绕建立国际新秩序的长期斗争

建立公正合理的国际秩序是人类长期追求的目标。从 1648 年《威斯特伐利亚和约》首次确立国家间平等和主权原则，到 1945 年《联合国宪章》明确四大宗旨和七大原则，再到 1955 年万隆会议通过处理国际关系的十项原则，一系列国际公约、准则的陆续出现为建立公正合理的国际秩序奠定了原则基础，提供了重要遵循，但建立国际新秩序的任务依然任重而道远。

现行国际秩序是第二次世界大战结束后，美国、苏联、英国等国在《雅尔塔协定》的基础上建立起来的。这一秩序在一定意义上是世界人民反法西斯斗争胜利的产物，在很大程度上推动了战后经济与政治发展，具有历史进步性。不过，它毕竟是大国之间相互争斗与妥协的产物，尤其在美苏同盟关系破裂以后，两国随即转变为激烈对抗的关系，不断争夺世界霸权、划分势力范围、推行强权政治，从而成为维护世界和平与促进全球发展的严重障碍。与此同时，占世界大多数的不发达国家，则在这一国际秩序中处于从属地位，长期被排斥在重大国际事务之外。冷战结束后，国际秩序有过局部调整，但并未得到根本改善。相反，随着西方国家整体实力相对衰落，霸权主义和强权政治现象变得更为突出。

广大发展中国家打破旧秩序的呼声由来已久。早在 20 世纪五六十年代民族解放和民族独立运动高涨时期，亚非拉新兴独立国家就提出了反对帝国主义、殖民主义、霸权主义和强权政治，争取独立、平等和发展的进步

主张。之后，发展中国家又开展了破除国际经济旧秩序、建立国际经济新秩序的斗争，矛头直指国际经济霸权主义。中国一直坚定支持发展中国家的正义主张，支持建立更加公平合理的国际新秩序。1988 年 9 月，邓小平在会见外宾时提出建立国际政治新秩序的问题。同年年底，他在会见日本国际贸易促进会访华团时进一步阐明了这一观点，指出应该提出一个建立国际新秩序的理论。中国政府主张在和平共处五项原则基础上建立国际新秩序。这是因为：第一，和平共处五项原则概括了最基本的国际关系准则，反映了新型国际关系的本质特征，完全符合《联合国宪章》的宗旨和原则；第二，和平共处五项原则是一套完整的国家行为规范，比其他国际性、区域性法律原则更全面、更合理；第三，和平共处五项原则完全、彻底、全部摆脱了旧国际关系的不公正、不合理因素和消极因素，符合现代国际关系的民主精神，反映了国际社会特别是广大发展中国家的共同愿望，体现了时代的特点，符合世界人民的根本利益。

三、推动构建更加公平合理的国际秩序

随着美国霸权衰落以及新兴市场国家和发展中国家快速发展，全球权力格局、大国关系、治理机构都发生了重大变化，国际秩序正处于新旧交替的重要拐点。一方面，和平、发展、合作、共赢的历史潮流不可阻挡；另一方面，恃强凌弱、巧取豪夺、零和博弈等霸权霸道霸凌行径危害严重。在这种新旧秩序交替之际，美国、欧盟、日本和新兴大国都在宣示自己的国际秩序观，但其中一些国家沿袭以往战争和冲突充当国际体系变迁重要动力的陈旧思维，试图继续维持不合理的国际旧秩序。对此，中国政府明确指出“什么样的国际秩序和全球治理体系对世界好、对世界各国人民好，要由各国人民商量，不能由一家说了算，不能由少数人说了算”①，先后提出“合作共赢”“人类命运共同体”等崭新观念，越来越受到世界广大国家和人民的欢迎。

一是以“合作共赢”理念推动国际秩序重塑。当前，各国的相互联系、交流和依存程度空前，冲突和对抗的代价难以估量，已经形成了一种和则两利、斗则两伤的局面。但一些发达国家尽管面临实力相对下降问

---

① 习近平：《在庆祝中国共产党成立 95 周年大会上的讲话》，人民出版社 2016 年版，第 20 页。

题，却不会自动让出全球领导权和规则制定权，反而还在制造障碍和难度。要想改变这种状况，就必须有力但适度地调整发达国家与发展中国家的关系。“合作共赢”理念作为一种超越地缘政治的战略处理方式，倡导各国超越经济社会制度、意识形态、发展模式等差异，坚持以平等对话解决争端、以相互协商化解分歧，不仅有利于弥合不同国家之间特别是发达国家与发展中国家的利益鸿沟，增进共同利益，而且能够有效维护国际和平大局，扩大全球共同利益，推动构建新型国际秩序。

二是以人类命运共同体理念引领国际秩序重塑。人类命运共同体理念是一个更高层级的合作概念，主张国家间的合作应该以服务全人类为宗旨，超越了集团政治、联盟政治，提出全球安全倡议，助力共建人类安全共同体和塑造国际安全新秩序；主张共建团结、平等、均衡、普惠的全球发展伙伴关系，超越了资本至上逻辑，提出全球发展倡议，助力构建全球发展命运共同体和塑造国际经济新秩序；主张以全人类共同价值为指引，超越了普世价值论和文明冲突论，提出全球文明倡议，助力推动全球文明交流互鉴和塑造国际文明新秩序；主张促进人与自然和谐共生，超越了短视功利的生态观，助力构建地球生命共同体和塑造国际生态新秩序，具有深远影响与勃勃生机。因而，“构建人类命运共同体是世界各国人民前途所在。万物并育而不相害，道并行而不相悖。只有各国行天下之大道，和睦相处、合作共赢，繁荣才能持久，安全才有保障”①，唯有以“人类命运共同体”为导向，国际秩序的基础才会牢固，国际安全的前景才能美好。

第四节　国内状况

国内安全是国家安全的根基。中国古代特别强调内重于外，认为只有在内部行仁政，才能实现“富安天下”和“亲仁善邻”，或者才有实力去“救中国而攘夷狄”。这种观念在当代依然为众多国家所认可。如 2010 年版美国《国家安全战略》报告强调“我们的国家安全始于国内”，2022 年

---

① 习近平：《高举中国特色社会主义伟大旗帜　为全面建设社会主义现代化国家而团结奋斗——在中国共产党第二十次全国代表大会上的报告》，人民出版社 2022 年版，第 62 页。

版美国《国家安全战略》报告也强调“在一个相互联系的世界里，外交和国内政策之间没有明确界限”①。国内安全要素众多，其中对国家安全全局影响较大的主要包括以下五个方面。

一、最高决策者和政府的权威状况

最高决策者和政府是国家权力的掌控者，对国家安全政策的制定及其实施具有无可比拟的影响力。国内安全的关键是最高决策者和政府领导要拥有权威，即得到社会成员认可和服从。最高决策者和政府的领导过程是运行强制力的过程，掌权者依靠强制力量促使他人的行为符合自己的目的，但这一领导不能长期单纯依靠强制力量，而需要有效地转化为权威。权威是一种精神力量，其作用主要是一种社会心理过程。

最高决策者和政府为使自己的意图和命令得到顺利贯彻执行，要使自己所拥有的国家权力具有最高权威，就需要依据某种价值观和意识形态来证明自己有资格获得和使用政治权力。分析最高决策者和政府拥有的权威状况，主要是判断其所倡导的价值观和意识形态是否得到该国民众认同并有效转化为社会共识。如 2022 年 1 月，全球最大公关咨询机构美国爱德曼国际公关公司发布“信任度晴雨表”，公示 28 个国家的信任度，其中中国民众无论是对国家的综合信任度还是对政府、企业、媒体、医疗机构和央行信任度，全部处于全球排名第一的领先地位。特别是中国受众对政府的信任度高达 91%，为十年来的最高水平。相比之下，美国的信任度综合指数仅为 43%，远低于中国的 83%；其政府信任度仅 39%，远低于中国政府的 91%，这无疑将影响未来美国国家安全战略制定和实施的权威性。

二、政府行使社会职能状况

恩格斯指出：“政治统治到处都是以执行某种社会职能为基础，而且政治统治只有在它执行了它的这种社会职能时才能持续下去。”② 政府有效行使社会职能是国内安全的基础，离开对社会职能的履行，政府的政治权力将无从谈起，国家内部可能发生动乱。现代政府对社会职能的履行，更

---

① The White House，“National Security Strategy of the United States”，October 2022.

② 中共中央马克思恩格斯列宁斯大林著作编译局编译：《马克思恩格斯选集》第 3 卷，人民出版社 1972 年版，第 219 页。

多体现在对社会经济事务的干预和对社会福利事业的组织和服务方面。通过促进社会经济发展，推进一系列社会福利政策，政府可以有效缓和社会矛盾或冲突，进而促进社会稳定。

2017 年 2 月底，美国总统特朗普在国会演讲时曾指出，他上任时“9400 万美国人没有工作，超过 4300 万人处于贫困之中，超过 4300 万人依靠食品救济度日。超过五分之一的人劳动能力丰沛却没有工作”。拜登执政后，尽管美国 GDP 增长回到疫情前趋势线，失业率有所下降，但受美国政策因素等影响，通胀率却攀至新高，对富人加税等议程停滞不前，中低收入群体的经济状况未得到明显改善。总部设在巴黎的国际知名民调机构益索普公布的调查数据显示，高达 70% 美国民众认为本国已陷入危机并面临失败风险。这与世界其他一些国家的良好治理形成的鲜明对比。

三、阶级、政党、民族和利益集团之间的关系状况

国内安全是阶级、政党、民族和利益集团之间相互作用的结果。它们的存在及其行为目的，根本上是为了争取有利于自己的社会资源分配，它们之间的利益关系或利益分配格局决定着各主体相互对抗抑或和平共处的关系。近年来，美国国家安全战略之所以越来越强调“在国内建设得更好”，一个重要原因是美国社会不平等性日益凸显，国内各界分歧越来越大，不仅存在种族区隔，而且各种族内部的阶级差距在进一步扩大，表面的文化或种族冲突已经不能掩盖美国内部的多重社会撕裂。像美国收入差距的扩大趋势已经持续了半个世纪。1974 年至 2019 年，美国家庭年收入总额中，10% 的高收入家庭的份额从 34% 升至 45. 5% ，50% 低收入家庭的份额从 19. 9% 降至 13. 3% 。收入差距的持续扩大意味着社会分化的加剧，持续存在和不断扩大的收入差距必然转变为不断拉大的社会和政治地位差距。在纵向比较中，1948 年至 1973 年美国中位数家庭的年均收入增速为 3% ，1973 年至 2019 年却只有 0. 6% ，这意味着大多数美国人很难期望自己的生活水平能够超过父辈。其中，少数族裔贫困化现象更加严重，近年来一个典型白人家庭的财富是黑人家庭的 8 倍。这些现象导致美国公众挫败感强烈，甚至削弱了对所谓“美国梦”的信仰。

这一撕裂同样反映为美国的政治极化也就是政治对立加剧成为一个紧迫的国家安全问题。如 2022 年 2 月 4 日美国国会众议院通过名为《2022 年美国竞争法》的大型投资法案，企图通过加强国内供应链的方式来提升

美国的科技竞争力。但其投票结果是222票支持、210票反对，民主党议员中只有一个人反对，共和党议员中只有一个人支持并随即遭到共和党大会谴责。美国总统拜登在记者会上宣称，未料到共和党人“致力于让他一事无成”。分析人士警告，这种“超级极化”已经“处在内战结束以来最严重时期”，“一旦爆发危机，政府可能会陷入瘫痪、恐惧、政治失误”，同时也破坏了美国国际承诺的可信度，将使美国更难获得盟友和对手的合作。相比之下，中国政府坚持“以人民安全为宗旨”，所面临的“社会主要矛盾是人民日益增长的美好生活需要和不平衡不充分的发展之间的矛盾”，国家长治久安具备良好的基础。

四、社会稳定状况

社会稳定是公民生活安定、协调、和谐与有序的状况。社会稳定是国内安全状况的重要组成部分，社会系统崩溃或社会运行失调均会引发社会危机，冲击国家安全。因而，必须通过防范和化解社会风险来长期有效保持社会系统良性运行和协调发展。维护社会稳定关键要预防和控制违法犯罪活动特别是严重暴力恐怖犯罪活动，切实保护公民生命财产安全；还要处理好各类治安事件包括群体性事件，防止有限冲突加剧、小型事态扩大。像美国社会受政治经济因素冲击，近年来稳定状况不断恶化。2021年1月6日，美国首都华盛顿出现了特朗普支持者围攻国会山的严重骚乱，最终造成5人死亡、500多人被捕。这只是美国社会戾气横生的一个侧面。根据相关报道，美国人口数量虽然不足世界总人口的5%，但监狱人口数量却达200万，占全球在押囚犯的四分之一。[①] 2021年，美国各地社区发生了数量惊人的凶杀案和枪击案，仅密歇根州杰克逊市就发生了150起以上的谋杀案。随着种族、政治等因素叠加，美国社会稳定情况更不乐观。

如随着美国不断渲染对华战略竞争，美国歧视亚裔行为日渐增多，击打、枪击等事件不断发生，2021年仅纽约市反亚裔仇恨犯罪就飙升了361%。相比之下，中国高质量发展取得新成效，社会总体和谐稳定。根据公安部公布数据，2021年中国八类主要刑事犯罪案件、毒品犯罪案件、抢劫抢夺案件、盗窃案件的立案数，较2012年分别下降64.4%、56.8%、

---

① 《2022年6月1日外交部发言人赵立坚主持例行记者会》，外交部官网，https：//www.fmprc.gov.cn/web/fyrbt_673021/202206/t20220601_10697547.shtml。

96.1%和62.6%。中国国家统计局2021年调查数据显示，中国群众的安全感达到98.62%，较2012年提升11个百分点，当今中国成为世界公认的最安全国家之一。

五、战略文化与国家安全观

战略文化与国家安全观是影响国家安全战略的观念因素。观念来源于实践，并随着实践的变化而变化，同时观念对实践又发挥重要的反作用。因此，在国家安全领域，观念受到特定国家维护国家安全实践的深刻影响，反过来又会深刻作用到未来维护国家安全的实践过程。

一般说来，战略文化作为人们对国家安全问题思考和处理的独特方式，具有比较明显的稳定性，对一个国家的国家安全思想和实践会产生持续影响。“从世界历史的范围看，游牧文明与航海文明往往表现出扩张、尚武的战略文化倾向，而农耕文明则往往表现出内向、和平的战略文化倾向。”① 当然，一个国家战略文化的稳定性又是相对的，它总是会“伴随国家实力、政权特征、对外关系等因素的发展而变化，这导致一些国家的战略文化不断重构。”② 苏联在1917年的十月革命后，以列宁为首的苏维埃政府极力扭转沙俄时期的进攻性战略文化，并提出了与资本主义国家“和平共处”的主张，苏联的战略文化中出现了防御性色彩。但其后，随着苏联综合国力增强，开始与美国争夺世界霸权，战略文化又出现了明显的进攻性特点。符合历史潮流的先进战略文化对维护国家安全能起到积极作用。新中国的成立，就是在先进的毛泽东思想指导下得以实现的。

国家安全观是在特定战略文化背景下形成的对国家安全理论化和系统化的认识和观念。国家安全观对国家安全战略选择重要的指导依据。“尽管安全观在一定时期内是稳定的，但作为一个历史范畴，它会随着时代的变迁而发展变化。”③ 纵观世界历史，在过去很长时期里，世界主要国家的安全需求相对聚焦于生存及战争问题，缺乏系统的安全战略指导和科学有效的决策机制。在这样的时代条件下，军事战略占有主导地位，战略家和政治家往往习惯于把军事胜利视为国家安全。第二次世界大战结束，尤其

---

① 宫玉振：《中国战略文化解析》，军事科学出版社2002年版，第11—12页。

② 杨毅主编：《国家安全战略理论》，时事出版社2008年版，第52页。

③ 杨毅主编：《国家安全战略理论》，时事出版社2008年版，第57页。

是冷战结束以来，随着国际形势的发展变化，国家安全的内涵和外延日益扩展，安全威胁趋向复杂多元，国家安全战略从军事战略中分离出来，并得到迅速发展。与此同时，许多国家安全决策体制也得到不断完善，相应的国家安全战略理念也不断得以深化。我国国家安全战略思想和观念的发展变化也经历了相似的历程。

国家安全是国家生存发展的前提和条件，而国家安全观念则规定了维护国家安全的基本指向。中国的发展进入新时代，以习近平同志为核心的党中央牢牢把握坚持和平发展、促进民族复兴这条主线，准确分析国家安全形势发展变化的新特点新趋势，科学总结了维护国家安全的历史经验，全面推进了国家安全工作的创新发展，总体国家安全观的提出，更是极大深化了我们党对国家安全理论和实践的认识。总体国家安全观是我们党历史上第一个被确立为国家安全工作指导思想的重大战略思想，是习近平新时代中国特色社会主义思想的重要组成部分，是马克思主义国家安全理论中国化的最新成果，是当代中国对世界的重要思想理论贡献，是新时代国家安全工作的根本遵循和行动指南。

总体国家安全观也来源于古今中外战略思想的积淀，其中尤其传承自中国共产党和中国人民捍卫国家安全百年奋斗经验和集体智慧结晶，并在坚持和拓展中国特色国家安全道路的不懈探索中得到不断发展。新中国成立以来，我们党历来高度重视国家安全，在各个历史时期都能够审时度势提出相应的有效的国家安全战略思想，在工作中也积累了丰富的国家安全实践经验，从而就为维护国家安全提供了坚实的保障。

毛泽东主权安全思想。在当时两极对峙的背景下，中国面临的安全威胁主要来自传统的军事领域，威胁载体主要是敌对大国，维护安全的手段主要依赖国防和军事。毛泽东认为，与帝国主义打交道，没有力量是不行的，必须同帝国主义的实力政策针锋相对。① 毛泽东始终把维护国家生存安全作为新中国一切安全活动的根本目标，坚决捍卫国家独立、主权和领土完整。毛泽东把“战争与革命”作为维护国家安全的基本方针，② 并强调，要以实力求和平，假设强大的国防力量，随时准备迎击来犯之敌，并

① 杨毅主编:《国家安全战略研究》，国防大学出版社 2007 年版，257 页。

② 丛鹏主编:《大国安全观比较》，时事出版社 2004 年版，第 266 页。

通过必要的军事斗争塑造有利的安全环境。①

邓小平发展安全思想。20 世纪 70 年代末 80 年代初，在和平与发展为时代主题和改革开放的新形势下，邓小平明确要求必须紧紧扭住经济建设这个中心不动摇，这就极大拓展了国家安全内涵，为经济发展提供安全保障成为这一时期国家安全战略的重要任务，同时坚持以国家利益为最高准则，“考虑国与国之间的关系主要应该从国家自身的战略出发。着眼自身长远的战略利益，同时也要尊重对方的利益”，“我们都是以自己的国家利益为最高准则来谈问题和处理问题的”。② 邓小平强调，发展是硬道理，落后就要挨打，“国家的主权、国家的安全要始终放在第一位”。③

江泽民互信互利安全思想。经济全球化的迅猛发展，使国家之间相互依存趋于增加，爆发世界大战的可能性进一步降低。国家间安全关系已经不再是简单的零和，而要复杂得多的非零和，具有两重性，需要综合运用战略手段。谋求安全不能一味地冲突，还必须谋求合作，并以合作来制约冲突。江泽民强调要从国家根本利益出发，以和平共处五项原则为基础，树立互信、互利、平等、协作的新安全观，“各国应遵守联合国宪章的宗旨和原则以及公认的国际关系准则，各国的事务应该由本国政府和人民决定，世界上的事情应该由各国政府和人民平等协商，反对一切形式的霸权主义和强权政治”。④

胡锦涛和平发展道路安全理念。随着综合国力的巨大跃升，中国的国际角色发生重要改变，国际影响力也得到不断增强，但同时中国与外部世界的关系也变得日益复杂，国家安全面临着传统安全威胁和非传统安全威胁相互交织的更为复杂局面。因此胡锦涛强调，要从维护战略机遇期出发，拓展国家安全战略和军事战略视野，努力开辟中国“和平发展道路”，构建国家安全牢固基础，推动建设和谐社会与和谐世界。胡锦涛明确指出：“应加强不同文明之间的对话和交流，在竞争比较中取长补短，在求同存异中共同发展，努力消除相互间的疑虑与隔阂，使人类更加和睦，让

---

① 杨毅主编：《国家安全战略研究》，国防大学出版社 2007 年版，256 页。
② 邓小平：《邓小平文选》第 3 卷，人民出版社 1993 年版，第 330 页。
③ 邓小平：《邓小平文选》第 3 卷，人民出版社 1993 年版，第 348 页。
④ 江泽民：《论“三个代表”》，中央文献出版社 2001 年版，第 184 页。

世界更加丰富多彩。”①

党的十八大以来，以习近平同志为核心的党中央准确认识把握国家安全形势发展变化的新特点新趋势，在继承我党历届领导人安全思想的基础上，科学总结了维护国家安全已取得的经验，系统提出了总体国家安全观这一重大战略思想，从而把我党我国对国家安全的认识提升到新的高度。可以认为，总体国家安全观是具有时代意义的崭新的国家安全理念。把维护国家安全贯穿党和国家工作各方面全过程，“我们坚持总体国家安全观，就要坚持以人民安全为宗旨、以政治安全为根本、以经济安全为基础、以军事科技文化社会安全为保障、以促进国际安全为依托，统筹外部安全和内部安全、国土安全和国民安全、传统安全和非传统安全、自身安全和共同安全，统筹维护和塑造国家安全，夯实国家安全和社会稳定基层基础，完善参与全球安全治理机制，建设更高水平的平安中国，以新安全格局保障新发展格局”。②

当今世界正处在一个前所未有的动荡变革时期，国际体系面临深刻变迁。与此同时，以中国式现代化全面推进中华民族伟大复兴的历史进程也进入关键阶段，中国与外部世界深度互动，维护国家安全面临新形势新任务，由此对国家战略筹划也提出了更高要求。大国的兴衰，战略是关键。“通过实践而发现真理，又通过实践而证实真理和发展真理。从感性认识而能动地发展到理性认识，又从理性认识而能动地指导革命实践，改造主观世界和客观世界。”③ 新时代只有牢固树立总体国家安全观，全面推进国家安全体系和能力建设，才能有效应对日渐增多的不稳定不确定因素，化解和消除重大战略风险，真正经受住各种风险挑战的重大考验。

---

① 胡锦涛：《努力建设持久和平共同繁荣的和谐世界》，《人民日报》2005 年 9 月 16 日。

② 习近平：《高举中国特色社会主义伟大旗帜　为全面建设社会主义现代化国家而团结奋斗——在中国共产党第二十次全国代表大会上的报告》，人民出版社 2022 年版，第 52—53 页。

③ 《毛泽东著作选读》（上册），人民出版社 1986 年版，第 136 页。

第三章　国家安全战略目标

国家安全战略目标在国家安全战略构成中具有基础性作用。一方面，国家安全战略目标是国家安全战略的指向和牵引。国家安全战略的筹划和实施的核心就是认识和判定国家安全战略目标，确定明确而非模糊、现实而非空想、坚定而非游移不定的战略目标是制定国家安全战略的关键。另一方面，国家安全战略目标决定国家安全战略实施成效。战略目标的偏移将导致国家安全战略实施失败，给国家安全带来致命危险。像越南战争期间的美国国家安全战略之所以失效，最后走向失败，根本原因就在于其战略目标出现了错位。综合起来看，一个没有目标的国家安全战略不是真正的国家安全战略，充其量不过是一种牵制行动而已。实践中，确立国家安全目标一般遵循“界定国家利益—判断国家安全威胁—分析敌我实力对比”的逻辑和步骤。

第一节　国家安全战略目标的内涵

国家安全战略目标是在利益认定、威胁判断和实力对比的基础上确立的。它主要回答国家在安全上要追求并达成什么目的，主要任务是明确维护国家安全的总体要求、基本指向和全局所要达到的结果。但国家安全战略目标与国家安全利益、国家安全威胁和实力对比并不是一一对应关系。确立国家安全战略目标需要站在国家战略层面，从更高层次、以宏阔视野对国家安全面临的内外局势进行综合分析，以确保目标能够全面准确地体现国家安全的使命、任务和基本指向。

一、国家安全战略目标的界定

战略目标在国家安全战略筹划和实施过程中具有基础性和指向性作用，也是国家安全战略不可或缺的构成要素。关于国家安全的构成要素，主要包括战略目标、战略方针和原则、战略能力、战略途径等几方面内容。“这些因素相互影响、相互作用，形成一个有机联系的整体，构成了一个完整的战略框架。”① 目标对于战略意义重大，“不树立靶子，就打不中靶心；弄不清目标，就制定不出成功的行动方案”②。国家安全战略从制定到实施、再到调整的整个过程始终围绕确定和实现战略目标展开。从这个意义讲，国家安全战略目标既是制定国家安全战略的出发点，也是执行国家安全战略的归宿。

国家安全战略目标是国家利益和政治意志的最高体现，统领和规范国家安全战略各领域和各层面。从实践角度看，国家安全战略目标具有相对明确的指向性和时效性，其追求不可能无限存在，其结果也未必是国家安全的最终结果。据此，可将其界定为国家或政治集团在一定时期内为维护国家安全所要达成的全局性目的和标准。由此可见，国家安全战略制定与实施的过程，就是国家安全战略主体对国家安全战略客体的认识与作用过程及其具体化，是主权国家或政治集团综合分析、全面判断国家安全形势后形成的一种主观认定或期待。这种认定或期待能否成立，必须接受现实的检验，与客观安全实践要求相一致。因此，确立国家安全战略目标应当是主客观共同作用的结果。

当前中国的国家安全环境正在发生深刻变化，国内外安全风险相互交织，维护国家安全面临更艰巨任务。党的二十大报告指出：“今天我们所面临问题的复杂程度、解决问题的艰巨程度明显加大，给理论创新提出了全新要求。”③ 新的历史条件下，我国面临对外维护国家主权、安全、发展利益，对内维护政治安全和社会稳定的双重压力，各种可以预见和难以预

---

① 杨毅主编：《国家安全战略理论》，时事出版社 2008 年版，第 63 页。

② ［美］丹尼斯 · 德鲁、唐纳德 · 斯诺著，王辉青等译：《国家安全战略的制定》，军事科学出版社 1991 年版，第 14 页。

③ 习近平：《高举中国特色社会主义伟大旗帜　为全面建设社会主义现代化国家而团结奋斗——在中国共产党第二十次全国代表大会上的报告》，人民出版社 2022 年版，第 20 页。

见的风险因素明显增多。这种安全态势也充分体现了我国正处于社会变革的攻坚阶段以及我国与外部世界关系深度调整时期的突出特点。

我国发展处于新的历史方位，国家治理面临更艰巨的任务，从而也对国家安全工作提出了更高要求。只有准确把握国家安全形势发展变化的新特点新趋势，未雨绸缪，发扬斗争精神，增强斗争本领，着力推进国家安全体系和能力现代化，才能有效防范化解重大安全风险，为全面建设社会主义现代化国家，全面推进中华民族伟大复兴提供坚强安全保障。在世界变局中不能迷失自我。党的二十大报告进一步明确了未来发展方向："中国式现代化是走和平发展道路的现代化。我国不走一些国家通过战争、殖民、掠夺等方式实现现代化的老路，那种损人利己、充满血腥罪恶的老路给广大发展中国家人民带来深重苦难。我们坚定站在历史正确的一边，站在人类文明进步的一边，高举和平、发展、合作、共赢旗帜，在坚定维护世界和平与发展中谋求自身发展，又以自身发展更好维护世界和平与发展。"①

从战略筹划角度，如何界定一个时期国家安全战略目标，是维护国家安全的关键工作。怎样使战略目标与自身拥有的战略能力之间建立高效有机联系，是国家安全工作的重中之重。党的二十大报告首先明确了到2035年国家安全工作的战略目标，那就是"国家安全体系和能力全面加强，基本实现国防和军队现代化"。② 而未来五年是全面建设社会主义现代化国家开局起步关键阶段，与之相对应的国家安全战略目标设定为："国家安全更加巩固，建军一百年奋斗目标如期实现，平安中国建设扎实推进"。③ 战略目标的确立，对做好国家安全工作将起到十分重要的引领作用。

具体到未来五年与外部世界的关系，党的二十大报告提出明确要求：

---

① 习近平：《高举中国特色社会主义伟大旗帜　为全面建设社会主义现代化国家而团结奋斗——在中国共产党第二十次全国代表大会上的报告》，人民出版社2022年版，第23页。

② 习近平：《高举中国特色社会主义伟大旗帜　为全面建设社会主义现代化国家而团结奋斗——在中国共产党第二十次全国代表大会上的报告》，人民出版社2022年版，第24页。

③ 习近平：《高举中国特色社会主义伟大旗帜　为全面建设社会主义现代化国家而团结奋斗——在中国共产党第二十次全国代表大会上的报告》，人民出版社2022年版，第25页。

“中国国际地位和影响进一步提高，在全球治理中发挥更大作用。”① 在这样的目标牵引下，国家安全可能遭遇的重大风险和威胁将得以积极预防和有效应对；国家主权、安全和发展得到有效维护；大国关系保持总体协调态势，来自外部的战略压力被有效化解，大国关系得以实现基本战略稳定；与周边国家关系进一步巩固，领土与海洋权益争端得到有效管控；外部环境塑造能力持续增强，在国际事务中的影响力不断提升。在此基础上，可以展望未来中长期，应争取国家生存与发展的外部环境得到明显改善；重大安全风险和威胁得到有效预防控制；新型大国关系框架基本得以确立；“一带一路”建设成果丰硕，周边安全依托不断强化；在国际事务中的影响力尤其是制度性权力得到切实加强，成功实现从大国到强国的历史性跨越，进而成为国际秩序变革的积极参与者、建设者、引领者。

二、国家安全战略目标的分类

国家安全战略目标构成复杂，根据不同分类形成了一个庞大体系。从实用角度，大体可以区分为三种主要类型：

（一）从空间角度可分为总目标和领域目标

国家安全战略的总目标是指国家安全战略全局所要达成的目的和标准；国家安全战略的领域目标是指国家安全所涉及的领域所要达成的目的和标准。国家安全战略的总目标往往是维护国家的主权、独立、领土完整和国内基本生活方式、社会制度的选择自由等。不同国家有关国家安全战略总目标和领域目标的明确程度各不相同。即使在同一个国家，不同时期有关表述也不完全一样。如在克林顿时期，美国《国家安全战略》报告明确提出其总目标是维护美国不可或缺的全球领导地位，分领域目标则是加强安全、促进繁荣和扩展民主。特朗普执政后，2017 年版美国《国家安全战略》报告只强调保护美国人民、本土和美国生活方式、促进美国经济繁荣，重建美国军队并使其保持世界领先地位，以及促进美国在全球的影响力四项至关重要的利益。② 但这并不是说该版报告没有对总目标和领域目

① 习近平：《高举中国特色社会主义伟大旗帜 为全面建设社会主义现代化国家而团结奋斗——在中国共产党第二十次全国代表大会上的报告》，人民出版社 2022 年版，第 25 页。

② The White House，“National Security Strategy of the United States of America”，December 2017.

标进行任何明确，事实上报告“引言”强调“维持在全球领导地位”，因而总目标依然是护持霸权，领域目标则是本土安全、经济繁荣、军事领先和价值观扩展。与之相似，2021 年版《俄罗斯联邦国家安全战略》明确首要目标是确保俄罗斯“作为当今世界一个有影响力的中心”[①]。在此基础上，报告提出保障国家安全的九大领域目标，分别是关爱俄罗斯人民和提高人口素质、国防、国家安全和公共安全、信息安全、经济安全、科技发展、生态安全和环境管理、保护俄罗斯传统道德文化和历史记忆、战略稳定与互利的国际合作等。

（二）从空间角度可分为全球目标、地区目标和国内目标

国家安全战略的全球目标一定程度等同于国家的国际战略目标，是指国家安全战略着眼全球所要达成的最终结果，这种目标往往只有大国才制定。国家安全战略的地区目标是指国家安全战略在所涉地区所要达成的最终结果，它通常小于全球目标，但绝非大国独有。特定情况下，一些国家还会制定区域战略目标。如 2022 年版美国《国家安全战略》报告描述其全球目标是“巩固国际秩序”并“在竞争中击败那些提出不同愿景的对手”，“印太战略”目标是所谓“促进自由开放”。[②] 国家安全战略的国内目标是指国家安全战略在本国国内所要达成的最终结果，是各国安全战略的共同内容。如菲律宾将 2023 年至 2028 年国内安全目标确定为“政治稳定、和平和公共安全”“经济增长和协调”“国家认同、和谐和优秀文化”。[③]

（三）从时间角度可分为长期目标和阶段目标

国家安全战略的长期目标是指在事关国家安全的长远发展上所要达成的最终结果。通常，大国都会制定着眼未来五年以上的国家安全战略长期目标。如美国认为，其基本国家利益即为其国家安全战略长期目标，主要包括保护美国人民的安全、扩大经济繁荣和扩展机会、实现和捍卫以美国生活方式为核心的所谓“民主价值观”。国家安全战略的阶段目标是指在国家安全战略实施的不同阶段所要达成的某一结果。它既可能是相对长期

---

① 2021 年版《俄罗斯联邦国家安全战略》，http：//docs. cntd. ru/document/607148290。

② The White House，“National Security Strategy of the United States”，October 2022.

③ National Security Council，“National Security Policy 2023 – 2028”，August 2023.

目标的阶段性国家安全战略所制定的具体目标，也可能是阶段性国家安全战略中进一步划分的具体时段目标。如2021年3月发布的拜登政府《临时国家安全战略指南》，就将“自由、繁荣、和平和尊严”界定为长期目标，而将“更新国家持久优势”确定为本届美国政府具体目标，还将“重振和促进全球联盟和伙伴关系现代化”列作当前紧迫目标。①

当然，国家安全战略目标的分类并不限于以上三种。比如，根据满意程度，可分为理想目标与门槛目标；根据重要程度，可分为核心目标、重要目标和一般目标；根据所涉及领域，可分为政治安全、经济安全、军事安全等不同细分目标。这些分类都是从单一向度进行区分，实践中并不孤立存在，往往彼此交织，即每一国家安全战略目标都是集多重性质于一体。因此，只有对国家安全战略目标进行多维分类，才有可能真实还原客观世界中的国家安全需求，继而推动国家安全战略目标真正实现。

三、国家安全战略目标的基本特性

国家安全战略本质上是确定和实现国家安全目标的宏观筹划，这就决定了国家安全战略目标的特性体现在国家安全战略各个要素和各个环节之中。概括起来，主要具有以下基本特性。

（一）现实性

国家安全战略的筹划和实施是一个完整过程，这个过程始终围绕着确定目标和实现战略目标展开。从这个意义上讲，国家安全战略的核心是对目标的认识和判定。没有了目标，也就没有了战略。国家安全战略的现实性与有效性，集中体现在目标的现实性与有效性基础之上。“在其他条件不变的情况下，目标选择既决定战略本身的性质，也决定战略实施的成败。确立明确的而不是含糊的、现实的而不是空想的、坚定的而不是游移不定的目标，是战略研究和制定的关键。”②

约翰·柯林斯曾以越南战争为例，研究美国大战略得失。他认为，在对越问题上，当时美国政府把自己的国家利益判定为和平、国家安全、民主理想、经济利益、国家信誉，把美国的安全目标确定为制止共产主义侵略、维持力量均势、建设一个有生存能力的南越、击败革命思想、体面地

---

① The White House, “Interim National Security Strategic Guidance”, March 2021.

② 金钿主编:《国家安全论》，中国友谊出版公司2002版，第37页。

撤退，据此其政策是遏制共产主义、靠南越自己干、美国积极参战、有限战争、寻求外交解决、越南化计划、不干涉主义。[①] 但他认为，这一目标夸大了所谓的“共产主义侵略”，导致“本国国家利益被忽视，孜孜以求是‘建立一个具有强大政府的、独立的越南’”，使得美国付出了沉重的战略代价。

（二）全局性

国家安全战略目标具有典型的全局性特征，追求的不是某一个局部的国家利益诉求，而是特定历史时期的国家总体安全，统领的是国家安全战略的各领域、各层级、各阶段。从构成国家安全战略的要素看，无论是其客体还是其状态，也都具有全局性的特点。首先，从国家战略体系角度看，国家安全战略居于国家战略之下，国家安全战略目标服务服从于国家战略总目标，同时国家安全战略对国家军事战略和各领域（方向）安全战略又具有统领和指导作用，国家军事战略和各领域（方向）安全战略要聚焦国家安全战略目标的实现。因而，国家安全战略具有承上启下的作用，只有首先明确国家安全战略目标，才有可能搭建完整的国家安全战略体系。

其次，制定国家安全战略目标是实施国家安全战略的前提，只有明确了国家安全战略目标，才能不断丰富与完善依附其上的其他国家安全战略要素。从客体角度看，国家安全战略目标尽管涉及方方面面的国家安全具体问题，但它们无一不关系国家安全全局，其后果或影响都是国家层次的。从状态角度看，国家安全战略目标要达成的是全局的目标和标准，追求的是目标体系的综合集成。上述客体和状态会影响到国家安全战略目标确立的主体及其力量运用，将强迫战略指导者始终站在全局去思考和设计国家安全战略具体目标，并牵引战略指导者通过筹划和解决那些对全局具有决定性影响的关键问题来达成国家安全战略总目标。因此，在国家安全战略目标的制定与实施过程中，全局性思想始终贯穿其中，战略指导者必须坚持关注全局、协调全局。

（三）前瞻性

国家安全战略目标是在立足现实基础上针对未来国家安全活动进行的

---

① ［美］约翰·柯林斯著，中国人民解放军军事科学院译：《大战略》，战士出版社 1978 年版，第 435—458 页。

一种战略构想，既需要应对解决当前迫在眉睫的国家安全威胁，也需要预测防范未来可能衍生的国家安全风险，不能在长期目标和阶段目标中过于突出其中一端，否则可能顾此失彼、影响全局。鉴于现实问题相对难以回避，更容易出现的是对未来判断失误，所以好的国家安全战略目标必须具有相当前瞻性，不仅能够立于桅杆上望远，更能够提前看到未来可能发生的变局，并争取提前消除变中之害、有效运用变中之利。

（四）合理性

从历史发展趋势看，确定合理的战略目标的重要性越来越突出，而确定合理的战略目标的难度也越来越大。第一次世界大战前，受物质生产水平制约，战略视野尚局限于战场和地图的范围之内，目标选择的空间远不像今天这样广大，其在战略运用中所占比重也远不像今天这样突出，调整目标的难度也相对较小。随着物质生产水平越来越高，战略逐步扩展到军事以外的广阔领域，可供选择的目标越来越多，这时选择目标受到的限制反而变得越来越多，各方都感觉自己是在戴着镣铐跳舞。无论如何，目标的合理性直接关系战略成败，战略决策者对目标的掂量与选择，核心就在于精准把握目标的合理性，促其与战略意图相合、与自身实力相符、与运用环境相应。实际上，国家安全战略目标选择与确定的过程，就是决策者主观意识与客观现实相契合的过程，而目标选择的合理与否，反映的是决策者的主观世界是否正确地反映了客观世界。为此，至少需要处理好三种关系，即目标与利益的关系、目标与威胁的关系、目标与实力的关系。只有三者相匹配，才能充分体现出国家安全战略目标的合理性。

（五）相对稳定性

国家安全问题在不断发展，要求战略指导者处理国家安全问题的思维和手段必须与时俱进。同时要看到，这种变化是相对的，只要国家安全全局形势没有发生根本性变化，特定时间段内的国家安全战略目标就不宜频繁变动，否则将导致国家安全战略难以执行，战略效果无法保证，甚至可能引发政策高度混乱，出现重大战略失误。事实上，无论是时代特征还是国际格局都具有一定延续性，短时间内难以完全改变。与之适应，无论国家利益还是国家实力都不可能在短期内发生巨变。相比之下，国家安全威胁有可能发生重大突变，但基于内外环境和实力作用等考虑，其存在和影响一般可以提前预知预防。基于此，一些国家在确立国家安全战略目标时往往以一个具体时间段为界定范畴，从而既确保了目标的指向性，也确保了其相对稳定性。

第二节 界定国家利益

目标选择与确立的过程，就是主观意识与客观现实相契合的过程。确立国家安全战略目标，至少必须解决好三个关系，战略目标与国家利益的关系、战略目标与安全威胁的关系、战略目标与战略手段的关系。其中国家利益是影响和制约国家安全战略的最基本因素，是研究和分析国家安全战略的基点。所谓国家安全战略目标，就是对某项国家利益的保障。“任何国家利益的实现都不可能是一帆风顺的，总会受到国内外不利因素的制约、干扰和阻碍。只有那些受到严重威胁的国家利益，才会成为国家的安全目标。”① 如果战略决策者对国家利益界定不清、把握不力，国家安全战略目标就无法确定，国家安全战略就会无的放矢，无法有效维护安全。“正确的国家安全利益和目标是制定有效战略的关键”②，确立国家安全战略目标，首先必须界定国家利益。

一、国家利益的内涵

“利益”一词源自拉丁文“interesse”，意思是好处或收益。利益是需求主体以一定的社会关系为中介，以社会实践为手段，使需求主体与需求对象之间的矛盾状态得到克服，即需求的满足。凡是能够满足主体的物质或精神需求的都可称作利益。国家利益是一个现代概念，是在民族国家形成后产生的。从 17 世纪中期国家利益产生到 21 世纪，不同时期和不同国际背景产生了不同诉求，国家利益内涵不断变化，国家利益概念从欧洲迅速扩展到全球。

一般而言，国家利益是指国家生存和发展中所反映出的与国家实力相适应的需求总和。国家利益包含内容众多，有不同的分类。从战略角度，国家利益可以分解为国家发展利益和国家安全利益，它们共同构成了国家

---

① 金钿主编：《国家安全论》，中国友谊出版公司 2002 版，第 43 页。

② ［美］丹尼斯 · 德鲁、唐纳德 · 斯诺著，王辉青等译：《国家安全战略的制定》，军事科学出版社 1991 年版，第 149 页。

利益。所谓国家安全利益，也就是主权国家生存需求的总和。从性质上讲，安全利益是国家的首要利益。因为当一个国家失去生存条件时，这个国家也就不复存在。

国家安全利益与国家发展利益相互联系、相互作用，缺一不可。一方面，国家安全利益是国家发展利益的条件和前提，离开国家安全利益，国家发展利益就会失去保障，进而失去存在的根基。主权国家只有在有效维护国家安全基本利益的基础上，才能进一步谋求国家发展利益。另一方面，国家发展利益是国家安全利益的基础，只有具备和实现了发展利益，才能确保为维护安全利益提供物质支持。没有国家发展利益作为后盾，国家安全利益最终将无法得到维护，“落后就要挨打”印证了这样的道理。纵观人类社会发展史，其中蕴涵一个亘古不变的真理：任何强大的国家一旦停滞不前或发展迟缓，就将逐步落后于其他国家，由强变弱，国家安全会变得岌岌可危，国家生存会面临严峻挑战。

二、国家利益的构成要素

一般来说，国家的构成要素包括定居的居民、固定的领土、政府和国家主权。[①] 这四个要素在总体上构成审视和考察国家利益的前提条件。由此，国家安全利益的构成要素主要包括以下四个方面。

（一）保护领土和人民

领土是国家其他组成要素存在的前提和赖以存在的物质基础。维护本国领土的统一、完整和不受外来侵犯，直接关系国家生存。古往今来，因领土争端而引起的战争此起彼伏。尽管战败国向战胜国割地赔款一般不会引发国家灭亡，但可能导致国家安全利益严重受损，由此造成的矛盾或将持续成为动荡的根源。如 1871 年法国在普法战争中战败，被迫割让阿尔萨斯和洛林的大部分领土给普鲁士，法国国力因此受到严重削弱，直至第一次世界大战后德国战败，法国才依据《凡尔赛和约》收回这两块领土。即使在当代，领土与国家生存依然息息相关。苏联解体和东欧剧变导致南斯

---

① 1933 年 12 月 26 日第七届美洲国家会议上，由二十个国家政府代表签订的《美洲国家间关于国家权利和义务的公约》第一条规定“国家作为国际法人，应具备下列条件：甲、固定的居民；乙、一定的领土；丙、与他国交往的能力”。参见《国际条约集（1924—1933）》，世界知识出版社 1961 年版，第 544 页。

拉夫一分为五，捷克斯洛伐克一分为二，以及苏联一分为十五都标志这些国家的消亡，后续爆发的波黑战争、科索沃战争、格鲁吉亚冲突、乌克兰危机、纳卡冲突等都与国家分裂后的领土维护有关。

人民是组成国家的基本要素，保护本国居民的人身安全是维护国家安全利益的一项基本要求，因而必然成为主权国家安全利益的重要内容。随着文明进步，维护本国人民安全已变得越来越重要。2021 年版《俄罗斯联邦国家安全战略》将“关爱俄罗斯人民和提高人口素质”列为国家战略第一优先事项，强调“人民是俄罗斯联邦主权的承载者，也是其主要财富”，并围绕这一主题提出了十七项需要落实的具体任务。①

（二）维护主权

国家主权是国家构成中最核心的要素。即使一个国家拥有一定领土，如果失去对主权的有效护持，那么同样谈不上有何安全可言。只有国家主权完整和不受侵犯，才能在国家生存的基础上实现对内最高统治权和对外独立权。其中，对内最高属性决定了主权国家可以通过立法、行政、司法、军事、经济、文化等手段实施政治统治，不受任何其他力量干预和限制；对外独立属性决定了主权国家在国际法意义上相互独立且地位平等。

冷战结束后，有学者和政治家提出“主权过时论”“主权弱化论”乃至“主权消亡论”等观点，但主权国家一律平等的原则已成为国际关系基本准则并深入人心，互不侵犯主权依然是绝大多数国家坚持的国际法基本原则。有西方学者认为，在全球化条件下，主权在现实中经常表现为各种形式的妥协，并经常受到规则、习惯、制度的限制。但要认识到，这种“妥协”和“限制”必须在自愿、平等和互利的基础上形成。即使在欧洲一体化过程中，国家主权也没有完全剥夺，与历史上出卖主权的现象有着本质区别。因而，维护国家主权依然是国家安全利益的核心选择。

（三）保护政治制度和价值体系

保护政治制度和价值体系是促进国家稳定的前提和依据。如果政治制度和价值体系得不到有效维持，国家稳定将无从谈起，国家发展更无从说起。这是因为，政治安全是国家安全的根本，是有效维护国家领土安全、人民安全以及保证稳定国际承认的重要条件。没有稳定的政治制度、缺乏

---

① 2021 年版《俄罗斯联邦国家安全战略》，http：//docs. cntd. ru/document/607148290。

富有凝聚力的价值体系，国家将失去其形成的关键根基，有可能变得“国将不国”。如美国认为自己是一个典型的移民国家，其立国的根基在于以“山巅之城”为象形的资本主义意识形态，以及为维护这一意识形态而建立的以三权分立为代表的政治制度。一旦相关意识形态和政治制度遭受冲击，就像“华盛顿共识”遭受“北京共识”冲击一般，美国的社会认同就会成为一个问题，美国的国际影响也将受到削弱。所以，美国著名现实主义学者摩根索认为，国家利益必然包含国家的生存，其中就包括“领土、政治制度及文化的完整”，这是一个主权国家所必需的最低限度的国家利益。①

（四）保障国际地位

国际地位是主权国家在国际社会中对其地位和威望的需求，类似于“软权力资源”。主权国家的国际地位得到国际社会承认和尊重，可以获得更多国际资源支持，减少可能面临的国际压力。

国际地位保障对强国和弱国维护国家安全而言有着截然不同的含义。对世界大国来说，如果其显著的国际地位能够长期得到保障，将有利于维护其世界领导力和影响力，更有利于其通过结盟或结伴方式吸引更多国家，进而建立以本国为核心的国际安全体系，从而使自身国家安全利益得到更加可靠有效的保障。相反，大国国际地位下降往往意味着其世界领导力和影响力下降，原有的国家安全利益可能受到损害。美国和俄罗斯之所以一直看重并极力保持其国际地位，很大程度是从维护国家安全的角度考虑的。如2017年版美国《国家安全战略》报告明确指出“美国的首要外交政策在于扩大美国在全世界的影响力，确保美国作为一支积极的正能量，为人类和平、繁荣与发展创造条件”②。对弱小国家来说，因其实力不足，通常只能选择通过依附某一世界大国或加入区域集体安全机制的方式来相对维护国家安全。

三、国家利益的分类

现实中，虽然国家利益随时间推移会发生变化，任何两个国家之间的

---

① J. A. Vasquez, ed., “Classics of International Relations”, Englewood Cliffs, Prentice Hall, 1982, pp. 972 - 973.

② The White House, “National Security Strategy of the United States”, December 2017.

安全利益也不可能完全重合，但在特定时间内，国家利益的内涵具有相对稳定性，也具有一定共性。因此，从不同角度，可以对国家安全利益内容进行不同分类。

（一）按时效期限不同可分为长远利益、当前利益和潜在利益

长远利益是指其效能持续较长时间（通常在十年以上）的国家安全利益，通常具有较好的稳定性。长远利益与主权国家的生存和发展密切相关，在国家安全战略制定过程中占据相当重要地位；当前利益是指其效能在当前或较短时间内就会显示出来的利益，这种利益是现实的、直接的，更是相当紧迫的利益，是主权国家制定国家安全战略的客观依据；潜在利益是指随着主权国家实力逐步增长，在未来一定时期内可能发挥效能的利益。

以俄罗斯为例，2015 年版《俄罗斯联邦国家安全战略》指出国家长远利益主要包括巩固国防，确保俄联邦宪法制度、主权、独立、国家和领土完整的不可动摇性；巩固民族和谐，加强政治和社会稳定，发展民主制度，完善国家和公民社会的协调机制；提高生活质量，加强居民卫生保健，保障国家人口稳定发展；保护和发展文化、俄罗斯传统精神道德价值观；提高国家经济的竞争力；巩固俄联邦作为世界领先大国之一的地位，保持在多极化世界条件下的战略稳定和互惠伙伴关系。①

相比之下，2021 年版《俄罗斯联邦国家安全战略》主要明确了现阶段国家利益，包括保护俄罗斯人民，发展人的潜力，提高公民的生活质量和福利；捍卫俄罗斯联邦的宪法秩序、主权、独立、国家和领土完整，加强国家防御；维护国内和平与和谐，加强法治，消除腐败，保护公民和所有形式的财产免遭非法侵犯，发展国家和公民团体之间的互动机制；发展安全的信息空间，保护俄罗斯社会免受破坏性的信息心理影响；保持俄罗斯经济在新技术基础上稳定发展；保护环境、保护并合理利用自然资源，适应气候变化；加强俄罗斯传统精神道德价值观，保护俄罗斯人民的文化和历史遗产；维护战略稳定，加强和平与安全，巩固国际关系的法律基础。②

---

① 2015 年版《俄罗斯联邦国家安全战略》，http：//www.kremlin.ru/acts/news/51129。

② 2021 年版《俄罗斯联邦国家安全战略》，http：//docs.cntd.ru/document/607148290。

（二）按空间不同可分为内部利益和外部利益

内部利益是指在国内需要实现和维护的利益，外部利益是指在国际交往中需要实现和维护的利益。当然，这种划分方法在当前国家安全实践中不是绝对的，而是相对的。一些国家安全利益可能是跨境的，既有国内安全利益成分，也有国外安全利益成分。尤其是随着全球化不断深入发展，国家间联系日益增强，内部利益与外部利益存在着相互交织、相互影响和相互转化的过程。

（三）按领域不同可分为政治利益、经济利益、社会利益、文化利益、军事利益等

政治利益主要包括领土完整、主权独立、政治体制稳固等；经济利益主要包括经济持续发展，民众生活水平不断提升等；社会利益主要包括国内秩序稳定、不同阶层团体之间关系和谐等；文化利益主要包括国家核心价值观得到民众认同、传统文化繁荣、文化产业发展等；军事利益主要包括军事力量增强、武器装备不断改善等。以 2017 年版美国《国家安全战略》报告为例，其架构基本就是美国各领域、各地区利益的分述。除引言和结语外，其余五章为报告的主要内容，也是美国国家安全利益所在，包括保护美国人民、美国本土及美国人的生活方式；促进美国繁荣；以实力促和平；增强美国在全球的影响力；面向重要地区的战略等，充分体现了特朗普政府“美国优先”战略的鲜明特色。

（四）按重要性程度不同可分为核心利益、重要利益和一般利益

核心利益与国家生存直接相关，是国家生存和延续的根本，如国家主权和领土完整、政治经济秩序运转正常等。危及核心利益，国家安全状况将迅速恶化，如外敌入侵触及的就是核心利益。任何国家在维护核心利益方面都少有重大妥协余地。重要利益是指对国家安全发挥重要作用但不具有决定性意义的利益，如世界经济与政治秩序合理、国际机制运转正常、周边环境稳定等。即使重要利益面临威胁，也并不一定直接危及本国的生存，但对国家的发展具有重要影响，可以通过对话等方式加以解决。一般利益对国家安全的影响并不显著，不会对本国构成致命威胁，通常也不会严重影响社会稳定，但它并不是可有可无的，许多一般利益从长远看同样对国家生存和发展具有基础性作用。

（五）按主体关系不同可分为共同利益、冲突利益和交叉利益

共同利益是指两个或两个以上国家或国家行为体所共同具有的安全利

益。这种安全利益的存在往往是主权国家之间结盟的必要条件。以北约为例，其拥有的安全利益即是北约所有成员国的共同安全利益，尽管其中潜藏着大国乃至霸权国的主导性影响，但毕竟已为有关各方接受，因而在一定程度上已变成它们之间的共同利益。冲突利益是指两个或两个以上国家行为体之间不可调和的对立性利益，其中一方所得即为另一方所失，因而它们之间角逐的结果是一种“零和博弈”，这种利益的存在是有关各方发生冲突的主要原因。交叉利益是指在特定历史条件下，有关各方就特定问题达成协议而实现的利益。这种利益与共同利益的区别在于前者需要通过谈判等措施才能达成双赢协议，而后者通常不需要经过类似程序。如《南海各方行为宣言》即是南海相关国家为维护交叉利益而通过谈判达成的安全协议，需要各国采取切实共同措施来落实该协议，以维护南海地区的安全稳定。

第三节　判断国家安全威胁

国家安全战略目标是对核心国家利益和重要国家利益的保障，但只有那些正在或将遭受严重威胁的核心国家利益和重要国家利益，在现实中才应该纳入国家安全战略的目标。也就是说，国家利益只是确立国家安全战略目标的一般基础，而战略威胁才是确立国家安全战略目标的根本标准。

一、威胁判断决定国家安全战略目标

恰如国家安全定义所揭示的那样，国家安全本身就是指一国重大利益相对处于没有危险和不受内外部威胁的状态，以及保持持续安全状态的能力。所以，国家安全战略目标可以具体化为三个方面：防止外部威胁的发生，控制外部威胁的升级和蔓延，化解外部威胁。由此出发，危及国家核心利益的安全威胁往往居于国家安全战略目标的核心位置，是国家安全战略决策者需要首先关注和采取行动的重点；危及国家重要利益的安全威胁居于国家安全战略目标的次要位置；危及国家一般利益的安全威胁居于国家安全战略目标的边缘位置。

对重大威胁的判断，构成了国家安全战略的重心和核心目标。而国家安全战略的重心和核心目标，将决定国家安全战略基本类型和模式。威胁

国家安全的核心问题一般是相对稳定的，但在一定条件下也会发生转化。当发生这种转化时，会带来国家安全战略基本模式的转型和演变。

如美国就是以威胁来界定国家利益的。没有一个明确敌人，则美国“制定一项连贯性大战略的困难将会增加”，其使命也受到质疑。在美国的战略界，一个基本的认识是，对美国的威胁是在欧亚大陆上可能出现另一个权力中心。当然，在实践中作为文本存在的美国《国家安全战略》报告有时并不单列国家安全威胁，而是结合战略形势分析和国家利益排序来阐明。如2017年版美国《国家安全战略》报告在战略环境分析中强调“俄罗斯和中国对美国的国力、利益及全球影响力构成很大挑战”。同时，其威胁认知往往带有强烈的二元论色彩，如2017年版美国《国家安全战略》报告承认“中国、俄罗斯及其他一些国家、非国家实体都意识到，在美国人的眼里，世界是‘二元’的——要么是和平状态，要么是战争状态”①。

二、威胁变化改变国家安全战略目标

形势在不断变化，战略威胁可能随之变化，所以依据战略威胁确定的国家安全战略目标也需要相应进行调整。像美国尽管极度重视安全威胁，但其具体威胁认知并非僵化不变，而是依据对当下及未来一段时间的总体安全战略环境判断来确定。如尽管将俄罗斯视作长远威胁，在“9·11”事件后，美国实际一度采取了与俄罗斯开展战略合作的安全政策，“传统挑战”受重视程度明显下降。同样，尽管美国在第二次世界大战后长期重视来自主要大国的安全威胁，但随着环境剧变，也多次强调威胁对象和威胁方式的多样化、复杂化特点。

如2002年版美国《国家安全战略》报告明确提出：“冷战时期，美国军事机构的任务是遏制强大的敌人，如今这种结构必须改变。重要的不仅是关注敌人在哪里，何时将发生战争，还包括对手将如何进行战争。”② 在对待中国的态度上，美国的战略威胁认知在短短几年内发生了重大变化。2010年版美国《国家安全战略》报告提出“我们将继续在互利互敬的基

① The White House, “National Security Strategy of the United States”, December 2017.

② The White House, “National Security Strategy of the United States”, September 2002.

础上加深与其他21世纪影响力中心——包括中国、印度和俄罗斯——的合作"①，到2015年版美国《国家安全战略》报告演变为在宣示"我们寻求与中国发展建设性关系"的同时强调"我们将从强势地位管控竞争"②，到2017年版美国《国家安全战略》报告进一步演变为"主要的挑战国""激烈竞争"③。可见，确立一个相对合理的国家安全战略目标，不仅需要明确区分受威胁的国家利益层次，还应不断更新威胁的来源和威胁的程度，才能赋予目标以鲜活度与持久力。

不同于俄罗斯、英国、德国等大国，美国战略威胁认知中比较特殊的一点在于：它在同一个时期主要致力于确定一个主要对手。历史地看，相较其他威胁，美国政府更关注来自主要大国的、能够影响自身生存的国家安全威胁，并为之投入海量资源。如冷战时期，美国国家安全战略长期强调苏联是首要威胁，美国国家安全委员会NSC68号文件明确宣布"在可以预见的未来，美国安全所面临的最为险恶的威胁源于苏联的敌对意图和不容忽视的实力，也源于苏联制度的本质"④，直到1991年，美国《国家安全战略》报告还重申"苏联军事力量留下的威胁"是美国面临的主要威胁⑤。2001年"9·11"事件后，美国很快认定"敌人是恐怖主义"，它是美国面临的"严重威胁"。⑥ 随着"反恐战争"结束，到2017年，报告基调发生重大变化，将大国竞争视作首要威胁。⑦ 回顾起来，自冷战开始七十余年里，美国将其他某一主要大国定位为其国家安全主要威胁的时间占比居然高达四分之三以上。

---

① The White House, "National Security Strategy of the United States", May 2010.

② The White House, "National Security Strategy of the United States", February 2015.

③ The White House, "National Security Strategy of the United States", December 2017.

④ 周建明、王成至主编：《美国国家安全战略解密文献选编（1945～1972）》，社会科学文献出版社2010年版，第99页。

⑤ The White House, "National Security Strategy of the United States", August 1991.

⑥ The White House, "National Security Strategy of the United States", September 2002.

⑦ The White House, "National Security Strategy of the United States", December 2017.

第四节　分析国家实力对比

对于威胁，一些国家存在两种理解方式。第一种理解主要将它看作是来自“对手和潜在对手”对本国安全构成的“迫在眉睫、清晰无误的”挑战或潜在挑战；第二种理解还关注威胁与本国“对付这些威胁的能力之间的差异”，并强调“在资源（人力、物力、主观意志等）充裕的情况下，危险可能减小，安全可能增大。当面临威胁的严重程度与对付这种威胁的能力之间出现差距时，就会导致危险的出现”。这就涉及国家实力的问题。

国家实力又称综合国力，它不仅是转化生成战略能力的基础，更是制约国家安全战略目标的重要因素。总体上，战略目标对于战略能力来说，目标是主导，能力是从属。为了达成同样的国家安全目标，可以采用不同的战略指导方针，使用不同的国力手段。在维护国家安全过程中，一般情况下目标是比较稳定的，手段必须是灵活的。为了达成目标可选择的手段越多，战略上的主动权就越充分。国力手段不能满足国家安全目标的需求是经常发生的。“理想的情况是，根据国家利益及其可能受到的威胁提出目标，根据实现目标的需求提出对国家力量的需求。然后，国家根据人力和物力以满足这种需求。”① 而在现实中，应极力避免战略目标和国力手段严重失衡局面的出现。

综合起来，国家实力对确立国家安全战略目标的作用主要体现在三个方面。

一是国家实力对比直接影响和制约国家安全战略目标的实现。任何一个国家都高度重视发展国家实力，究其原因在于达成国家安全战略目标必须凭借国家实力。筹划国家安全战略，务必考虑实力对比这一重要因素。只有正确评估实力对比，才可能作出符合客观实际的战略决策。而错误估计实力对比，追求远超实力的战略目标，必然导致战略失败。德意日法西斯在第二次世界大战中遭受失败，根源在于它们高估了自身实力。战略的精髓是保持目标与实力水平之间的均衡。国家安全战略筹划必须“善于估

① 金钿主编：《国家安全论》，中国友谊出版公司2002版，第46页。

计力量的对比”[1]，马克思主义和马克思主义策略的关键就在这里。

二是国家实力决定国家安全战略途径的成效。国家安全战略途径是国家安全战略的重要内容，是对国家实力的运用，对国家安全战略目标将产生重要影响。战略途径的成效取决于国家实力水平及其运用艺术，但归根结底取决于国家实力强弱。实力强大，途径选择空间较大；反之，则选择空间有限。国家实力既可以现实地产生影响，也可能潜在地发挥作用。例如，可以运用它直接作用于威胁对象；也可以不使用它，潜在地对威胁对象发挥作用。无论直接运用还是潜在运用，其成效都取决于国家实力的强弱。

三是国家实力在很大程度上决定国家在安全环境中的地位。确立国家安全战略目标必须充分考虑本国国家安全环境的影响。通常，实力强大的国家拥有诸多能强有力影响安全环境的手段，能够在安全环境中发挥重大作用，可以有效地维护自身安全。冷战结束后，美国成为唯一霸权国家，是影响国际安全环境的最主要国家，这在于它拥有强大的经济和军事实力，对国际体系发挥主导影响。相反，不具备强大实力的国家，在国际安全环境中的地位常常遭到削弱，国家安全容易面临严峻挑战。

事实证明，实力强大的国家要比实力弱小的国家更能维护国家安全，相关国家可以以此为基础确立一个更有利于维护国家安全的目标。但在具体国际事务中，实力弱的国家有时比实力强的国家拥有更大的解决问题的能力，弱国打败强国的例子不在少数。究其原因，主要在于国家实力由不同要素构成，在应对威胁、维护国家安全时往往只是某一方面的实力要素发挥了重要作用。

因此，确立国家安全战略目标，必须充分而全面地考虑国家实力这一重要因素。实践中，必须坚持在充分了解自身实力构成、短长及未来态势的基础上，坚持瞄准主要战略对手，全面而正确地评估其实力，才有可能作出符合客观实际的战略决策。相反，“目的（我们指的是利益和目标）和手段（现有的各种力量）的脱节会产生难以估计的风险”[2]。存在战略风

---

① 中共中央马克思恩格斯列宁斯大林著作编译局编译：《列宁全集》第 27 卷，人民出版社 1990 年版，第 302 页。

② ［美］约翰·柯林斯著，中国人民解放军军事科学院译：《大战略》，战士出版社 1978 年版，第 29 页。

险的根本原因主要在于目标或威胁与能力之间存在差距。这种差距包括了正反两种情况。一个国家如果野心太大，确定了用现有力量无法实现的目标，将会带来严重战略风险；一个国家如果没有抱负，放弃了其力所能及的目标，就等于放弃了自身利益，本身就是极大的风险。“力量”反过来就是“量力”。前者是对本国实力的量定，后者是对运用这一实力的把握。量力而行，是筹划国家安全战略特别是确立国家安全战略目标时必须具有的对限制条件的警惕。

必须考虑“量力”的不仅是小国，也包括了大国，甚至包括超级大国。这是因为，越是大国越觉得相对对手有优势，因而越容易在无限制的支出之中陷入力量透支困境。第二次世界大战中拥有世界帝国追求的德国是这样，越南战争中企图消灭共产主义的美国也是如此。2003 年伊拉克以美英军队为主的联合部队发起的伊拉克战争，实际上是美国借助反恐时机，以伊拉克交出生化武器为借口，以清除反美政权的一场战争。战争没有得到联合国授权，虽然取得军事上的胜利，也推翻了伊拉克萨达姆政权，但美国在总体上并没有达成政治目标，最后还是不得已撤出军队。中东局势和阿富汗事态发展进一步证明，在全球政治中军事力量运用的局限性，即使强如美军，在技术和装备上占据绝对优势，在战场上可以更多地消灭对手的人员，占领对手的国土，但由于战争目标含混，无法取得实质性的胜利。“手段的完善和目标的混乱，似乎是当今某些西方大国战略思维的一大特征。”①

即使针对握有劣质武器装备实力差距巨大的对手，也不能仅凭装备精良、训练有素的军队就能解决所有问题。如果不能准确了解这个国家或地区的政治、文化的历史演进，就很难取得最后的胜利；而如果不能理解全球政治发展变化对军事力量运用带来的影响和束缚，无论自身实力如何强大，最后也很可能无功而返。美国发动阿富汗战争，出师之名是反恐，打了二十年，最后还是撤出了军队。而打击恐怖主义不仅要依靠军事实力，更要致力于消除恐怖主义的根源。恐怖主义滋生的条件更多的是源于国家和社会治理失败，或者是由于全球治理缺失导致的极端思潮和势力的发展。而要从根本上消除这些根源，无疑需要长期的综合施策和更广泛的国际合作才能得到解决。何况美国反恐的背后承载了更多的地缘战略企图，

---

① 李际均：《军事战略思维》，长征出版社 2012 年版，第 17 页。

目标很快就扩散开来，过多消耗了权力，与军事行动成功的背后却是“战略失败”和“政治失败”。

为此，决策者必须准确判断国家对将要实施的战略行动的承受极限在哪里，进而慎重确定国家安全战略目标。需要指出的是，总是企图以降低目标值来规避风险是被动的，也是危险的。目标再低也不能低于国家生存的底线。一旦低于这一底线，风险便会从另一面陡然升高。清政府在甲午战争失败后与日本签订了屈辱的《马关条约》，以为这样就能逃避风险，但恰恰是《马关条约》使清政府失去了执政合法性，加速了覆灭的命运。

战略的精髓在于保持目标与实力的平衡。具体而言，当围绕目标与实力进行战略决策时，要坚持做最坏的打算、争取最好的结果。当发现国家实力不足以有效支撑国家安全的最低目标时，应进行广泛有效的国力动员和紧急建设，以最大限度地弥补目标与能力的差距。当能力一时难以提高时，就应考虑适当调整目标。调整目标不一定就是降低目标。当国家利益不能放弃，安全目标不能降低时，还可以将目标分散化、分步化。所谓“分散化”，是指把总目标化整为零，分解为若干个子目标，分别加以实现。所谓“分步化”，是指把总目标分解为若干个阶段性目标，加长实现目标的时间过程，逐步达成最终目标。

第四章　国家安全战略指导

国家安全战略指导是对维护国家安全实践的全局性和原则性指示和引导。战略指导正确与否关系战略实施的成败甚至国家的兴衰存亡。符合客观实际的正确战略指导，可以有效预防、化解和应对重大战略风险，摆脱安全困境，为国家安全提供基本遵循和行动指南，甚至起到济危扶倾、扭转乾坤的作用。反之，违反客观规律的错误战略指导，则可能给国家安全带来重大损害，甚至断送大好形势，使国家陷入危难之中。

第一节　国家安全战略方针

在国家安全战略指导中，战略方针具有宏观定向作用，是统揽和牵引各项工作的龙头。有了正确的战略方针，国家安全活动的准备与开展就有了基本遵循。同时，战略方针也能对国家的政治、外交、经济规划和布局发挥重大影响。

一、国家安全战略方针的含义

方针在政治上指国家、政党在一定历史时期内为某一方面工作所确定的指导原则。[①] 国家安全战略方针是国家安全战略从制定到实施全过程中必须遵循的总体指导思想和原则。它主要规定完成战略任务、实现战略目的的基本途径，明确斗争的重点、主要战略方向和相应战略部署。国家安全战略方针是国家总方针、总政策的重要组成部分，是总方针、总政策在

---

① 辞海编辑委员会编：《辞海》，上海辞书出版社 1999 年版，第 4398 页。

国家安全领域的反映。

国家安全战略方针是主客观结合的产物。首先，它建立在战略指导者对主客观诸因素、诸条件及其发展趋势的科学认识和准确判断基础之上。战略方针是战略指导者以维护国家安全利益为根本着眼点，以战略环境的清醒认识为基本依据，根据战略目的和任务要求而制定的。战略环境是客观基础，战略指导者对战略环境的科学认识和正确判断是基本前提。

国家安全战略是谋划、维护国家安全利益的斗争，如果指导它的战略方针发生失误，后果不堪设想。而战略方针的失误，往往由对战略环境的认识和判断失误而引发。比如，对迫在眉睫的安全威胁认识不足，会使国家安全利益遭受严重损失；而对国家安全威胁的严重性估计过高，将造成人为的紧张局势，同样不利于国家安全。

其次，国家安全战略方针是战略指导者主观指导能力的生动反映。战略指导者对国家安全斗争全局的筹划和对国家安全利益的维护，主要依靠建立在战略实力基础上的战略能力，同时也取决于主观指导能力。战略指导者虽然不能超越客观条件许可的限度去期求胜利，但可以也必须在客观条件的限度之内能动地争取胜利。正确的战略方针，正是战略指导者对客观条件的正确认识。充分发挥主观能动性，灵活运用计谋和策略，是顺利实施安全战略筹划的基本保证。

需要注意的是，并非每个国家都会在国家安全战略中明确自身方针。如美俄德等国国家安全战略文本中均无直接的方针内容。日韩等国则是用“安全保障的基本原则”“国家安全战略的指导原则”等来表达与方针相似的内容。

二、国家安全战略方针的作用

战略指导方针解决的是如何运用自身战略能力实现预定战略目标的问题。在国家安全战略构成要素中，战略方针是最灵活、最能体现战略指导者主观能动性的部分。同时，战略方针恰当与否，直接决定战略运用是否成功。和平时期，正确的战略方针可以使国家在复杂多变的国际斗争中站稳脚跟，创造、赢得并保持战略主动地位。在战争时期，战略方针往往决定战争的胜败。苏联卫国战争初期全局失利的原因就在于战略方针失误，后来决策者调整了战略方针，才逐步扭转了战场局势，夺取了战争的彻底胜利。

战略方针的基本功能是指明达成战略目标、完成战略任务的基本途径。但是根据国家所处安全状态的不同，国家安全战略方针的具体内容也不尽相同。在和平条件下，战略指导方针应明确关于威胁的判断、确定处置安全威胁的原则立场、主要方式和加强战略能力建设的基本原则等。在战争条件下，战略指导方针应规定基本作战类型（进攻还是防御）、主要打击方向（目标）、主要作战地域、主要作战形式、主要作战原则，以及使用的主要力量、战争的进程和持续时间等。在临战条件下，战略方针还应重点规定进行直接战争准备、防备和对付敌人突然袭击的指导原则，规定组织战争动员、进入战争状态的时机、规模、样式和方法，并分析战争可能发生、发展的情况和特点，为确定战略部署、区分战略任务、指导作战行动规定总的原则等。

在确定国家安全战略方针时，应突出规定解决主要矛盾的主要方法。战略指导方针的基本内容及其名称和表述往往由国家安全斗争的主要矛盾和解决主要矛盾的方式方法所决定。例如土地革命战争时期，中央革命根据地第一、第二、第三次反“围剿”作战的“诱敌深入”战略方针，就是毛泽东针对在根据地内打还是在根据地外打更有利这个战略指导的关键问题最终确定的。抗日战争开始后，毛泽东紧紧抓住中国能不能速胜，会不会亡国这一关键性问题，提出了“持久战”总方针。解放战争中以“歼灭国民党有生力量为主而不是以保守地方为主”的战略方针，则是毛泽东针对歼灭敌人有生力量是推翻国民党反动统治的关键问题而制定的。新中国成立以后，保卫国家安全和领土完整、反对敌人侵略和颠覆成为新中国国家安全斗争的主要战略任务，与之配套的战略方针采用了积极防御及相关提法，其基本特点是语言精练、主题鲜明、抓住关键、总揽全局。

三、国家安全战略方针的内容

国家安全战略方针受到国家战略文化、国家安全形势、国家安全理念、国家安全目标、国家安全能力等多种因素影响和制约，其具体内容会根据这些因素的不同而发展变化。对于像中国这样的发展中社会主义大国，维护国家安全的使命就是要有效实现国家的生存需求，维护和赢得战略机遇，为在本世纪中叶建成富强民主文明的社会主义现代化国家和实现中华民族伟大复兴中国梦提供强有力的安全保障，由此决定战略方针的内容至少应该包括以下四个方面。

（一）积极预防

积极预防就是对国家安全可能遇到的挑战和面临的威胁预先有所警觉与防范，进而提前采取有力措施，做到防患于未然。国家安全战略预防强调的是筹划和决策的主动性和预见性。这是因为，国家安全战略决策从实施到产生效果必然存在一定时滞，国家安全战略如果不以比较准确有效的预测预警为前提，做好预先防范，结果必然只能是被动应付。因而，预见性是国家安全战略筹划生命力的主要来源。

随着国际联系增强和社会发展，国家安全面临的风险和威胁已经发生重大变化，其多样性、复杂性、综合性和跨国性日益明显，国家安全需求充实进许多新内容，传统安全与非传统安全问题相互交织在一起。在这种情况下，一旦发生危机乃至冲突必然产生广泛影响，一旦处置不当可能产生连锁效应，给国家安全带来巨大冲击。这就对国家安全战略的预防作用提出了更高要求，战略筹划的精髓越来越突出表现在要努力把握安全问题的内在规律，从而比较准确地推及其未来走向，并能进行必要干预，有效防范严重事态发生。

由于国际关系发展的不确定性日趋增强，国内外总有一些人否认战略预见性的存在，这是对战略研究的一个误解，也是一些战略分析偏离科学性的一种缺陷。关于未来的分析，一方面，应重视战略问题的连续性，而且这种连续性只有在洞察历史的条件下才能获得，一般情况下不论未来出现什么，其渊源只有回到历史才能找到。对历史包括现实看得越透彻，对未来的推论才可能更准确。另一方面，对未来也应有科学的足够的想象力，充分顾及一些可能发生的突然变化及其影响，并努力找到它们与连续发展趋势相联系的纽带。

因此，维护国家安全绝不能被动坐等安全风险来临，必须见微知著，始终对潜在安全风险保持戒备，力争赢得战略先机和主动。这种预防性对于面对强大对手或严重安全威胁的弱势国家尤其重要。基于此，筹划国家安全甚至需要立足最困难、最复杂的情况，不做被动的适应，而做主动的进取，在预见到可能发生风险时就采取积极行动，努力使风险消弭于无形。积极预防符合当前国家安全对国家安全战略提出的需求，是新的历史条件下国家安全战略方针的基本内涵。

（二）主动营造

主动营造就是打破守陈，借局布势，通过积极行动去塑造和改善在维护国家安全斗争中的态势，赢得战略主动。主动营造重在谋势而非谋子，可以通过对话、合作、协调等方法改善地区和国际安全环境，也可以运用威慑、阻吓、扼其要害等方法应对安全挑战和威胁。

主动营造需要开拓视野、实施长远筹划，不能局限于眼前得失，而要从地区和全球着眼，以更加主动的姿态化解和消除潜在与现实威胁。在实力许可的范围内，甚至可以走一些“闲棋散子”，以期在关键时刻发挥重要作用。因此，主动营造依赖战略筹划的预见性而存在，否则就会产生矛盾，营造就可能变成画地为牢，反而贻害国家未来的安全。

主动营造要以我为主，循序渐进，趋利避害，促进周边和谐稳定与世界和谐发展。兼顾构建地缘政治、地缘经济、地缘安全战略和谐架构，展现坦诚、负责、务实、灵活、开放的对外战略风格。在政策选择上，努力做到有所为有所不为；在步骤实施上，坚持有所连续又有所超越；在方式选择上，坚持有所合作又有所斗争；在手段应用上，坚持灵活多样又及时遏制威胁。总之，要坚持从中国国家安全实际出发，从维护国家安全现实需要着眼，权衡利弊，循序渐进，决定取舍，通过吸引而非强制和利诱手段获取所需国家安全环境。在处理国家间关系时要更加理性，解决热点敏感问题要十分慎重，参与国际多边安全合作要更加积极。

（三）有效控制

有效控制主要指科学确定国家安全目标，努力把握国家安全利益实现的过程，对战略进行严格评估，尽可能避免或减少可能付出的代价，积极创造条件应对各种威胁，实现国家安全利益，有效维护国家安全。国家安全战略有其周期，战略实施需要过程，没有过程就没有结果，如果不能对过程实施有效控制，实现战略目标就很可能变成空谈。

尤其在当前情况下，国家安全问题或激化演变为紧张和冲突，或受到抑制回归平静，往往是多种力量和多种要素互动的结果。决定和影响局势发展的要素非常多，相互间影响作用十分复杂。因此，应对威胁、维护国家安全必然是一个复杂系统工程，需要努力把握解决诸多安全问题的进程。

有效控制要注重事前控制、目标控制、过程控制和结果控制，避免因控制不当而失控，致使危机升级，威胁国家核心利益。有效控制需要灵活运用各种手段，降低潜在安全风险，避免问题集中爆发。由于实现国家安全利益的过程受到越来越多因素影响，不确定性日益增强，认识复杂与应对复杂就成为国家安全战略筹划必须具备的一种能力。为此，要在相互交织的诸多矛盾中，找出维护国家利益的有效途径和方法，或利用矛盾，或淡化矛盾，争取把握战略主动。

有效控制如同为国家安全构建防护栏和增加保障，可以通过调节国家间的冲突和对抗过程，引导由危机导致的系统紊乱状态向有序状态转变。一般情况下，有效控制强调努力防止单一危机演变成复合危机，国内危机演变成国际危机，国际危机演变成国内危机，地区危机演变成全球危机。

（四）全力化解

全力化解就是消弭各种不稳定和不安全因素，避免危机和冲突事态恶化，减少和消除国家安全所受威胁，为此，要积极培育和提升国家战略能力并予以综合运用，以应对和遏制危机和冲突，必要时能够打赢维护国家安全的合法性战争。面对国家安全挑战，特别是当国家安全遭受严重威胁时，必须采取果断行动，迅速化解对国家安全可能构成的危害。

需要强调的是，维护国家安全不能简单地以降低目标来规避风险。一旦战略目标低于国家安全利益底线，风险将会从其他方面表现出来，甚至导致国家安全面临更严峻的危害。同时，决策中还要注意分散风险，考虑时间元素和空间元素，考虑可能产生的变数，避免因力量过度投入而导致战线过长、能力下降。还要抓住主要矛盾，实现重点突破。总之，面对威胁要能够变被动为主动，化危机为机遇，化风险为坦途。

全力化解是基于安全问题的渗透性、扩散性不断增强的现实做出的必然选择。全力应对是为了防止局势失控，同时应避免针对事态作出极端反应，更要避免不顾问题根源随意出手。实际上，即使再强大的权力也有其作用范围，超出该范围“权力失效”将在所难免。

一些思想家对此看得比较深远。如约瑟夫·奈认为：“在信息时代，政府比过去这一个世纪更难控制主要的权力资源。大国依然拥有军事优势，但大规模杀伤性武器技术扩散也为恐怖分子提供了机会，并使后工业化国家更易受到破坏。”[①] 信息革命乃至智能化革命正在改变国家、主权和控制的性质，也正在改变国家权力的作用方式。在人们所关心的国家安全

---

① ［美］约瑟夫·奈著，郑志国等译：《美国霸权的困惑——为什么美国不能独断专行》，世界知识出版社 2002 年版，第 78 页。

问题中，没有哪个问题容易用军事力量优势加以完全解决，政策的制定者将不得不更加关注使用力量的成本和代价。

第二节　国家安全战略原则

战略原则与战略方针属于战略构成中的思维因素，战略原则服从服务于战略方针，战略原则的确立应根据战略方针提出的总体要求，对国家安全活动提出具体策略和方法。

一、国家安全战略原则的内涵

原则是观察问题和处理问题的准则。原则从自然界和人类历史中抽象而来，是正确反映事物客观规律的思维结晶。作为诸多原则中的一种，国家安全战略原则同样服从于这一具有普遍性的规定。具体来说，国家安全战略的原则就是国家安全战略从制定到实施过程必须遵循的一些具体规则。

考察战略思想发展史，战略原则是古往今来战略思想家不约而同关注的重点，相关精彩论述处处可见。中国著名战略思想著作《武经七书》中有专门讨论“攻伐之道”的篇章，并提出了灵活机动、不战而屈人之兵、兵贵神速等作战指挥的一般原则。西方从启蒙时代开始，战略思想发展进入一个全新和繁荣时期，所涌现的战略思想著作呈现一种共同趋势，即认为战争也像自然界和人类其他活动一样具有科学性，可以对其进行系统、综合的理论研究。当时的战略思想家们虽然研究兴趣和关注重点各不相同，但都致力于探索适用于所有战争的一般性规律和原则。① 这一思潮到18 世纪发展至顶峰，瑞士著名战略思想家约米尼明确提出“一切战略都受制于不变而科学化的原则”②。此后，几乎所有战略著作或教科书中都有关于战略原则的理解和概括。

国家安全战略原则与国家安全战略方针既存在紧密的联系，又表现

---

① Azar Gat，“A History of Military Thought：From the Enlightenment to the Cold War”，Oxford University Press，2001，p. 141.

② 钮先钟：《西方战略思想史》，广西师范大学出版社 2003 年版，第 203 页。

出明显区别。其中，联系主要表现在战略原则与战略方针同属战略构成中的思维因素，对诸如战略目标、战略能力等其他现实性的构成因素具有指导和规定作用，而且战略原则一般是根据战略方针的精神和内容来确定的；区别主要表现为战略方针具有更强的概括性和综合性，所涵盖的内容更为全面，而战略原则相对更侧重于对具体战略行为或力量运用进行规范。

二、国家安全战略原则的作用

在构成国家安全战略的诸要素中，战略原则属于思维层面的构成要素，也是最灵活、最能体现战略指导者主观能动性的部分。国家安全战略原则对诸如战略目标、战略能力等其他现实性的构成因素具有指导和规定作用。

当然，这并不意味着可以把战略原则的作用无限夸大。战略谋划带有很强的主观性、艺术性色彩，具有“运用之妙，存乎一心”的特征。尤其现代战略的复杂性和不确定性远远超过传统战略，企图仅凭借熟记几条战略原则就百战不殆，那是不切实际的痴心妄想。克劳塞维茨曾对任意夸大国家安全战略原则作用的观点提出过严厉批评。① 不过，战略原则是从长期历史实践中总结出来的带有普遍意义的规律性认识，凭借这些战略认识，战略指导者的确可以更好地把握战略实质，更好地指导战略实践。而且，战略具有强烈的对抗性，胜负都是相对于对手而言的。正如格雷所指出的：“要想赢得战争，你不必在军事上有着尽善尽美的表现，你只需要比敌人表现得好一些，或者说别像敌人那么差就可以了。”② 由于战略实践中存在诸多不确定性，掌握一定的战略原则虽不能保证每一步战略行动都正确无误，但可以避免一些不该犯的错误，减少战略对抗的风险和意外，使己方有更大获胜几率。

三、国家安全战略原则的内容

战略原则简约精练，具有高度概括性。某种意义上，关于战略原则的

---

① 钮先钟：《西方战略思想史》，广西师范大学出版社 2003 年版，第 213 页。

② Colin S. Gray，“Strategy for Chaos：Revolutions in Military Affairs and the Evdience of History”，Frank Cass Publishers，2002，p. 103.

归纳与总结代表着对战略的理解和认识程度。既往战略原则归纳多针对军事战略，而国家安全战略筹划的内容更丰富，可供选择的手段更多样，所要达成的目的更多元。归纳能够用于指导国家安全战略的战略原则，将具有更为普遍的指导意义。

（一）全局性原则

国家安全战略具有全局性特征，国家安全战略原则也因此必然带有全局性特点，全局性原则是制定和实施国家安全战略必须遵循的首要原则。国家安全战略指导者应坚持站在全局的高度，通盘考虑国家所要解决的安全问题，准确判断各问题之间的关系及其对国家安全全局的影响，并在此基础上作出正确战略决策，以及采取相应的战略措施来有效维护国家的整体安全。如美国 2022 年版《国家安全战略》报告在前言中提出“世界一如既往地需要美国领导”，在结论中再次强调“我们在世界上的领导地位”，就充分显示美国的战略全局就是其世界霸权。①

（二）主动权原则

夺取和保持主动权是军事战略中的一条重要原则，历来受到战略家格外关注。《孙子兵法》在其十三篇篇幅中专门有“军争”一篇，主要论述如何趋利避害以掌握战场主动权。毛泽东则将保持主动权精辟地概括为“你打你的，我打我的”。持有主动权意味着在战争中拥有决策自主权和行动自由权，可以将己方意志强加于敌方，也就意味着能够赢得战争的最后胜利。其实，对一切对抗性活动来说，保持己方的行动自由而不被对手所牵制，制人而不制于人，都是一条基本行动原则。现代条件下谋划国家安全，虽然合作性内容有所增加，但仍然具有浓厚的竞争、对抗色彩。因此，国家安全战略必须把争取战略主动权作为一条重要原则。

争取战略主动权，实际要求的是保持有利的战略态势，这是因为只有营造出有利的战略态势，己方才能进退自如，收发随心。否则身处不利战略态势，将会行动被动，处处受限。争取战略主动权与保持有利战略态势，好比是硬币的两面浑然一体。

古今中外战略家对于保持有利态势均有深刻认识。哈特曾经指出：“真正的目的不仅在于寻找机会进行会战（战斗），而且在于造成一种最有

---

① The White House，“National Security Strategy of the United States”，Washington，D. C.，October 2022.

利的战略形势。”① 与《孙子兵法》同为《武经七书》的《六韬》对此也有精练概括：“古之善战者，非能战于天上，非能战于地下，其成与败，皆由神势，得之者昌，失之者亡。”意思是说，古代善于用兵的人，并不是能战于天上，也不是能战于地下，其成功与失败全在于能否造成神妙莫测的态势。能造成态势的就胜利，不能造成态势的就失败。②

对国家来说，安全与否也可以用国家所处的战略态势来衡量。如果处于不利战略态势，将意味着国家安全利益受到严重威胁。如果经过国家安全战略谋划和实施，完全消除或大大减弱了威胁，也就改变了原本不利的态势，使国家安全得到了保障。而所谓“有利”“不利”，核心就看在各种力量的组合中，我方究竟处于主动还是被动地位，是否受制于人，能否按照自己的意志和方式去实现国家利益。就这个意义而言，国家安全战略谋划追求的就是实现国家安全利益的主动权，就是期望从不利战略态势向有利战略态势转化。③

（三）顺势而为原则

无论人类历史还是客观世界发展都有内在规律可循。战略作为人们的一种主观谋划，必须与这种规律相适应、相符合。中国古代著名兵书《六韬》曾告诫统治者应借鉴自然界万物的生长规律，将其作为治理天下的普遍原则。中国近代革命先行者孙中山曾有过“世界潮流，浩浩荡荡。顺之者昌，逆之者亡”的名言。战略家的使命不是随心所欲地为世界设计一幅自以为是的蓝图并强力推行之，而是应该审时度势，做历史发展允许做的事。因此，国家在谋划国家安全时，应把顺势而为作为基本原则。

顺势而为，意味着要认清和把握历史发展的客观趋势，在此基础上使己方的战略谋划与其相吻合。今天，各国越来越多地通过国际合作来维护自身安全，各种各样的安全机制正发挥着越来越重要的作用。单纯依靠增强自身力量尤其是军事力量来维护国家安全已变得日益困难。在此背景下，国家应该坚持有限度地发展武装自卫能力，强调更多通过和平而非武

---

① ［英］利德尔·哈特著，中国人民解放军军事科学院译：《战略论》，战士出版社 1981 年版，第 455 页。

② 《六韬·龙韬·奇兵第二十七》，参见毛元佑、黄朴民注译：《武经七书》，国防大学出版社 1997 年版，第 342 页。

③ 金钿主编：《国家安全论》，中国友谊出版社公司 2002 年版，第 54—55 页。

力手段解决问题。

顺势而为也存在战略误判风险，可能误把一时表象当作历史大势。如2022年版日本《国家安全战略》强调“守护日本第一责任是正视时刻变化的安保环境，果断进行必要的改革，强化日本安保能力和作用发挥”①是基本原则，就明显夸大了威胁。

（四）谨慎使用武力原则

约瑟夫·奈曾经指出：“力量就是有能力实现你所要的结果，并且在必要的时候能够通过改变他人的态度来达到这一目的。”在维护国家安全的过程中，战略力量尤其是军事力量的建设和运用是必不可少的条件。但是，今天的国际体系并不是霍布斯描述的那种完全意义上的“丛林世界”，国家的生存法则也不是赤裸裸的弱肉强食。在安全领域，现代国家已经越来越多地通过和平方式来解决安全问题，武力运用受到越来越多的限制。国家间如果在安全问题上产生矛盾，一般都首先选择通过谈判、对话等方式进行协商，尽量避免诉诸武力。自20世纪后半期以来，这一现象已成为世界绝大多数国家普遍遵守的一大准则。1990年，伊拉克对邻国科威特发动突然袭击，企图以此解决两国的边界和债务纠纷并借机增强本国实力。联合国安理会于入侵当天午夜召开紧急会议并通过决议，谴责伊拉克的入侵行为，要求伊拉克无条件撤军。8月3日，联合国安理会又通过对伊拉克实行全面强制性经济制裁的决议。到11月29日联合国安理会通过第678号决议（授权联合国成员国使用一切必要手段维护、执行联合国安理会有关决议）为止，联合国安理会总共通过十二份针对伊拉克的决议。同期，世界多数国家对伊拉克的侵略行径给予强烈谴责，充分体现了人心所向。在2023年末爆发的哈马斯与以色列的冲突中，尽管以色列拥有一定的自卫理由，但因其过度使用武力导致严重人道主义灾难，其军事行动也很快遭到世界多数国家的强烈谴责。

（五）超越军事胜负原则

国家安全战略谋划需要历史眼光和博大胸襟，需要超越军事的胜负。因为军事胜负是从属于国家安全的，是达到国家安全目标的手段。军事目标不等于政治目的，军事胜利不等于政治胜利。

---

① 日本内阁官房：《国家安全战略》，http：//www. cas. go. jp/jp/siryou/221216anzenhoshou/nss – j. pdf。

今天，全面战争已经不再是战争的基本形态，实现国家安全目标的手段不再局限于军事领域。新的安全局势下，在有限战争中战胜敌人并不一定能够达成国家安全战略目的。如在海湾战争中，美国在实现解救科威特的任务后，并未直驱巴格达以求彻底推翻萨达姆政府。这是因为，那样的军事胜利将打破中东战略平衡，产生不利于美国控制中东的后果。虽然没有实现军事上的完全胜利，但美国在战争中的收获世界有目共睹。反观2003年的伊拉克战争，美国虽然一度实现了对伊拉克的全部占领，但最终结果却与拉姆斯菲尔德等人曾经抱持的期望相去甚远。

毋庸置疑，当前及未来较长一段时间，军事力量及其现实运用对于国家安全仍具有不可替代的重要作用。然而，军事力量存在适用的限度，更不是构成国家实力的唯一要素。国家安全战略目标的实现，既要基于军事胜负，又要超越军事胜负。战略家们应注意把军事手段同政治、经济、外交等其他手段结合起来，在有效运用军事手段、释放军事能量的同时，努力通过减少战争和避免战争来达成政治目的，这不仅是一种境界，更是一种智慧。事实上，即便强横如美国，其2022年版《国家安全战略》报告也明确强调“我们将此（使用武力）作为最后手段，只有在目标和任务明确、可实现、符合我们的价值观和法律、与非军事工具一并使用且在美国人民知情同意的情况下才会展开行动”①。

（六）目标与手段协调原则

哈特指出：“战略能否获得成功，主要取决于对‘目的’和‘手段’（工具）是否能作精确的计算，能否把它们正确地结合起来加以使用。目的必须与现有的一切手段相适应。”② 法国的战略理论家薄富尔曾总结了目标与手段之间的五种关系：目标有限，手段充足；目标和手段都有限；目标重大，手段有限；目标多种，手段缺乏；目标重要，手段强大。这五种关系实际上可以归结为三种：目标超出手段能力范围；目标低于手段能力；目标有限，手段也有限。目标超出手段的范围，即手段能力低于目标的需求，在这种情况下，运用有限的手段来达成较高的目标，极有可能导

---

① The White House, “National Security Strategy of the United States”, Washington, D. C. , October 2022.

② ［英］利德尔·哈特著，中国人民解放军军事科学院译：《战略论》，战士出版社1981年版，第440页。

致战略失败或面临巨大损失。战术上的失败可以通过战役和战略的胜利来弥补，但战略上的失败和损失是根本性的、是无法弥补的。对国家安全战略来说，这种失败和损失将使国家安全面临严峻考验。目标低于手段能力，在这种情况下，如果全部使用这些手段，既没有必要，还会造成资源浪费，对国家安全也不利。至于目标有限、手段也有限，将极大限制国家安全战略的作为空间，导致目标和手段均不敢有大的追求，最终在安全上无所成就。

把握目标与手段运用平衡原则，应注意以下两点：一是国家安全战略的目标绝不应超出手段能力的范围。在战略目标超出能力范围时，应要么适度调低目标需求，要么加速提升手段能力；二是在实现国家安全战略目标的过程中，各种手段必须相互协调，努力形成合力。这就要求国家有一个能够统筹各相关部门间关系的机构，以有效协调各种手段，防止手段之间相互矛盾和抵消。

第三节　国家安全战略途径

国家安全战略途径是贯彻战略方针、落实战略原则、运用战略能力以实现国家战略目标的方式方法。梳理和总结近代以来民族国家维护国家安全的历史，根据实力运用的对象、取向、方向、方式等维度，可以对途径进行不同分类。

一、自助与合作

这是关于维护国家安全主要依靠力量和能力来源的选择。截至目前，世界秩序依然处于无政府状态，各主权国家客观上面临着诸多威胁，主观上恐惧和疑虑他国可能对本国造成巨大伤害，因此只能依托一定实力来维护本国的安全状态。在这里，实力获取既可能来源于本国自身，也可能来源于其他国家。以前者为主即为自助，以后者为主则是合作，两者并非完全排斥。

（一）自助

自助是主权国家依靠自身战略资源谋求国家安全的途径。在无政府国际社会中，不存在一个世界诸国承认和服从的、超越主权国家政府之上的最高权威，可以权威性地提供安全等“公共物品”。同时，在一个缺乏凝聚力的国际社会中，试图促使各国放弃主权，进而建立一个诸国统一的最高权威，也并不现实。再加上在国际政治中并不存在普遍意义的道德约束，而每个主权国家都极力追逐国家利益最大化。这一切决定了国家间的冲突不可避免。在这种情况下，为了实现自身目标，维护自身安全，各国都必须依靠自身创造的手段以及它们能为自己所做的安排。自助因而必然是无政府秩序中的行为准则。① 如建国后，面对复杂严峻的国家安全形势，毛泽东明确强调“我们的人民武装力量必须保存和发展起来”②“不但要有更多的飞机和大炮，而且还要有原子弹”③，这就是受到自助途径的影响。

在国际政治实践中，完全意义的自助并不可能，也不现实。但各国基于自身战略环境和战略能力，可能在维护国家安全的斗争中坚持独立自主原则，尽量避免或减少介入国际政治和安全斗争，选择奉行中立、孤立主义或不结盟等战略途径。

其中，中立是第三国对各交战国所采取的并为各交战国所承认的公正不偏的态度，这种态度产生了公正不偏的国家与交战国之间的权利与义务。④ 对外实施中立政策是一国寻求国家安全的传统方式。由之而来的永久中立国除抵抗侵略外，永远不与任何其他国家作战，而且永不承担任何可能间接使其卷入战争的国际义务。中立国的独立和完整永远由国际公约予以担保。⑤ 其主要特点是：通常由弱国选择，是一种不得不置身事外的战略；安全主动权不在当事国，而更多依靠国际社会中其他力量的作用。

选择中立一方面出于自愿，但也有基于地缘考量及受潜在或现实争霸因素影响而被迫选择的情况存在。1945 年以后，欧洲的芬兰、瑞典、瑞士、奥地利等国均选择了中立。虽然它们都不属于当时世界上存在的华约和北约两大军事政治集团，但每个国家都无法与两大集团之间的冲

---

① ［美］肯尼思·华尔兹著，信强译：《国际政治理论》，上海人民出版社 2003 年版，第 136 页。

② 《毛泽东选集》第 5 卷，人民出版社 1977 年版，第 322 页。

③ 《毛泽东著作选读》（下册），人民出版社 1986 年版，第 724—725 页。

④ ［英］劳特派特修订，王铁崖、陈体强译：《奥本海国际法》（下），商务印书馆 1971 年版，第 147 页。

⑤ ［英］劳特派特修订，王铁崖、陈体强译：《奥本海国际法》（上），商务印书馆 1971 年版，第 185 页。

突实现隔绝，因为它们正好位于两大集团集中对抗的“心脏地区”附近。也正因如此，1945 年以后的欧洲中立国在受到一个大国威胁的同时，往往还受到另一个大国一定程度的保护。特定情况下，中立国还带有战略缓冲的意味。当弱国的地理位置靠近强国，充当强国的军事屏障时，其战略缓冲的意味就会非常浓重。也正因有了缓冲国身份，其中立才能得到周边大国承认。此时中立的维持主要不是靠国际条约的约束力，而更多诉诸大国的支持。1831 年开始建国的比利时是这类典型。直到第二次世界大战前，它一直得益于此而长期靠中立维持国家安全。20 世纪初的芬兰也同样如此。

孤立主义政策是指以避免承担国际政治、军事义务的方式推进国家利益的政策。这种政策与中立政策相似，区别在于中立政策更多是处于大国争霸漩涡中的中小国家为避免成为大国争斗的牺牲品而求取生存的一种方式，孤立主义政策则有可能是一些强国谋求有利于自身利益的力量态势而奉行的政策。孤立主义政策的主要特点是：当事国有参与国际争夺的能力，但主观选择不参与，通过置身于主流国际体系之外来谋求国家的安全与发展。

美国在建国初期选择以孤立主义来确保本国不受外部势力影响。1976 年 9 月，美国首任总统华盛顿在向国会发表离职告别演说时提出了这一主张。他总结了美国独立战争期间以及建国后同英法等国打交道的经验和教训，指出外国影响是共和国政府最大的敌人之一，美国处理外国事务最重要的原则是在“与他们发展商务关系时，尽量避免涉及政治”。华盛顿认为，美国真正的政策应该是避免同任何外国缔结永久同盟。第一次世界大战期间，美国曾放弃孤立主义政策，但在战后构想和政策企图未能实现后又回归了孤立主义。20 世纪 30 年代中期，随着法西斯主义在德国和意大利上台，孤立主义思潮主导着美国对外政策，《中立法》就是孤立主义的直接产物，它在一定程度上姑息甚至纵容了侵略者，最终损害了美国的利益。1941 年 12 月，日军偷袭珍珠港，宣告了孤立主义的失败。当然，美式孤立主义主要针对欧洲列强，对太平洋和加勒比地区美国却一直是积极干涉和参与。

美国的孤立主义是为了避免卷入欧洲列强争霸而危及自身安全，相比之下，英国的“光荣孤立”是为了保持自身行动的自由，从而不受同盟条约约束，在欧洲各国均势中保持主动。19 世纪中期至 20 世纪初，英国奉行不预先同任何大国缔结长期同盟的“光荣孤立”政策。当时，英国认为英伦三岛与欧洲大陆有海峡相隔，且英国工业实力雄厚，海军优势更是无与伦比，因而无需担心本土安全，英国大可利用不结盟身份在欧洲大国中左右逢源，始终占据有利地位。所以，尽管当时英国与法国在埃及中部、非洲及印度支那争夺激烈，与俄国在中东和中亚矛盾尖锐，却三次拒绝了德国的结盟试探。直到 1902 年与日本缔结同盟，“光荣孤立”才宣告结束。1925 年，英国选择加入《洛迦诺公约》，放弃第一次世界大战以来所承担义务，再次回到“光荣孤立”。

不结盟政策是实行独立自主、和平和不缔结盟约国家的行动准则，主要指的是第二次世界大战后处于美苏争霸夹缝中的亚非拉国家奉行的一种政策选择。其主要内容是：不参加各种军事集团和派别；不允许别国在本国领土上建立军事基地；不以任何形式干涉他国内政等。不结盟政策主要针对的是两个超级大国的全球争夺，并非绝对置身国际事务之外，本身具有反帝、反霸和反殖的内涵，而且在国际事务中主张人类和平，积极推动全面彻底裁军，建立无核区，消灭种族歧视，实现人人自由平等，支持一切爱好和平与正义的国家进行缓和国际紧张局势的活动，呼吁维护世界安全和国家主权。其主要特点是：由第三世界国家发起，主要参与方为亚非拉发展中国家，强调反帝、反殖、反霸。

不结盟概念由南斯拉夫总统铁托、印度总统尼赫鲁和埃及总统纳塞尔于 1955 年 2 月在开罗会谈中提出。1962 年 6 月，在开罗举行的不结盟国家首脑会议预备会议规定了不结盟运动的基本宗旨，主要包括：采取或赞成不同社会制度的国家和平共处和不结盟的独立自主外交政策；支持民族独立运动，不参加大国间对抗的军事集团；不缔结双边军事同盟条约；不为大国对抗提供军事基地。同年 9 月，来自亚非拉的 25 个国家参加了第一次不结盟国家首脑会议，宣告了不结盟运动诞生。此后，越来越多发展中国家加入不结盟运动。不结盟运动的兴起，是第三世界正式形成的重要标志之一，为反对新老殖民主义、维护世界和平和推动世界格局多极化曾经并依然在作出重要贡献。

（二）合作

国家间相互依赖加强以及世界多极化特点进一步突出，凸显了开展国际合作的重要性，其战略途径主要体现为结盟（参与双边或多边军事同盟）、参与各种形式的集体安全或安全合作安排。

联盟是一种特殊的、程度最高的合作形式[①]，是主权国家增强自身本领压制对手的一种战略途径。它“往往是在有某种冲突或冲突威胁的形式下产生的”，[②] 其建立主要依据两个条件：一是理想主义的，即国家应具有相同的价值观念并为之共同奋斗；二是现实主义的，即建立在对成本与收益分析的基础之上，联盟成员通过分担义务，一方面可以节约成本、增加收益，另一方面可以分享共同资源，或获得较强大国家的保护。[③] 就一些国家的情况来看，构筑联盟已成为国家安全政策的重要组成部分。

总结 1648 年到第二次世界大战近三百年历史，构筑战时联盟是许多国家的最终安全选择。冷战期间，美国通过签订各种条约，建立了各种地区性联盟，其国家利益得到了更好维护。而苏联也几乎采取了与之对应的联盟战略。后冷战时期，虽然联盟光环已今非昔比，但只要联盟政策与相关国家利益相符，联盟政策在一定时期就会依然存在。[④] 像美日联盟在冷战期间意在慑止苏联，在后冷战时期从本土防御已扩展到地区安全。美国在世纪之交发动的四次局部战争中，均积极构筑各种临时联盟。面对法国、德国和俄罗斯等国家在伊拉克战争问题上与美国的分歧，美国总统小布什在访问波兰时仍然坚持要建立一个强大的跨大西洋联盟，强调利用联盟的力量为美国霸权服务。近年来，联盟对抗再次成为大国博弈的主要方式，美国进一步扩大联盟范围，在政治、军事、经济、意识形态、科技等各个维度构建阵营，并迫使其他国家做出“与美国合作”或“与美国对立”的二元选择。

尽管不能将战时外交误认为只是联盟外交，但构筑和发展联盟“不仅能迅速地将军队和武器集结起来，而且能很快地将技术、资源、身份认同以及人的意愿集结起来”[⑤]。这有利于拓展本国的战略资源，增强和提高本

---

① 张季良主编：《国际关系学概论》，世界知识出版社 1989 年版，第 112 页。

② Joshua S. Goldstein, “International Relations, 2nd”, Harper Collins College Publishers, 1996, p. 83.

③ Bruno Tertrais, “The Changing Nature of Military Alliances”, The Washington Quarterly, Spring 2004.

④ Kurt M. Campbell, “The End of Alliances? Not So Fast”, The Washington Quarterly, Spring 2004.

⑤ Michael Roskin, Nicholas Berry, “An Introduction to International Relations”, Prentice Hall, 1990, p. 271.

国持续作战的能力。布热津斯基曾总结："美国在全球至高无上的地位是由一个的确覆盖全球的同盟和联盟所组成的精细体系支撑的。"①

集体安全是国际社会中主权国家就维护国际和平、阻止和消除对和平的威胁、防止与制止侵略战争而作出的制度性安排。参与集体安全有别于与他国结成军事同盟。"在一个集体安全体系中，各国不是针对一个已知或已确认的侵略者承担防御义务，而是要承担对未知的或至少是未明确规定的侵略者作出反应的义务，以支持尚未明确的受害者。"② 在集体安全体系下，每一个国家的安全成为所有国家共同关心的问题。它意味着侵略者进攻任何一个国家，都将被视作侵略了所有国家，这些国家需要共同努力，集体反击侵略，或为受害国提供包括军事援助在内的集体援助。集体安全的主要形式是世界性或区域性国际政治与安全组织，其主要特点是：通过缔结国际条约建立不同类型的国际政治与安全组织；针对未知的、可能的安全威胁而非现实威胁。

国际关系史上，各国为实现集体安全进行了不懈努力。1920 年，第一个世界性集体安全机制"国际联盟"成立，标志国家的单独安全发展到集体安全。国际联盟的盟约明确规定了集体安全的原则和制度。其盟约第 10 条规定，"联盟会员国尊重并保持所有联盟会员国之领土完整及现有之政治独立，以防御外来之侵犯"；第 11 条规定，"凡任何战争或战争之威胁，不论其直接影响联盟任何一会员国与否，皆为有关联盟全体之事。联盟应采取适当有效之措施以保持各国间之和平"③。但"国际联盟"存在诸多缺陷，没能发挥应有作用，最终在第二次世界大战中寿终正寝。

联合国是爱好和平的国家和人民在汲取"国际联盟"的经验和教训的基础上，对集体安全的又一次尝试。《联合国宪章》主要规定：维护国际和平与安全；发展国际友好关系；促进国际合作；会员国主权平等；禁止以武力威胁或使用武力。它还明确规定了"对于和平之破坏及侵略行为之应付办法"的集体安全制度，诸如实现集体安全的一些必要的措施与手段；实行裁减武装力量、裁减军备；对侵略者采取一切可能的强制措施；

---

① ［美］兹比格纽·布热津斯基著，中国国际问题研究所译：《大棋局——美国的首要地位及其地缘战略》，上海人民出版社 1998 年版，第 36—37 页。

② ［澳］克雷格·A. 斯奈德著，徐纬地等译：《当代安全与战略》，吉林人民出版社 2001 年版，第 133 页。

③ 《国际条约集（1917—1923）》，世界知识出版社 1961 年版，第 270 页。

和平解决国际争端等。[①] 尽管联合国存在许多明显缺陷，有待进一步改革，但总体上其运行机制比“国际联盟”更为合理有效，为维持国际和平与安全作出了突出贡献。截至 2023 年 7 月，联合国共拥有 193 个成员国，是当今世界最具普遍性的集体安全机制。

合作安全是国际社会中主权国家为避免战争与冲突、促进共同安全利益实现、加强安全领域合作的一种安全模式。与集体安全不同，合作安全更强调安全的综合性以及各国安全的共同性。一般来说，一国在追求自身安全利益的过程中，必然要与其他国家发生联系。这种联系集中在该国安全利益与其他国家安全利益之间的关系上。从表现形式上，可以将这些关系分为共同利益、交叉利益和冲突利益。合作安全安排要解决的核心问题是推动相关国家在安全问题上加强合作，促进各国之间共同利益和交叉利益的实现，妥善处理国家间因冲突利益而引发的矛盾，避免对抗。其主要特点是在承认国家间安全利益存在交叉与冲突的前提下，强调利益的共同性，尝试以合作的方式维护国家与国际安全。

尽管欧洲地区和其他地区早在冷战期间就存在合作安全的实践，但总体而论，合作安全作为一个比较成熟的安全模式得到全面推进是在冷战结束之后，其在亚太地区的发展尤为突出。东盟主导的东盟地区论坛是该地区第一个践行合作安全理念的官方机制。这一构想最初由东盟战略与国际关系研究所于 1991 年提出，并于 1994 年 7 月正式成立。在首届论坛会议上，成员国就地区安全形势初步交换了意见，肯定了推动地区多边安全对话与合作的意义。会议主席声明将东盟地区论坛定性为一个磋商性论坛，目的是“促进亚太地区国家就共同关心的政治和安全问题进行建设性对话和磋商，为亚太地区建立信任和预防性外交作出重要贡献”。[②] 1995 年 8 月举行的第二届论坛外长会议提出，论坛将分建立信任措施、预防性外交和探讨解决冲突的途径三步走，确定在建立信任措施、核不扩散、维和、交换非机密军事信息、海上安全和预防性外交等领域开展合作，并同意沿第一和第二轨道进行对话合作。从 1999 年起，东盟地区论坛还单独设立了国防官员午餐会。2002 年，在新加坡和新西兰倡议下，论坛建立了由中级国

---

① 《国际条约集（1945—1947）》，世界知识出版社 1959 年版，第 35—60 页。

② 成员生、吴日光：《东盟地区论坛会议发表主席声明 泰总理强调加强合作促进繁荣》，《人民日报》1994 年 7 月 27 日，第 6 版。

防官员参加的国防官员对话会机制，为相关国家在军事领域开展不同合作开辟了道路。

需要说明的是，在国际实践中，自助与合作并非绝对，往往是自助中有合作、合作中有自助。事实上，大多数国家的战略模式选择同时具有以上两种途径的某些内容。如作为唯一超级大国，美国国家安全战略中单边主义色彩相当浓厚，体现出高度的自主性，但同时也建立了遍及全球的军事联盟体系，参与联合国的集体安全安排和世界各地区的区域安全合作。又如有些发展中国家的不结盟政策主要是不与大国结盟，并不排斥参与集体安全和区域安全合作。一国战略途径选择往往具有复合性特点，关键取决于何种方式能够更好地实现本国的国家安全战略目标。

二、内敛与扩张

这是关于能力运用取向的选择。内敛与扩张是相对而言的，其战略选择与国家战略文化密切相关。在面对外部威胁时，长期受保守主义、防御主义战略文化影响的国家往往倾向于内敛，注重保全自身，即使在实力足够时也很少将扩张作为战略目标；而长期受扩张主义文化影响的国家倾向于主动出击、先发制人，即使在实力不足时也可能伺机寻求对外扩张机会。

（一）内敛

内敛是指战略视野和战略重点主要聚焦于国家内部，主观上因种种原因缺乏向海外拓展利益或不断开疆拓土的愿望和冲动，在国家安全实践中也基本没有刻意向疆土之外拓展利益的战略和行动。其主要特点是：主观上没有向国土之外扩张的意愿，战略视角局限于本国内部，以巩固内部、稳住阵脚为优先考虑；客观上将国家安全边界设定在国境线以内，没有对外拓展利益的战略举动；在国际体系中通常采取低调战略姿态。

在西方列强加速向海外扩张的 17 世纪，日本德川幕府于 1633 年发布“锁国令”，规定“除特许船以外，严禁其他船只驶往外国”，“除特许船以外，不得派遣日本人至外国。如有偷渡者，应处死罪。偷渡船及其船主，一并扣留”，甚至旅居海外的日本人“若返抵日本，应即处以死罪”①。日本之所以实行锁国政策，主要是防范西方殖民者渗透，防止日本国民与

---

① 张荫桐选译：《一六〇〇——一九一四年的日本》，生活 · 读书 · 新知三联书店 1957 年版，第 10 页。

西方势力交流，并因之危及其统治，以及垄断对外贸易，防止藩国失控甚至做大，对其统治构成威胁。1637 年，日本爆发天主教起义，随后德川幕府不仅下令严禁天主教传入，停止与天主教国家葡萄牙、西班牙等国通商贸易，而且禁止有关天主教的书籍入境。

如果说日本“锁国”是在本国战略能力有限的情况下做出的无奈选择，那么中国的“锁国”则更多受到传统防御性战略文化的影响。在 14 世纪至 19 世纪大部分时期，明、清两朝均实行闭关锁国政策。其主要表现是：垄断对外贸易，禁止私人出洋贸易，关闭和收缩对外贸易港口；严格限制出口商品的品种和数量；限制外国人在华活动。中华民族长期生活在一个相对封闭的地理环境中，东面的太平洋、北面的荒漠戈壁、西面的崇山峻岭构成了中国文化独立发展的隔绝机制。虽然秦汉、隋唐时代与外部存在较为频繁的交流，但中国文化始终保持着持续独立发展的态势。与此同时，这种相对封闭的隔绝状态也使中国文化滋生了强烈的“中央”观念，形成了封闭内向的思维定式和自我满足的心态。在相当长时间里，中国一直以“天朝上国”心态傲视异域他邦，认为中国是世界的中心，周边都是“夷狄蛮貘”之众。在这种心态驱使下，汉唐以后的中国历朝历代政府总体缺乏开疆拓土的冲动或欲望，乃至采取闭关锁国的政策。肯尼迪就此指出：“一个关键因素，那就是儒家官僚集团的十足的保守思想……在‘复古’的气氛中，显要的官吏阶层所关心的是如何保留和重振过去，而不是创造以海外扩张和贸易为基础的光辉未来。”①

（二）扩张

扩张主要指国家通过向疆土以外拓展利益的方式，寻找维护本国安全的战略途径。其主要特点是：国家主观上拥有向海外拓展利益或者不断开疆拓土的强烈愿望和冲动；客观上拥有向外扩张的举动；战略姿态上强调主动进攻。

16 世纪资本主义生产方式的兴起是欧洲列强竞相走上对外扩张道路的重要经济根源。德国革命家卢森堡在谈到资本主义生产方式的扩张性时指出：“从一开始，资本主义生产的形式和规律就致力于统括作为各种生产力储备的整个世界。资本——不得不把各种生产力用于剥削的目的——掠

① ［美］保罗·肯尼迪著，王保存等译：《大国的兴衰——1500—2000 年的经济变迁与军事冲突》，求实出版社 1988 年版，第 8—9 页。

夺了整个世界，它从地球的每个角落、从各种程度的文明和从所有形态的社会中取得它的生产资料，如果必要，用武力夺取它们。”① 在扩张性生产方式驱使下，欧洲列强纷纷制定和实施扩张战略，疯狂地瓜分世界，引发了一轮又一轮殖民战争，最终酿成两次世界大战。西方列强历史传承的基督教（天主教）文化，为这些国家选择扩张战略提供了强大精神动力。这种文化以“上帝的选民”自居，具有强烈的普世主义使命感。世界近代史上欧洲基督教（天主教）徒打着宗教旗号，行对外扩张之实，正是这种文化作用的产物。

美国崛起的历史更像是一部对外扩张史。基督教构筑了美国国家安全战略的文化底蕴，培养了美国与生俱来的优越感和使命感，造就了美国国家安全利益判断的全球性。作为一个后起帝国主义国家，美国成为世界头号经济大国时，欧洲列强瓜分世界的斗争已经进入尾声。为了取得与其实力相称的国际地位，美国迅速发动了对西班牙的战争，在加勒比海地区及远东取得战略立足点。此外，针对欧洲列强和日本加紧在中国争夺势力范围，美国特意提出“门户开放”政策，借此扩展在华经济和政治利益。显然，美国的进攻性战略为其成为全球性大国奠定了重要基础。

两极对抗体制瓦解后，作为唯一超级大国，美国将国家安全战略目标定位为构建任其独霸世界的单极体系。为此，美国加强对全球政治、经济、军事和文化等领域的渗透，并利用外交、军事等手段对现实或潜在战略对手实施挤压或遏制，战略攻势十分明显。海湾战争、科索沃战争、阿富汗战争以及伊拉克战争，包括发生在格鲁吉亚、吉尔吉斯斯坦以及乌克兰等国的“颜色革命”，为此作出了有力注脚。2017 年以来，美国两届政府先后提出“印太战略”，实际也是一种区域扩张，意在挤压对手的生存空间。

三、直接与间接

这是关于能力运用路径的选择。维护国家安全的路径存在多种选择。在国家安全战略目标与威胁之间，最直接的道路是将国家实力全部或部分转化为战略能力，以期简单彻底地消除危险，但这种选择往往带来巨大风

---

① ［英］安东尼·布鲁厄著，陆俊译：《马克思主义的帝国主义理论——一个批判性的考察》，重庆出版社 2003 年版，第 68 页。

险，各国通常比较慎重，大多采取的是相对间接的道路，尤其弱势国家更是如此。

（一）直接

直接路线战略就是采用敌人所期待的路线和方式，与敌人作直接的交手。实际就是在处理国家安全问题时，主要看面前的威胁和对手，试图采取正面迎击的方式来彻底消灭威胁。

克劳塞维茨在《战争论》中主张，“在战略上，的确有巧妙地部署各次战斗的问题，战略无非是进行这种部署的艺术。……但我们认为，直接消灭敌人军队总是最主要的事情”①，“在战争所能追求的目的中，消灭敌人军队永远是最高的目的”②。这种主张实际上是大量消耗对立双方人力和物质资源的“消耗战”和“消耗战略”③，曾对西方军事界产生相当严重的负面影响。例如，指挥过普法战争的德军总参谋长老毛奇曾表示：战争与商业有类似之处，“兵力是投资，胜利则为利润”。④ 这是一种典型的“消耗战”和“消耗战略”提法。任其发展的恶果是两次世界大战先后爆发，给世界人民带来了极大的灾难。

（二）间接

间接路线就是主张把战斗行动尽量减到最低限度，避免正面强攻的作战方式，强调使用各种手段出其不意地奇袭和震撼敌人，使其在物质上遭受损失，在精神上丧失平衡，以达到不进行决战而制胜的目的。间接路线思想是哈特基于两次世界大战反思而提出的。他对克劳塞维茨主张的“直接路线”进行了批评，反对将“战斗作为战争的唯一手段”，反对将“消灭敌人军队”作为赢得战争的主要途径，指责克劳塞维茨“剥夺掉了战略上的桂冠，并将军事学术变成了大量屠杀的‘技术’”。⑤

---

① ［德］克劳塞维茨著，中国人民解放军军事科学院译：《战争论》，商务印书馆1978年版，第252—253页。

② ［德］克劳塞维茨著，中国人民解放军军事科学院译：《战争论》，商务印书馆1978年版，第64页。

③ 吴琼：《西方战略与〈孙子兵法〉》，中华书局2022年版，第50页。

④ 邓锋、郑三立：《西方军事思想发展史》，国防大学出版社1993年版，第177页。

⑤ ［英］利德尔·哈特著，中国人民解放军军事科学院译：《战略论》，战士出版社1981年版，第477—478页。

哈特的思想实际和《孙子兵法》中“以迂为直，以患为利。故迂其途，而诱之以利，后人发，先人至”有异曲同工之处。现实中，秦昭王“远交进攻”破坏“合纵”，勾践“卧薪尝胆”雪复国耻，拿破仑翻越阿尔卑斯山闪击意大利，以及美英盟军诺曼底登陆智胜德军，实质都采用的是迂回之路。

军事斗争谋划的迂直之道对国家安全战略途径选择同样具有启迪：在相反中求相成，在后退中谋前进。如 1941 年 12 月 7 日日本偷袭珍珠港，有观点认为罗斯福故意利用了这一事件。当时，尽管法西斯国家与反法西斯国家之间战争如火如荼，日本对美作战也迫在眉睫，但在孤立主义蛊惑下，美国公众在参战问题上表现得十分消极。① 在 1941 年 11 月中旬的一次民意调查中，有 44% 的人反对派遣美国军队去欧洲。在日本偷袭珍珠港之前，只有 51% 的美国人认为将在不久的未来与日本作战。② 珍珠港事件彻底改变了美国公众的观点，美国舆论立即一致同意对日开战。③

1972 年美国总统尼克松访华，人们往往关注的是美苏中“战略三角”的形成。其实，美国正是通过外交“迂直”之路摆脱了越南战争泥潭的困扰。尼克松和基辛格曾向美国公众许诺在越南实现“体面的和平”，从越南“体面地撤军”。为实现这一目标，尼克松走的最关键的一步“棋”就是实现与中国关系正常化，从而给苏联以间接压力，促使苏联寻求与美国开展战略合作。据传，巴黎会谈期间苏联压制北越实现停火。而和平条约一经签署，美国就实现了以“体面”方式从越南撤军的目标。④

需要说明的是，间接路线与汪精卫的“曲线救国”存在本质不同，两者之间最大的区别在于间接路线的实施并不以危害国家安全利益为代价，而是为了有效维护国家安全利益；而“曲线救国”置国家利益于不顾，是

---

① ［美］威廉·福斯特著，梅豪士译：《美国共产党史》，世界知识出版社 1957 年版，第 414 页；［英］伦纳德·莫斯利著，杜小敬等译：《马歇尔传》，东方出版社 1985 年版，第 172 页。

② ［美］罗伯特·达莱克著，伊伟等译：《罗斯福与美国对外政策 1932—1945》（上册），商务印书馆 1984 年版，第 445—446 页。

③ ［美］威廉·哈代·麦克尼尔著，叶佐译：《美国、英国和俄国：它们的合作和冲突 1941—1946 年》（上册），上海译文出版社 1978 年版，第 9 页。

④ Willianm H. Meyer，“Security，Economics，and Morality in American Foreign Policy：Contemporary Issues in Historical Context”，Prentice Hall，2004，pp. 32 – 33.

实实在在的投降路线。

四、制衡、支配与追随

这是关于与其他国家尤其世界主要力量关系模式的选择。

（一）制衡

制衡是利用自身或盟友的战略资源来阻止有关国家或其控制的国家集团支配国际体系的意欲，威慑或制约潜在对手，从而达到维护国家安全的目的。它包括硬制衡和软制衡两种类型。

其中，硬制衡是指面对一国因权力急剧增长而表现出霸权企图时，其他国家将采取军事上的联合，以期化解威胁或挫败该国的霸权企图，恢复体系的均势。其主要特点是：强调目的性，无论结盟、竞赛、建立缓冲区还是分而治之，核心目的均在于维护国际均势。在自助国际体系中，当一国权力不足以制衡他国权力过快增长或霸权企图时，往往会联合其他国家一道对他国加以遏制。而与权力较弱的一方结盟就是制衡。国家之所以选择较弱一方来应对强国，这是因为其面临的威胁往往来自实力较强一方。如果他们加入的联盟拥有足够的防御和威慑能力以吓阻敌对联盟的进攻，那么他们将会受到尊重，国家也安全，而安全正是国家的最高目标。欧洲三十年战争后，交战各方缔结的《威斯特伐利亚和约》标志着近代国家间制衡的开始。后来，英、俄、普、奥等国七次结成反法同盟，也是试图通过联合来制衡法国。①

软制衡是指通过非军事领域的临时联盟或利用国际机构的影响力，来掣肘大国对本国安全利益的挑战。当今世界，美国的综合实力遥遥领先于其他国家。其他强国及小国因难以在实力上与之抗衡，便转而寻求软制衡途径。如在伊拉克战争爆发前，俄罗斯与德国、法国构筑了临时反战联盟。后来，俄罗斯又在伊拉克战后重建过程中对美国的单边主义进行了软制衡。

---

① 需要注意的是，选择制衡战略途径有很多前提条件，其中之一是要保持国家主权的独立。失去这一条件，国家将难以实施制衡。中日签订《马关条约》之后，俄法德三国认为日本独占辽东半岛侵害了他们的在华利益，便迫使日本退出了辽东半岛。此事使清朝政府想当然地认为可以利用列强之间的矛盾制衡日本。结果，清政府不但没有达到这一目的，反而引发了列强瓜分中国的新狂潮，造成中国社会经济进一步殖民化。

国际政治实践中，制衡在近代欧洲体现得最为明显，其典型代表是英国。作为欧洲大陆孤悬海外的岛屿国家，英国基于传统的陆海对抗考量，坚持反对欧洲大陆上形成统一的强权。因此，当拿破仑帝国兴起、欧洲大陆俨然将形成一个统一大陆强权时，英国不惜一切代价组织反法同盟，制衡法国力量扩张。在两次世界大战爆发时，英国均参与其中，一个重要原因仍然是要维持欧洲的传统均势。对此，美国学者迈克尔·曼德尔鲍姆曾一针见血地指出，英国并不在乎哪个欧洲大陆国家强大，只要没有一个国家过分强大就行。1914 年英国与德国交战的目的和他与拿破仑交战的目的相同：维持欧洲平衡，防止某一个大国住在欧洲大陆。① 因此，相应时期的英国已经成为欧洲均势的平衡国。

理论上，平衡国在均势体系内的唯一目标就是维持均势，而无论这种均势服务于何种具体政策。用丘吉尔首相的话，英国的政策是“参加不那么强大的一方，同它们联合起来，打败和挫败大陆上的军事霸主，不管他是谁，不管他所统治的是哪一个国家”。正是以这种“扶弱抑强”原则作为外交与安全战略的基本信条，近代英国始终处于欧洲力量中“仲裁人”的位置。②

（二）支配

支配是旨在利用自身的战略资源控制或主导国际体系。选择支配途径的国家往往有其条件：客观上，在一定历史时期，在政治、经济、军事等方面拥有绝对优势；主观上，时刻保持将自身实力用于对国际事务进行干预乃至控制的意图。这样的国家虽然屈指可数，但其影响巨大。到现在为止，曾经或依然把持国际体系控制权的大国，主要是 18 世纪中叶后称霸的英国和 19 世纪末 20 世纪初崛起的美国。而像 16 世纪的西班牙、17 世纪路易十四的法国、18 世纪与 19 世纪之交的拿破仑法国，以及 20 世纪的威廉二世德国、纳粹德国、纳粹日本等，都曾试图谋求支配和控制国际体系，但并未取得最终成功。

（三）追随

追随或曰“搭便车”是一国以限制自身的某些行动自由、让渡部分国

---

① ［美］迈克尔·曼德尔鲍姆著，军事科学院外国军事研究部译：《国家的命运——19 世纪和 20 世纪对国家安全的追求》，军事科学出版社 1990 年版，第 7、36 页。

② 金钿主编：《国家安全论》，中国友谊出版公司 2002 年版，第 292 页。

家主权为代价，与主要大国或主流国际体制进行合作，争取获得其支持、保护或其他好处。这是弱国或曾经强大而今地位下降国家的重要选择。之所以倾心这一途径，是因为制衡需要付出很大代价，而且制衡即使成功，结果也会被没有参与制衡的国家共享。这就为一些国家规避制衡风险、选择追随提供了依据。

当然，不同国家选择追随有其内在规定性。对弱国而言，由于自身战略资源有限及受当下国际体制辖制，难以有效维护国家安全。虽然追随会一定程度损害当事国的独立性，但弱国往往不得不选择与强国为伴，以期至少在一定历史时期内保证安全。理论层面上，无论单极、两极亦或多极，面对强大国家带来的结构性压力，相对弱小国家往往会选择追随。正如罗思斯坦所言，小国的行为有其不同于大国的特点：一是小国很少能够独自解决安全困境问题，而是需要外部力量；二是因为只拥有极小的安全空间，所以其行为必须十分谨慎。尽管可能危及长期稳定，但小国的眼睛被迫只盯着短期和本地事务。[①] 后冷战时期加入北约的波兰、捷克、匈牙利等国就是例证。这些国家选择“搭便车”战略途径是现实而无奈的选择。而对曾经强大而今地位下降的国家，由于战略资源衰弱以及受当下国际体系管制，他们不可能在短时期内重新获得昔日地位，因而也只能选择“搭便车”。第二次世界大战后的日本、德国是这方面的典型代表。此外，由于全球治理缺少必要的协调、管理、制裁机制，在包括环境治理等在内的全球性问题上，也经常出现“搭便车”现象。譬如小布什政府对《京都议定书》的否定就是一种逃避责任、坐享“红利”的“搭便车”。

从本质与适用性来讲，追随是弱国在国际关系中为达到维护国家安全的战略目标而采取的一种安全战略途径。当然，在特定情况下，也有与霸权国或霸权挑战国结成联盟以谋求更大利益的情况，此时追随已超出了纯粹维护国家安全的目的，而带有参与霸权国侵略的含义。如历史上著名的“连横”战略中的弱国追随秦国攻击其他国家，正所谓“事一强以攻众弱也”[②]。

---

① Robert L. Rothstein, “Alliances and Small Powers”, Columbia University Press, 1968, pp. 24 –26.

② 引自《韩非子 · 五蠹》。

五、激进与渐进

这是关于手段运用及其量度的选择。所谓激进路线是指在实施国家安全战略的过程中，采用对抗等激进手段谋求国家安全利益。与之形成对比的是渐进路线，即着眼长远，主要依赖多种手段实现国家安全。两者最大的区别在于时间差异，一个在较短时间完成，另一个则需要较长时间，但无论选择哪一条途径，其最终目的都是服务于实现国家安全战略目标。

（一）渐进

渐进是将实现国家安全战略目标的时间线拉长，不求毕其功于一役，而是致力长线目标开展持久经营。如自 20 世纪 60 年代末 70 年代初至冷战结束这段时间，美国经济和军事实力均遭受削弱，再加上一大批独立国家走上社会主义道路，美国被迫采取渐进路线，对社会主义国家尤其是对苏联实行“和平演变”，最终导致苏联走向解体，取得了激进路线所没有获得的效果。

（二）激进

冷战结束后，美国获得了前所未有的优越战略地位，进而变得更加刚愎自用，越来越倾向于“美国军队是一把令人恐惧的锤子，那么，所有的难题都应该是一颗钉子”。据美国国会研究局统计，1991 年至 2010 年，美国在海外使用武力的次数高达 116 次之多，大约每年出兵 5.8 次。而在美苏对峙的冷战时期，美国在海外使用武力的总数仅为 52 次，平均每年仅为 1.1 次。[①] 其中，小布什政府奉行的“单边主义”对激进路线作了最好诠释。2003 年 3 月 20 日，小布什政府悍然发动伊拉克战争并最终推翻了萨达姆政权，其直接理由是伊拉克寻求大规模杀伤武器并支持国际恐怖组织，但相关理由时至今日也未得到证实。

六、威慑与胁迫

应对来自对手的压力和威胁，威慑和胁迫是两种重要的战略模式。传统意义上，威慑是指通过威胁使用或有限使用武力，吓阻对手不要做某

---

① 韩庆娜：《武力与霸权：冷战后美国对外军事行动》，人民出版社 2014 年版，第 23 页。

事，目的是维持现状；胁迫则是通过武力威胁迫使对手按照己方意愿做某事，目的是改变现状。在国家安全领域，威慑和胁迫被赋予了新的、更广泛的内涵，威胁的手段不断扩大，如经济制裁、舆论施压、国际场合孤立等方式，只要能够给对方造成损失或施加影响，都可以用来进行威慑或胁迫。

（一）威慑

威慑是谋求“不战而屈人之兵”的古老智慧，其目的在于维持现状、避免战争爆发或冲突升级。通过威慑，可以减少国家实现安全目标所付出的代价，也能为国家发展更高层次战略能力赢得更多时间。广义上，威慑可以运用包括政治、经济手段在内的各种国家权力慑止有损于己方利益的各种行为。① 基辛格认为威慑包括了三大要素：力量、使用力量的意志和潜在的侵略者估计到前两点，威慑是这些因素的产物，而不是它们的综合。②

威慑通过影响对手预期的得失计算发挥威慑作用。通过增加被威慑方发动攻击所带来的损失，使其利益计算中的代价大于预期而放弃行动可以称为“报复性威慑”。通过减小被威慑方实现预期目标的可能性，使其利益计算中的收益小于预期而放弃行动的威慑可被称为“拒止性威慑”。③

从历史实践看，威慑作为一种军事行动样式已被美国长期采用，并在实践中逐渐发展为系统性的军事战略。冷战时期，核威慑作为美国外交政策的基石，成为避免美苏大战的主要手段，主要通过核武器“相互确保摧毁”实现美苏战略平衡。随着科学技术发展和战争形态变革，常规威慑、网络威慑、太空威慑等威慑样式相继出现，并与核威慑相互联系、互为依赖。

（二）胁迫

胁迫是指一国以可信的惩罚和威胁作为支撑，要求对手遵从其要求采取特定行为。胁迫的手段可以是武力威胁、经济制裁、技术封锁等所有具

---

① Glenn H. Snyder，“Deterrence and Defense：Toward a Theory of National Security”，Princeton University Press，1961，p. 14.

② ［美］亨利·基辛格著，国际关系研究所编译室译：《选择的必要》，商务印书馆 1972 年版，第 18 页。

③ Glenn Snyder，“Deterrence and Defense：Toward a Theory of National Security”，Princeton University Press，1961，p. 15.

有惩罚性的措施。它需要决策者考虑四个关键变量：向对手提出什么要求；是否以及如何制造使对手服从要求的紧迫感；不服从是否面临处罚以及何种处罚；是否有条件提供诱导或补偿。①

胁迫案例颇多。像战国时期有秦不战而灭齐的典故，近代中国则有频遭西方“炮舰外交”的屈辱经历；欧洲古有修昔底德笔下的“米洛斯辩论”，现代史上有希特勒吞并捷克苏台德地区。美国对胁迫的偏好根植于冷战时期积累的战略经验以及由此而生的战略文化和战略理念，尤其是古巴导弹危机和东欧剧变让美国战略界日益相信美国可以通过武力威胁和经济制裁等强制性手段在国际冲突中谋取有利结果。正是出于这种信念，冷战结束后美国对胁迫的使用更加频繁。从科索沃危机、阿富汗战争、伊拉克战争、利比亚战争、叙利亚战争到对朝核、伊（朗）核等地区热点问题，美国政府无一例外地推行胁迫式外交，其手段也由侧重武力向多元运用经济、科技、法律等手段方向发展。

美国的胁迫不仅针对对手，对盟友同样毫不手软。20 世纪 80 年代，日本 GDP 达到美国一半。为消除来自日本的经济“威胁”，美国于 1985 年强迫日本签订“广场协议”，逼迫日元升值。2013 年，美国动用《反海外腐败法》，逮捕法国阿尔斯通公司高管皮耶鲁齐，并诱使其签订认罪协议，此后又至少逮捕 3 名其同事。2015 年，法国阿尔斯通公司不得不接受美国通用电气公司的收购要求。《经济学人》就此评论称，美国司法部的调查扭曲了法国阿尔斯通公司出售资产的流程，为潜在的美国买家创造了优势。

七、争霸与反霸

这是大国关于自身定位及战略目标的不同选择。其中，霸权是指一国在国际关系中所处的操纵或控制其他国家的地位。一些国家认为，只有掌握了霸权、具有了对其他国家的支配力，才能使本国获得安全，因而奉行“国强必霸”逻辑，将争夺和维护霸权作为实现国家安全的重要途径。与此同时，另一些国家意识到，霸权不仅无法真正实现国家安全，甚至可能恶化整个国际体系的安全形势，因而并不寻求称霸，也反对他国实施霸权

① Jack S. Levy, “Deterrence and Coercive Diplomacy: The Contributions of Alexander George”, Political Psychology, Vol. 29, No. 4, 2008.

干预。

（一）争霸

西方现实主义国际关系理论的基本逻辑是：国际社会缺乏一个凌驾于国家之上并能保护彼此不受侵犯的权威，而国家永远无法得知其他国家的意图，因此，为了保证自身生存，国家需要以权力追求安全，以实力争取利益。在这一逻辑影响下，成为霸主、获得霸权成为了国家确保自身安全的最佳方式。

马克思主义将争霸视为资本主义国家的重要特点。列宁指出，帝国主义是资本主义的最高阶段，“帝国主义的重要特点，是几个大国争夺霸权”[①]。19—20 世纪，帝国主义国家相互争夺世界霸权，企图按照各自的经济、军事实力重新分割世界。在争霸过程中，一些老牌殖民主义国家初期采取炮舰政策，明目张胆地对一些不发达国家和地区进行军事侵略。随着第二次世界大战后不发达国家民族解放斗争蓬勃兴起，霸权国或争霸国更多采用提供经济和军事“援助”、“和平演变”等隐蔽方式对其他国家进行渗透，从政治、经济领域控制名义上还“独立”的国家。像冷战时期，美苏两国综合运用各种手段，在全球各个领域划分势力范围、抢占战略要地、争夺市场和投资场所，控制原料产地，掠夺各种重要资源。美苏争霸最终以苏联解体、美国成为世界唯一超级大国而告终。成为霸主确实给美国带来诸多利益，同时也使美国更加担忧受到其他崛起国挑战，不得不经常以“先发制人”方式打压潜在对手。可以看出，争夺或维持霸权的成本极高，不仅会严重消耗争霸国的实力，还不会给霸权国带来真正的安全。

（二）反霸

反霸就是反对霸权主义主张，坚持任何国家和国家集团都不能凭借其政治、经济特别是军事实力践踏他国主权、侵占他国领土、干涉他国内政、奴役他国人民，寻求支配、控制、统治其他国家、地区乃至整个世界。中华人民共和国成立伊始，面对美国的围堵扼杀，坚定地表达了反对美国霸权的主张。1949 年 11 月，周恩来在《新中国的外交》一文中明确提出，“我们现在的外交任务，是分成两方面的。一方面，是同苏联和人

---

① 中共中央马克思恩格斯列宁斯大林著作编译局编译：《列宁选集》第 2 卷，人民出版社 2012 年版，第 642、653 页。

民民主国家建立兄弟的友谊”，“另一方面，是反对帝国主义”[①]。1950 年 6 月，毛泽东也明确指出，“中国人民早已声明，全世界各国的事务应由各国人民自己来管，亚洲的事务应由亚洲人民自己来管，而不应由美国来管”[②]。1973 年 8 月，党的十大报告提出“反对帝国主义和新老殖民主义，特别是反对美苏两个超级大国的霸权主义”[③]，这是中国正式提出“反对霸权主义”的标志。1974 年 4 月，邓小平在联合国大会上指出“两个超级大国是当代最大的国际剥削者和压迫者，最新的世界战争的策源地”，强调中国政府和人民“一贯支持一切被压迫人民和被压迫民族争取和维护民族独立，发展民族经济，反对殖民主义、帝国主义、霸权主义的斗争”[④]，这是中国正式提出并使用“反对霸权主义”概念。至今，“反对霸权主义”在每届党的全国代表大会政治报告的国际部分中都会出现，1975 年版中国宪法写入“反对霸权主义”并保留至今。这一原则还被中国政府写入国际文件，如 1978 年《中美建交公报》重申了 1972 年《中美联合公报》中反霸主张，这是中国政府反对霸权主义的历史性成就。

---

① 中华人民共和国外交部、中共中央文献研究室编：《周恩来外交文选》，中央文献出版社 1990 年版，第 1 页。

② 中华人民共和国外交部、中共中央文献研究室编：《毛泽东外交文选》，中央文献出版社、世界知识出版社 1994 年版，第 137 页。

③ 《在中国共产党第十次全国代表大会上的报告》，《人民日报》1973 年 9 月 1 日。

④ 中华人民共和国外交部编：《中华人民共和国外交大事记》第 4 卷，世界知识出版社 2003 年版，第 123—124 页。

第五章　国家安全战略能力

国家安全战略能力建设和运用，是保障国家安全体系有效运行、实施国家安全战略的根本保障。缺乏足够的国家安全战略能力，甚至可能导致国家败亡。如齐国早在公元前 334 年就取代魏国成为关东地区最强大的国家，一度与秦国并称东西“二帝”。但随着公元前 264 年齐王建的母君王后听政，奉行“事秦谨，与诸侯信”对外政策，“不修战备、不助五国”，国家安全战略能力日益削弱。到公元前 221 年，秦军进攻齐国，轻而易举地攻入临淄，齐王建投降，齐军不战自溃，齐国从此灭亡。

现实中，人们经常见到“国家战略能力”“国家安全能力”“国家安全战略能力”等不同表达，它们都是国家运用自身实力以发展或维护重要利益、实现战略目标的能力，但细分仍然存在一定区别。所谓国家安全能力，是国家安全主体防范化解国家安全问题，实现国家安全目标能力的总和。[①] 国家安全能力林林总总，凡涉及防范和化解国家安全问题的能力均属于国家安全能力。国家安全能力与国家安全战略能力仅有“战略”两字之差，其内涵区别也主要体现在两字之中。正如习近平所指出的一样，“战略是从全局、长远、大势上作出判断和决策”[②]。战略能力是指运用战略资源和手段实现战略目的的能力。[③]

总的看，如果说国家安全能力包括了任何时段维护和塑造国家安全全部目标的能力的话，那么国家安全战略能力特指的是在特定时段内，国家

---

① 李文良：《国家安全学基础理论框架构建研究》，《国际安全研究》2022 年第 5 期，第 15 页。

② 习近平：《重视战略策略问题》，载《习近平著作选读》第二卷，人民出版社 2023 年版，第 583 页。

③ 王桂芳主编：《国家安全战略学》，军事科学出版社 2018 年版，第 245 页。

组织、协调和运用各类战略资源和手段，以维护与塑造国家安全优先目标的能力，这种能力相对而言更具有战略性。由于各国国家安全战略均规定了作用时间，因而国家安全所需要的战略性能力实际也是本国国家安全战略文本所规定的战略性能力。现实中，学界有时还使用国家战略能力概念，它是国家在开发、分配和运用战略资源的基础上，制定和实施战略，维护和增进国家利益，实现国家战略目标的能力。[①] 显然，这一能力同时包括了国家安全战略能力和国家发展战略能力，其内涵要远大于国家安全战略能力。因而，国家安全战略能力只是国家安全能力中的一种特殊类型。

第一节　国家安全战略能力基础

国家安全战略能力基于国家安全能力，国家安全能力则基于国家实力。国家实力又称综合国力，指一个国家所拥有的物质力量和精神力量的总和，是一个加总概念，具有可加总性质，是制约国家安全战略目标的重要因素。通常，实力强的国家要比实力弱的国家更有能力维护国家安全，但在具体事务上，弱国有时比强国拥有更强的解决问题的能力，历史上弱国打败强国的例子不在少数。究其原因，在于国家实力由不同要素构成，在应对战略威胁时，往往只是某一方面的国家实力要素发挥关键作用。

在战略学界，关于国家实力的构成要素众说纷纭。如美国学者摩根索提出国家实力包括地理、自然资源、工业能力、战备、人口、民族性格、国民士气、外交素质、政府素质等要素。[②] 英国学者 E. H. 卡尔将国家实力划分为军事实力、经济实力和支配舆论的实力。[③] 美国学者克莱因提出国家实力由物质因素和精神因素构成，物质因素包括人口、领土、经济能力

---

① 程志勇、兰洋：《国家战略能力概念辨析》，《山东行政学院学报》2018 年第 3 期，第 17 页。

② ［美］汉斯·摩根索著，徐昕、郝望、李保平译：《国家间政治——权力斗争与和平》，北京大学出版社 2011 年版，第 169—223 页。

③ ［英］爱德华·卡尔著，秦亚青译：《20 年危机（1919—1939）：国际关系研究导论》，世界知识出版社 2005 年版，第 103—130 页。

和军事能力，精神因素包括战略意图和战略意志。[①] 美国学者约瑟夫·奈认为国家实力由硬实力和软实力构成，硬实力包括经济力量、军事力量和在国际政治中设立议程，软实力则来源于文化、价值观和对外政策。[②] 中国学者黄硕风认为国家实力由物质力、精神力和国际影响力构成。[③] 中国学者阎学通提出国家实力是一个国家所拥有的物质和非物质力量，由政治、军事、经济和文化四个要素构成，其中政治是操作性实力，军事、经济和文化为资源性实力，国家实力 =（军事实力 + 经济实力 + 文化实力）× 政治实力。[④]

总体上，国家实力大致可以划分为硬实力和软实力两大类型。其中，硬实力主要包括自然要素、经济要素和军事要素；软实力主要包括政治要素、外交要素和文化要素，每一项下又可以再划分出若干子项。强大的硬实力可以增强软实力，一个国家物质上的成就可以增强国民的自信心和凝聚力。如日本成为世界经济第二大国之后，开始不满足于“政治侏儒”的身份，希望成为所谓“正常国家”，争当联合国安理会常任理事国。软实力是硬实力的重要支撑，如果软实力较弱，硬实力即使再强大也会遭弱化。蒙古帝国硬实力强大，横跨亚非大陆，其军队在欧洲被称作“上帝之鞭”，但庞大帝国外强中干，内部缺乏凝聚力，很快就分崩离析。

硬实力和软实力之间存在互动，相互倚重、相辅相成，长期看两者的增长或削弱趋势基本同步同向，不存在硬实力与软实力长期逆向的情况。当前，美国综合实力依然强大，其经济、科技和军事实力继续保持世界第一地位，同时其软实力明显下降。国际社会还普遍承认，中国综合实力日益强大，在世界排名更加靠前。2022 年版美国《国家安全战略》报告宣称“中国是全球经济的中心”，认为中国“国际机构中影响力日益增强”。[⑤] 中国政府则清醒判断，一方面“取得举世瞩目的重大成就”，另一方面

---

① Ray S. Cline, “World Power Trends and U. S. Foreign Policy for the 1980s”, Westview Press, 1980, p. 22.

② ［美］约瑟夫·奈著，吴晓辉、钱程译：《软力量：世界政坛成功之道》，东方出版社 2005 年版，第 5、11 页。

③ 黄硕风：《大国较量：世界主要国家综合国力国际比较》，世界知识出版社 2006 年版，第 18 页。

④ 阎学通著，李佩芝译：《大国领导力》，中信出版集团 2020 年版，第 17 页。

⑤ The White House, “National Security Strategy of the United States”, October 2022.

“还存在一些不足，面临不少困难和问题”，为此未来必须加大工作力度，继续埋头苦干、奋勇前进。[①]

不管如何分类，国家实力中始终包含一些各国制定和实施国家安全战略必须直面的基础要素。美国国防大学认为主要包括十一类：自然资源、地理、人力资本、经济、工业、国际声望、研发和技术、基础设施、治理、文化和国家意志。[②] 中国有学者认为主要包括人口、地理条件、自然资源、经济力量、军事力量、科技力量、政府效能、社会政治制度、政治领导人素质、政府国际信誉和外交质量、文化因素等；[③] 还有学者认为主要包括经济资源、人力资源、自然资源、资本资源、知识技术资源、政府资源、军事资源和国际资源[④]。以上要素大多属于战略资源要素，是国家实力存在的主要表现形态，但并不一定能够直接当作国家安全能力运用。其中一些实力尚需借助国家有效战略领导、通过相应机制不断转化，才能最终投入实际战略使用。

一、国家主要战略资源

尽管现代国家安全内涵日益扩大，影响国家安全的要素不断增多，但总体而言，类似政治、经济、军事、科技、文化等要素在国家安全中发挥的作用仍然更引人注目，此外地理、人口、矿产和能源资源的潜在作用也不容小觑。

（一）政治实力

政治实力在国家实力中占据核心地位，对国家整体安全具有重大影响。唯有政治清明稳定，国家才能持久安全。政治实力的主要来源包括国家的政权性质、政治制度、政治体制、政治领导能力、意识形态合法性

---

① 习近平：《高举中国特色社会主义伟大旗帜　为全面建设社会主义现代化国家而团结奋斗——在中国共产党第二十次全国代表大会上的报告》，人民出版社 2022 年版，第 4、14—15、71 页。

② Steven Heffington, Adam Oler, David Tretler, “A National Security Strategy Primer”, National Defense University Press, 2019, pp. 19 – 20.

③ 李景治、罗天虹等：《国际战略学》，中国人民大学出版社 2003 年版，第 152—154 页。

④ 胡鞍钢、郑云峰、高宇宁：《对中美综合国力的评估（1990—2013 年）》，《清华大学学报（哲学社会科学版）》2015 年第 1 期。

等。政治资源是一种多变资源，其效用发挥往往不具备长期稳定性，任何一方面的变化都可能给国家安全带来连锁效应。如美国特朗普政府推行"美国优先"，优先追求自身利益，置他国包括美国盟友伙伴的安全于不顾，反而严重影响了美国的国家安全。

（二）经济实力

"经济基础决定上层建筑"，没有雄厚健康的经济实力做基础，国家的政治实力也势必难以长期维持。经济实力的主要来源包括国家经济的数量、质量、韧性等。经济资源是一种基础中的基础资源，是综合国力的最根本组成部分，没有一定的经济实力做基础，国家安全维护和塑造将完全无从谈起。经济资源同样是一种多变的资源，没有国家能够长期保持经济增长，错误的经济政策甚至会葬送国家安全。如苏联解体一定程度上就缘于其经济衰败，最终导致了红旗落地。

（三）军事实力

军事实力是维护国家安全的"保底"手段。人类有文字记载以来，五千年中发生了16000多次大规模冲突和战争。为此，各国均将军事实力视作国家安全的基本保障，甚至长期置于各类资源之首。军事资源的主要来源包括国家的军事人力、军事物力、军事技术、军事体制编制、军事思想、军事战略、国防动员等。军事资源也是一种容易发生变化的资源，历史上那些奉行穷兵黩武政策的国家尽管一度能够颐指气使、呼风唤雨，但最终都因为军事失败而走向了国家失败。

（四）科技实力

科技是科学和技术的简称。科技是人类文明的标志，先进性是评价科技优劣的最主要标准，获取和保持先进科技的国家往往更能够保证本国安全，乃至对他国形成一定程度的安全威胁。科技实力的主要来源包括科技创新能力、科技产业化能力、科技国际化能力等。当前，美国之所以不断对中国实施科技制裁，搞所谓"小院高墙战略"，关键就在于美国较中国在科技能力上更胜一筹。但这种制裁也是一把双刃剑，将推动中国实施全面科技创新，进而实现科技独立自主。

（五）文化实力

文化实力是一种典型的软实力。它狭义上是人类的精神生产能力和精神创造的成果，主要指"人们作为社会成员习得的复杂整体，包括知识、信仰、道德、法律、习俗和其他能力与习性”①。文化实力的主要来源包括文化生产力、文化整合力、文化影响力、文化创新力等。实践中，文化的无形力量往往使国家安全战略能力中的硬实力要素间接增殖，但国家容易犯战略短视错误，正如英国前外交大臣米利班德所说，“我们低估了软实力的长期影响，而高估了硬实力的短期影响”②。

（六）自然禀赋

自然禀赋是指一国所拥有的地理位置、领土面积、自然资源、边疆国界等要素。这种禀赋往往已形成一定时日，轻易不可改变，就像基因一般可视为国家参与战略竞争的先天因素。各国的自然禀赋区别极大，像美国的地理位置较为优越，有人形容为“南北无强邻、东西都是鱼”，而且该国国土面积位居世界第三，拥有世界上最大的森林面积和最多的淡水资源。对于像中国这样具体自然禀赋不一的国家来说，必须依靠后天的技术和战略努力，才能一定程度地化不利为有利。

二、战略实力转化机制

没有实力就没有能力，强大实力经过有效转化才能演变为强大能力，且能力可反作用于实力。更进一步看，综合国力和国家能力概念中的“国”指的不是一种类型的国家，所谓的“力”也不是同一种性质的力量，两者是相对独立的概念。同时，综合国力度量的是相对静态的力量加总，国家能力则主要反映的是相对动态的力量变化。③ 但实力强大并不等于能力强大。19 世纪 90 年代，美国跃升为世界舞台的经济“巨无霸”。但在 1895 年第一次委内瑞拉危机爆发时，美国因其国家安全战略能力远不足以对抗英国，最终不得不作出妥协。显然，实力只有经过提炼转化才能最终

① ［美］康拉德·菲利普·科塔克著，周云水译：《文化人类学：欣赏文化差异》，中国人民大学出版社 2012 年版，第 28 页。

② ［美］约瑟夫·奈著，王吉美译：《论权力》，中信出版集团 2015 年版，第 264 页。

③ 谢宜泽：《国家能力研究：理论、视域与实证》，天津人民出版社 2023 年版，第 15 页。其中，国家实力的国家指的是作为文化共同体层面的民族国家，国家能力中的国家指的是作为上层建筑的国家机器构成的政权国家；而综合国力是后一种国家和社会作为一个整体的现有力量，国家能力则是这种现存力量产生的机理和过程，综合国力可以比较国家间的实力差距，国家能力则可以洞察国家实力变化消长的深层原因。

形成能力。因而，转化机制在国家安全战略能力的形成过程中具有重要作用，是战略资源发挥功能、产生效应的纽带，是使战略资源形成战略能力的关键环节。有学者指出，所谓转化机制，就是国家将本身拥有的战略实力转化为现实的战略能力的一系列机构、制度和运作流程的总和。① 但要看到，机制不同于制度，而是从属于制度，一般指各要素之间的结构关系和运行方式，通常表现为具体行动，更多是执行规则的方式，因而狭义上的转化机制多是指将实力转化为能力的一系列具体规定及其运作流程，主要包括遴选机制、动员机制、聚合机制、训练机制、协调机制等。

（一）遴选机制

遴选机制在转化机制中处于基础地位，是国家安全战略实力转变为国家安全战略能力的第一步。所谓遴选是指国家安全战略领导和战略执行机构要从海量资源和力量中选择那些直接关系国家重大甚至核心利益、在国家安全手段中排在靠前位置的国家安全实力，使其得以快速进入决策，充分发挥支撑和保底作用。

（二）动员机制

动员机制在转化机制中处于核心地位，是国家安全战略实力转变为国家安全战略能力的主要步骤。它旨在通过和各级政府的机制化动员以及社会相应团体和个人的临时动员，使潜在的、零散的、无序的资源和力量变得显在化、集中化、有序化，使实力从可见变成可用，为形成能力奠定关键一步。

（三）协调机制

实力转化为能力的每一步骤均依赖于持续而充分的跨部门沟通协调。在这个意义上，可以说协调机制是国家安全战略实力转化为国家安全战略能力的主要环节和重中之重。历史上，一些国家空有一手好牌，最终却不断犯低级战略错误，其中一个重要原因就是内部过于意见不一、争执不下，甚至形成了相互掣肘、空自内耗。

（四）聚合机制

聚合机制并非转化机制的必要组成，但缺少聚合机制的存在，国家安全战略实力起初能够形成一种集合，但各种资源和力量间的关系远未理顺，甚至彼此可能发生摩擦、形成阻力。为确保相关资源和力量真正实现

① 杨毅主编：《国家安全战略理论》，时事出版社 2008 年版，第 86 页。

从协同到融合的转变，确实做到合心合拍，必须依靠聚合机制对它们进行一定程度的规范和塑造。进一步来看，聚合机制可细化为叠加、催化、融合、化合等不同类型。其中，叠加是将不同实力和资源按正常规律组合在一起；催化是通过改变时间进度来实现不同实力和资源的加速组合；融合是将不同实力和资源彻底化为一体；化合是将不同实力和资源聚合后催生形成新的形态。如形成国家安全汲取力主要借助叠加和催化等机制，形成国家安全决策力主要借助融合和化合等机制，形成国家安全执行力则需要同时借助叠加、催化、融合、化合等不同机制。

（五）训练机制

聚合形成的国家安全战略能力，虽然在形式上与国家安全战略实力起初呈现出明确区别，但总体上仍然是一种不够稳定强大的能力。要想确保这种能力持久存在且优于对手，必须依据国家安全形势变化和主要对手能力强弱，对其进行不间断的强化训练，使其能够适应各种复杂环境，而且相较对手具备独特优势。

三、战略领导者

战略领导者是国家安全战略能力的重要构成要素，它通常指国家最高领导人，有时也适用于战略或战役层次的其他主要国家决策者。前者如古巴导弹危机中的肯尼迪和赫鲁晓夫都属于战略领导者，后者如1996年台海危机中美国政府的七人决策小组。无论属于哪种情况，战略领导者都必须拥有高超的战略领导能力，长于区分不同国家主要战略资源的当下功用，善于把握战略实力转化机制的适当进程，否则国家安全战略实力就难以有效转化为国家安全战略能力。

（一）战略预见

国家安全战略能力是顾全局、抓根本、管长远的能力。这要求战略领导者首先要能够“识大体、顾大局”，还要能够见微知著、把握大势。否则，国家安全战略实力的开发运用就可能错过最佳时机。毛泽东曾就此指出：“没有预见就没有领导，没有领导就没有胜利。”① 抗日战争即将结束时，毛泽东认识到向北发展的重要性，明确指出“从中国革命的最近将来

---

① 中共中央文献研究室编：《毛泽东在七大的报告和讲话集》，中央文献出版社1995年版，第203页。

的前途看，东北是特别重要的。如果我们把现有的一切根据地都丢了，只要我们有了东北，那末中国革命就有了巩固的基础。”① 随后，中共中央、中央军委指示晋察冀中央局等就近迅速派遣干部和部队进入东北，“控制广大乡村和（苏联）红军未曾驻扎之中小城市，建立我之地方政权及地方部队，大大的放手发展”。历史证明，如果我军主力没有及时挺进东北，东北未来形势发展或将完全逆转，中国革命进程也将被迫推迟。

（二）战略统筹

战略预见仅仅是解决了未来大势会如何发展的问题，并不能自动造就一种于己有利的战略态势。这种态势的形成，既取决于战略领导者随未来大势而动，更取决于战略领导者在不断演变、错综复杂的形势中能够牢牢把握住大势，有效动员和聚合各类战略资源与力量。如在向东北发展过程中，中共中央最初仅派遣冀热辽军区八个团挺进东北，以及指令胶东军区派出侦察分队。在初步了解情况后，决心派遣彭真、陈云等成立东北局奔赴东北。此后，中央进一步确立“向北发展，向南防御”方针，派遣山东军区、新四军及冀鲁豫、冀中、晋绥等军区和延安总部共十万余兵力迅速开往东北，要求不容许片刻迟缓。1945 年 10 月底，又成立东北人民自治军总部统一指挥进入东北各部，随后对各部进行了整编与扩编，并要求在“让开大路、占领两厢”的同时，抓紧建立巩固的军事政治的根据地。经过这一番运筹，到 1945 年底，东北局在广大地区建立起根据地，东北人民军队总兵力发展到 27 万余人，为未来开展大决战及发动反攻奠定了战略基础。

（三）战略决断

战略决断重点解决的是在纷繁复杂的国家安全战略资源和力量中，战略领导者究竟遴选、动员、聚合、训练哪些资源和力量的问题。在人民军队挺进东北这一案例中，早在重庆谈判前，中共中央就判断“派干部去是确定的，派军队去现在还不能定，还要看形势”。随着 1945 年 8 月宣布投降，29 日中共中央、中央军委正式向晋察冀中央局等发出派兵指示。在了解具体情况后，9 月 15 日又作出了成立东北局的决定，9 月 19 日正式提出了“向北发展，向南防御”方针。同年 10 月国民党军队在秦皇岛登陆之

① 毛泽东：《关于第七届候补中央委员选举问题》，载《毛泽东选集》第 3 卷，人民出版社 1996 年版，第 426 页。

后，又根据形势发展，迅速成立东北人民自治军总部，并果断决定“让开大路、占领两厢”。在这个过程中，中共中央主要依据政治过硬、地理就近、局势有利等标准进行决策，第一时间作出明确判断，并迅速指令机关和部队采取行动，从而塑造了良好局面，推动了形势有利发展。

第二节　国家安全战略能力构成

依据不同标准，国家安全战略能力可分为不同类型。如依据国家安全领域，可以分为政治能力、经济能力、军事能力、科技能力等；依据国家在国际体系结构中的位置，可以分为结构型能力和要素型能力；依据总体战过程，可以分为资源发现能力、资源供给能力、资源分配能力、资源运用能力；依据攻防博弈，可以分为进攻能力和防御能力；依据国家安全决策过程，可以分为情报搜集能力、战略决策能力、战略动员能力、战略执行能力、战略评估能力、战略调整能力等。还有学者提出了汲取能力、合法化能力、强制能力、濡化能力等。不论能力如何分类，其中最值得重视的是国家安全战略汲取力、决策力和执行力。

一、国家安全战略汲取力

国家安全战略汲取力是指国家安全领导体制能够从国家各实体、各地域、各领域、各阶层有效开发、动员和抽取相关资源来投入国家安全的能力，属于国家安全的基础能力，是形成其它各种具体能力的根本前提。它通常包括：

（一）开发能力

开发包含两层含义：首先，是在国家具备相应实力和资源时，能够清楚发现、识别和运用相关实力和资源。如中国领土面积广阔、矿产资源丰富，相关部门应充分利用这一特点，争取形成相当程度的自我保障能力。其次，是在国家缺乏某种实力和资源时，能够及时借助手段获得相应实力和资源。如中国铜产量只能满足消费量的40%，铝产量只能满足消费需求的60%，铁矿石需求量的45%靠进口，钾盐的自给率仅为40%，钴、铬等矿产资源更是严重短缺，[①] 在这种情况下，必须努力拥有合法获取资源的能力。

（二）动员能力

国家安全动员能力的范围远超国防或军事领域，与国家利益的拓展范围和重要程度紧密相关。它又可区分为政治安全动员能力、军事安全动员能力、经济安全动员能力、文化安全动员能力、科技安全动员能力、生态安全动员能力等不同类型。随着信息技术和舆论传播不断发展，除传统政治、经济、军事安全动员能力外，科技和文化安全动员能力在国家安全中的地位正变得越来越重要。

（三）抽取能力

国家安全抽取能力是指国家安全领导体制包括其执行部门全部或部分获得可以实际运用的国家安全资源和力量的能力。如果说开发能力是把力量和资源要么无中生有、要么从潜在变显在，而动员能力是把资源和力量从分散变集中的话，那么抽取能力就是根据国家安全形势和国家安全战略需要，从已经集中的国家资源和力量中，有针对性地选择运用某一类或某几类资源和力量的能力。如军队面对突发情况的紧急集合和快速投送就是一种典型的国家安全抽取能力。

二、国家安全战略决策力

国家安全过程中充满决策，每一种选择都可能把国家安全导向不同方向，甚至可能把国家引向成功或深渊。就此而言，决策能力是国家安全中的一种突出能力。它同样由以下几种具体能力构成。

（一）判断能力

国家安全形势瞬息万变，留给国家安全决策的时间并不多。特别是随着现代传播手段不断发展，国家决策层拥有的决策时间更加有限。在信息永远不够充分、充斥模糊甚至矛盾信息的环境中，决策者要想快速作出相对合理的国家安全决策，首先需要具备的就是从一团乱麻中抓住根本、直指本质的判断能力。判断无误，国家安全将迎来改善或保持稳定；判断失误，国家安全就可能误入歧途。如 1957 年 10 月苏联先于美国发射第一颗

---

① 郑明贵、罗婷、王萍等：《中国战略性矿产资源：国家安全评估与预警系统研究（2020—2050）》，经济科学出版社 2022 年版，第 3 页。

人造地球卫星，美国极为恐慌，苏联就此开始陶醉，赫鲁晓夫一时鼓吹“世界的力量对比已经开始发生根本的变化”。

（二）抉择能力

即使判断清楚国家面临的安全威胁，乃至非常明确相关威胁的性质，也不等于决策者据此可以做出合理选择。如在古巴导弹危机期间，当美国发现苏联开始在古巴部署导弹后，肯尼迪的第一选择是对相关设施实施有限空中打击，也就是倾向于采取使用武力来解决问题。但他并没有就此决策，而是继续听取国家安全委员会“执行委员会”委员争论，最终做出封锁的选择，从而避免了核大战爆发。相反，萨达姆在明知侵略为国际法所不容也难为大国所接受的情况下，悍然选择通过入侵科威特来改善国家状况，遭到国际社会一致反对。国家安全抉择能力还包括必要时对既有决策实施调整的能力。如在“反恐战争”陷入僵局的情况下，从奥巴马开始，三届美国政府接力调整政策，最终从伊拉克和阿富汗退出。

（三）规划能力

决策往往只是提出相对粗略的国家安全目标和实施手段，相关要素的具体落实还需要通过战略规划来完成。广义上，战略规划包含了国家安全议题的设定、目标的确定、方案的设计、方案的评估和选择等程序；狭义上，战略规划主要指围绕既定目标配置资源和手段的过程。在此过程中，方案的细节务必要设计得具体、仔细、全面，每个步骤、每个方面都要考虑周到，不能顾此失彼，不能有所遗漏；设计出的方案细节务必要能够实际解决相关安全问题，确保战略目标达成；方案所规定的手段、方法、步骤务必具有可操作性，不能流于赵括式的纸上谈兵。

三、国家安全战略执行力

决策必须通过执行来落实，没有执行的决策必然陷入空谈。这里的执行不是狭义的被动地落实决策的过程，而是广义的主动的协调和评估决策的过程。

（一）落实能力

国家安全方案通常需要借助国家相关部门或机构来具体落实。从构成上看，这些执行部门或机构是一个包括国家安全、外交、警察、司法、消防、医疗、卫生、交通、财政、金融、传播、社会保障等常设行政管理机构及临时性管理机构在内的庞大组织体系，其中每个部门都是一个复杂子系统。各子系统能否有效贯彻国家安全决策中枢定下的决心和方案，明确界定自身职责，努力提高工作效率，合理调度资源参与国家安全工作，是判断执行系统有效程度的重要指标。

（二）整合能力

国家安全整合能力是指从国家安全大局出发，对参与国家安全的各主体、各部门、各区域和各类资源进行系统整合，打破部门和地域保护主义，促成相关力量和资源有机结合乃至有效融合。国家安全整合能力的核心是综合协调能力，即加强各执行部门或机构之间的协调沟通，使之形成一个分工负责、网状贯通、灵活便捷执行架构的能力。为确保这一能力，国家往往在政府中设置一些常设性或临时性协调机构，通常采取等级协调和无等级协调两种手段。如日本在内阁官房设立由首相任命的“内阁危机管理总监”，专门负责处理内阁官房中除国防以外的公共危机管理事务，有效改变了原来各省厅之间的情报隔离和各自为政局面。

（三）评估能力

国家安全评估是国家安全实施过程中的重要环节。借助评估，可以对国家安全战略的实施进行全面系统地考察和分析，科学判断国家安全战略结果的质量和价值，进而决定国家安全战略的延续和调整。其重点主要包括两个方面：一是评估国家安全战略的实施方式是否恰当。如能够采用经济手段的，一般不必采取政治手段；能够采用软实力手段，就不用采用硬实力手段；二是评估战略举措是否合理。如是否过于坚持原则性或过于追求灵活性，导致战略举措在实施中走样。

第三节　国家安全战略能力运用

作为国家安全中的关键能力，国家安全战略能力重在运用。运用国家安全战略能力，不仅需要具备相应的条件，还需要合理选择运用模式，同时应注意坚持基本运用原则，才能确保运用效果的最大化。

一、国家安全战略能力运用条件

国家安全战略能力运用条件是国家安全战略能力得以产生并投入使用应具备的基础。缺乏相关条件，国家安全战略能力要么存在缺失，要么无法奏效。

（一）国家安全战略能力基础较为厚实

国家安全战略能力扎根于国家主要战略资源、国家实力转化机制和战略领导者三大基础。三者中任一缺项或者某一项存在重大短板弱项，均会导致国家安全战略能力先天不足。尽管这些缺项或短板并不一定影响生成国家安全战略能力，但会严重危及其质量，从而导致运用效果不佳。如在美苏“冷战”对抗过程中，经济实力这一短板始终困扰着苏联，导致其相对美国存在重大弱项。曾在里根政府担任国防部长的温伯格回忆称，美国政府认为苏联如果从西方得不到贷款与技术，那么它的日子就无法再过下去了，“我们的长处就是经济与技术”，所以“我们采取了一项包括经济战在内的全面战略，用以攻击苏联的弱点”。[①] 因而，要想有效运用国家安全战略能力，就必须始终注意巩固三大基础，即不断发掘和充实国家主要战略资源、持久强化国家实力转化机制以及持续提升战略领导能力。

（二）国家安全战略能力构成较为完备

国家安全战略能力基础只是为运用国家安全战略能力提供了物质和心理前提，能否有效运用还要取决于其他一系列条件，其中就包括国家安全战略能力构成是否完备。事实上，没有任何国家可以拥有全方位全时段的高超能力，因而国家最重要的不是在国家安全战略能力构成上求全责备，而是在全面评估的基础上，尽可能追求在那些更关键的能力构成上拥有优势地位，如争取拥有相对对手更强的抽取能力、判断能力、抉择能力、整合能力等。古巴导弹危机博弈过程中，美国总统肯尼迪依托国家安全委员会“执行委员会”集中研究对策，对每一种可能的方案都反复斟酌，权衡利弊得失，从而达成了优选目标。肯尼迪后来说：“如果我们在星期三，即最初的24小时内，就不得已而采取了行动，我认为，我们或许不会作出如像我们最后所做出的那样慎重的选择。”[②] 当然，如果对手同样拥有单项能力优势，则国家安全战略能力构成越完备，国家就越占据主动。

（三）国家安全战略指导较为成熟

在国家安全战略能力运用诸条件中，能力生成直接制约着其运用水

---

① ［美］彼得·施魏策尔著，殷雄译：《里根政府是怎样搞垮苏联的》，新华出版社2001年版，第7、10页。

② ［美］小阿瑟·M. 施莱辛格著，仲宜译：《一千天：约翰·菲·肯尼迪在白宫》，生活·读书·新知三联书店1981年版，第542页。

平。尽管国家安全战略能力基础中的实力基础和转化机制已为能力生成提供了前提、形成了框架，但它们仅能证明国家拥有相应能力，却不能证明能力的高低优势。事实上，既然国家安全所需要的战略能力实际也是本国国家安全战略文本所规定的战略能力，那么这一能力的生成和运用必然受到国家安全战略指导的较大影响。观诸历史不难发现，不同的战略指导催生了不同的国家安全战略能力。如战国时期苏秦提出的合纵策略一度使得秦国陷入被六国围攻、被迫退守函谷关的困境。而在秦惠文王实施张仪提出的连横即“举赵亡韩、臣荆、魏，亲齐、燕”策略之后，瓦解了六国联合，最终统一中国。极端情况下，甚至大体相似的战略指导，也可能因时代变化以及具体理解和执行不一，而呈现出较大的区别。如同样遵循“远交近攻”策略，秦国逐渐攻灭了六国。而现代印度奉行类似策略，虽然一度也有斩获，其效果却远不能与秦国相比。这充分说明，战略指导直接影响战略能力，提升国家安全战略能力必须高度重视调整完善国家安全战略指导。

二、国家安全战略能力运用模式

国家安全战略能力的强弱程度不仅取决于能力基础、能力构成和相关条件，还取决于国家战略领导者是否能够依据实际情况创造性地运用能力。这就涉及能力运用模式问题。国家安全战略能力运用存在诸多模式，但主要类型无非以下三种。

（一）放量施压模式

所谓放量施压模式，前提是本国拥有相对战略对手的较大国家安全战略能力优势，因而能够针对对手存在的弱点缺项，放手使用相关能力，进行类似“点穴”式的精准战略打击。而且，这种打击通常表现为公开宣布、猛然发力、持续施压，目的就是要迫使对手迅速屈服，或追求将其相关能力削弱到本国可以接受的程度。放量施压模式可以普遍适用于外交、经济、军事、科技等领域。一般情况下，各国会优先选择使用非军事手段进行放量施压，以尽可能达成“不战而屈人之兵”的效果。如当前美国针对中国实施所谓“小院高墙”科技制裁和封锁，其本质就是一种放量施压。一旦非军事放量施压不能从根本上解决问题，则军事上的放量施压也可能排上议事日程。如在伊拉克入侵科威特后，美国的第一反应是外交威胁伊拉克撤军，在这一手段未能奏效后，美国才选择与盟国发起了对伊战争。

（二）谋略博巧模式

对于国家安全战略能力相对较弱的小国来说，选择与对手进行正面能力对撞显然绝非良策，必须设法运用谋略，以尽可能发挥自身优势、放大对手弱点，或通过一定程度的战略周旋，为未来战略博弈创造条件、提供机遇。国家安全谋略具有博弈性、针对性、风险性、机变性和创新性特征，能够通过发挥人的智慧大大提高战略决策效能，从而影响整个战略的制定和实施过程，促成达成相对理想的国家安全战略效果。运用国家安全谋略必须根据事态发展趋势，判断各方意向，注意把握有利时机，采取针对性战略措施；必须以自身实力为基础，量体裁衣，量力而行；必须保持合理适度，切忌因贪图战役战术胜利，而干扰战略全局谋篇布势；必须周到机密，既要科学运筹、考虑周全，也要严守机密、防遭反制。历史上，善用谋略博巧的国家为数不少。如春秋时越国在被吴国打败后，越王勾践卧薪尝胆积极恢复，经过十二年精心准备，最终用九年时间灭亡了吴国。

（三）力谋融合模式

严格意义上，所有的国家安全战略能力运用均属于力谋融合模式，也就是既注重充分发挥己方的能力优势，同时又注重充分运用谋略克敌制胜。这一方法很像美国知名学者约瑟夫·奈所倡导的“巧实力”。在该模式中，能力既来自物质力量，也来自思维力量，思维引导着物质，而物质强化和兑现着思维。正是这种相互融合、良性循环，保证了力谋融合模式在国家安全战略能力运用模式中占据着中心位置，既是其大体，更是其发展主流。如美国崛起大战略就充分体现了这一模式，其崛起建立在1872年其按购买力平价计算的GDP超过英国的实力基础之上，更建立在它长期坚持不马上参与两次世界大战等谋略的基础之上。

三、国家安全战略能力运用原则

运用国家安全战略能力，必须注意坚持以下基本原则。

（一）能力与目标匹配

在制订国家安全战略目标时，必须考虑国家的实际可承受能力，否则就会出现目标不切实际，即目标过大或目标过小的问题。反过来看，在国家安全战略目标制订之后，国家安全能力并非完全处于被动匹配地位，而是处于一种可以相对主动适应的状态。因而，只要国家安全战略目标没有过高或过低，国家就应有意开发和精心选择与之相应适应的国家安全能力，以此推动实现国家安全战略目标。如2021版《俄罗斯联邦国家安全战略》明确保持和增强俄罗斯在独联体空间的绝对影响力是其主要战略目标之一，面对乌克兰与北约不断靠拢，俄罗斯断然使用以军事资源为主的战略能力，迫使乌克兰承认加入北约只是一个“梦想”。

（二）能力与手段匹配

目标需要通过手段来实现，手段的使用过程也是国家安全能力持续投放并证明自身的过程。除了必须与目标相匹配外，国家安全能力还必须与国家安全战略手段相匹配，也就是一旦国家选择使用某种或某些战略手段，则这些手段务必实际发挥功效，而非徒有其表。如1120年4月，北宋为收复燕云十六州，遣使与女真缔结“海上之盟”，约定届时夹攻辽国。然而待1122年正式出兵时，宋军战力低下，先是两路军队皆战败，后进攻燕京又失败，被迫邀请金军助战。结果同年冬，金军攻下燕京后，开始在还地问题上反悔，由此拉开宋金争斗序幕。

（三）能力与能力均衡

国家安全能力有多种类型和表现，它们都能在维护国家安全的过程中发挥重要作用，甚至都不可或缺。如果只注重某一类或某一种能力的开发和建设，则势必会相对忽视其他能力的开发和建设，进而导致国家安全在短期内或从长远看出现问题。如汉光武帝刘秀为实现休养生息目的，建国后推行以罢兵为主旨的兵制改革，并对塞外之事保持忍让克制态度，为“光武中兴”奠定了基础。然而，这一当时看似果断英明的抉择能力带来了长远隐患，由于缺乏必要的评估和调整能力，此后东汉长期维持相关政策，结果导致尚武精神极大堕落、地方势力拥兵自重、胡兵势力日益增大、周边隐患不时爆发，逐渐透支了王朝有限的资源。

（四）能力随形势发展

国家安全形势不断发展，要求国家安全能力必须与之适应。通常，在国家处于相对和平时期时，对国家安全各方面能力变动要求均相对不高；在国家处于危机时期时，对国家安全的汲取力、决策力和执行力变动要求均有大幅提高；在国家处于战争时期时，对国家安全的汲取力、决策力和执行力变动的要求均达到顶点。即使在同一种安全状态下，因国家安全具体问题不断发生轮动，也要求某一项或某些项国家安全能力必须随之变化，否则就可能导致国家安全状态发生调整，甚至导致整体性的国家安全能力被迫进行骤变。如冷战后美国一度认为恐怖主义是国家安全的首先威胁，美军相应重点发展反叛乱作战等非正规战能力。随着“反恐战争”进入尾声和美国遭遇重大经济危机，美国转而认为大国竞争才是其面临的主要威胁，美军随即将发展应对“大国高端战争”能力作为关注的重点。

第四节　提升国家安全战略能力的途径

提升国家安全战略能力没有唯一标准，但存在一些共通共有的选择。

一、夯实国家安全战略实力基础

各类物质和精神实力是国家安全战略能力基础中的基础，是形成一切具体能力的根本前提。因而，提升国家安全战略能力，必须把不断增强各类国家安全物质和精神实力始终放在第一位。事实上，绝大多数国家安全物质和精神实力均存在提升空间，实现提升主要依靠发展手段，如经济上要健全门类体系、合理确定投入；军事上要完善统一指挥、加强武器装备研发；科技上要健全创新体系、加大经费投入等。同时也要认识到，部分物质实力能否实现大幅提升取决于较复杂因素，如国家的自然禀赋往往不容易进行大的改造，但也绝非毫无空间，如能源矿产等要实现量的突破，既取决于国家勘探能力的提升，也取决于国家开发能力的提升。这意味着，夯实国家安全战略能力基础需要具体问题具体分析，瞄准实际困难、主要症结想办法，而不能简单地用一个要求来指导所有能力提升。

还要看到的是，正因各类物质和精神实力提升空间并不一样，有时为了满足国家安全战略急需，国家需要本着优先的原则，向一些领域一些层面重点倾斜资源，如在传统安全威胁不断上升的背景下，国家应大力发展更有助于支撑“保底”的军事和科技能力等。当然，从更长远观点看，还是要努力追求实现各类实力均衡发展、彼此协调、形成融合。只有这样，国家安全战略能力基础才会牢固。

二、健全国家安全战略能力结构

当前，国家安全的内涵和外延比历史上任何时候都要丰富，时空领域比历史上任何时候都要宽广，内外因素比历史上任何时候都要复杂。在这种形势之下，仅仅依赖传统的军事政治能力已远不能适应完成国家安全任务的战略需要，还需要进一步拓展发展其他国家安全战略能力，特别是拓展发展抽取、判断、抉择、整合等关键能力。即使在传统的军事政治领域，以及在铸就判断、落实、评估等传统能力的过程中，也应依据形势的变化，为传统领域和传统能力赋予新的内涵。如随着现代智能科技不断发展，必须更加重视运用人工智能技术，实时获情，快速聚能，适时释能，争取在提升判断、抉择等能力上有新的重大进步。

健全国家安全战略能力不可能一蹴而就，要避免走上两个战略极端：一个极端是过于抱残守缺，坚持认为固有的就是最好的，或者凭经验获得的不宜作任何更改，从而陷入僵化守旧，难以适应形势变化；另一个极端是过于求全责备，以为能力类型越多越好，不顾先天禀赋和后天条件限制，盲目追求齐集完备，从而导致不可持续发展，或各项能力受投入影响均不具备相对对手的一定优势。

三、完善国家安全战略能力转化机制

国家安全战略能力转化机制是联结国家安全战略能力基础和国家安全战略能力构成的桥梁，是将实力兑现为能力的核心机制。因而，完善国家安全战略能力转化机制，其意义一定程度上甚至要高于夯实国家安全战略能力基础和健全国家安全战略能力构成。为此，必须围绕遴选机制、动员机制、聚合机制、训练机制、协调机制持续进行升级改造，从而让遴选机制变得更加聚焦、让动员机制变得更加简捷、让聚合机制变得更加有效、让训练机制变得更加科学、让协调机制变得更加顺畅。其中，重中之重是要让各类国家安全战略资源和力量能够迅速集结和全面聚合起来，甚至能够产生和释放原资源和力量要素所不具备的能量。

完善国家安全战略能力转化机制要比夯实国家安全战略能力基础和健全国家安全战略能力构成更难。这主要是因为后两者的提升有一定的标准可以把握，如能力基础和能力类型的数量增长。相比之下，完善国家安全战略能力转化机制更像是一个软指标，其效果一方面可以通过数量、时间等指标来加以粗略观察，另一方面更多只能在国家安全战略阶段性实践中来最终验收，而后一种验收有时可能完全推翻前述数量、时间等指标的既有观察结果。这提醒我们，不能盲目相信完善国家安全战略能力转化机制的一时效果，要注重从长远对其进行把握。

四、强化战略领导能力建设

战略领导能力包含了战略领导者的主观能动性和集体制定的战略指导的客观作用。在世界各国均已建立类似国家安全委员会等机制，并注重引入人工智能、大数据等技术手段的情况下，各国的国家安全战略能力结构和国家安全战略能力转化机制更趋大同小异。受此影响，国家安全战略能力一方面取决于国家安全战略能力基础的厚实和创新，另一方面更取决于国家安全战略领导是否科学灵活。其中，科学性主要由战略指导来解决，而灵活性主要由战略领导者来解决。如在“冷战”初期，美国对苏战略能力一方面来自国家安全委员会制定的遏制战略，另一方面则来自杜鲁门等美国领导层“顽固”但不失灵活的战略领导。

现实中，科学的战略指导和灵活的战略领导均不容易实现。前者需要国家安全战略领导层普遍具备理性和睿智，能够抓大放小并举重若轻；后者需要国家安全战略主要领导特别是最高领导善于克服各类局限包括自身固有局限，能够集智扬长、与时俱进。对后者来说，其中核心就是习近平总书记所指出的：“只要把握住历史发展大势，抓住历史变革时机，奋发有为，锐意进取，人类社会就能更好前进。”① 因而，强化国家安全战略领导能力，必须始终坚持两手抓，一手抓国家安全战略指导建设，一手抓国家安全战略人才培养，并尽可能将两手融合起来，作用于整个国家安全战略能力结构和转化机制，进而实现能力跃升。

---

① 习近平：《在庆祝改革开放40周年大会上的讲话》，《人民日报》2018年12月19日，第1版。

第六章 国家安全战略决策

“决策”一词最早出现于中国古籍《韩非子》中，意思是“做出决定”。现代决策概念与古文大体同义。由决策衍生出军事战略决策，是指从全局上对军事力量运用与建设重大问题所做出的决定。国家安全战略决策的内涵要远大于军事战略决策，是指决策者为应对国家安全面临的现实或潜在威胁，根据国家安全战略目标，依托国家安全战略决策体制机制，以科学的程序和方法，提出解决方案并使其权威化的过程。国家安全战略决策是国家安全战略制定的重要环节和国家安全战略实施的前提条件，直接影响国家安全全局，攸关民族兴衰存亡。

第一节 国家安全战略决策体制

国家安全战略决策实质上是对国家安全战略的构成要素如国家安全战略目标、国家安全战略手段等进行配置的过程。国家安全战略决策体制是这种配置的制度保障，它主要由决策系统、情报系统、智囊系统等构成。

一、决策系统

决策系统是国家安全战略决策体制的核心，主要由国家安全战略决策中枢和决策辅助机构组成。

（一）决策中枢

决策中枢是国家安全战略决策体制的关键核心，在国家安全维护和塑造中占有最重要地位。一般情况下，它主要由最高决策者和决策圈组成。

一是最高决策者。最高决策者在国家安全战略决策体制中处于决定和支配地位，一切国家安全决策活动都要围绕最高决策者的思想和意图来进行。最高决策者一般是国家元首或政府首脑，既掌握着国家最高政治权力，又对武装力量拥有统率权。在总统制国家，最高决策者通常是总统；在议会制国家，最高决策者通常是首相或总理；在君主制国家，最高决策者通常是国王或皇帝，在社会主义国家，最高决策者通常是党的最高领导人。最高决策者的权力通常由《宪法》或宪法性法律文件明文赋予，这使其对决策后果负有不可推卸的责任。如美国《宪法》及《国家安全法》明确规定：美国总统既是国家元首，也是行政首脑，还是事实上的首席立法者和全国武装部队的总司令；同时，总统也是国家安全委员会的主席，有权直接任命国家安全顾问和提名重要内阁成员，有权决定国家安全会议的内容、议程和时间，而且对会议拥有最后的决定权。相比美国总统，俄罗斯联邦总统不仅是国家元首与军队统帅，还掌握着广泛的行政与立法权力，从而在很大程度上保证了国家安全战略决策的效率与权威。在复杂多变的国家安全环境下，最高决策者的个性特点、信念体系、决策风格等因素对国家安全的过程和结果发挥着重要影响。

二是决策圈。决策圈是由国家安全战略决策过程中最高决策者高度信任、高度依赖的精英所组成的一个小型群体，与最高决策者共同构成了国家安全战略决策中枢。决策圈对最高决策者的影响最直接、最重要、最具建设性。从某种程度上说，决策圈是最高决策者决策职能的补充和扩展。决策圈主要包括四种人物。

第一，国家核心行政机构的主要领导人。如美国总统杜鲁门一度在重大问题上更习惯依靠国务卿、国防部长等部门行政首长来提供建议和协调政策，而将国家安全委员会长期置于军方或国务院控制之下。[①] 约翰逊总统执政时期，考虑到庞大的国家安全委员会班子不利于保密，他更喜欢采取星期二午餐会的决策形式，出席午餐会的通常有国务卿、国防部长、总统国家安全事务助理，有时也包括中央情报主任和参联会主席。[②]

第二，重要智囊机构的领导人或某领域的知名专家。如经过“猪湾事

---

① 北京太平洋国际战略研究所：《应对危机：美国国家安全决策机制》，时事出版社 2001 年版，第 39 页。

② 高金虎：《美国战略情报与决策体制研究》，陕西师范大学出版社 2004 年版，第 114 页。

件”的教训后，肯尼迪总统开始物色自己中意的专家进入决策圈，当时已脱离军职的泰勒将军被选中成为总统私人军事顾问，后于 1962 年 10 月被任命为参联会主席。而在日本首相安倍晋三第一任内阁中，著名思想库“东京财团”主任研究员、东京大学教授北冈伸一是首相府举行的一系列恳谈会和专家咨询小组的负责人。

第三，游离于现行政府体制外的前政府首脑或高官。如在古巴导弹危机中，部分参与决策的美国前国务卿迪安·艾奇逊就属于这一类型。

第四，最高决策者的主要私人助手或由他们组成的小型工作班子。如美国总统艾森豪威尔曾建立完全独立于国家安全委员会之外的“参谋秘书办公室”，由总统幕僚长和参谋秘书负责管理，直接向自己汇报情况。在安德鲁·古德帕特担任美国总统参谋秘书的时候，该办公室的工作使国家安全委员会相形见绌。[①] 更有甚者，参谋秘书舍曼·亚当斯在任职时还被外界称为“幕后总统”。决策圈的构成具有开放、流动的特点，一般面向政府各部门和社会公众开放，根据某一阶段决策的需要精心选择。

总体上看，决策圈人选与规模主要取决于最高决策者的意见，但在核心构成上往往具有一定程度的稳定性和连续性。如在古巴导弹危机中，美国国家安全委员会“执行委员会”的十二名主要成员由肯尼迪总统亲自指定，全程参与了决策。

（二）决策辅助机构

决策辅助机构是国家安全相关事务的具体管理者，也是决策方案的重要组织者、参与者、拟制者。决策辅助机构通常分为常设机构和非常设机构两大类型。

一是常设机构。常设机构是决策辅助机构中的经常性机构，也是决策中枢正常运行必须借助的基本组织机构。按照作用层次划分，常设机构包括最高机构、跨部门机构和部门机构三种。

其中，最高机构一般根据相关法律规定组建，是国家法定的国家安全咨询、协调和办事机构，其法定成员多为国家安全相关领域的主要领导人，在国家安全战略决策中具有举足轻重的地位和作用。以 20 世纪初英国的“帝国防务委员会”为肇始，以 1947 年美国国家安全委员会成立为标

---

① “History of the National Security Council, 1947 - 1997”, http: //georgewbush - whitehouse. archives. gov/nsc/history. html.

志，世界各国纷纷成立了最高决策辅助机构，如俄罗斯的“联邦安全会议”、法国的“国防委员会”、德国的“联邦安全委员会”、日本的“国家安全保障会议”、韩国的“国家安全保障会议”、伊朗的“最高安全委员会”，澳大利亚、以色列、印度和巴基斯坦的“国家安全委员会”等，都是各自国家安全决策的最高常设辅助机构。像美国国家安全委员会的职能是“协助总统整合与国家安全相关的国内、国外和军事政策，使军方和其他政府部门及机构在国家安全事务上更有效地合作”①；俄罗斯“联邦安全会议”的主要任务是确定个人、社会和国家的根本利益，明确这些利益受到的内外威胁，制定国家安全战略和国家安全保障规划，为总统准备安全政策、战略决议草案，作出有关预防和消除政治、经济、军事等安全威胁的决定，建立完善国家安全机构和国家安全保障体系。②

跨部门机构是组织协调多个部门开展国家安全的国家职能机构，也是处理国家安全相关问题的专门机构。它既可以独立存在，也可以附属于最高机构。如美国国家安全委员会下设部长级委员会、常务副部长级委员会和政策协调委员会三个跨部门委员会，俄罗斯“联邦安全会议”下设有经济和社会安全、战略规划、独联体事务、环境安全、军事安全、公共安全、信息安全七个跨部门委员会。

部门机构是国家的基本安全机构，是国家安全各个基本系统范围内所有相关活动的组织者和领导者。部门机构在国家安全工作过程中更多以执行者的身份出现，其决策辅助作用主要通过部门首长参与决策中枢得以体现，但随着现代国家面临的安全问题日益复杂，一些特殊职能部门开始更多地参与或主导决策，日益成为国家安全战略决策体制的重要组成部分。

二是非常设机构。非常设机构是指国家安全战略决策体制内的临时性机构，通常在现有常设机构难以有效应对重大危机事件时依据有关法律设立，但也可能仅出于最高决策者的个人偏好而临时建立。非常设机构领导人的职位通常高于所依托的部门机构，尤其在涉及国家核心安全利益的情况下，领导人一职往往更多由国家最高决策者亲自担任。非常设机构具有

---

① United States Congress, “The National Security Act of 1947”, http://global.oup.com/us/companion.websites/9780195385168/resources/chapter10/nsa/nsa.pdf.

② 朱建新、王晓东：《各国国家安全机构比较研究》，时事出版社 2009 年版，第 10 页。

规模小、层次高、反应快、职责相对单一、针对性和保密性较强等优点，一旦运转起来，往往能够在国家安全战略决策中起到重要的领导和协调作用，其出色发挥甚至使常设机构相形见绌。如古巴导弹危机中的美国国家安全委员会“执行委员会”、马岛战争期间的英国“战时内阁”，都属于临时组建却发挥了重要作用的非常设战略决策机构。

二、情报系统

国家安全战略决策离不开及时有效的情报保障，而情报保障需要高效运行的情报系统。国家情报系统一般由综合情报系统、部门情报系统和外围情报系统组成。

（一）综合情报机构

综合情报机构是国家的最高情报机构，也是国家最高层次的情报领导、管理和协调机构。它主要负责制定国家的情报政策，统领国家情报事务，对相关部门进行情报业务方面的指导和管理，并在情报政策、情报处理和情报分析等方面具有高度权威。由于综合情报机构直接关系国家生存安危，其高层人事变动、宏观运作和系统调整等事务，经常由国家决策中枢甚至最高决策者掌控和督导。如美国拥有世界上最庞大、最完整的综合情报机构。“9·11”事件前，美国情报系统共由十六家单位组成，其中中央情报局是最高国家情报机构。“9·11”事件后，美国政府新设“国家情报总监”，作为“情报界”首脑和总统首席情报顾问，监督和指导国家情报计划的实施，中央情报局成为其下属综合情报机构。一般情况下，综合情报机构同时兼有协调和执行两大功能。如日本内阁官房下设内阁情报调查室，是日本情报搜集的主要部门，负责进行情报的搜集、汇总与分析等工作，定期或随时向首相和官房长官进行汇报，并与相关省厅定期联合召开有关情报的搜集、分析的协调会议。在发生大规模灾害或突发事件时，其下设的内阁情报汇总中心还负责各有关省厅与首相官邸之间的情报传递，并根据需要从民间的公共机构直接搜集相关情报。

（二）部门情报机构

部门情报机构是为国家政府各部门提供情报保障的情报机构的总称，是国家情报系统中不可或缺的重要组成部分。部门情报系统通常隶属政府各职能部门，工作重点是保障本部门领导和机构运作的情报需求，同时兼顾搜集其他相关情报。有些国家政府职能部门虽然没有设立专门的情报机构，却同样担负情报搜集使命，许多机构的重要成员甚至本身就是情报机构的派驻人员。像美国拥有世界上数量最多、门类最全的部门情报机构。在“情报界”十六个成员中，除中央情报局外，其他十五个成员均属于部门情报机构。相比之下，俄罗斯部门情报机构主要集中在军队和政府，日本、德国的部门情报机构主要集中在外交和防务机构。

（三）外围情报机构

外围情报机构指某些特定领域和范围的情报搜集机构。它们通常不受国家情报管理部门的直接管辖，却受到国家相关法规和机制的影响和制约。如民间社会情报的搜集与分析机构、独立情报机构和各大企业的情报机构等。它们遍布国家系统的各个角落，往往占有某个方面、某个集团、某个子系统的核心情报，有的隶属利益集团或系统，有的依附于某集团或某系统，有的主要通过向国家情报系统提供有价值的情报获取利益。如日本有众多情报研究团体，主要的有一百多家，包括日本贸易振兴会、野村综合研究所的相关研究部和调查部及综合商社的情报组织，其中有的直接就是日本间谍情报机构的外围组织，具有较强的情报搜集能力，甚至日本情报机关也承认“在搜集和传递方面还不如一个民间企业”。[①]

三、智囊系统

智囊系统也称咨询系统，是以政策研究为核心、直接或间接服务政府和社会的非营利独立研究机构的总称。依据其对国家安全决策的重要性，可以将智囊机构简单划分为核心智囊机构、重要智囊机构和一般智囊机构三类。

（一）核心智囊机构

核心智囊机构通常指那些与最高决策者保持一定特殊关系，能得到其高度信任和倚重的高级专家所组成的智囊机构。这种智囊机构大多隶属政府首脑、部门机构或执政党组织，由国家或政党负责拨款，带有比较明显的官方色彩。它主要通过影响最高决策者及决策圈发挥作用，与决策圈在功能上形成一种互补关系。其成员通常是某一领域的重要专家或知名学者，他们虽然多拥有国家公职身份，但在学界内同样有较大影响。多数人

---

① 刘守功等编著：《间谍帝国与间谍战争：国外间谍情报机构概览及活动》，金城出版社 1996 年版，第 190—192 页。

由于能够在决策过程中独立表达见解，愿意帮助最高决策者客观了解局势，因而其意见建议往往受到决策中枢的高度重视，在国家安全战略决策实施中占有重要而独特的地位。根据资金来源及独立性区别，核心智囊机构可划分为政府机构型、政府资助型、政党资助型和社会资助型四类。像美国的“国会研究部”、俄罗斯战略研究所、英国皇家三军防务研究所、日本防卫省防卫研究所等属于政府机构型，美国兰德公司、法国国际关系研究所和战略研究基金会、日本和平安全保障所等属于政府资助型，美国进步政策研究所、英国外交政策中心等属于政党资助型，美国对外关系委员会、美国传统基金会、美国布鲁金斯学会、英国伦敦国际战略研究所、俄罗斯外交与国防政策委员会、日本国际问题研究所等属于社会资助型。

（二）重要智囊机构

重要智囊机构指国家安全战略决策系统所倚重的、对危机管理相关领域和问题有着深入研究的政策和学术咨询机构。重要智囊机构虽然在地位和作用上无法与核心智囊机构媲美，却是产生核心智囊机构和人员的基础，并可能通过向决策中枢输送研究人员、直接提供政策建议、影响传媒等方式，在某些相对边缘或被忽视的领域对政府实施国家安全战略决策发挥关键性影响。根据资金来源和社会地位，重要智囊机构可以分为官方附属或主要资助型、官方背景型和民间独立型三种。像美国赫德森研究所属于官方附属或主要资助型，美国胡佛研究所、卡特中心和尼克松中心属于官方背景型，美国卡内基国际和平研究所、俄罗斯国家安全与战略研究所、日本世界和平研究所等属于民间独立型。

（三）一般智囊机构

一般智囊机构通常是以经常性学术研究为主兼有部分咨询功能或职能的学术机构的总称。它们没有明显的官方背景，往往独立开展研究，资金大多来自学校拨款和一些基金会、企业公司资助、私人捐助和服务报酬，研究课题主要是一些长期而重大的安全政策和安全问题，其重要性主要体现在理论研究及对未来研究和评估上。由于很少有官方正式赋予的咨询职能，它们对国家安全战略决策的影响大多比较间接，主要通过公开发表观点或提出咨询建议、上报长期性研究课题、参加会议、参加论坛、专题讲座、授课、参与媒体活动等形式施加影响。这类智囊机构也可以分为高等院校型、与高等院校脱钩型和民间独立型三类。如美国乔治·华盛顿大学的西格尔研究中心属于高等院校型，美国外交政策研究所属于与高等院校脱钩型，美国的亨利·史汀生中心属于民间独立型。

第二节　国家安全战略决策程序

与各国国家安全战略决策体制相仿，各国国家安全战略决策程序也大体相似，一般都包括四个环节。

一、明确国家安全战略问题

明确国家安全战略问题，是指在林林总总的国家安全问题中，筛选当前及未来一段时间需要决策层开展战略判断、作出战略决策的重大议题。明确国家安全战略问题是实施国家安全战略决策的前提，一旦错误选择国家安全战略问题，即使国家安全战略决策正确无误，也会影响国家总体安全，导致战略偏向或战略无力。

（一）框定国家安全威胁

明确国家安全战略问题是确定国家安全面临的威胁的过程。一般地，判断国家安全威胁的依据是相关国家或集团的能力和意图，能力中重点是本国与相关国家和集团存在的能力差距，意图中重点是相关国家或集团针对本国的敌意。换作公式为：国家安全战略威胁 = 双方能力差距 × 对方敌意程度。其中，能力差距包含了本国存在的弱点，相对可以判断，敌意程度主要取决于对手，往往难以精算。

分析敌意可以从两个方面入手：一是分析敌意的载体。主要是分析有关国家高级官员特别是国家元首、政府首脑和强力机构主要负责人的讲话；分析有关国家的政府文件特别是关于世界和周边形势、国家发展、对外关系、军队和其他领域的建设和规划报告、军队作战计划等；分析有关国家实力调整、部署和态势塑造；分析有关国家对本国的认知态度等。非国家集团虽然载体数量较少，但同样可以作为开展分析的重要依据。二是分析产生敌意的原因。有时，有关国家或集团并没有表现出明显敌意，或敌意程度难以判断，例如军队作战计划属于国家绝密，外界难以获得。这种情况下，需要分析可能导致对方产生敌意的原因：第一，分析地缘关系，通常地理上邻近的国家比距离遥远的国家相互间矛盾程度更高，产生敌意的可能性更大；第二，分析国家间利益关系，通常彼此核心利益或重要利益存在矛盾的国家，产生敌意的可能性更大；第三，分析国家间意识形态和社会制度差异，通常彼此意识形态和社会制度差异较大的国家，产生敌意的可能性更大；第四，分析国家间联盟情况，通常彼此分属不同联盟或阵营的国家，产生敌意的可能性更大。

（二）明确国家安全威胁

在框定国家面临的总体安全威胁之后，需要进一步明确具体安全威胁。

一是细化各领域和区域安全威胁。可以根据威胁涉及的领域性质，将威胁进一步划分为传统安全威胁和非传统安全威胁，在非传统安全威胁中又可以进一步突出新型领域安全威胁，各类安全威胁还应细化到具体领域直至具体问题。同时，根据威胁的作用范围，可以将威胁进一步划分为全球性安全威胁、地区性安全威胁、周边安全威胁和国内安全威胁等，其中周边和国内还应细化到具体方向乃至地域。对多数国家来说，总原则是要优先关注传统安全威胁、周边安全威胁和国内安全威胁，特别要将传统安全威胁放在首位，优先配置国家安全力量和资源。

二是评估国家安全威胁程度。主要包括评估在某一具体领域、区域、问题中本国与相关国家或集团之间的能力差距，以及评估具体领域相关国家或集团针对本国在这一领域、区域和问题上的敌意情况。其中，能力差距需要通过采集本国与相关国家或集团的国家安全战略能力指标来进行综合计算，敌意情况需要借助前述分析对方敌意载体和判断敌意原因来综合赋值。

三是确定具体领域国家安全威胁程度。根据具体领域的威胁 = 双方能力差距 × 对方敌意程度这一公式，判断国家安全面临的威胁程度，进而针对不同对手进行优先排序，并通常将排序靠前的领域、区域和问题列为重大安全威胁。其中，国家安全威胁程度越大的问题，越应优先成为国家安全战略决策关注的对象。

（三）确定国家安全战略问题

在确定国家安全问题优先排序后，需要进一步分析排序靠前的国家安全问题的性质和程度，重点是分析该问题当前及未来的可能发展演变趋势，以及该问题当前和未来一段时间对本国国家核心利益和重大利益的影响程度。待确定其性质较恶劣、程度较严重之后，应对其进行提案化处理，即使用相对简明的文字或语言明确其态势、性质、影响，使其在形式上成为一个可供讨论协商的议题。

在明确国家安全问题的过程中，一方面需要尽量减少明确安全问题的层次。明确安全问题的层次过多，不仅会造成时间延缓，不利于国家迅速应对威胁，而且层次过多容易造成信息流失，可能导致所明确的安全问题脱离实际情况，影响后续国家安全战略决策；另一方面需要注意发挥不同社会组织和成员在明确安全问题中的作用。明确传统安全问题基本是政府的事情，一般不需要社会组织和成员参与，但在确认非传统安全问题上，政府之外的组织作用日益突出，除了决策系统、情报系统外，智囊系统、利益集团和大众媒体都可以参与发挥作用。

二、确立国家安全战略议程

确立国家安全战略议程，是指将所明确的安全问题纳入决策系统并予以考虑的过程。国家安全战略议程可分为系统议程和决策议程两种。所谓系统议程，是指情报系统或智囊系统对明确的安全问题予以考虑的过程；所谓决策议程，是指决策系统对明确的安全问题予以考虑的过程。

系统议程和决策议程是国家安全战略议程的两个不同阶段。明确的安全问题一般要经过一定的渠道才会引起决策系统的注意，才能成为决策系统研究和分析的对象。有时，明确的安全问题首先要进入系统议程，然后再进入决策议程，例如情报系统作为情报提供给决策系统或智囊系统作为建议向决策系统提出，最后为决策系统考虑。但实际上，许多得到明确的安全问题特别是传统安全问题可能不经过系统议程而直接进入决策议程，因为决策系统可能根据自己的研究，主动认识到问题，把它列入自己的议程中。系统议程本质上属于讨论过程，表现为众说纷纭的情景，这些问题不一定引起决策系统的重视，例如世界上许多国家的智囊系统都在谈论全球气候变暖所引发的安全问题，就是一种系统议程，在一些国家如欧洲国家引起了政府重视，进入决策议程予以考虑，但在另一些国家并没有引起政府的重视，没有进入决策议程。同样，决策系统考虑的安全问题也不一定来自于系统议程。有时，明确的安全问题已由情报系统提交给决策系统，智囊系统也对其进行了深入研究，但决策系统可能不予考虑甚至加以阻挠。

当前，国家面临的安全环境日趋复杂，明确的安全问题日益增多，有些问题能够顺利进入决策议程，而另外一些则难以进入甚至被完全排除。

究其原因，在于确立安全战略议程的渠道存在差异。一般地，确立国家安全战略议程的渠道有以下四种：一是决策中枢。决策中枢有时可以直接明确安全问题并将其纳入到决策系统中，成为决策议程。例如 20 世纪 60 年代，中国国家安全环境极为恶劣，与美苏关系同时处于交恶状态，毛泽东认识到当时中国所处环境状况，决定缓和对美关系，推动了国家安全环境有效改善。二是决策辅助机构。有时候，一些非紧迫性的、非全局性的安全问题可能为决策中枢忽略，但这些问题从长远看可能产生全局性和严重性影响，这就需要辅助决策机构及时明确这些问题并将其直接纳入决策议程，使之成为决策系统必须处理的问题。三是情报系统。国家面临的威胁是一种信息，情报系统的重要任务就是要发现和搜集这些信息，并及时提供给决策系统。在国家安全战略决策过程中，大多数安全问题要通过情报系统予以明确并传递到决策系统中，进而成为决策议题。四是智囊系统。智囊系统具有广泛的社会基础，它们向决策系统所提建议中包含了对安全问题的明确，一旦这些建议被采纳，就意味着智囊系统确认的安全问题进入了决策议程。

三、规划国家安全战略方案

一旦明确的安全问题被纳入决策系统的议程并予以考虑，接着就进入分析研究并提出解决办法即规划战略方案的阶段。规划国家战略方案包括战略议题的设定、目标的确定、方案的设计、方案的评估和选择等程序。

（一）设定具体议题

设定国家安全战略议题是规划安全战略方案的起点。设定战略议题，就是决策系统对被纳入议程的众多安全问题进行对比分析，找出需要重点思考的安全问题。国家时时、处处面临各种威胁，但并不是所有的威胁都能够被明确为安全问题，并不是所有明确的安全问题能够被纳入到决策议程中，也并不是被纳入到决策议程中的所有问题都能成为战略议题。只有那些被决策系统看成是对国家利益可能造成重大威胁和严重威胁的问题才能转变为具体议题。

在确立具体议题时，应该防止两种倾向：一是对客观性的威胁反应过度。有时候，决策系统确立的战略议题有可能是“小题大做”，由于观念和价值观等的作用，有些实质上并不紧迫和重大的问题被放大和扭曲。二是对客观性的威胁反映不足。慕尼黑会议前后，英法领导者并没有将德国看成是最大威胁，分别与德国签订了《英德宣言》和《法德宣言》。而当英法将德国看成是最严重的威胁时，它们已经陷入了被动。

（二）确定相应目标

确定国家安全战略目标是决策关键。从理论上讲，战略议题确立后，就进入澄清和确定国家安全战略目标的阶段。确定安全战略目标应注意：一是战略议题确定后，必须确立相应的战略目标。就是说，一个战略议题应该有一个相应的战略目标。如果是多个战略议题，就应该确定出多个战略目标，并对确定出的战略目标进行优化或排序，找出最重要的目标或者是影响其他目标实现的关键性的和全局性的目标。二是尽量保持价值中立，防止由于决策者自身价值观等观念因素的影响而对战略目标的确立造成误导。三是以战略议题为基准，分析各种利益的性质。应注意的是，并不是所有的官僚机构的利益和社会利益集团都应被排斥，而是与战略议题所要维护的利益相矛盾和抵触的利益应排斥于战略目标之外。

（三）设计实施方案

国家安全战略方案设计是国家安全战略决策的核心环节，是为了实现所确定的战略目标而拟定解决问题的计划、方法、路线、手段和措施等的过程，实质上是在寻求有效达成战略目标的途径和方法。

国家安全战略方案设计一般包括轮廓设计和细节设计两个环节。所谓轮廓设计，是指对国家安全战略方案进行粗线条的勾勒和构想，主要内容包括安全战略方针和原则、基本手段和实施阶段等。轮廓设计主要运用于国家安全战略的长远规划和构想。进行轮廓设计应把握如下原则：一是国家安全战略方案应合目的性，即所设想的方针、原则、手段等符合达成战略目标的要求；二是国家安全战略方案应具有多样性，要尽可能地列出足够多的方案，使决策系统能够从多种方案中进行比较和择优；三是国家安全战略方案之间要具有相对的独立性，不同方案之间在总体上要相互排斥，执行了某一方案就不能同时执行另一方案。

国家安全战略方案的细节设计具体规定实现战略目标的途径、措施和手段，包括相关机构、人力、财力配备和保障等，较多用于国家安全战略的危机决策和日常决策中。进行细节设计要做到：一是方案的细节要具体、仔细、全面，每个步骤、每个方面要考虑全面周到，不能顾此失彼，不能遗漏某些部分或环节；二是设计出的方案细节，对安全问题的解决有实际的作用，能够确保战略目标的达成；三是所规定的手段、方法、步骤，不是抽象的原则，而是具体的、具有可操作性，或者说具备可实践性。

（四）选择实施方案

设计出各种方案后，就要对备选方案进行评估，即对备选方案的手段措施、有效性、将产生的后果等进行一系列的分析、证明和综合评定，从不同角度为方案选择提供科学、合理的依据。

四、生效国家安全战略方案

经过评估和选择而确定的方案，并不能立即予以实施，还需经过一定的途径生效后才能实施。国家安全战略方案虽然具有一定的保密性，但也需要生效，才能拥有指导国家安全战略实施的权威。国家安全战略方案生效途径主要有两种。

（一）通过行政机构生效

主要是行政首长决定、签署和发布。例如美国总统发布的《国家安全战略》报告等，俄罗斯总统发布的《俄罗斯联邦国家安全构想》等。有些国家安全战略决策所形成的方案可能具有高度的保密性，不便公开发布，但也要经过行政机构的领导签署才能生效。

（二）通过立法机构生效

制定国家安全整体战略通常是行政部门的权限，立法部门在这方面的作用有限。美国《国家安全战略》报告和《俄罗斯联邦国家安全构想》无需立法机构批准。例如，俄罗斯国家杜马虽然也可以就对外政策和总体国际关系问题等发表决议或声明，但这些决议或声明并不具有法律效力，不存在生效的问题。而且，俄罗斯国家杜马对国家安全战略决策的影响极为有限。但是必须看到，有些国家安全战略决策所形成的方案特别是涉及国家安全战略举措需要经过立法机构的批准才能生效，例如第二次世界大战结束后日本与美国缔结而后又多次修改的《日美安全条约》就需要经日本国会批准后才能生效。

国家安全战略方案生效具有重要的地位和作用：第一，国家安全战略方案生效是国家安全战略实施的前提。国家安全战略决策的目的是通过战略实施来有效应对国家所面临的安全问题，但战略实施要以国家安全战略方案拥有权威为前提。战略方案只有通过一定的途径生效后，才能成为合法和具有权威的国家方案，才能指导随后的战略实施，才能拥有调动各种实力的权威；第二，国家安全战略方案生效是决策民主化、法制化的具体体现。国家安全战略方案生效的过程，实际上也是一个政治沟通的过程。在这一过程中，不同的机构、组织就会参与进来，提出自己的意见和建议，例如方案该不该批准生效，哪些地方需要修改等。同时，这一过程还是一定的机构、组织依照制度所规定的权限和程序进行决策监督的过程。

第三节　国家安全战略决策模式

与各国国家安全战略决策体制和程序大体相似不同，各国国家安全战略决策模式差异较大。这种差异既源于国家安全战略决策所处状态不同，也源于国家安全战略决策模式的划分标准不同。前者主要指国家战略决策既可能处于和平状态，也可能处于危机状态，还可能处于战争状态。后者主要指国家安全战略决策既可按照最高决策者的行为特点划分为鹰派（强硬派）、中间派（稳健派）、鸽派（温和派）；也可按照其决策风格划分为规范型、竞争型、学院型；还可按照决策圈大小、决策辅助机构所发挥作用等划分为不同类型。总体看，最经常采用因而也最典型的主要是集中决定模式、群体协商模式和递进修正模式三种。

一、集中决定模式

所谓集中决定模式，即最高决策者不仅拥有国家安全战略最终决定权，而且国家安全战略基本决策也主要由最高决策者作出，故这种模式也称作最高领导人独断模式。集中决定模式通常更适用于实位君主制、总统制或军政府等特定政治体制，也更适用于危机或战争等特定时机。在这种模式中，虽然决策过程通常也包含了决策圈、决策辅助机构、情报系统和智囊系统的参与，但具体决策往往由最高领导人直接作出或主要决定，有时最高决策者甚至从一开始就介入决策过程，乃至一次性作出最终决定，从而导致其他人物或机构的参与显得微不足道。

历史上，集中决定模式屡见不鲜，如伊拉克出兵侵略科威特主要由萨达姆总统所决定，这一案例恰好也显示出集中决定模式潜在的致命弱点，那就是因为未经过充分讨论，相关决定可能做出得过于仓促或武断，因而存在失败的较大风险。

二、群体协商模式

所谓群体协商模式，即国家安全战略决策由决策圈经过相对充分的讨论所作出，而非主要由国家最高决策者所拍板，后者事实上很多时候只是一个平等参与者，甚至可能只是一个最终签署人。如在 1995 年至 1996 年的台海危机中，增派“尼米兹”号航空母舰战斗群到“台湾附近的国际水域”的对策建议实际上是由国务卿克里斯托弗、总统国家安全顾问莱克、国防部长佩里、中央情报局局长多伊奇、参联会主席沙卡什维利、助理国务卿洛德和太平洋舰队司令普里赫七人决策小组自行研拟的，克林顿总统在此过程中既未开会也未一一咨询，国家安全委员会工作人员也没有为此制定任何文件。①

相比集中决定模式，群体协商模式中决策参与者数量更大，信息和意见交换更充分，因而其正确的比例相对可能更高一些，但所耗费的时间和精力有时也难免更长更多。同时，受群体思维等因素影响，并非群体协商的决策正确性就一定高于集中决定的决策正确性，这是因为决策参与者尽管在数量上有所增加，但在思维上受限较大，更多持有相同理念和认识，因而容易走向同质化，难以听取和接受不同意见，导致最终作出错误决策。如历史已证明以伊拉克拥有化学武器为名出兵伊拉克是一个重大错误，而这个错误之所以无法得到纠正，核心就在于美国决策层中存在大量对伊拉克抱持敌意之人。如时任美国国务卿办公室主任就发现，对伊拉克的关键决策是由国防部战略专家组成的一个“秘密的、鲜为人知的阴谋集团”所制定的。②

三、递进修正模式

所谓递进修正模式，即较低层级的国家安全战略决策辅助机构在初步制定国家安全战略决策后，按照从下至上、逐步升级的顺序，经过不同行政层次把关修改后，最终交由最高决策者签署的过程。这一模式在美国被

---

① 王公龙：《危机决策模式的选择性应用——以 1995—1996 年台海危机期间克林顿政府的决策过程为例》，《上海行政学院学报》2005 年第 5 期，第 41—42 页。

② ［美］史蒂文·胡克、约翰·斯帕尼尔：《二战后的美国对外政策》，金城出版社 2015 年版，第 347 页。

称作“政策山”。在其底部，政府各有关部门就某些问题起草文件，提出政策建议并尽力达成一致意见，尔后提交国家安全委员会的跨部门政策委员会、副部长委员会、部长委员会；在其中部，跨部门政策委员会、副部长委员会、部长委员会对政策方案进行审查、修改、扩充或重写，并尽可能消除政府各部门之间的分歧，然后再提交给国家安全委员会正式会议；在其顶部，总统领导的国家安全委员会召开全体会议，审核各种行动的目的，并将最终建议呈递总统批准。[①] 当危机情势特别紧急的时候，“政策山”底部和中部的一些程序也可以直接跳过，由跨部门政策委员会、副部长委员会、部长委员会甚至国家安全委员会的主要成员直接进行计划和决策，从而达到提高效率和确保秘密的效果。

递进修正模式遵循了官僚等级划分，兼顾了不同部门利益需求，因而非常适合和平时期的国家安全战略决策制定。但这一模式也具有时效性通常较差、容易因为协调不同部门利益而损害国家总体利益、可能因为意见分歧而难产等弱点。如在美国政府高层，内部矛盾就时常干扰危机决策的正常进行：福特时期，国防部长施莱辛格与国务卿基辛格围绕对苏政策和国防政策发生分歧，最后以国家安全委员会大改组、施莱辛格被撤职告一段落；卡特时期，国家安全顾问布热津斯基与国务卿万斯围绕对苏政策和伊朗人质危机意见分歧，导致国家安全委员会与国务院两大机构激烈争斗；里根时期，国家安全顾问克拉克与国务卿黑格在中东问题上发生严重分歧，最终导致黑格于 1982 年 6 月辞职。因此，有效的国家安全决策运作必须在确保决策目标、尽可能减少决策随意性和不断提高决策效率的同时，努力使各方利益以正式和非正式两种不同程序实现某种平衡。

不难看出，不同国家安全战略决策模式既存在有利的一面，也存在不利的一面，关键在于决策者如何根据国家安全战略形势选取对应模式灵活运用。即使在美国，尽管国家安全决策运作程序大体相似，但主要因为最高决策者的个人风格不同，不同时期的国家安全决策模式还是呈现出一定差异。学者分析，美国国家安全委员会历史上曾出现过四种运作模式，分别是完全垄断的“尼克松—基辛格”体制、寡头垄断的“卡特—布热津斯基”体制、无序竞争的“里根—白宫”体制（前期）、有序竞争的克林顿

---

① 高金虎：《美国战略情报与决策体制研究》，陕西师范大学出版社 2004 年版，第 113 页。

“内内阁”体制。[①] 事实上，当前美国国家安全委员会构成既通过三级跨部门委员会体现了递进修正模式的作用，也通过国家安全委员会正式会议体现了群体协商模式的作用，还通过总统最终拍板体现了集中决定模式的作用，因而一定程度上可以算是三种模式的集大成。进一步看，很多国家的国家安全战略决策均存在类似设计。因而，国家安全战略决策者不能僵化认定某一类或某几类决策模式有效，而应根据国家安全利益的需要、国家安全环境的变化、国家安全战略决策圈的特点等，实施动态选择，关键是确保研究的是真问题、讨论的是不同意见、做出的是相对合理选择，这样才能确保决策的质量。

第四节　国家安全战略决策实施

国家安全战略方案经过生效拥有权威后就要落实。国家安全战略实施是落实国家安全战略方案的过程，是以战略方案为指导，动用战略实力，选择战略途径，达成战略目标的过程。

一、国家安全战略目标分解

战略目标是战略的核心，是战略实施的牵引。国家安全战略实施首要的是要对战略方案所确定的目标进行细化，并分解到具体领域、部门或局部，成为这些领域、部门或局部的战略任务。

（一）国家安全战略目标分解的作用

国家安全战略目标是根据国家利益确定的，集中体现国家安全战略的意图。国家安全战略对目标的设定，从总体上看具有概略性、宏观性、指导性等特点。这种宏观目标的实现不可能一蹴而就，需要不断积累，在循序渐进中进行。国家安全战略目标分解是国家安全战略实施的第一步。

一是战略目标分解可以使笼统的目标变得比较具体，具有可操作性。战略目标分解是将总体目标指标化，具体化为可操作性的任务。例如，冷战结束后一段时期，美国曾将其国家安全战略目标分解到不同领域，在经

---

① 北京太平洋国际战略研究所：《应对危机：美国国家安全决策机制》，时事出版社 2001 年版，第 324—325 页。

济领域是维护美国的全球经济利益，并为经济发展和繁荣创造良好的外部环境。又进一步具体分解为：扩大自由市场和自由贸易，促进美国和全球的经济增长；促进开放的国际贸易体系；保持美国的高科技优势，提高美国的国际竞争力；确保能源安全等。这样的分解实际上是指标化，不仅更加清晰，而且有利于执行者全面理解和正确执行落实。

二是战略目标分解可以使相关地区、部门更加明确自己的职责，调动各方面的积极性、主动性和创造性。国家安全战略的实施是多部门协调合作的结果，单靠某一部门难以承担达成战略目标的要求。如果不对安全战略目标进行必要的细化分解，执行部门和执行者就会对自己的职责认识不清，实施国家安全战略的时机把握不准，推进落实的主动性不强、积极性不高，部门之间的“摩擦力”增大，协调性降低，合力不够，甚至可能会造成各部门之间相互掣肘、打乱仗的局面，导致国家安全战略“流产”或“难产”。战略目标分解实际上带有明确地区和部门的任务和责任的性质，地区和部门的目标明确后，就会想方设法完成自己的任务，从而推动总体目标的实现。

三是战略目标分解可以促使资源配置合理和有效。国家实力和战略资源有效配置是达成国家安全战略目标的重要手段，而实力和资源配置合理与否，从战略角度看，就是看其与战略目标的结合程度。结合程度越高，资源配置越合理。如果实力和资源配置与战略目标完全分离，这种资源配置就是无效的。分解安全战略目标，旨在根据具体的国家安全战略目标，针对不同的情势，动用恰当而有限的国家实力来达成既定目标。

总之，对国家安全战略目标进行分解，可变概略为精细，将宏观化为微观，把抽象变为具体，把巨型拆为小型，提高可操作性。如果没有分解后的具体目标做支撑，宏观目标将会流于形式。因此，对国家安全战略目标进行合理而科学的分解，既是强化国家安全战略目标的必要过程，也是实现国家安全战略目标的重要前提。

（二）国家安全战略目标分解的方法

国家安全战略目标分解有多种方法，这里主要介绍三种方法。

一是依据政府组织结构进行分解。这是最常用的战略目标分解方法。政府是代表国家对社会进行管理和控制的组织。每一个国家的政府都有自己比较独特的组织结构，这种组织结构通常在横向上分为若干职能部门，在纵向上分为若干层级。由于安全战略是由政府制定和组织实施的，涉及各个部门。因此，国家安全战略目标分解可以按照政府的组织结构进行，这样可以明确政府各级和各部门的任务和职责。例如，美国出台《国家安全战略》报告后，美国国防部要制定相应的《国防战略》，这种《国防战略》可以看成是美国国家安全战略在国防部的分解。但也必须看到，政府各个部门在安全战略实施中的地位和作用是不一样的，因此，国家安全战略目标不一定均衡分解到所有部门。例如，在一定时期内军事部门在国家安全战略实施中的作用突出，在该时期国家安全战略目标分解中，军事部门的国防战略目标分量可能重一些。另外，在国家安全战略实施过程中，一个国家的各个地方之间的地位和作用也有差异，这就要求国家安全战略目标向地方机构分解时，要遵循不均等原则，即允许地方因地制宜，扬长避短，且不可一刀切。

二是依据手段—目标链条进行分解。在规划战略目标时，必须相应地选择实现目标的途径或手段。在组织结构内，手段与目标之间的关系是分层次的。某一层级制定的目标需要用一定的手段来实现。这些手段就成为下一层级的次目标，按层级顺推下去，就产生更为具体的实用目标。在安全战略实施中，也完全可以按手段—目标链条对战略目标进行分解。例如，维护国家主权、领土完整这样的国家安全战略目标，就需要增强军事力量，加强国防和军队现代化建设，积极开展和平外交等。这些既是实现国家安全战略目标的手段，同时也是国家安全战略目标的下一级目标。对于这些次级目标，就可以按照手段—目标链条继续进行分解，从而使战略目标更加具体。

三是依据地理空间进行分解。从地理角度看，国家安全面临的挑战和威胁来源广泛，既可能来自国家外部，也可能来自国家内部；既可能来自海上、陆地和空间，又可能来自陆地的某个方向或多个方向。从地理空间的角度对国家安全战略目标进行分解，既要分解为内部目标和外部目标，又要分解为陆地目标、海上目标和空间目标，还要分解为各个方向的目标。例如我国面临的安全挑战既有陆地、海洋、天空和太空的，还有陆地的东北亚、东南沿海、南海、西南、西北等方向的安全。所以，我国安全战略目标不仅要分解为内部目标、外部目标，还要分解为陆地目标、海洋目标、空间目标，更要分解为东北亚、东南沿海、南海、西南和西北方向目标，还要随着海外利益扩展情况进一步分解。

国家安全战略目标分解要特别处理好内部目标和外部目标之间的关

系。对于国家安全来说，内部威胁的影响要远大于外部威胁。所以中国古代战略文化特别强调“治安中国，而四夷自服”。外部安全目标是实现内部安全目标的前提。尽管内部安全目标居于安全战略目标的核心位置，但并不能否定外部安全目标的意义和地位。国家安全战略目标的实现不仅取决于内部安全目标的实现，还受外部安全目标能否实现的影响。没有外部安全目标的实现，国家内部安全目标也不可能实现。在全球化条件下，国家内部各个安全领域无不深受国际各种力量的竞争、挑战和威胁，内部安全目标和外部安全目标相互协调、相互支撑、相互影响。

二、国家安全战略实施阶段划分与转换

国家安全战略目标分解后，需要运用实力来实现。但分解后的目标之间存在差异，而国家在一定时期所能动用的实力有限，所以，不可能齐头并进地实现所有目标，只能在一段时间内集中实力达成一个核心目标。这个核心目标的实现，为下一个核心目标的达成奠定基础、开辟道路。如此循序渐进、不断前进，逐步实现其他目标。这些战略目标之间交替实现的过程，表现在实践层面，就是国家安全战略实施的阶段性。

（一）国家安全战略实施阶段划分

国家安全战略的实施从开始到结束构成一个完整的周期。这个周期根据不同的划分标准，可以划分出不同类型的阶段。国家安全战略实施实质上是有关国家与威胁对象关系变化的过程，根据这种关系变化情况，可以将国家安全战略实施划分为初期阶段、中期阶段和结束阶段。需要说明的是，这种阶段划分是相对的，各个阶段之间并非界限分明，而是存在着交叉，即上一个阶段任务的完成影响着下一个阶段目标的达成。

一是初期阶段。国家安全战略实施初期阶段的典型特征是安全威胁初步显现，不易把握。这个阶段是影响威胁形成的各种诱因逐步积累的时期。大多数威胁都有一个从量变到质变的过程。在国家安全战略实施的初期阶段，国家利益在一定程度上仍能够得到有效维护，威胁没有完全凸显出来，但表现出一些征兆，潜在的威胁极有可能转化为现实威胁。有些威胁的征兆比较明显，及时发现这些威胁的各种征兆，并提前采取措施将威胁遏制于“摇篮”之中，可以收到事半功倍的效果，避免可能造成的危害。当然，在初期阶段，由于潜在威胁还未真正转化为现实威胁，威胁还不够明显，国家安全战略应对的对象难以明晰，无法有的放矢地整合、动

员国家实力，无法将威胁“消灭”于萌芽状态。虽然如此，在这一阶段，不能无所作为，要在增强国家实力的基础上，充分发挥预警机制的功能，广泛收集信息，同时结合以往的经验教训，分析研究所收集的现有信息，认真筛选出真正潜藏威胁的全部信息，分析其中所蕴涵着的导致危机的各种因素，权衡即将面对的各种威胁的程度和强弱，合理判断并厘清国家安全的基本情况和未来发展的大致轮廓，甄别出国家面临的最直接威胁。

二是中期阶段。国家安全战略实施中期阶段的典型特征是安全威胁全面呈现，是国家安全实践过程中最为重要的阶段，也是有效处理威胁的关键阶段。威胁诱因积累到一定程度，就会推动最为重要的威胁显现出来，国家安全战略需要应对的对象明晰起来。此时，如果不能当机立断、有效应对、及时解决，威胁将可能进一步加强，影响范围和强度也将进一步扩大。在这一阶段，针对已经显现的威胁，应根据事先制定的方案，采取应急行动，动员国家实力，及时控制或消灭正在发生的危机事件，减轻威胁危害。可以采取的行动主要包括：第一，根据国家安全战略目标，选择恰当的战略途径。当然，这种决策面临挑战，一方面战略途径的抉择错误，有可能直接导致国家安全环境恶化；另一方面途径选择面临着巨大的压力，这种压力不仅来自外部威胁需要及时解决，也来自国内民众对政府的期望。第二，根据威胁程度和范围，合理配置国家实力。这一时期，国家在处置面临的威胁时，并不一定动用全部实力，有时只需动员一定程度实力即可。例如，在高技术局部战争条件下，英国在马岛战争中、美国在海湾战争和阿富汗战争以及伊拉克战争中，实施的都是局部动员。

三是结束阶段。国家安全战略实施结束阶段的典型特征是威胁趋于消失或发生转化，国家安全战略目标得以实现或需要调整。在这一阶段，威胁已经得到基本或有效控制，国家承受的安全压力减弱。结束阶段并不是万事大吉，不可掉以轻心，否则容易为未来留下隐患。在安全战略目标达成的情况下，应及时进行战略调整以适应新的情况。这一阶段需要注意把握两个方面的情况：第一，对已经基本解决的威胁仍需要继续密切监察，尽力防止威胁解决或控制后可能出现的各种“后遗症”和“并发症”，避免死灰复燃，威胁再度升级；第二，对国家可能面临的新威胁进行及时的预警和评估。在无政府世界中，国家面临的威胁多种多样、此起彼伏。当前威胁解决之后，随之而起的可能是新威胁。国家需要对新威胁进行正确评估，确定新的国家安全战略目标，为下一步国家安全战略制定和实施提供指导。

（二）国家安全战略实施阶段的转换

一般情况下，国家安全战略实施大体要经过初期阶段、中期阶段和结束阶段，三个阶段依据时间的演进、威胁的升级而顺次交替。当然，国家安全战略实施不一定非要经历三个阶段。例如，有些威胁可能蓄谋已久但瞬间显现，跳过了初期阶段，直接进入中期阶段。第二次世界大战期间日本偷袭珍珠港就是如此。有些威胁在初期阶段就被有效应对，被遏制在萌芽状态，无法再进入中期阶段。还有些威胁由于双方僵持不下，不能得到妥善解决，无法在短期内进入结束阶段，譬如旷日持久的阿以冲突等。

国家安全战略实践三个阶段之间的转化并不是无条件的，而是存在着明确的关节点。这些关节点尽管程度上存在区别，但基本性质是相同的，即国家核心利益或重要利益受到威胁。如前所述，国家利益是有层次性的，并不是危及各种利益的威胁都可作为国家面临的最为直接的现实威胁，只有对国家核心利益和重要利益构成威胁的才是；面临威胁，不同国家在不同时期对战略途径的选择不尽相同，有的国家采取直接路线，举国之力迎击，也有的国家走间接之路，避敌之锋芒，迂回制敌，还有的国家放弃主权，任人蹂躏宰割，以丧权辱国之痛换来威胁的降低；如果国家面临不断升级、难以逆转的威胁，就会推动着国家安全战略阶段的顺次演进。

理论上，从威胁的量变质变角度将国家安全战略实施分为三个阶段。但在国家安全战略实施中，要积极发挥主观能动性，防止威胁从初期阶段转向中期阶段，这就需要做好三方面工作。

一是与威胁方建立畅通的联系渠道，尽量增信释疑。要建立并保持与威胁方的联系渠道，进行不间断的联系沟通，向对方及时传递具体而明确的信息。为保持信息沟通不间断，防止误判，相互之间的联系渠道应多种多样。例如，古巴导弹危机期间，美国总统肯尼迪与苏联领导人赫鲁晓夫之间就存在多条沟通渠道，即赫鲁晓夫与肯尼迪之间的渠道；苏军参谋总部情报总局的波里舍克夫（苏联驻美国大使馆文化交流官员）与美国司法部长肯尼迪之间的渠道；苏联克格勃亚历山大·费克里索夫（苏联驻美国大使馆参赞）与美国广播电台担任外交报道的记者斯卡里之间的渠道。这些官方与非官方沟通渠道的架设，为双方的交流沟通提供了不可或缺的重要途径。

二是保持有限的安全战略目标。国家安全战略目标受制于国家利益，要尽量避免追求单方面的最大利益，避开意识形态与道义上的分歧，确定合理的安全战略目标。在安全战略目标得以维护的前提下，不能要价过高，避免超过对方能够承受的损失，否则就会激化对方强烈的对抗情绪。两伊战争的逐步升级与古巴导弹危机的逐步化解，从正反两个方面为此做出了较好的诠释。

三是采取灵活举措。“危机越是普遍或致命，有效的危机决策就越显得关键。”① 危机决策的主旨就是解决危机，而不是激化危机。古巴导弹危机期间，肯尼迪在六种可选择的方案中之所以采纳了“隔离”政策，原因就在于其他方案不符合当时的具体情势：如果采取像空袭或入侵古巴这样的强硬措施，美国有可能与苏联和古巴滑向战争的深渊，而西欧盟国和拉美其他国家不可能提供支持；如果采取外交途径，苏联就会利用外交谈判拖延时日，加紧部署，造成既定事实；如果美国对大门口的苏联威胁还无所作为，苏联会得寸进尺，美国面临的威胁会更严峻。所以，采用“隔离”政策，给苏联以比较容易接受的台阶，既减小了双方对抗的风险，又能把握事态发展的主动权。

三、国家安全战略实力运用

国家安全战略实力运用，是为达成国家安全战略目标而配置、动员、投送、消耗国家实力的过程。国家实力运用是一个链条，要经过一系列环节。

（一）国家实力配置

国家安全战略实力配置，是指为达成战略目标而对国家实力要素进行安排和组合，以形成新的实力体系的过程，是国家安全战略实施的物质起点。

一是从时间角度进行实力配置。根据所受威胁强度变化，国家面临的安全环境可以分为安全期、危机期和战争期。不同时期，国家实力配置不同。

1. 安全期

安全期是指国家没有面临重大威胁，国家利益没有受到损害，主要安

① ［以］叶海卡·德罗尔著，王满船等译：《逆境中的政策制定》，上海远东出版社 1996 年版，第 181 页。

全战略目标能够实现的时期。在这一时期，国家实力配置主要包括政治实力、经济实力、科技实力、外交实力等。

2. 危机期

危机期是指国家核心利益或重要利益受到威胁的时期，是安全期与战争期之间的中间阶段，是国家安全环境的转折点。这样的时期在国家社会发展历程中可以说是司空见惯。危机期，国家实力配置主要包括政治实力、外交实力、军事实力等，目的是迅速进行危机决策，实施危机处理。

3. 战争期

战争期是指国家为维护核心利益或重要利益，不得不通过战争来实现安全战略目标的时期。对于防御方来讲，战争期是从外敌入侵开始到和平协定签订为止的这段时间。在这一时期，无论是防御方还是进攻方，实力配置主要是军事实力、政治实力、外交实力等，目的主要是动员和整合国内外的所有资源，有效应对战争对手。

二是从空间角度进行实力配置。国家实力存在于一定空间内，在国家的地理空间中分布不均衡，水平参差不齐。为促进国家实力的有机结合，要尽可能地对国家实力的空间配置进行优化：第一，国家实力配置空间必须随着国家安全内涵变化而延伸。国家生存和发展利益空间不断拓展，不仅涵盖领土、领海、领空，而且涉及海洋、太空、网络和极地等空间。国家间的竞争已从陆地、海洋和天空拓展到太空、网络、深海等空间领域。国家间围绕制权的竞争不断变化，过去制陆权是主要国家间的竞争重点，国家实力配置以陆上实力为重心而展开。随着海权兴起，国家间的竞争重心转向海洋，国家实力围绕制海权而配置。现在，制信息权成为战略竞争的重心，国家实力转向围绕制信息权为主进行配置。第二，国家实力配置空间要突出重点方向。从空间角度讲，国家面临来自不同地理方向的威胁和挑战。长期以来，美国的国家安全重点在外部，应对威胁的力量配置具有外向性。美国将全球划分为太平洋战区、欧洲战区、非洲战区、中央战区、北方战区和南方战区。冷战时期，美国面临的主要威胁是苏联，实力配置重点在欧洲，欧洲战区成为军事实力配置的重点。冷战结束后，特别是随着中国崛起，美国将中国看成主要竞争对手，军事实力配置重点转向亚太地区。对我国来说，要统筹国内和国际两个大局，而国内大局是重点，实力配置重心是国内；在国际大局方面，周边又是重点，实力配置重心是周边。

三是从领域角度进行实力配置。国家实力来源于不同的领域，要统筹兼顾、协调不同领域的国家实力，形成一种相互配合、相互促进的体系性实力：第一，国家实力配置的领域要相互协调。要综合配置政治、经济、军事和外交等多种手段，防止各种手段之间的矛盾和脱节。第二，国家实力配置要突出重点领域。在国家实力体系中并不是每个领域的实力作用都相同，也不是在每个领域都要配置同等分量的实力。要根据国家安全战略竞争制权的变化而加强对相关领域的关注，强化相关领域在国家实力中的地位和作用。

（二）国家实力动员和投送

国家实力动员和投送，是指国家最高决策机构或国家领导人为应对面临的威胁向全国或相关部门、机构发出的战略号召，有关部门、机构将配置好的实力组合，动员起来并投向威胁对象的过程。国家安全战略实施成效，某种程度上取决于国家在危机或战争时能否有效集中和组织战略资源。在面临危机或战争时，为维护国家安全，达成国家安全战略目标，国家需要通过动员实现平时状态到战时状态的转变，将静止的实力转化为运动的实力，以应对危机和战争。

国家实力与国家应对威胁的实力是两回事。国家面临威胁时，需要将国家实力转化为应对威胁的实力，两者之间并不是“无缝链接”。第二次世界大战中，希特勒对苏联的突然袭击之所以在初期能够连连得手，很大程度上是因为苏联动员机制迟缓，不能及时完成一线部队的扩编，给法西斯德国以可乘之机。正如约瑟夫·奈所言，从资源角度思考实力问题时，会遇到实力转化这一基本的问题。实力不会自动发挥作用，必须有一个中介环节。只有通过这个中介环节的作用，才能实现实力转化，这就需要国家在平时建立顺畅的动员机制，做好充分的准备。

实力转化中介环节包括实力动员和投送。实力动员是国家安全战略顺利实施的依托，是将国家实力从“静止状态”转化为“运动状态”的桥梁，也是将国家实力转化为应对威胁实力的关键环节。古往今来，在面临威胁时，有的国家虽有雄厚的战略资源也难保所向披靡，有的国家虽国力弱小却化险为夷，其中一个重要原因，就是国家动员能力的差异。日俄战争中沙俄的失败，第一次阿以战争中阿拉伯国家的失败，都与它们动员水平低下密切相关。

实力投送是将“动起来”的国家实力投向威胁对象的过程，是运用国家实力应对威胁的关键环节。实力投送要注意以下几点。

一是加快投送速度。现在许多威胁的最佳处置时机极为短暂，稍纵即逝，需要加快实力投送。例如，随着我国海外利益不断拓展，海外利益安全问题日益突出。要有效应对威胁，维护我国海外利益安全，需要不断加快安保力量走出去步伐，特别是在危机发生前或发生的时刻，应确保我国应对力量能够及时到达。

二是突出投送重点。我国面临的威胁多重，既有传统安全威胁，例如政治安全问题；也有非传统安全威胁，例如恐怖主义；还有新型领域安全威胁，例如网络、太空等领域的威胁。国家实力有限，不可能四面出击、八方出手，要根据一定时期内国家安全面临的威胁程度，将实力重点投向国家面临的重大威胁。

三是形成多领域投送合力。国家实力是多领域力量的有机统一，实力投送必须通盘筹划政治、军事、外交、经济、贸易、文化等领域，形成国家实力的整体协调和同频共振。要构建军地有机协调、相互支援、整体联动的长效机制，综合运用经济利益捆绑、谈判斡旋、法理斗争、心理施压、军事威慑等多种手段，增强应对各类安全威胁的针对性和有效性。

（三）战略布局和态势营造

国家实力动员后进行投送，实力投送的着眼点是通过战略布局，来营造有利的战略态势。战略布局就是将国家实力投送到特定的时间、空间和领域的关节点上的过程。

根据不同的标准，可以将战略布局分为不同类型。

一是基于威胁的战略布局。这种类型的战略布局强调将国家实力投送到关节点上，形成能够阻止威胁对象行动的战略态势。实力投送主要采取两种方式进行：第一种方式是将实力直接投送到特定关节点上，形成与对手势均力敌的均衡状态。冷战期间，美苏战略布局的重点是欧洲，美国通过北约控制西欧，苏联借助华约控制东欧，双方相互制衡，谁也不敢轻易在欧洲挑起大的争端。第二种方式是将实力投送到关节点上，形成能够支配、控制有关方的态势。例如第二次世界大战后美国建立国际货币基金组织和世界银行，这两大组织控制世界经济发展的关键领域——金融。美国又通过所设立的决策规则，拥有了最大的决策权，而决策权是掌握国际货币基金组织和世界银行的关节点。由此，美国实际上支配和控制了世界金融体系。

二是基于利益的战略布局。这种类型的战略布局强调将国家实力投送到特定关节点上，形成能够保障或扩大国家利益的态势。实力投送主要采取两种方式进行：第一种是将实力投送到现有国家利益范围之内的关节点上，为维护现有国家利益创造态势。国家利益线在哪儿，实力就投送到哪儿，但这种投送关键是要控制利益的关节点。第二种是将实力投送到现有国家利益范围之外的关节点上，为现有国家利益拓展到关节点所在的空间和领域创造前提条件。

三是基于地缘的战略布局。空间是影响战略布局的重要因素，无论是基于威胁的战略布局，还是基于利益的战略布局，都摆脱不了对空间因素的筹划。基于地缘的战略布局就是围绕空间因素来投送战略实力。在基于地缘的战略布局中，关节点就是地理上的战略要地。作为战略要地，要具备下述条件之一：第一，该地点位于交通要道或交通枢纽。美国战略学家布热津斯基在《大棋局》中提出了地缘政治支轴国家，例如乌克兰、阿塞拜疆、韩国、土耳其和伊朗等，这些国家都是地理位置重要的国家。第二，各方战略实力交汇地。有些地点本身不处于交通要地，只是由于成了各国实力结合部而具有战略价值。例如苏联解体后，美日印等大国纷纷插手中亚事务，于是原本属于苏联领土范围内的一些中亚国家，如吉尔吉斯斯坦、塔吉克斯坦等国家就具有了战略要地的价值。

战略态势是一种实力对比关系，这种对比关系要落实到具体的时空里，必须体现在具体的事态上。事态的发展由一系列节点和地位组成，而关键的节点和地位往往主导、制约事态发展走向。因此，对事态关节点的控制是战略布局和营造战略态势的核心。战略布局和态势营造要始终聚焦于关节点的控制。虽然控制关节点是战略布局的关键，但实力投向关节点的方向不应只有一个，而应有多个方向，借以干扰、分散对手对关节点的关注。而且要形成体系性的力量投送，在投送军事实力时要配合以政治、外交和经济等实力，在投送政治、外交和经济等力量的同时，要考虑军事手段的保底作用。

（四）争取和掌握战略主动权

战略布局和战略态势营造的主要目的是争取控制战略主动权。战略主动权就是行动自由权。这种主动权具有特定内涵：一是自主性，国家拥有不因外力推动或逼迫而自行判断和自主决策的行动自由；二是自控性，国家拥有对自己行为进行控制的把握性；三是导向性，国家能够对其他行为体产生吸引力和向心力，引导或促使事态、局势朝着自己所期望的方向演进。

争取战略主动权，需要以强大实力为基础，但又不完全依赖实力，既是实力强弱的较量，更是实力运用艺术的较量。

一是争取和掌握战略主动权的基础是增强国家实力。增强国家实力的着力点主要包括以下五点。

第一，增强经济实力和战略支撑力。保持经济持续、健康、稳定发展，既是国家参与世界竞争的内在要求，也是维护政权稳固，为国家安全提供强大战略支撑的根本需要。要深入贯彻新发展理念，建设现代化经济体系，推动经济持续健康发展，增强经济创新力和竞争力。

第二，提升科技创新力。科技是国家实力不断增长的基本动力和重要物质基础。要着力增强自主创新能力，努力掌握关键核心技术，健全创新机制，在信息、生物、太空等关键技术上取得原创性突破。

第三，加强军事实力。军事实力是国家安全的坚强后盾，是维护国家安全的保底手段。没有一个巩固国防和强大军队，国家安全和发展就没有保障。要坚持走中国特色的强军之路，全面推进国防和军队现代化。

第四，提高国家治理水平。保持内部政治稳定是国家安全的根本所在。要不断增强治国理政能力，坚持中国特色社会主义政治发展道路，坚持党的领导、人民当家作主、依法治国的有机统一。

第五，不断增强外交力和国际影响力。外交是化解国际危机的重要手段，要加强外交战略筹划，打造总体外交格局，大力提升议题设置能力、资源汲取能力和统筹协调能力，不断提高国际影响力和国际安全事务处理能力。

二是争取和掌握战略主动权的依托是推进共同利益。争取和掌握战略主动权需要高举正义大旗，争取国内外大多数行为体的支持。国内要积极发展为民众所认可的共同利益，例如发展经济、提高人民生活水平等，借以增强政府的执政基础和合法性；国际上要为国际社会提供公共物品。当前，为国际社会提供公共物品成了大国国际较量的重点，谁提供的公共物品能够得到更多国家的支持，提供的公共物品层次高、范围广，谁就能赢得战略主动权。我国提出“构建人类命运共同体”和全球发展倡议、全球安全倡议、全球文明倡议，旨在为国际社会提供更多更好的公共产品，体现了我国的大国担当，进一步提升了我国国际影响力。

三是争取和掌握战略主动权的平台是参与和建立多边安全机制。安全机制是安全领域的一种制度性安排，对每一个行为体都发挥着作用。对我国来说，除了联合国、核不扩散机制等全球性的安全机制外，周边地区还存在上海合作组织、美日军事联盟、美韩军事联盟、美菲军事联盟、东盟地区论坛、南亚区域合作联盟、北约等一系列不同层次、不同性质的国际安全机制。这些机制所涉及的事务非常广泛，已成为研究我国外部安全环境必须关注的重要部分。

安全机制通过特定的原则、规则和决策程序，对相关的安全领域建立起了一种管理能力。对于主权国家来说，这是一种重要的权力来源，特别是制定规则、改变规则的权力来源。参与国际安全机制，有助于增强自身在制度建设、文化、规则等方面的软实力。我国正处于国力迅速上升、全面融入国际体系的关键阶段，国际安全机制在国家安全中的地位与作用不容忽视。参与国际安全机制、提高对国际安全机制的影响力，是我国争取和掌握国家安全战略主动权的重要途径。

四、国家安全战略决策优化

国家安全战略决策在实施过程中需要择机进行优化。

（一）进一步健全决策机构

集中统一的国家安全战略决策机构可以充分调动整个国家的资源和实力，克服部门利益，为高质量的决策提供保障。国家安全问题是关系到整个国家命运的问题，国家安全战略决策是最高层次的决策，涉及国家的方方面面，要在观念领域对战略构成要素进行合理配置，首先就要建立囊括决策系统、情报系统、智囊系统和规则系统相统一的决策机制。美国国家安全委员会包括了总统、国务卿、国防部长、中央情报局局长、财政部部长等，总统可以借助国家安全委员会充分调动这些部门的资源为决策服务，同时又可以尽量克服国务院、国防部等官僚部门所固有的狭隘的部门利益，从整个国家利益着眼处理国家安全事务，作出战略决策。

（二）进一步完善决策功能

决策系统的主要功能是在最短的时间内作出有效的决策，这就要求决策系统对国家面临的威胁作出迅速而准确的判断，迅速提取情报系统和智囊系统提供的有用信息，并在短时间内制定出战略方案。要实现上述功能，需做到以下三点。

一是决策系统、情报系统与智囊系统之间的职能和关系必须明确，情报系统和智囊系统虽然能够参与决策，但不能代替决策系统的核心地位和功能。情报系统和智囊系统是服务于决策系统的。

二是决策系统内的决策中枢和辅助决策机构职能要进行合理划分，跨部门机构和部门机构一般负责国家安全战略决策的一些日常和琐碎工作，而决策中枢主要负责宏观性和全局性的决策。

三是决策中枢要精干，要保障决策中枢特别是最高决策者的最终和最高决策权威，必须认识到最高决策者是国家安全战略的最终决策者。

（三）进一步强化情报支撑

情报系统的主要职能就是在搜集更多情报基础上为决策系统提供准确的情报分析。决策依赖情报，没有情报也就没有决策。情报系统要为国家安全战略决策提供有效的服务，具体如下。

一是情报系统搜集情报的能力要特别强大。国家安全战略决策需要的情报涉及各个方面，所以，参与国家安全战略决策的情报系统应该囊括国内各个系统，情报范围不仅涉及政治、军事领域，还要搜集经济、文化、社会、科技等诸多领域的情报。

二是要有协调各个情报机构的机制，目的是为决策系统提供及时、准确、清晰的情报，同时减轻决策系统的决策负担。国际上流行的情报机制有分散型和集中型两种，各有利弊。美国情报系统的协调机制是一种分散型。中央情报局是美国情报界的核心机构，也是国家安全委员会的下属机构，周围有十多个部门情报机构和军事情报机构，相互之间存在竞争，但分工明确。中央情报局局长是美国情报系统的首长，这一层关系使国家安全委员会成了美国情报系统事实上的主管。也就是说，美国国家安全委员会实际上成了协调美国情报系统的机构。通过国家安全委员会，决策中枢可以听到不同的声音，防止出现集中型机制容易导致情报一言堂的局面。

（四）进一步发挥智囊作用

智囊系统的主要功能是为决策系统提供决策参考，为国家安全战略决策提供科学、准确的信息，为决策者列举客观、合理的方案，并做出科学的评估。智囊系统要发挥上述作用，必须具备以下条件。

一是智囊系统要特别发达，不仅在规模上而且在功能上要得到充分的发展。美国是世界上智囊系统最发达的国家，目前民间智囊机构有一千多家。智囊机构在美国国家安全战略的酝酿、形成、决策、实施和评估中起着举足轻重的作用。整体上，智囊系统成员组成比较复杂，来自于社会各个方面，参与甚至影响决策，可以将国内外各种信息和不同的观点反映到决策系统中，供决策者参考。

二是智囊机构的研究应保持独立性，不为决策系统和情报系统所控制和影响。智囊机构一般分为三种类型：隶属于决策系统的智囊机构；半官方的智囊机构；民间的智囊机构。显然前两种类型容易为决策系统控制或影响，这些智囊机构提出的决策建议容易成为决策系统决策的注脚或为决策系统的决策辩护。而民间智囊机构具有独立性，一般说来能够从客观、科学的角度提出比较合理的建议。当然，这种独立性也是相对的。所以，要真正发挥智囊系统的作用，优化决策体制，智囊机构的独立性应有所强化。

（五）进一步完善决策程序

在实施国家安全战略决策时，明确问题、确立议程、设计方案、生效方案四步程序难以绕开，但在各个环节如何进一步提高实施效率则大有空间可为。

一是在明确问题环节，可以常态化开展与主要大国的实力差距测算，并建立对手敌意程度衡量指标，从而对国家安全威胁开展经常性监测。在形成提案上可以建立模式文本，对国家安全战略问题进行统一格式描述，从而突出其关键内涵。

二是在确立议程环节，可以基于前述测算系统，决策中枢和决策辅助机构对确认达到必要量值的国家安全战略问题，可按照立即进入、候补进入、再评估后进入等不同标准，确定相应问题分别对应进入国家安全战略决策程序。

三是在设计方案环节，可以基于问题确定和议程确立，争取提前排除非战略性问题，尽可能减少设定具体议题所耗时间，从而集中精力研究重大问题。

四是在生效方案环节，可以根据方案的类型和密级，制定相应生效规定，分类明确生效途径，特别是考虑到方案非法律，可适当减少通过立法机构生效数量。

（六）进一步优选决策模式

国家安全战略决策模式远不限于集中决定、群体协商、递进修正模式，还可按照其他标准进行分类。但无论如何分类，均应以提高决策质量为第一标准。

一是在和平状态下要适当延长决策链条，也就是要更多采取递进修正模式，确保有更多决策辅助机构、情报系统和智囊系统等参与决策，促使国家安全战略议题由下至上得到充分讨论，从而保证国家安全战略决策理性而全面。

二是在危机和战争状态要适当压缩决策链条，也就是要更多采取有一定层级的先群体协商后集中决定模式，从而既保证国家安全战略决策得到一定程度讨论，又保证国家安全战略决策满足急迫的时效性要求。

三是努力提高各类决策参与者和参与机构的决策能力。决策模式是末，决策能力是本，提高决策质量重在提高从最高决策者、决策圈人员、决策辅助机构人员、情报系统人员和智囊系统人员的整体能力水平，从而使得全决策链条均具备高素质人员，各层级决策均满足任务要求，形成相对对手的整体决策优势。

第七章　国家安全战略的评估与调整

国家安全战略评估又称战略评价，是根据一定标准来判断国家安全战略的整体、战略构成要素之间结构与功能的状态，判断国家安全战略实施效果水平及与预期目标的差距等基本情况，从而获得特定信息的过程。经过评估的国家安全战略需要视情况进行完善甚至调整，从而支撑国家安全战略在实施中取得实效。

第一节　国家安全战略评估的作用

国家安全战略评估是制定国家安全战略、检验国家安全战略实施不可或缺的重要环节。借助战略评估，决策者和执行者可以对国家安全战略制定与实施进行全面系统的考察分析，科学判断国家安全战略结果的质量和价值，从而决定国家安全战略是值得延续还是需要调整。可以说，没有国家安全战略评估就没有国家安全战略。冷战结束后，战略评估已成为一种世界性潮流，有学者甚至称“评估时代到来”①。世界诸大国无不对本国的各种战略包括国家安全战略、国防战略和军事战略等进行评估。美国是当今世界上开展战略评估最频繁的国家，先后出台多种战略评估报告，比如《四年防务评估》报告、《核态势评估》报告、《中国军力评估》报告等，其《国家安全战略》报告也涉及战略评估问题。其他国家如俄罗斯、日本、北约国家、印度、澳大利亚等也高度重视战略评估在国家安全战略制定和实施中的重要作用。

---

① ［美］埃贡·G. 古贝、伊冯娜·S. 林肯著，秦霖、蒋燕玲等译：《第四代评估》，中国人民大学出版社 2008 年版，第 1 页。

一、评估是检验评价国家安全战略优劣的基本途径

传统上，人们习惯采取“总结经验教训”的方法评估战略，如毛泽东曾说自己是靠总结经验吃饭的[①]。这种方法最大的特点是艺术性极强，但难以精准传授和熟练习得。在现代条件下，战略制定与实施的科学性和规范性日益增强，要求在传统方法之外找到能够适应时代要求的崭新方法，科学的战略评估由此应运生。当前，国家安全战略评估已经初步形成一些相对有效的理论和方法，日益成为检验和评价国家安全战略优劣的重要工具。

二、评估是合理有效配置国家安全战略资源的基础

战略是对资源的分配和再分配[②]，但任何一种战略所能调动的资源都是有限的，而且其实施的资源分配未必能够保证有效性，因而需要用一种特定评价体系去进行检验。国家安全战略属于国家顶层战略，其资源分配质量直接关系国家前途命运，在战略评估体系中占据着特殊地位。通过开展规范的国家安全战略评估，决策者和执行者能够确认资源调配的实际效果，并据此调整资源的投向、投序和投量，从而确保战略实施有理有力。

三、评估是决定国家安全战略延续或调整的主要依据

国家安全战略是有计划的行动，这种行动基本上有三种取向：一是战略延续，即既有战略需要继续执行或存在下去；二是战略调整，即需要针对战略实施过程中出现的新情况，对既有战略进行完善或调整；三是战略终止，即需要完全停止原有战略的实施。[③] 无论哪种取向，都需要建立在全面系统分析国家安全战略的基础之上，也就是必须开展战略评估，以检验既有战略是否改变、营造了有利态势和环境。如果环境有利，说明它有效，可以继续执行；如果环境不完全有利，说明它的效果不明显，需要进行调整；如果环境完全不利，说明它无效，理应迅速终止。

---

① 李瑞环：《学哲学用哲学》，中国人民大学出版社 2005 年版，第 122 页。

② 钮先钟：《西方战略思想史》，广西师范大学出版社 2003 年版，第 465 页。

③ 战略终止一般有两种原因：一种是战略目标达成，原战略已没有继续存在的必要；另一种是环境发生变化，或者原战略存在重大缺陷且难以改进，只能制定新战略来替代。参见周丕启：《大战略分析》，上海人民出版社 2009 年版，第 238—239 页。

四、评估是优化国家安全战略决策的重要手段

战略决策优化是在对决策对象进行充分评估、论证的基础上，决策主体通过科学决策程序，选择最优决策方案的过程。国家安全战略评估既是国家安全战略优化决策的重要前提和基础，也是国家安全战略科学决策的关键环节。受国家安全战略决策条件限制，决策者对战略全局的认识往往与实际存在偏差，可能对决策效果产生不利影响，这就需要战略评估介入。国家安全战略评估是对国家安全战略决策的定性或定量判断，可以为国家安全战略决策提供重要反馈，为国家安全战略制定提供科学依据。

五、评估是强化相关组织及其成员责任感的重要手段

国家安全战略是相关组织内部协调、博弈的结果。在战略制定和实施过程中，组织内部部门往往只关注自身利益，忽视其他部门或组织的整体利益,[①] 从而对制定合理战略产生不利影响。规范有效的国家安全战略评估为相关组织实施的战略的有效性和合理性确立明确衡量标准，有助于增强组织内部各部门及所有成员的责任感，促其为实现共同战略目标而相向努力。

第二节 国家安全战略评估的内容与方法

国家安全战略评估覆盖国家安全战略活动全过程，主要包括国家安全战略决策评估、国家安全战略实施评估和国家安全战略绩效评估。国家安全战略评估本质上是寻求、论证、确立和校正国家安全战略的过程，需要一定评估方法将评估可操作化。

一、国家安全战略评估的内容

战略评估以战略制定、战略实施和战略调整三大环节为主要对象，包括战略决策评估、战略实施评估和战略绩效评估三个方面内容。与之对

---

① 王鸣鸣：《外交政策分析：理论与方法》，中国社会科学出版社 2008 年版，第 112 页。

应，国家安全战略评估主要涵盖三个方面内容，即国家安全战略决策评估，对国家安全战略制定过程进行评估，主要包括国家安全战略环境评估和国家安全战略方案评估；国家安全战略实施评估，重点是对运用实力的途径或手段进行评估；国家安全战略绩效评估，即对战略实施结果进行评估。

（一）国家安全战略环境评估

评估国家安全战略环境是制定国家安全战略的逻辑起点。只有对本国所处安全战略环境进行全面准确的分析评价，才能判明威胁的可能性、来源、程度、性质等，进而甄别出主要对手、可以合作的朋友和能够借助的国际资源等要素。国家安全战略环境评估大体包括国际安全环境评估和国内安全环境评估。

1. 国际安全环境评估

国际安全环境评估的对象是国际战略格局、主要大国安全态势、周边国家安全态势、本国与相关国家安全关系、国际安全整体形势等，重点是对主要战略对手的国家安全战略、军事战略及相关安全政策走向进行预测、分析和研判，旨在判明威胁、分清利弊、预测趋势，为国家安全战略决策提供基本依据。

国际安全环境评估要对大国实力分配和大国战略关系进行评估和认定，既要注意到国际格局在一定时期内的相对稳定性，也要注意到大国力量对比变化对现行国际格局和国际秩序形成的挑战，以及由此引发的大国间矛盾及其对国际安全的冲击，从而得出有关国际安全环境的正确判断。国际安全环境评估通常采取纵向和横向方法。纵向评估侧重对比分析一国在不同历史时期面临的国际安全环境，横向评估侧重对比分析一国在特定历史时期面临的国际安全威胁。两种评估的构成要素基本一致，都包括国家安全受威胁的程度、战争的危险程度、敌对双方的实力对比、对外关系状况、经济发展的国际条件、地缘安全环境等。

2. 国内安全环境评估

国内安全环境评估的对象主要包括国内政治环境、经济环境、社会环境和自然环境。国内政治环境评估的核心是评估政治环境的稳定性、政治治理的有效性，特别要看政府机构是否完善、法制是否健全、运行是否顺畅，国家政策是否得到民众普遍支持，以及存在哪些影响政治稳定的主要消极因素。经济环境评估的核心是评估经济发展情况，主要是看国内经济运行态势是否良好、可持续发展能力是否具备，是否存在制约甚至逆转经济发展的主要风险，以及潜在经济波动对国内稳定特别是政治稳定可能造成的冲击程度。社会环境评估的核心是评估社会整体和谐情况，主要看国内社会各阶层利益分配是否公平公正、社会影响能否基本平衡，影响社会和谐的潜在和现实威胁因素是否可控。自然环境评估的核心是评估国内自然环境的属性、变化及其对国家安全的威胁，尤其是特大自然灾害发生的可能性及其破坏性。

（二）国家安全战略方案评估

国家安全战略方案是为了实现国家安全战略目标或为了解决特定的国家安全问题而在战略的内容和形式方面作出的规定，是由战略目标、战略手段和战略途径等要素组成的文本形式。国家安全战略方案评估是评估的首要环节，属于实施前评估。

1. 确定国家安全战略方案评估的原则

国家安全战略方案评估一般应遵循如下原则：是否有利于国家战略的实现，即国家安全战略方案是否体现了基本国策精神，是否符合国家总体发展战略；能否最大限度地实现国家安全战略目标；所消耗的战略资源能否尽可能地减少，战略实施的成本能否尽可能地降低；实现战略目标的风险是否尽可能地降低或可控；战略方案实施所带来的副作用是否尽可能得小。

2. 国家安全战略方案内容要素和形式要素评估

一是评估国家安全战略的责任是否明确。国家安全战略实施涉及多个机构和部门，国家安全战略方案应明确规定责任主体，明确各机构和部门之间的相互关系、责任顺序及其轻重。方案评估的主要目的在于确定责任主体所承担的责任是否合理，相互关系是否协调，以及责任顺序及轻重是否适当，是否有利于方案落实。二是评估国家安全战略目标是否合理，包括目标的针对性、具体性、可行性和协调性评估，其中目标的针对性是指是否有的放矢，能否解决面临的主要威胁；目标的具体性是指目标要相对明确，包括有比较明确的时间期限；目标的可行性是指目标既要高于现实水平，又必须经过一定努力才能实现；目标的协调性是指总体目标下各子目标和具体任务要协调一致，不能相互矛盾。三是评估战略实施是否得当，战略实施涉及范围和领域如何。四是评估国家安全战略途径是否得当，包括分析战略途径和措施是否具备和充足、各项措施是否适合等。五是评估战略方案实施的资源是否充裕，包括战略方案是否得到所需要的支持，组织和人力资源是否得到满足。六是评估战略方案实施可能给自身带来的损益，包括战略方案实施可能带来的损益范围、损益程度，以及损益涉及的部门和群体等。

3. 国家安全战略方案的可行性评估

国家安全战略方案的可行性评估属于预评估范畴，主要用于对方案进行分析以及开展前景预测等，包括：方案能否达成目标，能在多大程度达成目标，方案在实施过程中会遇到什么困难或阻力，存在什么风险，如何应对或补救，以及方案对相关部门的要求和影响是什么。其中，对方案效果的预测必须全面具体、深谋远虑，这样才能保证方案选择确有把握。

可行性评估可以概括为以下三个方面的内容。

一是政治可行性。政治可行性是指国家安全战略方案获取政治资源和行政资源的支持度。国家安全战略本质上是政治统治的工具，是社会利益分配和再分配的手段，其制定和实施过程面临多方压力，如其实施需要调动全国的资源和力量，实施过程中必然导致部分地区和部分群体相对受益，而另一部分地区和群体无法受益甚至利益受损。所以，其顺利实施必须以政治可行性为基础。此外，其实施还需要争取行政资源保障和行政团队认同。

二是经济可行性。经济可行性是指国家安全战略方案获得经常性经济资源和特殊性经济资源支持的程度。一般而言，国家安全战略并不以经济回报作为主要考虑因素，但在现实条件下，经济因素往往成为影响战略制定的主要因素。如果国家安全战略方案脱离现有经济水平，超出国家对经济资源的掌控范围，最终将导致方案难以推开或难以为继，即使勉强实施也难收获理想效果。

三是技术可行性。技术可行性是指国家安全战略方案在现有技术水平下实现目标的可行性及其程度。如果国家安全战略方案没有政治、经济问题，但按照现有技术条件无法实施，那么该方案就不具备技术可行性。

（三）国家安全战略实施评估

国家安全战略实施评估重点是对运用实力的途径或手段进行分析和评价。

1. 国家安全战略实施途径的评估

国家安全战略实施途径评估主要包括：一是评估战略实施手段是否恰

当。例如，能采用经济手段的，一般就不要采用政治手段；能采用法律等手段的，一般就不要采用经济手段。二是评估战略实施方式是否合理。例如，能采用软实力手段的，一般就不要采用硬实力手段；能采用一种方式解决问题的，就不用非得多措并举；能将原则性与灵活性有效结合的，就不能只顾一头。

2. 国家安全战略调整环节的评估

战略调整有利于避免战略僵化、提高战略效率、节省资源、促进方案优化，所以，评估战略调整的时机、方式和途径十分重要。在评估国家安全战略调整时机方面，需要评估战略调整的时间是否恰当；在评估国家安全战略调整的方式和途径方面，应重点评估战略充实、战略完善和战略转换等方式，还要评估国家安全战略决策和实施机构是否需要调整等。

（四）国家安全战略绩效评估

国家安全战略绩效评估主要包括战略效果评估和战略效能评估。

1. 国家安全战略效果评估

国家安全战略效果是指战略实施后的具体影响。国家安全战略效果评估是对战略达成目标的效果及程度方面进行全面评价和衡量。战略效果评估的目的，是要通过一定方法，确定国家安全战略是否发挥了作用，以及在多大程度上发挥了作用，并进一步了解战略措施与战略效果之间的因果关系。

国家安全战略效果评估是对战略目标与实际效果之间的差距以及国家安全战略实施前后状态之间的差距进行评估。前者是衡量实现目标程度的指标，后者是衡量战略实际效果的指标。国家安全战略效果的评估需要重点考虑：一是战略实际效果是否实现了既定目标；二是是否存在非目标领域效果，以及该效果是正效果还是负效果，所谓非目标领域是指战略方案中没有规划的目标；三是目标领域的性质，即是长期效果还是短期效果，是显性效果还是潜在效果；四是对具体目标效果进行测量，包括对主要效果和次要效果进行区分和测定，以及对各自作用范围和影响程度进行计算；五是战略成本，包括预算成本和实际成本，以及实际成本中直接成本和间接成本的测定；六是评估战略本身与战略影响之间的相关性。

这种评估的意义在于，战略往往在复杂安全环境中运行，其影响力可能是战略本身造成的，也可能是其他因素造成的。理想的战略效果评估应尽量排除战略之外的因素干扰，以显示战略本身的影响。必须看到，战略效果评估存在一定不足。例如，战略效果的不确定性，包括表现形式的多样性和范围的广泛性，使得战略效果评估难以全面、准确地完成分析任务。因此，不同评估方法的选择和评估技术的完善，就显得尤为重要。

评估国家安全战略效果的思路通常如下：一是确定目标领域效果和非目标领域效果。目标领域效果是指由国家安全战略方案所确定的目标或已经估计到的战略效果，也称预期效果。非目标领域效果是指在确定战略目标时没有考虑到的效果或影响，这种效果在原定预期之外发生，所以也称作非预期效果，包括了正效果和负效果两个方面。其中，非预期正效果是指在目标领域之外产生的积极影响，非预期负效果是指在目标领域之外产生的消极影响。对非目标领域效果的评估是整个评估工作中最困难的方面，也是最容易被忽略的方面。

二是确定目标领域的实际效果，包括长期效果和近期效果。长期效果是指战略效果不会在近期出现，需要经过较长时间才能发挥作用的效果，也称作预期性潜在效果。受战略周期及政府任期等因素影响，国家在制定安全战略时可能出现急功近利现象，这时只看近期效果将导致严重问题。此外，在确定目标领域实际效果时，还要注意确定主要目标和次要目标。

2. 国家安全战略效能评估

效能就是投入与产出之间的比率。战略评估不仅要关注实现目标的程度以及战略实施前后的状态变化，还要关心实现这些变化的时间和速度，这属于战略效能评估的范畴。所以，国家安全战略效能评估是关于战略途径成本与收益进行量的比较。如果说效果标准关注的是有效实施战略、实现战略预定目标，那么效能标准关注的就是如何以最小投入实现最大产出。一旦战略效能评估存在不足，例如不能反映非目标领域的效果改变情况，将对目标领域潜在效果评估也带来很大局限性。战略效果评估与战略效能评估有不同目的和应用范围，应根据不同需要针对性地进行选择，完整的国家安全战略绩效评估则需要将两者有机结合起来。

二、国家安全战略评估方法

评估方法是战略评估的核心，国家安全战略评估概莫能外。

（一）国家安全战略环境评估方法

国家安全战略环境评估主要包括国际安全环境评估方法和国内安全环境评估方法。

1. 国际安全环境评估方法

国际安全环境评估方法主要包括针对现状的国际结构评估方法和针对趋势的国际进程评估方法。

（1）国际结构评估方法。国际结构评估方法是对主要国家实力进行分析及比较，即对综合国力进行评估的方法。对综合国力评估产生巨大影响的是 1977 年美国学者克莱因提出的国力方程式，他用方程式表示为 $(C+E+M)\times(S+W)$。在这个公式中，$(C+E+M)$ 代表物质实力，$(S+W)$ 代表精神实力。克莱因方程式影响巨大，现今各种综合国力评估都基本由此发展而来。目前，综合国力评估主要存在两个方面分歧：一是综合国力评估指标存在差异，许多学者提出了综合国力的不同构成要素。二是评估指标的权重存在差异，对评估指标赋予一定权重是战略评估的关键。获取权重大体分为主观赋值法和客观赋值法，两种方法各有优缺点。

（2）国际进程评估方法。国际进程是国家之间的互动，既包括国际进程的现状，又包括国际进程到未来某时刻的情况。评估国际进程，需要考虑进程涉及政治、经济、技术、文化和军事五大因素，即采取 STEMP 方法，这是目前战略学界评估国际进程经常采用的方法。其中，S 代表社会文化领域，T 代表技术领域，E 代表经济领域，M 代表军事领域，P 代表政治领域。STEMP 方法步骤如下：一是确定各领域的主要事项，要求所确定的事项必须能够反映该领域的整体状况；二是明确各领域每一主要事项包含的具体内容，根据所明确的内容来分析每一事项的发展趋势，并对每一趋势的可能性做出高、中、低判断或赋予一定数值，以体现不同程度的可能性；三是设定未来情景，即对各种未来趋势进行组合，选取那些对五大领域影响最大且最具不确定性的趋势进行组合，构建至少三种不同的未来情景。

2. 国内安全环境评估方法

国内安全环境评估主要是评估国家维护安全的核心能力。目前，战略学界评估此类能力的方法主要有非定量类方法、定量类方法以及半定量类方法。[①] 非定量类方法主要采用文字、图表等对国家核心能力进行描述；定量类方法一般不涉及主观评分，目前常用数据包络分析法；半定量类方

① 安全环境评估方法总体上分为非定量方法即定性方法、定量方法和半定量方法三大类。

法是指在评估指标体系中，既有纯定量指标，也有主观打分的半定量指标，常用的是层次分析法、模糊综合评估法以及近年流行的多元统计评估法。

（二）国家安全战略方案评估方法

在战略学界，国家安全战略方案评估一般称作“预评估”，主要涉及两个方面的内容。

1. 方案实施结果评估

评估方案实施结果常用的是外推预测法，即根据目前状况和历史趋势，面向未来进行外推的预测方法。外推预测法的基本假设是过去趋势会延续到未来。该方法最大特点是简单、预测费用低。经常使用的外推预测法包括时间序列分析法和线性回归分析法。

时间序列分析法是指某一变量或指标的数值或统计观测值，按照时间先后顺序排列成一个数值序列。从系统角度看，一个时间序列代表着客观世界的一个动态过程，是系统中某一变量受其他因素影响的总结果。各种不同系统变量由于受不同因素影响，在不同时间区段内，其时间序列会表现出不同的变化规律，不同的时间序列也会体现出不同的统计特征。主要有四种：第一种是长期趋势，有些变量短期内呈现不规则变化，从长期角度则呈现一个可寻找的单调变化趋势；第二种是短期变动，即一年内定期重复的一种变动；第三种是周期性波动或循环波动，例如经济增长周期等；第四种是不规则变动或剩余变动。任何一个时间序列都可能同时具备以上四种特征，也可能是若干特征的组合。对于时间序列的四种形式，可以做出两种假设：乘法模式和加法模式。时间序列分析的任务就是采用相关方法和技术，将受到各个因素影响的变动预测出来，进而预测方案的未来效果，为最终的国家安全战略决策提供依据。

线性回归分析法是外推预测的标准方法。所谓“回归分析”就是从过去的情况推断事物未来变化的一种定量分析方法。准确地说，回归分析是根据一组实测数据去设想某种函数关系，以使这一函数关系的轨迹尽可能接近已测数据，这个设想出来的函数与实测值之间的差距应最小，使之从一个或多个变量的数值去估计另一变量的数值，这种函数被称作“回归函数”。回归分析就是对此函数关系进行量化分析。

2. 方案可行性评估

方案可行性评估主要是评估方案能否以一种高效、公平的方式达到预期目标。主要包括：一是进行政治可行性分析，政治可行性评估没有公认方法，也没有量化标准，但评估者不能因此忽略这项工作，而要考虑国家安全战略获得国内支持度的问题，弄清楚战略实施后谁获益、谁受不利影响等问题。二是进行经济可行性评估，主要有净现值法、成本—收益分析法和敏感性分析法。三是进行技术可行性评估，测量的是战略方案的结果能否达到预期目标。它具体包含了两层含义：现有技术或方法能否达成目标；在现有技术或方法条件下达成目标的程度。

（三）国家安全战略实施评估方法

国家安全战略实施评估方法主要有四种。

1. 审查法

审查法是战略实施评估的主要方法，目前为各国政府、非政府组织、私人机构以及众多国际组织所采用。审查法的目的是试图跟踪资源投入，从开始投资到资源被接受，直到资源的目标群体感受到投资为止。其实施过程主要有两种类型：一是资源分离法。通过机构将资源转移，使最初的投入同预定目标群体和受益相分离。例如，国家试图增强军事能力，将大量资金投入国防和军队建设领域，产出的是军队的战斗力。如果效果不佳，寻找原因，就要追究资源的走向，看是否将资金大量用于非急需项目建设等。二是资源转换法。在战略实施过程中，战略目标群体与受益者可能不一致，战略资源与目标群体的实际接受额度也可能不同。因此，评估者应仔细考察资源是如何使用的，资源投入转化战略结果和影响的过程是什么。

2. 系统核算法

系统核算法是指将国家安全看成一个系统，对国家安全各个部分或涉及领域设定指标，通过衡量相应指标变化来判断国家安全系统随时间变化的状况。系统核算法的关键是指标设置问题，而设置指标的关键则在于确定一个指标或一套指标与任意给定的基期值随时间变化的数值。

3. 社会实验法

社会实验法是在非真实实验情况下运用实验的逻辑，系统控制战略行为、观察战略产出的过程。其程序设计分为四步：一是由评估者随机选择实验对象作为研究样本，将样本分为实验组和控制组，并设置好指标；二是对实验组进行控制，而对控制组不施加控制或做不同于实验组的处理；三是检测两组不同的结果；四是对战略效果和产出进行评估。

4. 综合实例法

综合实例法是一种对战略实施过程和结果进行系统整理、对比和评价的方法。综合实例研究的信息来源主要有两个方面：一是国家安全战略制定和实施结果的案例调查分析；二是阐述国家安全战略制定和实施结果关系的研究报告。这种方法的优点是能够对战略实施结果的总结提供支持相同或类似案例的论据，以及能够有效地整理、评估战略实施案例研究报告。

（四）国家安全战略绩效评估方法

国家安全战略绩效评估方法分为定性和定量两类。

1. 绩效评估的定性方法

定性方法主要包括整体评估方法和层次评估方法。整体评估方法侧重从整体上评估战略效果，其评估重点包括：一是国家安全战略发挥了怎样的整体功能；二是国家安全战略途径或举措是否发挥了应有功能；三是国家安全战略构成要素是否协调；四是国家安全战略实施的结果是否与环境相适应。

层次评估方法侧重从战略内部层次出发进行评估，包括三个方面：一是国家安全战略是否具有合理层次；二是国家安全战略各个层次区别是否明晰；三是各个层次目标是否服从整体目标。

2. 绩效评估的定量方法

定量方法是指运用运筹学、统计学、数学、计量经济学等学科理论建立评估模型，然后借助计算机等现代工具进行大量计算来求得数据的方法。国家安全战略绩效定量评估方法都基本是在“前后对比法”基础上发展起来的，可分为四种类型。

一是前—后对比方法。该方法是将战略实施前后的状态直接加以比较的评估方法。战略效果被看成是战略实施对象在受到影响后可以测量出的效果减去战略发挥作用的数值的差额。该方法的优点是简单、方便，缺点在于评估对象的变化既可能是由特定战略发挥作用引起的，也可能是由该战略之外其他无关因素引起的。

二是投射—实验方法。该方法将战略实施前的趋势线投射到战略实施后的某一时间点上，将所得的投影与战略实施后的实际状态进行对比，以此确定战略的实际效果。该方法通过投影将非战略影响完全剔除，从而使评估结果更加准确。其不足之处在于很难详尽收集和掌握战略实施前后的参考资料和数据，不过可以用较为精确的历史趋势分析法做一定程度弥补。

三是有—无对比方法。这种方法是评估纯效果的主要方法之一，主要是在战略实施前和实施后的两个时间点上，分别就“有战略”和“无战略”两种情况进行前后对比，然后比较两次对比的结果，以此确定战略的实际效果。

四是控制对象—实验对象方法。该方法是社会实验法的量化运用，是战略评估的经典方法。在运用这种方法实施评估时，评估者需要将战略实施前完全同质的评估对象分为两组，一组为实验组，即施加影响的组；另一组为控制组，即不施加影响的组。然后比较这两组在战略实施后的情况，以确定战略的实际效果。

第三节　国家安全战略调整

国家安全战略调整既可能在评估之后，也可能在评估之前。但无论时间先后，它均是国家安全战略落实中的重要一环。

一、国家安全战略调整的作用

国家安全战略目标实现，标志战略成功；完全没有达成目标，标志战略失败；达成部分目标，标志战略部分成功。战略的成功、失败或部分成功，均代表战略周期结束，需要对既有战略作出调整。同时，在国家安全战略实施过程中，国家安全环境在不断变化，国家安全问题层出不穷，国家安全战略必须作出相应调整，否则会与客观实际日益脱离，最终导致战略失败。

（一）纠正国家安全战略的偏差和失误

缺乏国家安全战略指导，或者国家安全战略存在严重缺陷，都将导致国家危机四伏、安全缺乏保证。当前国际体系下，主权国家完全灭亡的危险已经大大降低，但面临的安全问题并没有根本缓解，相反威胁来源更加复杂，“丛林法则”依然盛行。在这种情况下，要想始终确保国家生存，有效维护国家利益，必须诉诸高明的国家安全战略筹划和指导。虽然国家安全战略是在遵循科学程序的基础上制定的，但其成效无法在决策过程中进行验证，必须在实践过程中加以检验。在国家安全战略实施过程中，如果产生的安全效应总体有利，那么国家安全战略就是正确的或基本正确。反之，如果总体产生负面效应，则说明国家安全战略本身出现了偏差或失误。后一战略实施时间越长，涉及面越广，造成的损失也就越严重，只有及时进行调整才能避免更严重的损失。在这方面比较有代表性的是19世纪后期的德国。俾斯麦时期的德国积极推进联盟外交，编织出一张以柏林为中心的伙伴网络，有效维护了本国的安全和发展。然而1890年俾斯麦辞职后，因战略运行不畅甚至背离既有战略，德国很快陷入第一次世界大战，最终导致德意志第二帝国灭亡。实践证明，国家安全战略正确与否需要在实施中加以检验，一旦发现偏差和失误必须及时调整。

（二）及时补充和更新国家安全战略

国家安全战略的稳定具有相对性，需要随国家安全环境变化不断调整，或补充，或更新，以始终保持活力，否则就可能陷入僵化，从而导致战略失败和国家衰败。第二次世界大战前的法国将第一次世界大战经验看成是永恒不变的金科玉律，罔顾和漠视军事技术、战略环境改变的事实，顽固坚持阵地战是未来作战的基本样式甚至是唯一样式，导致法军在新式突击兵器日新月异之际依然奉行消极防御战略，结果在第二次世界大战开战后不久即惨遭失败，成为人类历史上罕有的大国短期战败投降的先例。国家安全战略之所以容易陷入僵化，根本在于观念滞后。当然，国家安全战略筹划有一个逐步完善的过程，一开始就制定出完美战略几无可能。这就需要认真研究国家安全战略实践演变，不断充实和发展国家安全战略筹划和指导，使其始终适应形势变化、走在时代前列。

二、国家安全战略调整的内容

顺利实施国家安全战略，需要保持战略的制约因素与战略的构成要素之间以及战略各构成要素之间的协调和平衡。国家安全战略调整就是通过调整战略构成要素来实现协调和平衡。

（一）国家安全战略的充实

国家安全战略的充实，是指在国家安全战略构成要素没有发生根本变化的基础上，对既定战略目标、战略指导或途径进行补充，从而实现战略制约因素与战略构成要素之间、战略构成诸要素彼此之间的协调。国家安全战略充实可分为战略目标的充实、战略指导的充实、动用的国家实力的充实以及战略途径的充实。

1. 国家安全战略目标的充实

战略目标的充实分为两类。一是由于战略制约因素变化，出现了新的威胁因素，超出原有战略目标覆盖范围，此时需要根据国家实力和新威胁因素，补充既有战略目标，使之能够涵盖新威胁。冷战结束后，随着全球化发展，非传统安全问题日益突出，要求国家在继续将应对传统安全问题列为国家安全战略目标的同时，补充新的安全战略目标，使之与面临的总体威胁相适应。

二是国家安全战略其他构成要素发生变化，造成战略目标与其他战略要素脱节，特别是战略目标低于动用的实力，需要及时补充战略目标内容，使之与实力相适应。西汉“文景之治”时期，国力有所上升，继续通过对敌忍让来维护国家安全已大大低于国家实力的要求，汉朝廷在继续奉行“和亲”政策的同时，逐渐将战略目标充实为通过对匈奴的防御作战来维护国家安全。到汉武帝时，随着国力进一步攀升，防御性目标终被进攻性目标所取代。

2. 国家安全战略指导的充实

国家安全战略指导的充实，是指在原有战略指导即战略方针和原则不变的情况下补充新内容。一是在战略部分成功的情况下，继续奉行和遵循既有战略指导已不可能完全达成既定战略目标，必须进行补充。此时既有战略指导即战略方针和原则继续有效，只是奉行和遵循原战略方针和原则只能实现部分战略目标，或者实现战略目标的成本相对过高，而要实现全部战略目标并有效降低成本，则必须为战略指导补充新内容。

二是由于国家安全战略制约因素变化，需要对战略指导进行补充。例如，随着中国与国际社会联系日益密切，国家利益不断拓展，维护国家安全不仅需要坚持独立自主原则，还要奉行国际合作原则，这恰是总体国家安全观强调合作安全的原因。

三是由于战略构成因素变化，既有战略指导已不能完全协调战略目标与实力、途径之间的关系，需要补充新内容，使战略目标与实力、途径之间保持协调。冷战结束后，由于国家安全面临的威胁日益复杂和突发，国家安全战略目标已不再局限于军事领域，而是越来越多地涉及非传统安全问题，国家安全战略在坚持积极防御方针的同时应进一步丰富其意义，增加主动塑造的内容。

3. 动用国家实力的充实

动用国家实力的充实，是指增强国家实力或补充实力内涵。一般分为三种情况。

一是战略部分成功，继续达成其余战略目标需要增强国家实力或动用更强大实力。冷战时期，针对此前未能制止朝鲜战争爆发和美国在战争中的失败，艾森豪威尔总统曾制定“大规模报复战略”，显著提高国家核威慑能力，即为实力的充实。

二是战略制约因素变化，需要动用更强大实力或补充实力内涵。历史上美国赢得各次斗争主要依靠运用硬实力，但冷战后期威胁多元化、非传统安全问题涌现，软实力的作用越来越突出，各大国国家安全战略因此日益突出发挥软实力的作用。

三是国家安全战略其他构成要素变化，导致原先动用的实力难以完全满足战略目标的需要，有必要动用更强大实力。如美国一度强调对付所谓“流氓国家”和“恐怖分子”不能只采取“消极应对的态势”，必须“先发制人”，为此需要建立更完整、更统一的情报系统，与盟友密切协调，继续实施军队转型。

4. 国家安全战略途径的充实

国家安全战略途径的充实，是指对原有战略途径的补充。

一是战略部分成功，要继续达成全面战略目标或降低成本，必须在既有战略途径的基础上选择新的战略途径。20 世纪 60 年代，中国同时“反修反帝”，维护国家安全途径成本过高。进入 20 世纪 70 年代，苏联的威胁越来越大。为了有效维护国家安全，中国选择与美国缓和关系并开展适度合作。到 20 世纪 80 年代，中国再次强调独立自主的外资战略，在保持与美国关系的同时，逐步缓和对苏关系，最终促成中美苏大三角关系相对平衡，成功维护了国家安全。

二是国家安全战略制约因素发生变化，达成战略目标必须补充新的战略途径。全球化时代，随着国家间联系日益密切和相互依存不断加强，国家为了有效应对威胁，除在必要时采取对抗，更需要加强与相关国家合作。冷战结束后，中国在继续奉行独立自主的和平外交政策的同时，逐步加入东盟地区论坛等政府间国际组织，并推动建立上海合作组织，开始运用多边机制来维护自身安全。

三是国家安全战略其他构成要素发生变化，维护国家安全需要补充新的战略途径。如软实力在维护国家安全中作用不断提高，而运用软实力需要更多采取宣传、渗透、合作等间接路线。

（二）国家安全战略的完善

国家安全战略的完善，是指在国家安全战略要素没有发生根本变化的情况下，对既有战略目标、原则、动用的实力或途径中不合理的部分加以纠正，实现战略制约因素与战略构成要素之间以及各战略构成要素内部的协调，以提高国家安全战略实施效率，进而有效维护国家安全。国家安全战略完善可分为战略目标的完善、战略指导的完善、动用国家实力的完善和战略途径的完善。

1. 战略目标的完善

国家安全战略目标的完善可分为两种情况。

一是由于国家安全战略制约因素变化，引发国家面临的威胁变化，需要对国家安全战略目标进行调整。东欧剧变和苏联解体后，俄罗斯对美国的整体威胁程度大幅下降，美国进行调整国家安全战略，从重点针对全球大国开始转向地区大国。等到“反恐战争”告一段落后，美国又将战略目标重新调回“大国竞争”。

二是由于国家安全战略其他构成要素变化，可能导致部分国家安全战略目标无法实现或成本过高，需要调整相关目标，以使整体战略目标与战略其他构成要素相协调。需要注意的是，这种调整的前提在于不致对维护国家安全全局产生重大影响。

2. 战略指导的完善

国家安全战略指导的完善，是指修正既有战略指导即战略方针和原则中的不合理部分。

一是战略部分成功，继续奉行既有战略指导不可能完全达成其余战略目标，或者需要付出的成本升高，由此必须修正既有战略指导。

二是国家安全战略制约因素发生变化，需要对既有战略指导进行部分修正。改革开放后，随着世界格局演变和国家工作重心转移，我国开始强调在维护国家安全和处理国际事务时应遵循国家利益与国际主义相结合的原则，而不再片面强调国际主义。

三是由于国家安全战略其他构成要素特别是国家实力变化，既定战略指导的部分内容对达成战略目标形成阻碍，或者付出的成本逐步升高，需要予以修正。在实力较弱或较强时制定的战略指导，随着实力提高或下降，需要及时进行针对性调整。

3. 动用国家实力的完善

动用国家实力的完善，是指对所动用的实力中过时或不合理的部分进行更新。

一是战略已获部分成功，对于继续达成其余战略目标或重新达成战略目标，已动用的实力变化过大或变得不合理，此时需要予以调整。例如，威逼对手需要的实力强于威慑对手需要的实力，在达成威逼的战略目标之后保持威慑目标相对容易，就需要对实现威逼时所动用的实力进行调整，以节省部分实力。

二是国家安全战略制约因素变化，使所动用实力的部分要素变得过时或不如以往重要，此时要维持或增强实力，就必须及时调整实力的内涵。

三是国家安全战略构成要素变化，引起所动用的实力部分要素过时，要想维持动用的实力与其他战略构成要素特别是战略目标之间的平衡，就必须调整这些过时的实力要素。如随着国家利益拓展，国家安全战略应对的威胁日益广泛，对国家的快速反应、力量投送、控制局势等能力就提出了全新的要求。

4. 战略途径的完善

国家安全战略途径的完善，是指对既有战略途径中不合理的部分进行更换。

一是更换战略实施结果所决定的战略途径。战略部分成功，继续采取既有战略途径不可能完全达成既定战略目标，或者需要付出的成本过高，为此必须抛弃或纠正那些妨碍战略目标实现或导致成本过高的途径。冷战结束后，法国试图复活西欧联盟以取代北约，但这种想法脱离当时实际，也遭到美国反对，实行起来难度极大，要付出的成本很高。法国为此采取更为实际的做法，转而改善与北约的关系，逐步将西欧联盟纳入北约，通过参与北约的改造和推动北约欧洲化来实现欧洲共同防务。

二是更换国家安全战略制约因素变化决定的战略途径。国家安全战略制约因素变化致使某些战略途径不利于战略目标达成，或阻碍所动用的实力有效发挥，从而导致成本升高。全球化时代，合作的方式日益成为维护国家安全的有效途径，运筹国家安全战略需要抛弃单纯对抗观念，更加注重借助国际合作来应对威胁。

三是更换国家安全战略构成要素变化决定的战略途径。国家安全战略构成要素变化可能使一些战略途径变得过时或制约国家实力发挥，从而影响战略目标的达成或导致成本过高。国家安全战略目标发生变动以及动用的实力增强或减弱时，容易导致既有战略途径作用丧失。当战略目标从被动应对威胁转为主动控制威胁时，国家往往倾向于采取积极主动的战略途径；而在国家实力明显增强后，战略途径积极主动的一面通常会更加突出。

（三）国家安全战略的转换

战略转换是国家安全战略调整的显变阶段，它围绕战略目标展开，既是应变的结果，有时也意味着一定程度的战略创新。国家安全战略目标的变化是战略转换的主要标志。

国家安全战略的转换分为三种类型。一是战略的整体转换，包括战略目标、战略指导、战略途径等要素的彻底改变；二是战略的局部转换，即在战略目标发生根本性变化或重大变化的情况下，战略指导或战略途径随之发生重大改变；三是单纯战略目标的转换，即战略目标发生根本性变化或重大变化，但其他战略要素发生的变化不大或基本上没有发生变化。

1. 整体性的战略转换

整体性的战略转换分为两种情况。一是国家安全战略完全成功或失败后，需要确定新的战略指导和采取不同战略途径来达成新的战略目标。如从战争状态转为和平状态，国家安全战略的目标、战略指导和战略途径截然不同，这种变化就是整体性的战略转换。特定时期国家安全战略的重点从政治军事安全转向经济、文化安全，极有可能导致国家安全战略的目标、指导和战略途径发生重大变化，出现战略转换。

二是国家安全战略制约因素发生重大变化，促使国家转换安全战略。如时代主题从革命与战争演变为和平与发展，就对国家安全战略的目标、指导和途径提出了全新要求，需要国家安全战略整体性转换。国际格局变化也会促使国家安全战略整体性转换。如从多极格局转为单极格局，自然会引起国家安全战略发生根本性变化，也会促使国家安全战略途径发生根本性变化。

2. 局部性的战略转换

局部性的战略转换也分为两种情况。

一是战略成功或战略失败，需要制定新的战略目标，而想要有效达成新的战略目标，战略指导或战略途径可能需要进行根本性的改变，或动用更强的实力。比如尽管同样实行积极防御战略方针，但由于战略目标发生彻底改变，战略途径也可能需要进行根本性改变。当中国在改革开放后进入国际市场，就要求国家安全战略的目标作出必要调整，更多选择合作而非对抗的目标。如果属于战略完全失败，要想继续达成既定战略目标，同样可能需要对战略指导或战略途径进行根本性转换或动用更强大的实力。

二是国家安全战略制约因素发生重大变化，促使战略目标、战略方针或战略途径不得不进行根本性变化。如时代主题、国际格局发生重大变化，将对国家安全战略决策产生重大影响，影响战略目标的确定、战略指导的制定或战略途径的选择。如冷战结束后华约解散、东欧剧变和苏联解体，带动西欧国家的安全战略目标发生根本性变化，不再认为除俄罗斯以外的华约国家是重要现实威胁，主张从遏制转向合作，直至接受后者加入西方阵营。

3. 单纯战略目标的战略转换

单纯战略目标的战略转换基本上就是国家安全战略成功或失败的结果。国家安全战略具有时空限制，战略成功或失败后，要想继续维护国家的安全，就必须确定新的战略目标。有时确立新的战略目标之后，既定战略指导和战略途径还可以继续采用，也不必动用更强大的实力，就能够实现所确定的战略目标。

三、国家安全战略调整的方式

科学合理的战略调整可以充分保证调整的有效性，最大限度地减少和降低战略调整过程中可能出现的震荡、偏差和失误。

（一）拓展式与缩减式调整

拓展式调整是指增加战略目标所涵盖的威胁范围，扩展战略指导的内涵，扩大国家安全战略途径的选择范围等。拓展式调整既适用于国家安全战略充实，也适用于国家安全战略转换，但较少运用于国家安全战略完善。以战略目标为例，与冷战时期相比，冷战后美国国家安全战略目标需要应对的威胁范围越来越广，涵盖面逐渐扩大，应对的威胁种类越来越多样，应对的难度和要求不断提高。在国家安全战略转换方面，美国通过不断增加国家安全战略目标所涵盖的威胁范围，逐渐掩盖了既定战略目标，从而使新战略目标与以往相比发生了质变。同样，第二次世界大战后，美苏从战时盟友转变为冷战对手。就美国方面来说，这是其国家安全战略目标所针对的苏联威胁的内涵不断拓展的一种结果。

不仅国家安全战略内涵即所包含的内容可以通过拓展方式来调整，国家安全战略的外延也可以通过这种方式来进行调整。以战略指导为例，有时国家制定的安全战略可能涉及的范围或领域有限，面比较狭窄。如果将军事领域行之有效的战略方针和原则进一步推广到其他领域，本质上就属于拓展式的战略调整。

缩减式调整是指缩小国家安全战略目标所涵盖的威胁范围，降低威胁对象在战略目标中的地位，缩减战略方针和原则的内涵，减少战略途径选择的范围等。缩减式战略调整一般应用于国家安全战略完善和国家安全战略转换，较少运用于国家安全战略充实。

在国家安全战略完善方面，冷战后美国逐渐调整了苏联和俄罗斯在其安全战略目标中的位置，由冷战时期与美国进行全球对抗的超级大国转变为实力严重削弱的地区强国，俄罗斯在美国国家安全战略中的位置从冷战时期的现实首要威胁逐渐下降为有可能对美国构成全球性竞争的大国。

在国家安全战略转换方面，缩减式战略调整采取的是减少或降低威胁对象在战略目标中的分量或地位，最终导致战略目标发生标志性变化。冷战结束后一段时期，来自非国家行为体的威胁日益增强，有时甚至超过传统安全威胁，这导致一些国家的安全战略目标随之发生变化。

国家安全战略的外延也可以采取缩减方式进行调整。如将国家安全战略目标从综合应对政治、经济、军事、文化等威胁减少到主要应对政治、军事威胁，或将应对来自诸多大国的威胁减少到只重点应对一个大国的威胁，都属于采取缩减方式进行战略外延调整，这种调整往往基于对威胁程度和战略资源投放效率的充分考虑。

（二）激进式与渐进式调整

激进式调整是指战略调整的节奏快、幅度大，这种方式在国家安全战略调整中并不常见，且容易引起战略混乱，不利于维护国家安全，但在国家面临危机而无法按正常程序进行战略调整时，激进式调整就有可能难以避免。事实上，当国家来不及对事件排序而又必须迅速决断时，可以考虑立即进行激进式调整。

激进式战略调整区分为两种情况：一是加快国家安全战略调整步伐，缩短战略调整时间，即在较短时间内完成国家安全战略构成要素的调整决定。国家安全战略的制定和调整均依托一套机构，激进式调整意味着国家必须推动这些机构加快工作进度，在较短乃至很短时间内完成调整任务。二是打破正常调整程序，直接作出有关国家安全战略构成要素的调整决定。例如国家元首或政府首脑有时会不经一定程序或越过某些程序，直接作出调整决定。

进行激进式战略调整有具体条件：一是需要出现超出国家安全战略目标范围的重大威胁，或国家安全战略目标所要应对的重大威胁发生了变化，超出了原先规划；二是国家必须在短时间内有效应对上述威胁，否则将对国家安全造成重大危害；三是国家按照正常程序无法在较短时间内调整既定战略来有效应对所面临的威胁。总体上，除非万不得已，一般情况下国家不应采取激进方式调整国家安全战略。

渐进式调整是指在既定战略的基础上，对国家安全战略的构成要素进行缓慢调整。渐进式战略调整既可应用于国家安全战略充实完善，也可运用于国家安全战略转换，是调整的常用方式。

渐进式调整主要包括两种情况：一是调整过程基本按照既定的正常程序、由既定机构按部就班进行；二是调整内容要经过逐步的修正。渐进式调整对应的是相对稳定的国家安全环境，一般不会引起既定战略的巨大变化，不会导致局势发生动荡。

渐进方式又分为递增方式和递减方式两种：递增方式强调在战略调整过程中适量增加国家安全战略构成要素的内涵，这种方式有助于缓解国家安全战略制约因素与国家安全战略构成要素、战略各种要素之间的矛盾；递减方式与之相反，是在战略调整的过程中适量减少国家安全战略构成要素的内涵。

（三）废止式与延续式调整

废止式调整是指国家安全战略实施一段时期后，战略的某项构成要素所包含的部分内容消失的现象。废止式战略调整分为两种形式：一是自然废止。随着威胁得到控制或化解，既有战略的某项构成要素如战略目标所包含的内容自然退出，将有新的内容取而代之。如冷战期间美国针对苏联的国家安全战略，随着苏联解体和冷战结束，自然退出历史舞台。二是人为废止。如果受国家安全战略制约因素以及国家安全战略构成要素影响，达成战略目标的难度越来越大，这时就需要调整既定战略构成要素的部分内容，终止旧的内容。

及时废止既定战略的部分内容是防止战略消极影响、积极达成战略目标的一种有效措施。废止式调整既可运用于国家安全战略完善，也可用于国家安全战略转换。如果废止内容分量有限，不影响某项战略构成要素的整体特性，就属于国家安全战略完善；如果废止内容分量过大，改变了某项战略构成要素的特性，就属于国家安全战略转换。

延续式调整是指国家安全战略构成要素部分或全部内容继续得到贯彻。延续式战略调整分为两种情况：一是战略的某些构成要素的部分内容经过实践证明有利于维护国家安全，具有持久生命力，需要保留相关内容。二是战略的某些构成要素的全部内容被证明有利于维护国家安全，从而得以保留。

延续式战略调整既可运用于国家安全战略的充实完善，也可用在国家安全战略转换方面。国家安全战略的充实和完善涉及的是战略构成要素的部分内容，没有涉及的内容会保留，继续发挥作用。延续方式一般不能用于整体性的战略转换，因为整体性的战略转换不存在延续的内容。在战略的局部转换和单纯的战略目标转换中，一些要素内容得以完整地保留。如冷战后美国国家安全战略发生巨大变化，从老布什时期的“超越遏制战略”到克林顿时期的“参与和扩展战略”，其目标发生了根本性变化，战略方针越来越强调进攻性和干预性，而战略途径、原则相对变化不大，这就是国家安全战略转换中的延续方式。

第八章　美国国家安全战略

近现代以来美国的崛起是一个极为引人注目的现象。这个最初弱小的殖民地国家依托地理位置优越的美洲大陆得以保全和壮大自己，又靠审时度势和积极进取，百余年间一跃成为世界首屈一指的大国。追溯美国国家发展的历程，如果坚持认为美国的开国元勋们在建国初期就有宏大的战略设计，未免过于牵强。但这个国家无疑从一开始就有世界性的抱负和使命，并把实现这一抱负和使命作为国家存续的目的和意义。对于美国来说，大战略思维是随着国家实力共同成长的，随着力量的丰盈，美国人的视野和目标逐渐拓展到全球范围，并最终于第二次世界大战后开始了国家战略的系统性规划与推进。在战后与苏联的较量中，正是靠这种体系化的战略设计和国家力量的整体性运用，美国最终赢得了冷战的胜利，并于20世纪90年代开始了所谓的“单极时刻”。

尽管第二次世界大战结束后美国就开始了系统性的大战略实践，学界对于大战略的研究也达到了前所未有的繁盛程度，但美国官方文件并未采纳这一概念。对于美国来说，指导国家安全实践的战略文件一直以来都被称为国家安全战略。美国始终未对这一概念进行明确的界定，但“国家安全战略”已成为美国实现国家利益、维护和巩固世界霸权的重要思想理论工具。一般认为，美国的国家安全战略相当于大战略，就其目标来说，不仅涉及社会制度和价值观的延续与拓展、国家经济繁荣与国内安全稳定，更涉及全球霸权的维护和巩固；就其手段及其相互作用途径来说，则涵盖了包括政治、外交、经济、军事、意识形态等因素在内的所有国家战略资源和可能的运用方式。如果说历史上国家安全战略思想帮助美国成就了霸权，那么在当前，如何进行战略运筹仍然构成其观察霸权走向的一个关键因素。而研究包括美国在内世界主要国家关于国家安全战略筹划和事件的发展历史、主要特点、体制机制以及文本表述等，对于更加深入认识和思考我国国家安全战略问题，更加有效维护国家安全无疑具有重要的借鉴和对照作用。

第一节　美国国家安全战略的发展演变

从战略成效上来看，尽管美国是历史上的后起之秀，却在两个世纪的时间里从十三个殖民地发展成为世界头号强国和世界霸主，至今作为世界唯一的超级大国，影响力渗透到世界每一角落，是当代国际格局的主导性国家、国际体系的关键塑造者。在此历程中，美国对国家安全战略的筹划和铺展功不可没。美国国家安全战略专于处理目的与手段间的重要联系，善于把握机遇、缓解危机。冷战时期，虽然历届总统曾根据美国实力地位的消长和美苏争霸态势的变化提出一些带有各自标签的战略思想，但其本质都是遏制战略。约翰·加迪斯指出，遏制战略高度重视协调和处理美国的战略意图和实现意图的能力这一基本矛盾；通过明确遏制苏联、而不是消灭苏联的战略目标做出了有效应对，即在认识到美国能力有限的基础上，确定相对有限的目标和相应政策，从而有效地维护并扩大了第二次世界大战后美国的国家利益。[①] 即使是在被认为是对苏态度最强硬的里根时期，美国也表示“随时准备谈判”。[②] 冷战结束后，美国根据新的战略环境，及时调整了国家安全战略，以较为有效地应对新形势下的新威胁和新问题。当时，面对日本和西欧国家日益激烈的经济竞争，美国国家安全战略曾将它们定位为对国家安全的“挑战”，并据此制定了一系列举措，最终抑制了竞争对手，保住了头号经济大国的实力地位，还维护和扩张了美国在全球的经济利益，也紧密了与日本和西欧国家的同盟关系。因此，从总体来看，美国国家安全战略取得了较为显著而积极的成效，较好地维护了美国的国家利益。

---

① ［美］约翰·加迪斯著，时殷弘、李庆四、樊吉社译：《遏制战略：战后美国国家安全政策评析》，世界知识出版社 2005 年版，第 363 页。

② The White House, “National Security Strategy of the United States”, Washington D. C., January 1987.

一、大陆拓展时期（1776—1898 年）

在美国人的历史叙事中，美国生来就是与欧洲国家截然不同的新国度：美国是山巅之城，是遭受宗教和政治压迫人们的避难所，是不卷入欧洲权力斗争的超然于物的理想之国。正因如此，学者一般把美国所处的这样一个历史阶段称为孤立主义时期。但实际上，1776 年以来美国对外政策的复杂性，远非“孤立主义”一词所能概括，如果选择几个关键词来描述的话，“革命”“生存”与“扩张”更能生动刻画当时的美国对外政策。

（一）以革命的方式建立新国家

对初到新大陆的殖民者而言，对英国的感情极为复杂。一方面，他们认为相对于英国，自身享有更高程度的政治自由和宗教自由，因而具有了某种优越感；另一方面，面对包括印第安人、西班牙人、法国人在内的众多对手，他们的殖民拓展极为需要找到强大的后盾——特别是取得英国女王的支持。另外，从种族和文化属性看，宗主国无疑是殖民者无法割舍的灵魂归属之地。因此，在殖民者到达新大陆的很长一个时期，他们中的大多数人不曾有过独立于英国的念头。即使在莱克星顿流血事件发生后，大陆会议仍然抱着与母国和解的念头，并在挑战帝国体制这个问题上踌躇不前。

长期以来，殖民者在新大陆拓殖，殖民项目取得合法授权并获得英国的支持与保护；而英国政府也理所当然地行使着宗主国的某些权力，殖民者和英国政府之间似乎达成了某种默契。但是不断膨胀的人口、不断集聚的财富以及不断增长的殖民地权利和自由意识，使得新大陆上的政治精英们开始具有帝国雄心。亚历山大·汉密尔顿在 1774 年提出：“在 50 年或 60 年后，美国将不再需要大不列颠的保护，那时她将能在国内和国外保护自己，她将拥有众多的人口，丰富的物资，可以提供和装备一支强大的海军。”①

在殖民地独立意识不断增强的背景下，原来看似正常的状态开始变得不寻常。1763 年英国政府公布“公告线”，殖民地政府被剥夺了土地授予权，不能再与印第安人谈判签署任何条约。1765 年，英国议会通过《印花

---

① Alexander Hamilton, “The Papers of Alexander Hamilton”, ed. Harold C. Syrett and Jacob E. Cooke, Vol. 27, Columbia University Press, 1961, p. 129.

税法案》，向殖民地人民征收不合理税赋。这一切让殖民者们感到英国不仅剥夺了他们珍视的自由权利，也扼杀了他们进一步拓殖财富的愿望和路径。实力弱小时，这一切尚且可以忍受，一旦实力壮大到一定程度，这一切则成为必须打破的枷锁。

1774 年，大陆会议建议各殖民地着手进行军事准备，许多殖民地开始大量储备物资并进行民兵训练。这也引起了英国的警觉。1775 年 4 月 18 日，英军总司令盖奇将军派遣部队前去摧毁民兵储备在康科德的军事物资的时候，冲突爆发了。战争初期，殖民地民兵和大陆军取得了一连串鼓舞人心的胜利，这无疑增加了殖民地民众的乐观情绪，其中也包括大陆军总司令华盛顿，在对特伦顿和普林斯顿实施成功的袭击之后，他甚至认为"现在正是全歼英军的天赐良机"。[①] 在此情势之下，华盛顿向大陆会议提议兵分两路向加拿大发起革命进军，试图在整个北美殖民地掀起反对王国政府的浪潮。遗憾的是，加拿大的远征远远超出殖民地的能力范围，两路兵力都遭遇重大失败。之后的般克山之战和纽约保护战，都以英军的胜利告终。英军的海上力量是更为致命的因素，凭借海上力量，英军可以袭击沿海任何地方。

华盛顿由此看到了英军的训练有素和强大实力，美军的行动很快转向了一种防御性的消耗战略。1776 年之后，华盛顿的部队始终避免以损失大兵团的方式去争取胜利，只有在条件极为有利的情况下才主动出击，并通过突袭、持续不断的小规模战斗以及坚壁清野等手段实现扰敌，让部队始终与对手保持合适的距离，不断消耗对手、消磨对手意志，同时使对手无法对殖民地军事力量给予致命打击。这样的战略很快取得了效果，在诸多胜利当中，最振奋人心的莫过于萨拉托加大捷。这场胜利是独立战争的转折点，它极大鼓舞了殖民地民众反抗英国的士气，也让英国国内对战争的支持骤然下降。

在战场上与英国激烈较量的同时，殖民地外交行动也在紧锣密鼓地展开。1776 年 12 月，本杰明·富兰克林率领的使团到达巴黎，受到路易十六的秘密接见。战争期间，他们争取到超过 800 万美元的资助和贷款，法国的盟友西班牙拿出了另外 65 万美元，到战争结束时，荷兰则提供了由法

① ［美］拉塞尔.F. 韦格利著，彭光谦、张孝林、赵汉生译：《美国军事战略与政策史》，解放军出版社 1986 年版，第 30 页。

国担保的180万美元贷款。[1] 对于富兰克林来说，他的使命并非完全局限于金钱方面，能否得到法国正式的保证才是至关重要的，但在这方面，他们的努力毫无结果。对英国的担心、对革命的恐惧、对美国可能背叛的疑虑，使得谨慎的法国宁愿与美国只保持非正式的秘密联系。但是当美国在美法可能达成的条约中做出更多承诺和让步后，事情迎来了转机，美法同盟条约于1778年5月4日正式签署，同年6月法国同英国开战。

法国的援助对于美国革命至关重要。美国军队使用的90%的弹药，由法国提供。为美国运输物资的船只，则把法国以及西班牙的港口作为庇护所。更重要的是，法国以及于1779年参战的西班牙，在印度、加勒比和直布罗陀等地牵制了英国的战略资源，它们也声称要集结军队进攻英国本土。尽管后来美国人刻意淡化上述行动的功效，但实际上这些国家的作用不可或缺。1778年法国、1779年西班牙相继加入反英战争以后，英国不得不把美国大陆作为次要战场来对待。此外，英国还必须顾及西印度领地的防务，以免在北美的困境之上复使那里的岛上帝国沦入波旁海军之手。在这种情况下，1778年以后，北美英军很少得到增援，军事上从此陷入被动境地。1781年9月28日，美法联军从陆路、海路完成对约克敦的合围，迫使英军统帅康华理最终率部队投降。

（二）生存法则：孤立、结盟与壮大自身

对于新生的合众国来说，面对欧洲列强的虎视眈眈，生存下去是国家的首要使命。美国的开国元勋们对于国际政治并不陌生，他们中的很多人见证了欧洲主权国家体系建立以来强权间的权力斗争，也亲身经历了新大陆的殖民拓展，对于国际利益斗争和均势战略已经颇为熟悉。

美国在两次独立战争中虽然都取得了胜利，但却面临着异常严峻的安全形势。当时英国控制着加拿大、沿太平洋的西北部地区以及加勒比海等重要区域，同时仍然占据着沿大湖区、圣伦劳斯河以及俄亥俄河谷的堡垒，南部的佛罗里达和主要水上贸易通道密西西比河处于西班牙的管控之下，法国控制着路易斯安那，西部广大土地还是印第安人的天下。失去了英国皇家海军的保护，美国商船每年要给北非海盗缴纳大额的保护费。

作为一个“胜利的弱者”，为了确保国家生存，美国的对外政策具有

---

① ［美］孔华润（沃伦.I. 科恩）主编，王琛等译：《剑桥美国对外关系史》（上册），新华出版社2004年版，第30—31页。

相当强的实用主义甚至机会主义色彩。华盛顿在告别演说中警告：不要“把我们的和平和繁荣，陷入欧洲的野心、竞争、利益关系、古怪念头，或反复无常的罗网之中”。华盛顿还特别提出，“我们真正的政策，乃是避免同任何外国订立永久的同盟”，“我们应当经常警惕，建立适当的军队以保持可观的防御姿态，这样，在非常紧急时期中，我们才可以安全地依靠暂时性的结盟”。[①] 实行孤立主义、不卷入欧洲的冲突，一直是美国安全政策的重要组成部分，但在实践中，美国并没有把结盟看作定一个原则问题加以反对，他们只是担心结盟会使美国陷入不必要的冲突，他们还担心不平等的结盟会破坏他们的主权，使自己成为更强大国家的奴隶。但是，在国家利益需要的情况下，他们亦不会羞于寻求外部结盟。

与法国的关系就是一个鲜明的例证。独立战争时期，面对英国的压力，美国急于想同法国结盟，而法国则不愿意对美国履行全面的军事和政治承诺。在这种情况下，美国威胁说，如果法国不愿意马上提供更广泛的支持，他们就要和英国议和，以此迫使法国行动起来。但到1782年，美国已经放弃了法国“基石”，开始与英法这两个欧洲列强同时发展友好关系。美国的做法并非出于“孤立主义”原则，而是因为他们理解欧洲均势的复杂性，也深知如何将这种复杂性转化成美国的政策优势。正如杰斐逊所言：“在欧洲国家担心我们的意见或者对我们有意见的时候，我们应当对他们、他们的关系网和他们的反对者给予密切的关注，在必要的时刻，我们可以分别利用他们的弱点，预测他们为在各种情况下生存而采取的计划和行动。”[②] 18世纪90年代，面对法国在欧洲战场上的非凡成功，为了保持欧洲大陆的均势，美国和英国建立了一个未经宣布的准联盟，并专门制订了“军事领域共同行动和相互援助”的计划。由此可以看到，孤立、不结盟只是美国对外政策的一项原则，而并非一项长期坚持的国家战略，美国总是在需要的时候结盟，又总是在合适的时机退回孤立主义状态。

在采取灵活的对外政策的同时，经济上不断发展壮大也是美国抵御外部安全风险、提高国家竞争力的重要方式。随着强而有力的全国性政府的

---

① ［美］查尔斯·W. 爱略特主编，刘庆国译：《美国历史文献精选集》，中华工商联合出版社2020年版，第187—188页。

② “Jefferson to Edward Carfingtong”, December 21, 1787, in Julian P. Boyd et al. eds. , “The Paper of Thomas Jefferson”, Vol. 24, Princeton, Princeton University Press, 1974. p. 447.

建立以及有效的政策扶持，从1789年开始，美国经济出现了欣欣向荣的局面。从1790年到1800年，美国的出口价格不断攀升，从仅仅不到2000万美元增加到3000万美元，而进口也从2250万美元增加到5200万美元。此时，美国已经成为世界级的商业国家，彻底融入了“一个发展中的，以北大西洋为中心但触角延伸至全球的世界贸易网络”。① 这一时期美国经济之所以得到长足发展，其中一个重要的原因是地缘上的优势使美国不必把财政资源分散地用于国防支出，而可以集中自己的资金去挖掘其巨大的经济潜力。同时，欧洲的战争增加了各国对美国产品的需求，也极大地刺激了美国的航运业和贸易业；另外，保证国家信贷的财政金融政策的制定也发挥了重要作用。

在这一历史时期，美国抓住工业革命尤其是第二次工业革命的契机，加快推动经济社会发展。格雷厄姆·贝尔和托马斯·爱迪生创造的通信和电力技术，使美国的经济结构也发生了深刻变化。技术变为美国的权势，美国建立起高效理想的市场体系和工业体系，也取得了全球范围内的比较优势。

（三）扩张：以山巅之城的名义

美国的扩张主义来源于物质力量和精神价值的双重驱动。新生的美国虽然还在为了生存苦苦挣扎，但是已经展现出了一种扩张的活力。基于宗教、政治制度和价值观念的优越感，对于美洲大陆土地的无穷渴望，驱使着这个新生的国家利用一切机会在美洲大陆扩张。约翰·昆西·亚当斯认为，美国“命中注定要扩展到囊括整个北美大陆，上苍和大自然命定美国民众成为联合在共同的社会契约下的人口最多、实力最强的人民”。②

客观地说，这个阶段的美国没有大战略，但是策略是坚定而清晰的，即通过移民、购买、武力扩张等多种手段，不断扩大势力范围和地区影响力。这个阶段美国向周边领土的扩张有一个固定的模式，是后来学者们研究时非常感兴趣的。美国利用不断增长的人口、民众对土地的无穷欲望，先是鼓励民众移民，等移民数量激增，就开始鼓动移民索要他们的民主权

---

① James A Field, Jr. , “All Economists, All Diplomats”, in William H. Becker and Samuel F. Wells, Jr. , “Economics and World Power: An Assessments of American Diplomacy Since 1789”, Columbia University Press, 1984. p. 21.

② ［美］孔华润（沃伦.I. 科恩）主编，王琛等译：《剑桥美国对外关系史》（上册），新华出版社2004年版，第4页。

利，等到当地政府镇压时，美国开始介入，趁机吞并领土。1846 年，美国通过挑动移民暴动促成了原属于墨西哥当局的得克萨斯州的独立，在墨西哥当局做出反应的时候，美国又趁势发动对墨西哥的战争，掠取了包括南部的新墨西哥、加利福尼亚州在内的 230 万平方公里的土地。在当时，美国与英国、法国、西班牙的很多领土协议也采取了这种和平移民的方式。

对印第安人发动血腥战争也是美国领土扩张的重要组成部分。在北美大陆的西北部地区，驱逐林地印第安人经历了漫长的过程。1831—1832 年，伊利诺伊的白人移民和索克族与福克斯族联盟之间爆发了最后第一次世界大战，也就是著名的“黑鹰之战”，白人最终取得了胜利，并以极其血腥的手段杀戮了绝大多数索克族印第安人。与西北部相比，南方部落更让美国如鲠在喉，当时的杰克逊政府采取了具有毁灭性的印第安政策，迫使成千上万的美国印第安人从传统部落领地迁居到密西西比河以西的新“保留地”。切诺基是首批强迁部落之一，途中艰苦的环境使八分之一以上人口死去，切诺基人把这次漫长而悲惨的跋涉称为“眼泪之路”。

从这段历史可以发现，孤立主义是美国国力相对弱势情况下一种明智的选择，为美国的安全与发展赢得了时间和空间。等到第二次独立战争、美国的生存问题基本解决之后，美国在美洲大陆采取了极富有进取性的政策，采取了多样化的领土拓展行动。“门罗主义”的提出，实际上就是向欧洲列强宣布美国在美洲大陆“独有的扩张权”。在利益扩张的过程中，每一次领土的获取都为美国带来新的视野，每一个野心的实现都催生了新的野心。截至 19 世纪中后期，美国已基本取得美洲大陆的主导权。

二、海外拓展时期（1898—1945 年）

南北战争之后，美国国家实现了统一，废除了奴隶制，扫除了资本主义发展的障碍，美国抓住第二次工业革命之机，充分发挥后来者的优势，迅速实现了高水平的工业化。到 1892 年，美国已发展成为世界第一大工业国，工业产量约为欧洲各国总和的一半。在这一阶段，随着国家实力的提升和国家目标的拓展，美国的国家安全战略开始具有更强的外向性特征。

（一）选择性全球介入

随着实力的不断增强，美国开始改变孤立主义政策。当时的世界处于群雄并起的时代。威廉二世的德国正在不断膨胀，日本在亚洲不断崛起，英法等传统强国的实力还没有衰落。此时的美国选择了列强势力范围的薄弱部位——西太平洋下手，1893 年，美国兼并夏威夷。在此之前，美国对夏威夷早已虎视眈眈。1887 年美国和夏威夷签订条约，同意开放珍珠港作为美国海军基地。1893 年，美国裔的种植园主举行起义，美国派海军从火奴鲁鲁的军舰登陆帮助起义者，推翻了当政的利留卡拉尼女王，夏威夷成为美国的属地，1898 年美国正式兼并夏威夷。兼并夏威夷是美国全球战略的开端，从此美国大幅迈开了追逐世界霸权的脚步。

美国对其力量限度有着自知之明，他并没有贸然与世界强手较量，而是选择对一个没落的帝国——西班牙下手。1898 年 4 月，美国向西班牙宣战，美国对西班牙的战争并没有遇到很大阻力。由于古巴的起义已经极大消耗了西班牙，美国的干预看起来更多像是一种“扫尾”工作而已。但之后与菲律宾的战争则几乎成为美国的梦魇。菲律宾人有多年反抗西班牙人的经历，当他们意识到美国人要长期占领时，开始了激烈的反抗。与菲律宾的战争是美国历史上最残忍的战争之一，战争历时四年，20 万美国军人参战，4300 人战死，而在战争中死亡的菲律宾人数至少有 5 万人。美国最终取得了对菲律宾的完全控制。这场战争改变了美国和世界各国的关系，使美国变成了一个势力范围巨大的海上帝国。美西战争后，美国的对外政策开始呈现出明显的扩张主义特征。

扩张主义的重要表现之一就是对美洲大陆的干预政策。西奥多·罗斯福担任总统后，在门罗主义中新增了一条“罗斯福推论”。他宣称，美国不仅有权反对欧洲干预西半球事务，而且有权在南美国家无法自控的情况下直接干预邻国内部事务。在这一“推论”的指导下，美国出兵干预古巴国内暴动，并在古巴驻军三年之久。在与哥伦比亚的巴拿马运河之争中，巴拿马出现暴乱，美国出动海军在巴拿马登陆，使哥伦比亚无法派兵镇压暴乱（此时巴拿马仍属于哥伦比亚），西奥多·罗斯福趁势宣布巴拿马为独立国家，并取得了巴拿马运河的修建和控制权。

这一时期，在实力不占据绝对优势的情况下，美国也极善于利用西方传统的均势战略，利用大国之间的相互牵制和消耗达到自身目的。比如说，日俄战争期间，美国支持日本，当时美国认为，俄国总是和美国作对，奸诈无比，日本干了美国一直想干的事；但是一旦日本赢得胜利，美国马上改变了态度，千方百计遏制日本的扩张。

第一次世界大战期间，美国驻伦敦大使沃尔特·佩奇在致总统顾问爱德华·豪斯上校的信中毫不隐讳地说：“战后几乎所有的国家都将破产”，

“而十年以后，整个世界的前途将会握于我们手中，这是我们非常难得的机会”。美国在最后时刻加入战争，起到了改变力量平衡的决定性作用。第二次世界大战，美国同样选择时机介入，又一次成为扭转战局的关键力量，也成为战争的最大获益者。

（二）以道德之名

与其他强国不同的是，在美国全球拓展过程中，始终把美国的价值观念放在极为重要的地位，并把它作为粉饰扩张行为的重要工具。

1899 年美国提出“门户开放”政策，在大国势力范围基本划定的情况下，要求“利益均沾”，以最小成本获取最大利益。海约翰发出了第一批门户开放照会，要求列强在他们所获得的租借地内不要破坏各国的既得利益，在确定港口和铁路税费的时候不得歧视其他国家，中国的海关关税适用于美国任何新的势力范围。

1907 年西奥多·罗斯福做出承诺，称中国给美国的庚子赔款将被返还中国，用于委派中国学生前往美国留学。罗斯福的决定并非出于慈善之心，他试图实现特定的目标：平息中国民族主义因美国排华法案而煽动起来的反美情绪，试图打破日本对中国青年留学生的钳制，并向中国年轻一代传播美国的价值观念和经济学说。

第一次世界大战结束后，美国总统威尔逊提出“世界和平纲领”，俗称“十四点计划”。该计划中，威尔逊除了阐述国家权利平等、民族自决、公海自由、裁减军备等原则外，还提出公开外交、自由贸易和建立普遍性的国际组织——国际联盟，并将这些作为战后和平的基础。面对战后的变局，此时的美国领导者已经开始重新界定美国的身份：美国不仅是自由的“灯塔”与共和的“典范”，还要在全球范围内担当自由的“捍卫者”和“世界领袖”。

第二次世界大战结束前，罗斯福和丘吉尔提出的《大西洋宪章》，明确提出自由贸易、民族自决等理念。这些理念对于美国日后占据道义制高点、树立国际威望发挥了至关重要的作用。

（三）构建国际秩序

美国对国际规则、国际秩序的情结由来已久。从尤利塞斯·格兰特政府开始，就对仲裁和国际法体系开始感兴趣；在汉弥尔顿·菲什、威廉·塔夫脱等人的倡导下，美国也曾致力于加强国际法的工作。但由于当时美国的影响力尚且有限，这些努力并没有为美国提供塑造国际秩序新体系的机会，只有欧洲旧世界结构的彻底解体，这种机会才得以出现。第一次世界大战后，威尔逊总统推动建立国联的努力虽然宣告失败，但却为第二次世界大战后美国建立国际秩序做好了理论准备。与此同时，在两次世界大战之间的这段时期，美国主要从三个方面来构建国际秩序：第一，致力于国际关系的法治化，强调国家间争端应通过仲裁、诉诸国际法院和签订多边条约来解决。这一时期，美国倡导签署《摒弃战争普遍公约》，又称《白里安—凯洛格公约》，从而奠定了反对战争的国际法基础。第二，推行经济外交，促进经济繁荣和政治稳定，推进以美国为主导的全球经济秩序。美国试图以非军事和非政治的手段参与欧洲事务，利用美国巨大的经济实力，特别是金融力量作为杠杆，通过向欧洲提供贷款以及经济施压的方式，影响欧洲局势，推行美国政策。第三，通过裁军增强大国之间的互信与合作，以避免战争。美国长岛召开华盛顿会议，会上美国、英国、日本、法国、意大利五国签署了《限制海军军备条约》，规定五国海军主力舰的吨位比例为5：5：3：1.75：1.75，同时销毁超出各国吨位限额、不在条约列举保留范围的已经建造和正在建造的主力舰。该条约的签署实际上使美英日三国海军中的任何一国都无力单独发动一场进攻性的战争，满足了相互威慑的需要。

（四）启动全球性布局

如果说在1890年之前，美国还没有一个全球战略的话，那么在此之后，美国的战略目标已经非常清晰了。这一时期，马汉的《海权论》、麦金德的《地缘政治学说》相继出版，为美国进行全球性布局提供了很好的理论指导。马汉在《海权对历史的影响》中提出，历史上拥有海上领权的国家都是强国；美国与两大洋相连，其权威必系于海上。马汉提出美国应该在中美洲地峡建设运河以连接两大洋，并在太平洋和加勒比海两侧修建防护基地保卫运河，占领夏威夷和其他太平洋岛屿。这些思想对美国的对外政策产生了重要影响。这一阶段，美国开始在欧亚大陆投棋布子、抢占据点，占据太平洋的要点夏威夷、关岛、菲律宾，抢占重要的水道巴拿马运河。这个过程中还有一个小插曲，当英国面临希特勒的全面进攻之际，丘吉尔向罗斯福求助50艘驱逐舰，美国人趁火打劫，提出要用军舰换取英国西印度群岛和纽芬兰的军事基地，英国为了抵御德国的猛烈进攻，最后不得不同意了美国的要求。今天这些基地在美国的东海岸已经形成了一个相对闭合的链条。

三、霸权时期（1945 年至今）

第二次世界大战结束后，美国成为西方的领导者，与苏联展开激烈的霸权争夺战。冷战最后以苏联解体而告终。冷战结束之后，以美国为首的西方体系得以巩固、建立和扩展。大战结束至今，美国的国家安全战略发展大致可分为两个阶段。

（一）“遏制战略”时期（1945—1990 年）

冷战期间，美国始终推行“遏制战略”，将具有强烈军事特征的全方位压力政策作为与苏联对抗的主要手段，并最终取得了冷战的胜利。

1. 威胁认知的建立和强化

美苏作为第二次世界大战中曾经并肩作战的盟友，战后为什么迅速转向对立和对抗？史学家们一般认为，以下原因起到了关键性的作用。从苏联的角度看，苏联在整个战争期间一直怀疑美国和英国居心不良，尤其是西方迟迟不开辟第二战场更是加深了苏联的疑虑。从美国的角度看，第二次世界大战将要结束之际，苏联在东欧及世界其他关键地区的“扩张”行动引起了美国的高度警惕；与此同时，美苏之间的社会制度和意识形态矛盾随地缘矛盾同步上升，进一步强化了美国对苏联的敌对情绪。1946 年初，丘吉尔在密苏里州的富尔顿发表了著名的“铁幕演说”，他断言苏联是一个扩张主义国家，“它横越大陆，从波罗的海的什切青到亚得里亚海的的里雅斯特垂下了一道铁幕。华沙、柏林、布拉格、维也纳、布达佩斯、贝尔格莱德、布加勒斯特和索非亚，所有的名城及其周围的居民都处在苏联的势力范围内，一切都要屈服于这种或那种形式，不仅受苏联的影响而且受莫斯科的非常严密的和越来越多的控制”。[①] 1947 年夏天，乔治·凯南在《外交》季刊发表《苏联行为的根源》一文，也被称为“长电报”，将“遏制”一语引入世界，乔治·凯南认为，在苏联领导人的思想模式中，俄国同资本主义国家是没有共同利益可言的，“他们根据这种思想模式来看待他们同西方列强的关系，的确是一种天生的对抗性关系”。乔治·凯南的“长电报”构成了当时美国国内对战后苏联行为最有影响力的解释，也有力地强化了美国政府对苏联的认知判断。对苏联扩张主义的

---

① ［美］J. 斯帕尼尔著，段若石译：《第二次世界大战后美国的外交政策》，商务印书馆 1992 年版，第 33 页。

恐惧是“遏制战略”产生的思想根源，美国由此开启了对社会主义阵营长达半个世纪的冷战。

2. 势力范围与力量平衡

对于第二次世界大战刚结束的美国来说，苏联的威胁是现实的，这种威胁不仅来自苏联强大的军事力量，更来自美国认定的“苏联试图将共产主义意识形态推广到全世界”的判断。同时，美国也认识到，面对苏联这样一个强大的对手，美国无法以所有手段、在所有地方进行遏制。于是，传统的“均势”思维以新的方式呈现在美国国家安全政策当中。

1947 年，冷战的主要设计者乔治·凯南认为，美国的政策必须指向在欧洲和亚洲恢复均势。[①] 他同时认为，世界有五大工业和军事力量中心，分别是美国、英国、德国和中欧、苏联、日本。美国在世界事务中的主要利益，在于保障任何其他力量中心不沦于对手控制之下。他还认为，在国际舞台上存在的各类权能中间，工业—军事权能是最危险的，因此美国的着重点应当放在对它保持控制上面。乔治·凯南说，任何世界均势首先意味着欧亚大陆上的均势，只要德国和日本依旧是权势真空，这均势便无法想象。美国必须做的是“将这些民族的实力和意志恢复到如此程度，以致他们能在欧亚大陆均势中起到自己的作用，但同时又不进展到使他们能再次威胁西方海权世界利益的地步”。[②] 基于这样的思路，第二次世界大战后美国对战败国德国和日本的政策采取了与第一次世界大战结束时截然不同的做法。1947 年美国正式公布马歇尔计划，帮助欧洲重建经济基础并恢复这一地区的繁荣，试图通过一个强大的欧洲阻止苏联力量的拓展。1949 年，在美国的主导下，北约组织成立，在此之后，苏联主导的华约成立，两个超级大国以划分阵营的方式确立了各自的势力范围。在亚洲，美国提出“环形防线”概念。国家安全委员会 12 月草拟的一份文件得出的结论是，保卫亚洲“对抗未来苏联入侵”的“最低限度”，要求“至少维持我们目前在亚洲沿海岛屿链的军事地位，一旦发生战争，该岛链不会落入共

---

① ［美］约翰·加迪斯著，时殷弘、李庆四、樊吉社译：《遏制战略：战后美国国家安全政策评析》，世界知识出版社 2005 年版，第 36 页。

② ［美］约翰·加迪斯著，时殷弘、李庆四、樊吉社译：《遏制战略：战后美国国家安全政策评析》，世界知识出版社 2005 年版，第 36 页。

产主义手中”。[①] 国务卿艾奇逊在国家报业俱乐部的演讲中，明确提到“这一环形防线沿着阿留申群岛至日本，然后到琉球群岛……从琉球群岛到菲律宾群岛”。为了对抗亚洲的对手，美国与盟友陆续建立起“东南亚条约组织”以及美日、美韩、美澳新、美泰等双边或多边同盟。这样，美国在欧亚大陆上就构筑起了应对主要战略威胁的联盟网络。

3. 核威慑

冷战是大国间确保相互摧毁背景下的脆弱和平状态。1949 年苏联具有核能力后，美国失去了独有的核优势，但核政策始终是冷战期间美国安全政策不可或缺的因素。艾森豪威尔政府时期推行“大规模报复战略”，宣称要“依靠一支庞大的报复力量，用我们选择的武器，在我们选择的地方立即进行报复”。这一战略的设想是要么不打，要打就是全面核大战。为此，美国将过去三军均衡发展的方针，改为突出发展空军，特别是战略空军和核武器。但在当时苏联核武器发展迅速、地区冲突层出不穷的情况下，美国陷入既不敢动用核武器，又不善于打有限战争的困境。1959 年马克斯威尔·泰勒上将对美国核政策进行了猛烈抨击，提出以“灵活反应战略”取代“大规模报复战略”。肯尼迪、约翰逊政府时期都推行这一战略，主张建立一支“多样化”的军事力量，以便在“任何地点和任何时间，以适合于情况的武器和部队作出反应”。与此同时，美国仍然把核力量作为重要的战略工具。1969—1980 年，尼克松、福特、卡特政府时期奉行“现实威慑战略”，对美国安全政策进行了大幅调整，在力量使用上，强调以核力量为盾，以常规部队为剑，发挥盟军的重要作用。里根政府奉行“新的灵活反应战略”。第一，强调通过加强实战准备获取可靠的核威慑力量。第二，认为核战争可以打，而且可以打赢；核战争可以控制，打有限核战争是可能的；核战争也可能持续相当长的一段时间。第三，在加强核战略进攻力量的同时，大力推行“战略防御计划”，企图建立起攻防兼备的核战争体系。第四，把军备控制谈判纳入了美国核战略的轨道。

4. 分化对手

冷战开始后，面对逐渐巩固的社会主义阵营，美国从一开始就摒弃了“强攻”的方式。乔治·凯南认为，美国不应当公开仅对通过民主手段上

---

① ［美］约翰·刘易斯·加迪斯著，潘亚玲译：《长和平：冷战史考察》，上海人民出版社 2011 年版，第 95 页。

台的共产主义政府，“否则，我们可能不仅会使自己与世界舆论相对立，而且还可能使各国人民更为紧密地团结在我们的共产主义敌人周围”。[①] 政策设计司拉美问题专家乔治·巴特勒也认为：“我们不应……单独与共产主义开战，我们应更好地将重点放在支持那些与我们有相似制度和政治体制的自由国家……如果这些国家的生存和进步得以实现，苏联指导的世界共产主义就会缺失。”[②]

正是基于上述认识，美国在欧洲执行马歇尔计划时，刻意扩大了援助范围，提出苏联和东欧国家也在援助之列，美国的提议当然被苏联拒绝，但这一局面也增加了东欧国家对苏联的抱怨。南斯拉夫与苏联决裂后，美国开始悄悄为南斯拉夫提供经济甚至军事援助，此时在美国眼中，南斯拉夫不再是一个社会主义国家，而是一个可以牵制苏联的工具。在亚洲，美国提出，要通过政治和经济手段强化对中国的孤立政策。美国认为孤立中国不仅会强化中国对苏联的依赖，也会加剧中苏矛盾的爆发。

（二）单极时刻（1990—2008 年）

冷战结束，美国的国际性权力达到前所未有的程度。1990 年，美国保守派评论员克劳塞默在《外交事务》上发表《单极时刻》文章，宣称美国已成为唯一的超级大国。美国学者约翰·伊肯伯里也认为：“今天美国的显赫实力在近现代历史上前所未有。没有任何大国在军事、经济、技术、文化及政治方面曾经有过如此绝对的优势。我们所生活的世界现在只有一个超级大国，而且目前我们还看不到它有任何真正的竞争者。……美国（在）多方面的综合实力无可匹敌。”[③]

在冷战后的国际环境中，美国国内出现关于美国大战略选择的争论高潮。巴里·波森和安德鲁·罗斯认为冷战后美国有四种战略选择：新孤立主义、选择性参与、合作安全和优势战略。[④] 罗伯特·J. 阿尔特提出七种

---

① ［美］约翰·刘易斯·加迪斯著，潘亚玲译：《长和平：冷战史考察》，上海人民出版社 2011 年版，第 201 页。

② ［美］约翰·刘易斯·加迪斯著，潘亚玲译：《长和平：冷战史考察》，上海人民出版社 2011 年版，第 204 页。

③ ［美］约翰·伊肯伯里主编，韩召颖译：《美国无敌：均势的未来》，北京大学出版社 2005 年版，第 1 页。

④ Barry R. Posen, Andrew L. Ross, “Competing Grand Strategy”, in Michael E. Brown et al. eds. , “America’s Strategic Choices”, The MIT Press, 2000, pp. 3 – 55.

方案：主导、全球集体安全、地区集体安全、合作安全、遏制、孤立主义、选择性参与。[①] 兰德公司在1994年出版的《棱镜与政策：冷战后的美国安全战略》一书中提出四种战略选择，即现实主义战略、多边安全战略、民主国际主义战略和战略独立性。[②] 理查德·N. 哈斯则提出“规制主义”。从实践看，上述政策都是美国的政策选项，只不过不同阶段美国政府的政策重点会有所区别。

第二节　美国国家安全战略主要特点

美国国家战略理论的产生与发展，植根于西方丰富的战略实践。无论是古希腊城邦间的战略博弈、古罗马跨地域的征伐和怀柔，还是欧洲主权国家体系形成后列强之间错综复杂的权力斗争，都对美国国家安全战略理论有内在而深刻的影响。与此同时，美国国家安全战略理论也有着自身的鲜明特点，基于对国家目标的清醒认识、对国际权力斗争的历史认知、对美国自身面临战略环境的独特体验，美国的国家安全战略又呈现出其特殊的一面。具体来说，美国的国家安全战略主要有以下特征。

一、以国家利益为导向、注重目标手段平衡

一般认为，国家是理性的行为体，会理所当然地计算成本和收益，具有追求效益最大化的本能。但实际上，国家在政策制定和执行过程中所呈现出来的理性永远是相对的，由于信息不充分、决策者个人性格特点等因素，绝对理性永远只是一种理想状态。但分析美国的国际战略发展历程我们可以发现，二百余年间，尽管经历了多次国际力量格局的剧烈转换和数次世界范围内的战争冲突，但美国的对外战略始终能够保持在一个相对理性的框架之内。无论是选择结盟还是孤立、战争还是中立，美国的决策者们始终以国家利益为基本导向，把国家利益的实现程度作为衡量战略决策

---

① Robert J. Art, “Geopolitics Updated: The Strategy and Selective Engagement”, International Security, Vol. 23, No. 3, pp. 79 - 113.

② 郑须弥：《兰德公司讨论美国新的安全战略》，《国际信息资料》1995年第9期，第30—31页。

合理与否的唯一标准。建国初期，面对国家国力弱小的现实以及欧洲大国权力争斗的复杂局面，美国明智地选择了孤立主义，孤立主义思想伴随着美国度过了一百余年的时间。在此期间，美国把关注点聚焦于美洲大陆，手段灵活、持之以恒地拓展国家利益。利用拿破仑战争期间法国急于同美国搞好关系的心理，用购买的方式以每英亩（0.004 平方公里）不到四美分的价格取得了路易斯安那；阿拉斯加的购买也是利用了英俄之间的矛盾。百年的孤立主义，美国不仅巩固了自身在美洲大陆的绝对主导地位，在经济实力上也一跃成为世界上最强大的国家。19 世纪 90 年代，美国的工业产值赶超英国，美国的战略视野也开始向世界范围内拓展，在当时欧洲列强仍然鼎足而立、势力范围大致划定的情况下，美国把眼光转向了列强不太关注的远东地区，选择了一个没落的帝国——西班牙作为下手的目标，通过美西战争以极小的代价攫取了昔日西班牙的势力范围，建立了主导亚太地区局势所必须的极有价值的战略支点。美国的国际战略之所以能够始终处于理性的轨道上，其中一个重要原因，就是对国家利益目标、所处发展阶段始终有清醒认识，始终掌握目标和手段的大致平衡。

二、以实力为基础的战略性扩张

从 1776 年美国建国到 20 世纪 90 年代，美国一直奉行孤立主义政策。孤立主义不是与世隔绝，而是美国在自身实力弱小时自我保护自我发展的一种方式。利用孤立主义，这一阶段，美国远离了欧洲的战火，同时又通过移民、购买、武力扩张等多种手段，不断扩大势力范围和地区影响力。比如为了占据原属墨西哥的领土，美国把移民作为先锋，通过大量移民，使人口数量占据优势；1845 年，美国通过挑动移民暴动促成了原属于墨西哥的得克萨斯州的独立，在墨西哥做出反应的时候，美国又趁势发动对墨西哥的战争，掠取了包括南部的新墨西哥、加利福尼亚州在内的 230 万平方公里的土地。拿破仑战争期间，美国利用英法矛盾，买下了路易斯安那。拿破仑在谈到出售路易斯安那的动机时，认为："进入这片领土可使美国的地位永远屹立不摇，而我则为英国创造了一个迟早会挫其锋芒的海上对手。"美国就是利用这样的时机，以每英亩（0.004 平方公里）不到四美分的低廉价格取得了 215 万平方公里的路易斯安那。阿拉斯加的购买也是利用了英俄之间的矛盾。克里米亚战争之后，俄国战败，沙皇担心英国会夺占阿拉斯加并通过阿拉斯加进攻俄国，因此极力想把这块土地尽快推销出去。美国也是抓住了这样的机会。当时美国国内的意见分歧也是很大的。南北战争刚结束，国库空虚，买这么一块冰雪覆盖、毫无用处的土地干什么？但是当时的总统约翰逊和国务卿西华德力排众议，最终将阿拉斯加收入囊中。今天的阿拉斯加，矿产油气资源丰富、战略位置重要，大国的战略武器发射，阿拉斯加是最佳线路，美国 44 部陆基中段拦截系统有 40 部部署在阿拉斯加。从这里我们可以看到当时美国决策者的长远眼光。

除此之外，美国还常常以美洲领袖的姿态对欧洲大国的干预给予坚决回应，取得美洲各国的拥护和认可；并经常以政治、经济、军事手段介入美洲各国内部事务，影响各国的政策走向。从这段历史中我们可以发现，孤立主义是美国国力相对弱势情况下一种明智的选择，为美国的安全与发展赢得了时间和空间，而美国良好的地缘条件，则为孤立主义提供了基本依托。通过孤立主义，截至 19 世纪中后期，美国已基本取得美洲大陆的主导权。

三、浓厚的地缘政治思维

美国真正意义上的地缘政治实践开始于海权论兴起的时代。马汉认为，任何一个国家要想成为强国，必须控制海洋，特别是控制那些具有重要战略价值的海上通道和咽喉地区。控制这些地区就可以形成对陆地的压迫和钳制，从而控制整个世界。在海权理论的影响下，当时的罗斯福政府在四年内批准建造了十艘第一流的战列舰，从而使美国海军朝着争取占世界各国海军战列舰实力第二位的方向加快了步伐。① 从此，美国的对外政策深深打上了地缘政治思维的烙印。1942 年，半个亚洲被日本置于轭下，但美国耶鲁大学的斯皮克曼却表达了对战后亚洲乃至世界格局的忧虑："一个现代化、充满活力和军事化的四亿人口的中国，不仅仅是日本的威胁，更是对西方权力在西太平洋地位的威胁……流行的观点或许会继续将日本看作最大威胁，但以后平衡将倒向中国一方，我们将不得不在远东采取曾经在欧洲的政策。"在地缘政治思维的主导下，第二次世界大战后美国在欧洲实施马歇尔计划、在东方扶持日本，集中主要战略资源共同应对

---

① ［美］拉塞尔 · F. 韦格利著，彭光谦、张孝林、赵汉生译：《美国军事战略与政策史》，解放军出版社 1986 年版，第 226 页。

社会主义阵营的挑战。在苏联解体之后，美国又把中国作为潜在的地缘战略对手，采取各种手段遏制中国，试图降低或消除中国的威胁。

四、注重价值理念输出

美国的清教徒传统、政治制度决定了美国从建国起就是一个具有世界理想的国家。美国人对自身制度持有超常的自信和道德优越感，以至于自认为它是唯一的最好的制度体系。布尔斯廷声称，美国的民主是独特的，它拥有一种完全属于它自身的天赋。① 这种对自身制度和价值观念超常的自信，也决定了美国的对外政策具有极高的价值输出色彩。不仅如此，美国也极其擅长抛出一些概念和原则来树立大国形象、增强他国对美国的认同感。19 世纪 20 年代，在拉丁美洲独立运动风起云涌之际，美国恰逢其时地推出“门罗主义”，提出“美洲是美洲人的美洲”，得到当时美洲各国的普遍欢迎。第一次世界大战将要结束之际，美国总统威尔逊推出“十四点计划”，其中就有公开外交、贸易平等、公正处理殖民地问题等彰显人类理性和公平正义的内容；后来罗斯福和丘吉尔共同发表的《大西洋宪章》，又提出民族自决、贸易自由、航海自由等理念。这些理念对于国际观念的构建至今仍然在发挥着重要影响，没有这些理念，美国就不会有今天的国际影响力。

第三节　美国国家安全体制机制

一、美国国家安全体制

美国国家安全体制呈现为一系列国家安全相关机构，这些机构在设计上分为决策与协调机构、执行机构和监督机构等，每个机构均在其国家安全中发挥着重要的作用。

（一）决策与协调机构

美国国家安全体制的决策与协调机构是国家安全委员会。其中，美国总统是国家安全委员会主席，是国家安全事务的最高决策者。1947 年美国

---

① ［美］唐纳德·怀特著，徐朝友、胡雨谭译：《美国的兴盛与衰落》，江苏人民出版社 2002 年版，第 163、166 页。

《国家安全法》就对国家安全委员会的职责进行了界定，即“在有关国内外安全和军事政策上，综合行政部门的意见，向总统建言，以期在安全事务上最有效地实现部门合作”。[①] 当前，在美国国家安全委员会中，总统、副总统、国务卿、国防部长为法定成员，国家情报总监为法定情报顾问，参谋长联席会议主席为法定军事顾问；根据需要，总统可以指定财政部部长、白宫主管、国家安全顾问、预算局长、美国驻联合国大使、国际开发署主任、军备控制与裁军署首脑参与国家安全委员会。从 1947 年成立迄今，美国国家安全委员会经过七十多年的演变，已发展成为功能齐全、结构完备、运作成熟的国家安全决策与协调系统。在美国国家安全委员会中，总统是最高决策者，拥有至上权力，正如科林·鲍威尔所指出的，“归根结底，国家安全委员会工作班子及国家安全顾问本身就是按照总统的个性被塑造的”。[②]

（二）执行机构

情报界和国务院、国防部和国土安全部等部门是美国国家安全体制的执行机构。美国的情报机构也称为情报界，其模式为“16 + 1”，承担着美国情报的搜集、分析和传递等任务。“16”为美国政府所辖的十六家情报机构，[③] “1”为统领十六家情报机构的国家情报总监办公室，情报总监办公室设置国家情报总监一职，国家情报总监负责协调和统领全美十六个不同情报机构之间的工作。

国务院是美国政府主管外交的职能部门，通过实施外交、援助和倡议等来维护美国的安全和经济等利益。在美国国家安全体制中，国务卿是国

---

① Congress of United States, “The Congressional Record (July 9 and July 19, 1945)”, 1945, pp. 8496 – 8497.

② Charles W. Kegley, Jr. Eugene R. Wittkopf., “American Foreign Policy: Pattern and Process (Sixth Edition)”, Peking University Press, 2004, p. 347.

③ 具体包括：中央情报局（CIA）为独立机构；国防部（DoD）下属的 8 个部门：国防情报局（DIA）、国家安全局（NSA）、国家地理空间情报局（NGA）、国家侦察局（NRO）以及四个军种情报机构——陆军参谋部二部（G – 2）、海军情报局（NIA）、海军陆战队情报局（MCIA）和空军情报监视侦察局（USAF ISR）；其他五大部级行政机构下属的七个情报部门：能源部的情报与反情报办公室（DOE OICI），国土安全部的情报与分析办公室（DHSOIA）和美国海岸警卫队情报局（USCGI），司法部的联邦调查局（FBI）和禁毒署国家安全情报办公室（DEA ONSI），国务院的情报与研究局（DoS INR）以及财政部的情报与分析办公室（DoT OIA）。

家安全委员会的法定成员，参与安全危机事务的决策。

国防部是美国武装力量的领导机构，肩负着传统安全危机处理的任务。在美国中，国防部长是国家安全委员会的法定成员，参与国家安全事务决策；参谋长联席会议主席是国家安全委员会的法定军事顾问，为总统的军事决策提供咨询建议。

美国国土安全部主要负责非传统安全危机的处理任务，主要职责包括预防美国境内的恐怖袭击，减少美国面对恐怖主义的脆弱性等。

（三）监督反馈机构

第二次世界大战后，美国在逐步完善美国国家安全机构的功能来保障国家安全的同时，也加强了对这些安全机构的监督。美国对安全机构实施监督的主体是国会和法院等。在日常活动中，美国国会会对安全机构及其活动进行例行监督。监督的内容主要是国家安全机构的工作绩效和行为合法性两方面，监督的方式主要是通过行使立法权、预算权、人事权、调查和传讯权等进行监督。立法权是美国国会最基本的权力，是国会对美国安全机构实施监督的最主要方式；美国宪法明确赋予国会“掌握钱袋子的权力”，预算权因此成为国会实施监督的最有效工具；在行使人事权进行监督方面，参议院特别情报委员会可以通过行使对重要情报机构领导人选的审议和建议权来对美国的情报等安全机构进行监督；在行使调查和传讯权方面，参议院特别情报委员会有权对其管辖权范围内的任何事项进行调查和举行听证会。

针对美国安全机构的涉外和涉内活动，美国法院都有相应的监督措施。为了规范国家安全机构的涉外活动，根据1978年的《涉外情报监控法》，美国成立了涉外情报监控法院，依法监督政府对在美国的外国实体及个人实行监视的行为，如情报机构等对美国境内的“外国势力”和“外国势力代理人”实施秘密监控行为前，必须向该法院申请许可。“9·11”事件后，为了应对日益严峻的恐怖主义威胁，美国国家安全机构扩大了监视范围，加强了对境外非美国公民的监控。对此，美国国会也发布了《涉外情报监控法修正案》，根据该法案，美国情报机构在对任何海外的非美国公民进行监控前，需要征得涉外情报监控法院的许可。在对国家安全机构国内活动的监督上，当国家安全机构的工作或违法活动伤害到美国公民的权利且引起诉讼时，美国联邦法院通过司法审判以及对国家安全的法律解释来行使监督权力，从而督促美国国家安全机构在法律允许的范围内开展活动。

二、美国国家安全机制

美国的国家安全机制基于特殊的政治体制。美国宪法确立了对外政策领域基于行政权和立法权互补性的机制，根据这一机制，国家安全事务的决策权由总统和国会共同行使。但在运行过程中，总统逐渐成为国家安全事务决策过程中的核心主体，国会在国家安全事务方面的作用要小于它在监督国家安全事务执行方面的作用。同时，美国的国家安全机制是开放式的分权系统，企业界、新闻界和利益集团对国家安全决策发挥着重要影响，美国总统在作出一项重大国家安全决定之前，不能不考虑这些因素。

总统的国家安全事务决策是依托政府行政机构来实现的，其中国务院和国防部是两个主要机构。国务院负责美国的外交事务。根据美国宪法规定，国务院承担的职责包括：观察有可能影响美国外交的事件或者政治形势的变化，为决策层提供综合信息；向总统和国家安全委员会就对外政策的选择和取向提供意见或建议；国务卿参与国家安全委员会重大对外政策的制定等。国防部负责美国的国防事务。在对外政策方面，国防部承担的职责包括：向总统和国家安全委员会就全球安全和军事形势提供研判信息，就对外军事政策的选择和取向提供意见或建议；国防部长参与国家安全委员会重大对外政策的制定等。另外，作为总统办事机构的核心，白宫办公厅在对外政策中的作用也十分重要。办公厅是整个联邦行政机构的中枢，负责与国会和其他行政机构及社会组织进行联系、磋商，进而拟定有关政策。除此之外，美国财政部、司法部、国土安全部、商务部、能源部都负责和参与各自领域对外政策的制定。

作为政策决策的协调机构，国家安全委员会对于协调相关部门之间的关系，尤其是国防部、国务院与情报部门之间的关系，发挥着重要作用。国家安全委员会通过召开国家安全委员会部长级委员会和副部长级委员会会议，促进各部门之间的政策协商。然后，再由国家安全事务助理将整合后的各部门意见结果提交给总统。

国家安全事务助理定期与总统会面，将这一时期的国家安全情况向总统作汇报和总结。在这个过程中，国家安全事务助理将自己的建议和意见融入到会谈中，就不同的政策选择作出利弊分析。同时，国家安全委员会的专家也可以就某个特定地区的安全问题作出分析，向总统提出建议。与其他部门相比，国家安全委员会可以相对超越自己的部门利益，从国家整体利益出发，为总统决策提供建议。总统根据职能部门意见和国家安全委员会建议，对中长期政策作出最后决策。

最后，国家安全委员会还提供了一个应对国家安全突发危机的机制安排。每当危机事件爆发，总统可以召集国家安全委员会主要成员（国务卿、国防部长等）以及中央情报局局长、白宫办公厅主任和其他高级政府官员，讨论如何处理和应对危机，这一机制有效保证了在面对危机时美国政府能够快速反应、及时作出决策。

第四节　当前美国国家安全战略主要内容

2022 年 10 月 12 日，美国白宫发布 2022 年《国家安全战略》报告，概述了本届政府将如何利用“决定性的十年”促进美国重要利益，在战略上制胜美国想定的地缘政治竞争对手。再次明确了，美国的国家安全战略植根于其国家利益，包括维护美国人民安全，扩大其经济繁荣机会，强调“民主价值观”等。战略指出，美国拟建立最强大和最广泛的国家联盟，在加强合作的同时，挫败其想定竞争对手的威胁。

一、总体国家安全环境及安全威胁判断

美国认为，当前正处于未来“决定性十年”的初期，大国之间的地缘政治竞争日趋激烈，未来各国共同应对全球性挑战的可能性将大幅降低。现在的行动将决定这一时期是动荡不安的持续，还是繁荣稳定的开端。该报告认为，当前美国面临以下两个战略挑战。

（一）大国竞争和地缘政治冲突成为主要威胁

尽管特朗普和拜登政府均将“竞争”视为其安全威胁认知的主要来源，但拜登政府的“竞争”更有深意。首先，将当今时代定义为“竞争时代”，将未来十年定义为“决定性十年”。该报告开宗明义地指出美国正处于世界决定性十年的初期，概述了美国将如何抓住这个决定性的十年来推进美国的切身利益，并将这个“决定性十年”界定为地缘政治冲突和全球共同挑战并存的“竞争时代”。

拜登政府还认为，地缘政治竞争与全球性问题又相互影响、相互转

化，促使安全威胁更加复杂，只有更好利用竞争时代释放的动力、创造竞争，才能应对各种威胁与挑战。

其次，将大国竞争升级为“制度性竞争”。冷战结束以来，特朗普政府首次将大国竞争调整为美国国家安全的优先战略，并认为以中国和俄罗斯为代表的竞争对手在政治、经济和军事领域挑战了美国的地位。而拜登政府不仅在报告中多次提到大国竞争，同时明确将这种竞争定义为“民主与威权”的竞争，是价值观之争，也是在意识形态、国际秩序与国际合作等领域的制度性竞争。

最后，强调中国是美国最重要的地缘政治挑战。自特朗普将“大国竞争”定为国家安全战略的主基调以来，美国将中国的战略定位就从奥巴马时期的“欢迎中国崛起”调整到“竞争对手”。拜登政府在报告中则沿用了《临时指南》中对中国的战略定位，即“中国是唯一既有意愿又有能力在经济、外交、军事和技术力量与美国竞争的对手”，更是将中国直接定义为“美国最重要的地缘政治挑战”，认为这种挑战不仅存在于印太地区，更存在于全球层面。

（二）全球性问题所带来的共同挑战

拜登政府认为全球性问题不是仅次于地缘政治的边缘问题，而是国家和国际安全的核心问题。首先，气候问题上升为首要国际安全挑战。气候作为关键词，在特朗普政府的《国家安全战略》报告中仅仅出现四次，到拜登政府的《国家安全战略》报告中已经被提及六十三次之多。从数量上看，这种增幅是所有全球性挑战中增幅最快的，并排到所有全球性问题之首，也意味着美国政府对气候问题的重视程度实现了快速飞跃，并将其视为首要的全球性问题。从内容上看，拜登政府指出，未来十年如果不采取全球合作，全球气温升高将达到 1.5 摄氏度临界值，进而导致不可逆转的灾难性气候。

其次，新冠疫情凸显全球公共卫生系统能力不足。拜登政府的《国家安全战略》报告指出，新冠疫情已造成数百万人死亡，并损害了数亿甚至更多人的生计。它暴露了全球卫生体系和供应链的不足，突显了全球医疗卫生鸿沟。同时，该报告预测下一次全球疫情可能会更严重、更具传染性且更致命，留给各国提高生物防御的机会窗口期较小。

最后，全球经济、能源、粮食危机形势严峻。该报告指出，新冠疫情带来的全球经济挑战不断加深，供需关系的不平衡导致全球能源价格飙升和粮食安全问题加剧。报告认为粮食危机主要来源于乌克兰危机、新冠疫情、气候变化和地缘政治竞争，粮食危机将导致 7500 万到 9000 万人口更加贫困，加剧人道主义危机。

（三）国内安全环境的脆弱性和极端性愈发显著

尽管拜登政府的《国家安全战略》报告极力掩饰和美化美国自身存在的问题，但从其内容表述仍可判断出其国内安全环境形势不容乐观。首先，国内暴力极端主义愈发猖獗。报告中多次指出，美国面临一系列来自国内暴力极端分子日益严重的威胁，认为这些极端分子具有种族或民族偏见或反政府思想。2021 年 3 月，受“国会山事件”影响，美国情报界颁布《国内暴力极端主义威胁加剧》评估报告，并强调出于种族或族裔动机的暴力极端分子是最致命的威胁，而且有与国际串联的发展态势。[①] 这份报告为拜登政府对国内暴力极端主义威胁认知上提供了重要参考。

其次，网络空间安全形势不容乐观。拜登政府的《国家安全战略》报告认为国家的关键基础设施越来越数字化，容易受到网络攻击的破坏，其中包含通过信息操纵、干预美国大选等政治活动；对美国投放商业间谍软件和监控技术以获取敏感信息；通过社交和其他媒体平台传播虚假和错误信息等行为。

最后，跨国犯罪影响美国社会安全稳定。拜登政府的《国家安全战略》报告认为，跨国犯罪组织参与包括贩毒、走私、洗钱、盗窃、人口拐卖、网络犯罪、欺诈、腐败以及非法捕鱼和采矿等犯罪活动，这些活动助长了社会暴力、压迫了弱势群体、危及公共安全和健康、破坏了国家法治，并导致每年数以万计的美国公民因为吸毒过量死亡，大大降低了美国及其合作伙伴的安全与稳定。同时，国际恐怖主义在意识形态上更加多元、活动地域更加分散，影响着美国的海外利益和公民安全。

二、国家安全战略目标

美国 2022 年版《国家安全战略》报告将其战略目标定位为“建立自

---

① Office of the Director of National Intelligence, “Domestic Violent Extremism Poses Heightened Threat in 2021”, March 2021, https: //www. dhs. gov/sites/default/files/publications/21_0301_odni_unclass - summary - of - dve - assessment - 17_march - final_508. pdf.

由、开放、繁荣和安全的国际秩序”。[①] 这无疑是对其霸权野心的粉饰和借口。自第二次世界大战结束以来，美国国家安全战略的目标始终是在全球范围内确保其霸主地位，保证其在国际政治、经济、科技、文化上的领先，并塑造一个维护美国利益、以美国为主导的国际秩序，打压甚至摧毁一切可能挑战美国霸权、反对美国支配的国家。

三、维护国家安全的战略途径

（一）投资基于实力和影响力的重要领域和关键环节

美国认为，为应对共同挑战，维持霸主地位，美国既需要通过对国内关键领域投资来保持和增强竞争优势，也需要为保护其利益和推销其价值观在全世界开展强有力行动。私营部门和开放市场一直是美国实力的重要来源和创新的主要动力。然而，仅靠市场无法应对发展形势。战略性公共投资是21世纪全球经济发展和创新的支柱。所以，美国需要推行现代工业和创新战略，确定并投资于私营企业尚未进入的核心经济领域和涉及国家安全利益的关键领域。为确保关键基础设施安全和保障核心部门基础网络安全，必须加强与私营部门合作，着力提升技术产品的安全防御能力，以确保供应链畅通。其主要措施包括通过新形式的公私合作，利用在关键市场的公共采购来刺激创新需求，提升创新能力。

同时，美国还需要增加对人力资源建设的投资，完善社会保障体系，加强长期职业培训和技能训练，加强科学、技术、工程和数学等领域的教育培训。这些将使劳动力获得更好的教育、健康保障和生产能力，从而增强国家经济实力。

（二）建立最强大的国家联盟，以加强美国集体影响力

为巩固美国霸权，美国需要加大与盟友伙伴的合作力度。首先是强化与欧洲盟友的安全合作。2022 年北约峰会明确指出，要全面应对来自中国的系统性挑战和其他安全风险，并同意芬兰和瑞典加入北约；新成立的美欧贸易和技术委员会正在制定关于全球技术、经济和贸易问题的规则；与英国和澳大利亚的安全合作关系也将寻求促进印太地区的稳定；印太地区的“四边机制”将使美日印澳能够共同应对地区挑战；要继续深化“五眼联盟”合作，美国与盟友间的情报关系极为重要，特别是在

---

① The White House, “National Security Strategy of the USA”, October 2022, p. 10.

技术竞争中。

美国也非常重视发展与印太地区和欧洲盟友伙伴之间的联系。美国进一步推动两个地区的盟友之间加强合作，共同塑造美国主导的国际秩序，应对中俄挑战。美国将会继续利用七国集团在支持建立美国所倡导的国际秩序中发挥重要作用。

美国还要继续以意识形态来巩固盟友、打压对手。同时，将加强政府、社会、独立媒体和私营部门的合作，确保有利于美国的舆论环境，防止破坏美国政体和制造社会分化。

（三）推进军事现代化，强化军事力量

美国国防政策的基点是利用强大的军事力量支持外交、对抗侵略、遏制冲突、投射力量、保护美国人民及经济利益，帮助推进和维护重要国家利益。美国军队需要获得并保持作战优势，并限制对手优势，维持和加强威慑力，应对中国挑战。要聚焦军队主要职责：保卫美国本土安全，阻止对美国及盟友伙伴的攻击，赢得战争冲突。要形成一体化威慑，逐步推进军事优先事项，建立一个有弹性的部队和国防生态系统，确保能够在未来几十年内持续履行这些职能。

美国还继续大力推进联合部队的现代化建设，提升联合部队的致命性、韧性、可持续性、生存性、敏捷性和响应性，优先发展新的作战概念和提升作战能力。乌克兰危机凸显了国防工业基地的重要性，美国进一步意识到军事装备生产的紧迫性和必要性。美国还认为新兴技术的发展对其构成了新威胁，因此正在投资一系列包括网络和太空领域的应用、导弹打击能力、可信任人工智能和量子系统等在内的先进技术，并将及时部署新的能力。此外，美国还将把盟友伙伴纳入防务规划成员，尽量消除合作障碍。

美国国家安全战略中的核威慑是国家最高优先事项，也是一体化威慑的基础。美国认为，未来十年，美国将首次同时面对两个拥核大国的“威胁”。为了确保核威慑力量能够继续应对威胁，美国正在推进三位一体核力量、核指挥控制和通信以及基础设施的现代化，并加强对盟国的核威慑承诺。但同时，也要着力降低核战争风险，减少核武器在战略中的作用，努力实现相互且可核查的军控目标。这些将有助于实现威慑战略并巩固全球核不扩散制度。

四、国家安全政策和手段

（一）发展现代工业，实施创新战略

2021 年，美国开展了最大规模的基础设施建设投资，以提升国家竞争力。半导体供应链对国家安全十分重要，美国正寻求重振半导体产业。《2022 年芯片和科学法案》明确要提供 2800 亿美元用于民用投资，特别是在半导体和先进计算、下一代通信、清洁能源技术和生物技术等关键部门。通过国家生物技术和生物制造倡议，投资超 20 亿美元以充分利用生物技术和有效激发生物制造的潜力，在国内创造就业机会，完善供应链，并减少碳排放量。

2022 年美国颁布《通胀削减法案》，投资国内能源生产和制造业。应对气候危机，确保能源安全，加快向清洁能源转型，是美国工业战略、经济增长和安全的重要组成部分。美国正在部署和实施新的技术和解决方案，创造新的市场，使其能够继续引领世界。这些投资将使美国保持领先优势，壮大经济实力，并在未来十年内提供数以百万计的就业机会和创造数万亿美元的经济产值。同时，美国将通过追踪回溯防范网络空间恶意行为，进一步保护投资行为，增强经济复原力，并通过打击侵犯知识产权、强迫技术转让等非法行为，采取加强投资筛选、出口管制和反情报资源等手段，维持美国技术优势。

（二）借助外交手段，建立强大联盟

2022 年美国与东盟合作，推进区域清洁能源基础设施建设，加强海上安全力量建设。启动“繁荣非洲倡议”，促进非洲经济增长。与大西洋、美洲各国建立和加强伙伴关系，推动经济复苏，应对共同挑战。通过《洛杉矶移民和保护宣言》妥善处理移民和难民问题。加强对伊朗的威慑，缓和区域冲突，深化“中东地区一体化”，加强能源供给安全稳定。

印太经济繁荣框架是包容性联盟的典型例子，这一伙伴关系将影响区域乃至全球经济的规则。美国与七国集团发起“全球基础设施和投资伙伴关系”以满足中低收入国家的基础设施需求，并为美国企业创造了机会，同时得到了海湾合作委员会三十多亿美元的基础设施建设投资。美国愿意与基于共同利益的任何伙伴进行务实合作，包括民族国家、民间社会团体、私营公司、慈善事业以及国内和国外的次国家政府（即地方政府），通过全球疫苗免疫联盟、新冠病毒疫苗实施计划及各类金融基金等措施来

应对潜在的风险挑战。

（三）加强军队建设，维护国家利益

为在长期战略竞争中保持其主导地位，美国要求建立一支有韧性的联合部队。为此，美国启动印太威慑倡议，以促进印太司令部在该地区的作战活动，包括增加演习、航行自由行动和合作伙伴参与的频率和规模。全力支持澳大利亚、英国和美国之间的与安全伙伴关系有关的国防部行动。通过乌克兰安全援助倡议，“精简与乌克兰有关的国防库存采购”等支持乌克兰与俄罗斯对抗。进一步优化美国国防供应采购流程。

美国进一步强化对武器装备的研发采购。《2023 年国防授权法案》授权海军签订一份或多份多年合同，用于采购下一批 10 艘“弗吉尼亚”级潜艇；授权十九亿美元全额拨款采购 LPD－33“圣安东尼奥”级两栖船坞运输舰；授权额外采购一艘 APL－67 兵营驳船的所需资金；将空军需要维护的战斗机总数从 1145 架减少到 1112 架，并允许空军在 2024 财年退役 42 架 A－10 飞机；授权增加对尖端技术的拨款，以提高作战人员的杀伤力和生存能力，包括夜视增强技术和多光谱伪装技术的开发以及“黑鹰”直升机、“阿帕奇”直升机和“支奴干”直升机的性能改进；建立并全额拨款美国国防部和国家核安全局的联合计划，开发一种核武装海射巡航导弹，以应对中国的核突破和俄罗斯的持续侵略；授权增加“LGM－35A 哨兵”“舰队弹道导弹战略武器系统”以及“高超声速目标和对抗”等项目的拨款。

第九章 俄罗斯国家安全战略

俄罗斯将其国家安全定义为“俄罗斯联邦国家利益被保护，免受内外威胁的状态，在这种状态下，公民的宪法权益和自由，他们应有的生活质量和水平，公民的和睦和谐，俄罗斯联邦主权、独立和完整，国家社会经济发展都得到保证。”① 与此相联系，俄罗斯将其国家安全战略定义为，俄罗斯联邦正式采用的关于运用现有资源和潜力，抵御政治、经济、社会、军事、科技、教育、国际、宗教、国防工业、生态、信息以及公共安全等领域的内外威胁，保障个人、社会和国家安全的观点的总和，是俄联邦解决所有安全问题的最高纲领和基本依据。②

俄罗斯成立后，实行多党制政体，国内各派政治势力对安全问题的见解不一。为了在政府层面明确安全政策的基本指针，叶利钦总统以1997年美国的《国家安全战略》报告为参照，签署了第一份《俄罗斯联邦国家安全构想》。2000年，普京总统签署了第二份《俄罗斯联邦国家安全构想》。2009年，梅德韦杰夫将“构想”调整为“战略”，签署《俄罗斯联邦国家安全战略》。普京再次担任总统后，分别于2015年、2021年两次修订出台新的《俄罗斯联邦国家安全战略》。《俄罗斯联邦国家安全战略》是基础性战略规划文件，定义了俄罗斯联邦国家利益和国家战略重点、保障国家安全和可持续发展方面的长期国家政策目标和任务。③

---

① 2021年版《俄罗斯联邦国家安全战略》，http：//docs. cntd. ru/document/607148290。

② 林治远主编：《外国国家安全战略与军事战略教程》，军事科学出版社2013年版，第51页。

③ 2021年版《俄罗斯联邦国家安全战略》，http：//docs. cntd. ru/document/607148290。

根据2014年“俄罗斯联邦战略规划法”明确的要求，《俄罗斯联邦国家安全战略》每六年更新一版，制修订的基本原则包括：（1）利益原则，即确立国家安全目标、制定国家安全政策及措施，均应以国家利益为出发点和最终归宿；（2）依法原则，即所有从事保障国家安全活动的安全部门，均应遵守俄罗斯宪法和法律；（3）系统原则，即将安全作为一个有机系统进行综合治理，保持各类安全的平衡统一和有机联系，并区分先后顺序；（4）优先原则，即根据国家利益和形势发展，确定国家安全的重点目标和政策措施，并为此提供优先条件；（5）现实原则，即从实际出发，根据形势、资源、国力等条件，确定国家安全的目标及任务；（6）暴力原则，即在遵守国际法准则和国家法律的基础上，必要时使用军事力量维护国家安全；（7）协作原则，即根据职能确定各级权力机构和有关部门对保障国家安全的职责与权限，并实现相互配合和协调一致。[①]

第一节　俄罗斯国家安全战略的发展演变

从政策实践看，包括在正式出台《俄罗斯联邦国家安全构想》文件之前的时期内，俄罗斯国家安全战略筹划经历了由理想主义回归现实主义、由拥抱西方回归独立自主的五个不同的发展演进阶段。

一、理想主义的亲西方“一边倒”战略（1991—1993年）

苏联解体后，俄罗斯同西方的关系由冷战时代的敌人一夜之间变成了“战略伙伴”。俄罗斯这种转变理想主义色彩浓厚，希望获得急需的经济和技术援助，实现国家经济振兴，社会脱困，摆脱国内重重危机，恢复世界大国地位。为此，俄罗斯采取“一边倒”的亲西方战略，试图融入西方社会，甚至在裁减战略武器等涉及本国重大利益的问题上也步步退让。

然而，事实证明，俄罗斯亲西方的“一边倒”政策完全是一厢情愿的。西方口惠而实不至，借机限俄、弱俄。俄罗斯不仅没有得到期望的西方援助和平等接纳，反而因步步退让令自身国际地位与影响一落千丈，国

---

① 林治远主编：《外国国家安全战略与军事战略教程》，军事科学出版社2013年版，第52页。

家利益尤其是地缘战略利益严重受损。加之，休克疗法带来的经济和社会混乱，总统与议会之争，车臣等地的民族问题的激化，国内危机重重。

二、东西并重的“全方位”战略（1993—2001年）

自1992年起，俄罗斯重新意识到其利益与西方并非一致，强调推行“双头鹰”外交，逐步提高了战略自主性和“东方外交”的比重。1993年，叶利钦总统批准了《俄罗斯联邦对外政策构想基本原则》，修正了“一边倒”政策，确立了“全方位”战略的指针。1997年批准的《俄罗斯联邦国家安全构想》则强调复兴、维护俄罗斯大国地位，遏制北约东扩，以及扩大同亚太国家的广泛合作。

从实践看，俄罗斯在波斯尼亚、波黑战争、科索沃危机等重大国际问题上不惜与西方抗争；突出民族利益的优先地位，淡化意识形态色彩，将经济外交作为对外战略的基石；积极发展同中国、印度、日本等亚太国家的战略伙伴关系，对冲西方国家的地缘战略压力；维护俄罗斯在前苏联地区的特殊地缘政治利益，反对西方干预地区事务，抵制北约东扩；加入八国集团，在裁军、军控、民主化、市场化转型等方面与美国等西方国家保持合作。

三、“和外强内”的多极化合作战略（2001—2004年）

普京执政后，面对国内乱局，以加强联邦政府权力、寡头、强化重要经济部门控制、税务改革等，迅速稳定了国内政局。2000年修订的《俄罗斯联邦对外政策概念》强调促进多极化发展，维护大国地位。同年修订的《俄罗斯联邦国家安全构想》则强调通过振兴经济增加俄罗斯维护国家安全的综合实力。

从实践看，这一时期俄罗斯国家安全战略更加强调和平与合作，不再盲目追求大国地位，转而追求与主要大国和联盟建立平等互利关系；积极推动北约由集体防御组织向集体安全组织转变；在北约东扩等长期争执不下的问题上选择搁置和妥协的态度，以便为国家发展创造稳定的外部环境。尤其是“9·11”事件发生后，俄罗斯同美国建立了反恐伙伴关系，维持与美欧较高水平的战略协调关系，日俄在“北方四岛”（俄称南千岛群岛）问题上签署《伊尔库茨克声明》。

四、促进多极化发展的大国复兴战略（2004—2014 年）

俄罗斯政局保持稳定、国力迅速恢复，大国意识复苏。由于俄罗斯在前一阶段的合作妥协未能换来西方国家放弃限俄、弱俄的政策，俄罗斯越来越强调“复兴强大俄罗斯”，“确保传统的势力范围”。2009 年出台的《俄罗斯联邦国家安全战略》强调大国政策调整严重威胁其国家安全，北约步步紧逼绝对不能接受。

从实践看，俄罗斯逐渐放弃对美容忍态度，与美国在伊拉克战后重建、反导防御系统、北约东扩、格鲁吉亚冲突、“颜色革命”、打击车臣分离主义力量、人权等问题上矛盾日益加深。尤其是“俄格战争”展示了俄罗斯面对西方战略挤压，不惜一切代价维护国家核心利益的决心和能力。与此同时，俄美在共同利益领域等问题上仍然维持一定协调关系，如进一步削减进攻性战略武器等。为牵制美国及北约，俄罗斯强化与中印等国的战略协作关系，积极强化与韩国、日本等亚太国家经贸合作关系。

五、外攻内守的对西方竞争战略（2015 年至今）

2014 年乌克兰危机的爆发，导致俄罗斯与以美国为首的西方大国陷入冷战结束以来最严重的对立状态。俄罗斯被开除出八国集团，双方在伊核问题、叙利亚危机、委内瑞拉危机、导弹防御系统、《中导条约》等问题上展开一轮又一轮激烈较量。2022 年，俄罗斯与乌克兰更是爆发“二战结束以来最严重的武装冲突”。2015 年、2021 年修订的《俄罗斯联邦国家安全战略》均明确将美国和北约定义为“威胁”，强调“国家间矛盾激化引起动用武力的威胁上升”，将中国视作“保持全球和地区稳定的关键因素”，一方面对美国不惧极限抗争，一方面拉拢欧洲和日本，力求打破孤立和制裁，维护世界大国地位。

从实践看，俄罗斯认为 2014 年和 2022 年爆发的乌克兰危机虽然严重恶化俄欧关系，但双方利益攸关，仍存在缓和关系、恢复和扩大合作余地，对欧洲国家采取打拉结合策略，尽可能分化美欧关系。为了抵消西方对俄罗斯的外交孤立和经济制裁，俄罗斯力图加强与亚太国家尤其是中国的合作。欧亚经济同盟和“一带一路”相互对接，两国战略协作水平在高水平上持续发展提升。与此同时，俄罗斯优先选择中东这一形势复杂的西方核心利益区域下手，出兵叙利亚，塑造新的地区形势，直接威胁西方在该地区的利益，意图迫使其与俄罗斯利益交换，就乌克兰等一系列问题达成妥协，实现双方关系正常化，打破自身被制裁孤立的困境。

面对美国以及北约的战略施压和遏制，俄罗斯认为自身综合实力得到了强化，国际地位也在提升，强调俄罗斯具有坚决维护国家利益的信念和能力。在国内政治领域，普京推进其政治改革，持续高压反腐，增进政府廉洁高效；推动政党制度改革，缓和反对派政治冲击；改革国家治理模式，推动“国家—社会伙伴关系”建设。经济安全方面，面对经济结构弊病、国际制裁等内外压力积极寻求摆脱困境，维护国家经济安全，包括实行地缘东向战略；加强建立独立支付体系应对制裁；运用综合货币手段稳定国内市场；对大型银行和企业全力扶持；部署反危机计划促进重点优势行业发展。社会文化安全领域，严厉打击恐怖主义，对于非法的反对派激进活动坚决惩治；强调维系发展俄罗斯文化与传统道德价值，大力推崇爱国主义教育，发展俄语教育和维系东正教文化。①

第二节　俄罗斯国家安全战略的主要特点

起源于缺乏天然安全屏障的东欧平原，继承沙俄帝国与“超级大国”苏联的战略传统，作为横跨欧亚大陆连接“两洋”“四海”的大国，俄罗斯有其独特的地缘环境、历史传承和民族个性，这赋予其国家安全战略以下四个鲜明特点。

一、地理环境是俄罗斯国家安全战略的出发点

地理环境是理解俄罗斯国家安全战略的关键与核心。俄罗斯起源于地理上缺乏安全屏障的东欧平原，地缘环境十分特殊，既无高山大川可凭，也无雄关要隘可守，是一个典型的易攻难守的地区。由于此地缘环境原因，自伊凡四世开始，俄国历代沙皇基本上都将夺取天然安全屏障和建立空间缓冲地带视为维护国家安全的主要手段，寻求安全是其领土不断扩张的核心驱动力。

---

① 罗英杰等：《俄罗斯国家安全战略研究》，时事出版社 2020 年版，第 241—244、248—251 页。

俄罗斯追求“绝对安全”的过程，也正是其领土扩张的过程。然而扩张在增强原有边界安全的同时又在新的边界制造出更多的威胁与挑战。冷战结束后的俄罗斯，继承了苏联绝大部分的领土和地理边界，这既为俄罗斯提供了巨大的战略回旋纵深，也让其多面承压。其东侧面对咄咄逼人的美日同盟，西侧面对强大的北约和欧盟，南侧则是力量日益上升的中东、中亚等地区，安全威胁在俄罗斯眼中是异常现实和紧迫的，强调和重视安全也就成了俄罗斯战略传统的突出特点。同时，俄罗斯广阔的领土、丰富的自然资源和有利的战略纵深，在历史上成为其与对手抗衡的重要优势，时至今日仍是俄罗斯坚信自身仍为世界大国的重要基础，赋予其国家安全战略鲜明的大国性、进取性。

二、“大国地位”是俄罗斯国家安全战略的基本追求

俄罗斯发展的历史也是其领土扩张的历史，经过不断地开疆拓土俄罗斯成为一个横跨欧亚大陆的地理大国。对于俄罗斯历史上的统治者来说，所追求的不仅仅是国土面积的广大，更是政治、军事、影响力和地位上的“大国”，追求和确保大国地位是俄罗斯坚定不移的战略传统。“巩固俄罗斯联邦作为世界主要大国之一的地位”，“加强俄罗斯作为当今世界有影响力的中心之一的地位”[①] 仍是现在俄罗斯国家安全的重要目标和不懈追求。

大国地位的追求也与俄罗斯独特的宗教文化密切相关。988 年，基辅罗斯大公弗拉基米尔一世接受了基督教东正教，并定为国教，基督教在俄罗斯发展过程中逐渐形成了独特的东正教文化。其中，东正教的“弥赛亚意识”及救世主观念成为俄罗斯民族思想中深层的意识，认为俄罗斯民族具有独特性与优越性，有责任和义务拯救其他国家和民族。俄罗斯民族很久以来就有一种预感“注定负有某种伟大的使命，俄罗斯是一个特殊的国家，它不同于世界上任何别的国家，俄罗斯是神选的，是赋有神性的。这就是俄罗斯的弥赛亚意识，或称为救世主义”。[②] 这构成了俄罗斯传统国家安全观的重要思想内容。

---

① 2021 年版《俄罗斯联邦国家安全战略》，http：//docs. cntd. ru/document/607148290。

② ［俄］别尔嘉耶夫著，汪剑钊译：《俄罗斯的命运》，云南人民出版社 1999 年版，第 1 页。

俄罗斯今天要追求"超级大国"的地位，显然是不现实的，但俄罗斯领导层也认为，维持其大国地位，仍然具有很多客观有利条件。一是俄罗斯仍是地跨欧亚大陆的大国，在地缘上有巨大的优势；二是俄罗斯在独联体内依旧拥有特殊地位；三是俄罗斯发展潜力巨大；四是俄罗斯军事力量在世界仍处于领先地位；五是俄罗斯具有联合国安理会常任理事国地位；六是美国没有能力实行单极统治。因此，俄罗斯认为"巩固加强俄罗斯作为当今世界有影响力的中心之一的地位"是其国家安全战略的应有之义。

三、军事力量是维护俄罗斯国家安全的核心支柱

纵观俄罗斯历史，其绝大多数时期都是一个"偏科"强国，军事上的强势和经济上的相对弱势往往同时集于一身。今天的俄罗斯依然如此，特别是人口萎缩和老龄化加快，进一步限制了俄罗斯作为的空间。俄罗斯对自身"军强经弱"的特点有充分认识。国家安全战略与之相适应，扬长避短，将军事力量作为其大国战略的核心支柱。这既是现实的选择，也是对俄罗斯战略传统的一种延续。

在俄罗斯的国家安全战略中，军事力量不仅是其安全倚仗，也是应对其他领域威胁、实现战略利益的可靠工具，敢于运用军事力量、善于运用军事力量是俄罗斯战略筹划的突出特点。面对新的世界军事政治局势，俄罗斯认为"军事力量作为国际关系主体实现自身地缘政治目标的工具变得愈发重要"。[①] 也正因如此，军事安全在俄罗斯战略排序中通常高于经济安全，造成俄罗斯战略实践中往往出现为军事安全牺牲经济利益的现实操作。

四、"欧洲中心主义"是俄罗斯国家安全战略的底色

俄罗斯发展成为横跨欧亚大陆的广袤国家，其国家中心地处欧亚大陆的结合部，其国家文明形态已打上西方欧罗巴和东方亚细亚文化结合的烙印。"东方与西方两股世界之流在俄罗斯发生碰撞，俄罗斯处在两者的相互作用之中。俄罗斯民族不是纯粹的欧洲民族，也不是纯粹的亚洲民族。俄罗斯是世界的一个完整部分，是一个巨大的东—西方，它将两个世界结

---

① 2021 年版《俄罗斯联邦国家安全战略》，http：//docs. cntd. ru/document/607148290。

合在一起。在俄罗斯精神中，东方和西方两种因素永远在互相角力。”[①]

但是对大部分俄罗斯人来说，欧洲才是文明的归属，是历史的宿命，是文化的纽带，是价值观的吸引，也是发展道路的选择。从彼得大帝推行改革开始，就全面向西方学习，并积极从政治上参与到欧洲事务当中。欧洲情结深藏于俄罗斯的文化、历史之中，向往欧洲几乎是俄罗斯政治精英的本能选择。

当下，尽管俄欧间发生了各种恩怨矛盾，但普京的目光始终没有离开欧洲，甚至在乌克兰危机爆发，俄欧关系急剧恶化的情况下，普京仍然坚称“俄罗斯的价值观与欧洲并没有根本性的差别。我们仍然属于同一文明”。2022 年 2 月乌克兰危机爆发后，俄罗斯与欧洲国家以及美国关系更加急剧恶化，但俄罗斯仍然强调“不认为自己是西方的敌人，不孤立于西方，对西方没有敌意，并期望未来属于西方共同体的国家认识到其对抗政策和霸权野心的徒劳，考虑到多极世界的复杂现实，在主权平等和尊重彼此利益的原则指导下，回归与俄罗斯的务实互动。在此基础上，俄罗斯愿意开展对话与合作”。[②] 正是出于这种情结和愿望，俄罗斯虽然也重视亚太地区，“向东转”的趋势愈加明显，但是刻在俄罗斯文化基因中的“欧洲取向”并不会改变，根本上仍是以欧洲为重。

第三节　俄罗斯国家安全决策的机制体制

与超级总统制政体相匹配，俄罗斯构筑了一套总统高度集权、各职能部门相互制衡、全过程垂直控制的国家安全决策的机制体制。

一、国家安全主要决策和执行机构

（一）总统拥有国家安全事务最高决策权

总统决定国家安全战略的基本方向，直接领导国防部、外交部、对外情报局、联邦安全局等强力部门。国家安全战略的制定、细化和执行、重

---

① ［俄］尼·别尔嘉耶夫著，雷永生、邱守娟译：《俄罗斯思想：十九世纪末至二十世纪初俄罗斯思想的主要问题》，生活·读书·新知三联书店 1995 年版，第 2 页。

② 俄罗斯联邦总统令：《俄罗斯联邦外交政策构想》，2023 年 3 月 31 日。

要人事安排等都需要经过总统的提议、授权或者批准方可开展。对于重大安全事务等，总统还拥有直接决策权。俄罗斯整个国家安全决策的机制体制主要是围绕如何辅佐、保障、贯彻总统的国家安全决策而设计的。

俄罗斯总统拥有广泛的权力，不仅是国家元首与武装力量统帅，还掌握着广泛的行政、立法和人事任命权力。根据2020年修改后的俄罗斯联邦宪法规定，涉及国家安全方面总统拥有的权力包括：全面领导俄罗斯联邦政府，有权主持俄罗斯联邦政府会议；经与联邦委员会协商后任免负责国防、国家安全、内务、司法、外交、紧急情况预防和自然灾害应对问题的联邦执行权力机关负责人（包括联邦部长）；组建保障公共权力机关协同运作和互相配合的俄罗斯联邦国务委员会，确定俄罗斯联邦内外政策的基本方向和国家社会经济发展的优先方向。组建俄罗斯“联邦安全会议”，以协助国家元首行使其职权保护国家利益以及个人、社会和国家安全，维护国内公民的和平与和谐，捍卫俄罗斯联邦主权、独立和国家完整，防止内部和外部威胁；领导俄罗斯“联邦安全会议”；批准俄罗斯联邦的军事学说；为保障行使自己的职权组建俄罗斯联邦总统办公厅；任免俄罗斯联邦总统全权代表；任免俄罗斯联邦武装力量最高指挥部人员等。①

（二）安全会议是总统组织实施国家安全决策的中枢机构

安全会议是在总统领导下咨询、审议和决定外交、安全、军事等基本政策和重大问题的法定机构。俄罗斯国家安全战略、对外政策构想、军事学说等战略文件均须经过安全会议审议、批准后，以总统令形式发布。安全会议主席由总统亲自担任，安全会议秘书由总统任命并向总统负责，常委和委员由总统根据安全会议秘书建议任命，常委拥有表决权，其他委员无表决权。现任常委除总统以外还包括：安全会议副主席、政府总理、总统办公厅主任、国家杜马主席、外交部长、国防部长、内务部长、总统特别代表、安全会议秘书、联邦安全局局长、对外情报局局长等。通常，安全会议每季度召开一次全会，常委每周召开一次会议，也可视情召开临时会议。安全会议的相关决定获半数以上常委赞成时通过。

安全会议是重要的安全事务协调机构，不仅是总统在国家安全事务上的私人议事机构，而且是法律固化下来的重要决策机构，在这个平台上，

---

① 於海梅：《2020年〈俄罗斯联邦宪法〉修改前后文本对照》，《法治现代化研究》2020年第4期，第172—173页。

各国家安全机构的部门首脑就重大问题展开讨论，达成一致，绝大多数关于俄罗斯国家安全事务的重大决策都是在这里讨论、形成并实施的。

（三）总统办公厅是辅助总统实施国家安全决策的主要协调机构

安全会议秘书领导总统办公厅的独立分支机构——安全会议机关，每周与总统会晤一次，主要从安全角度帮助总统协调国际战略的决策过程，监督国家安全战略的实施。总统对外政策助理、总统办公厅下属的对外政策局则从政治外交角度帮助总统协调国家安全决策过程，监督相关政策实施。安全会议秘书和总统对外政策助理的权限在具体问题上出现交叉时，总统办公厅主任可以视情予以协调。

（四）外交部、国防部等联邦政府部门是国家安全决策的执行机构

根据俄罗斯联邦宪法规定，联邦政府相关部门的主要职能是贯彻、执行总统的国家安全决策。包括联邦政府总理在内的相关部门领导人均为安全会议的常委或者委员，在此限度内可以参与总统领导下的国家安全决策过程。但是，国防部、外交部、联邦安全局、对外情报局、总参谋部等政府部门本身在现行国家安全决策体制集中中的作用相对有限，主要发挥情报保障、政策建议、方案准备等功能。其中，外交部主要参与对外政策构想等政策文件的准备，国防部和总参谋部主要参与军事学说等政策文件的准备，联邦安全局、对外情报局等主要发挥搜集情报、研判威胁、提出对策等功能。

（五）立法机构对国家安全决策具有一定的审查、监督权

根据俄罗斯联邦宪法规定，联邦委员会和国家杜马可以通过控制预算、批准国际条约、组织听证会等对国家安全决策和执行发挥一定审查、监督作用。但是，超级总统制下，这一作用相对有限。俄罗斯的国家决策机制导致了国家决策权力配置在横向、纵向和强力部门间的不平衡特点，横向不平衡是指总统相对于其他权力分支更集权，纵向不平衡是指中央相对于地方权力机关更集权，部门间权力不平衡是指强力部门权力相对集中。这体现出总统集权、中央集权、强力部门权力集中的特点，从而致使各权力机关之间相互制衡能力较弱。①

① 初冬梅：《当代俄罗斯国家决策机制研究》，中国社会科学出版社 2017 年版，第 157 页。

二、其他国家安全相关的组织机构

（一）大型企业等利益集团对国家安全决策施加重要影响

俄罗斯天然气公司、俄罗斯石油公司、俄罗斯国家技术集团等大型国有公司，贡沃集团、俄罗斯管道建设联合体、阿尔法金融投资集团等大型私有公司，掌管着俄罗斯经济命脉，拥有巨大海外利益，形成重要利益集团。这些利益集团的领导层往往凭借与俄罗斯领导层的密切关系，渗透甚至直接参与国家安全决策和执行过程，对国家安全战略和重要施策产生重要影响。

（二）对外政策智库对国家安全决策也发挥一定影响

莫斯科国际关系学院、俄罗斯世界经济与国际关系研究所、俄罗斯战略研究所、俄罗斯国际事务委员会、俄罗斯外交与国防政策委员会、莫斯科卡内基中心等官方、半官方、民间智库通过专家咨询、政策建议、舆论引导、出任公职等方式，对俄罗斯的国家安全决策施加一定影响。

三、俄罗斯国家安全决策模式

俄罗斯国家安全决策采用战略、事务、危机三种决策模式。战略决策涉及战略制修定等重大议题，通常由总统提出决策动议，然而由上至下层层讨论、细化完善后，再交由总统批准。事务决策涉及国家安全政策执行过程中出现的新情况等重要议题，通常由下而上层层请示、逐级审议，仅在职能部门无法解决时提交总统裁夺。危机决策涉及突发威胁等紧急议题，通常在总统领导下，以安全会议常委为主，吸收相关职能部门领导，小范围而高效率地实施决策。

安全会议是在俄罗斯国家安全事务的决策与实施上享有最高权力的常设性机构，而临时性机构通常在联邦安全会议内部设立，以应对突发性的国家安全危机。通常情况下决策程序一般是安全会议科学委员会提出问题和讨论问题，向安全会议秘书报告审议结果，在跨部门委员会上进行审议，安全会议秘书将审议结果向总统汇报，安全会议机关准备决策方案，提交安全会议审议，决策方案一般都根据工作程序由安全会议成员表决通过。在危机状态下，安全会议运用“紧急决策体制”：安全会议秘书直接向总统汇报形势，分析、预测相应的政治行动方案，总统进行最终决策后，由安全会议秘书负责贯彻执行。安全会议秘书在俄罗斯国家安全事务中扮演着重要角色。①

第四节 当前俄罗斯国家安全战略的主要内容

2021年7月2日，俄罗斯联邦总统普京签署第400号总统令，批准了新版《俄罗斯联邦国家安全战略》。2021年版《俄罗斯联邦国家安全战略》分为“总则”“当今世界中的俄罗斯：趋势与机遇、俄罗斯联邦的国家利益和国家战略重点”“保障国家安全”“执行战略的组织基础和机制”五大部分。②

一、威胁判断

2014年围绕乌克兰和克里米亚问题，俄罗斯与西方爆发尖锐矛盾，美国及欧盟对俄罗斯采取了严格制裁措施，2015年版《俄罗斯联邦国家安全战略》发布时，制裁效果尚未完全显现，故俄罗斯对安全环境和国际局势的看法还保留些期许。至2021年，俄罗斯与西方国家的关系并未好转，且制裁愈发严厉，在政治、经济、历史文化、意识形态、外交、军事等各个领域龃龉不断。

对于国家安全环境及国际战略形势，俄罗斯的判断趋于谨慎悲观。认为当今世界正经历转型期，国际格局处于变化之中，世界体系新的架构、规则和原则正在形成，而由于西方国家为维护自身霸权、经济发展模式和方式的危机、各国发展不平衡等因素，导致国际机构影响力式微以及全球安全体系有效性降低。俄罗斯的总体判断是当前世界愈发动荡，地缘政治紧张不断加剧。经济方面，世界主要经济体陷入萧条和衰退，市场和资源争夺日趋激烈，不正当竞争、保护主义、制裁措施日益普遍。地缘政治方面，动荡和冲突加剧，动用武力的威胁上升，国际法准则和原则动摇，军事政治形势恶化。外交方面，俄罗斯被孤立，提升多边合作效率受到阻

---

① 李文良编著：《国外主要国家和区域组织安全体制研究》，厦门大学出版社2020年版，第58页。

② 2021年版《俄罗斯联邦国家安全战略》，http：//docs. cntd. ru/document/607148290。

碍，引发国际安全系列问题。国防军事方面，新的全球和地区力量中心激烈争夺势力范围，军力工具愈发重要；一些国家对俄罗斯和盟国伙伴进行武力施压、侦查、演习，加剧了军事风险；美国有关行为对战略稳定和国际安全构成威胁，原苏联冲突地区、中东地区、北非地区、阿富汗和朝鲜半岛紧张局势继续升级。

关于国际秩序和国际体系，俄罗斯认为当前联合国和其他多边机构受到严重压力，其作为协调主要大国利益的平台的作用被人为贬低。国际法律体系正在经受考验：少数国家试图用基于规则的世界秩序概念取而代之（强加规则、标准和规范，相关国家的平等参与制定没有得到保障）；对跨国挑战和威胁采取集体应对措施变得更加困难；国际领域的对话文化正在退化，外交作为和平解决争端手段的效力正在下降；国际事务严重缺乏信任和可预测性。①

国际局势恶化蔓延威胁到俄罗斯国家安全，包括西方国家在价值观、历史观和文化领域对俄罗斯开展信息战，利用经济问题打破俄罗斯内部团结，有针对性地实施遏制政策等。② 俄罗斯将美国及其西方盟友和国家视为最重要安全威胁："美国及其卫星国以俄罗斯以保护在乌克兰方向的切身利益为借口，加强多年来的反俄政策，发动新型混合战争，以削弱俄罗斯，包括文明角色、实力、经济和技术能力，限制其外交和国内政策主权，以及破坏其国家领土完整。"③

相对于对国际局势评估的动荡不安，俄罗斯对国内安全境况估计较为积极，认为国内社会团结加强，公民自我意识强化，保护传统精神和道德价值观的意识增强，国内恐怖主义活动频率大幅下降，外部势力干预俄罗斯内政的图谋被有效阻止，抵御制裁显示其经济稳定性，粮食和能源安全水平提高等。新的世界体系架构、规则和原则的形成，给俄罗斯带来威胁挑战的同时，也带来了机遇。俄罗斯仍基于多边主义立场，巩固和发展普遍性的国际机构，协调各方利益，加强安全合作，以便"为国家的可持续社会经济发展创造有利条件，加强国家安全，巩固自身作为当今世界有影

---

① 俄罗斯联邦总统令：《俄罗斯联邦外交政策构想》，2023 年 3 月 31 日。

② 2021 年版《俄罗斯联邦国家安全战略》，http：//docs. cntd. ru/document/607148290。

③ 俄罗斯联邦总统令：《俄罗斯联邦外交政策构想》，2023 年 3 月 31 日。

响力中心之一的地位”。[①]

二、国家利益、国家战略目标和战略重点

考虑到世界局势和自身发展趋势，俄罗斯将其国家利益界定为：（1）保障俄罗斯人民，开发其潜力，提高公民的生活质量和福利水平；（2）捍卫俄罗斯宪法制度、主权、独立、国家和领土完整，巩固国防；（3）维护公民内部和谐，加强法制、消除腐败，保护公民财产安全，发展国家与公民社会之间的协作机制；（4）确保信息空间发展安全，保护俄罗斯社会免受破坏性信息和心理影响；（5）使俄罗斯经济在新技术基础上可持续发展；（6）保护环境，保护并合理利用自然资源，应对气候变化；（7）强化俄罗斯传统精神和道德价值观，传承俄罗斯的文化与历史遗产；（8）维护战略稳定，巩固和平与安全，巩固国际关系法律基础。

为保障上述国家利益，俄罗斯将其国家安全战略的重点领域及目标规定如下：（1）人民发展潜力保障领域，旨在确保俄罗斯人口可持续自然增长、提高生活质量、增强国民健康、减少贫困人口、降低社会和财产不平等程度、提高居民教育水平、培养均衡发展和有社会责任感的公民；（2）国防领域，旨在为国家社会经济的和平发展创造条件并确保军事安全；（3）国家公共安全领域，旨在维护国家宪法制度，保障国家主权、独立和领土完整，捍卫公民的基本权利和自由，加强社会和平、和谐与政治稳定，完善国家与公民社会之间互动机制，加强法治，消除腐败，保护公民及所有形式的财产和俄罗斯传统精神及道德价值观免受非法侵害，保护公民和领土免受自然和人为原因导致的紧急情况影响；（4）信息安全领域，旨在巩固俄罗斯联邦在信息领域的主权；（5）经济安全领域，旨在加强国家经济主权，提高俄罗斯经济竞争力和抵御国内外威胁的能力，为经济增长创造条件，使经济增速高于世界平均水平；（6）科技发展安全领域，旨在确保国家技术独立性和竞争力，实现国家发展目标和落实国家战略重点任务；（7）生态与自然资源安全领域，旨在确保人类生活所需的环境质量，保护和恢复自然环境，平衡利用自然资源以及减轻气候变化的负面影响；（8）俄罗斯传统精神和道德价值观、文化和历史记忆保护领域，

---

① 2021 年版《俄罗斯联邦国家安全战略》，http：//docs. cntd. ru/document/607148290。

旨在在全俄罗斯公民身份的基础上加强各民族团结，维护传统普遍原则和价值意义的社会发展方针；（9）战略稳定和国际合作领域，旨在为国家社会经济可持续发展创造有利条件，加强国家安全，巩固俄罗斯作为当代世界有影响力中心之一的地位。

三、国家安全战略途径和手段

为实现维护国家安全，俄罗斯在上述九项战略重点中都针对性制定了落实手段、政策及任务。人民及其发展潜力保障领域，俄罗斯通过组织实施各种国家社会经济政策来确保国民过上体面生活、获得自由发展，以及增强国民健康、延长寿命、降低死亡率、改善住房条件和扩大获得优质教育机会。

俄罗斯认为“军力作为国际关系主体实现自身地缘政治目标的工具变得愈发重要”，其国防领域的战略手段是，在军事政策实施框架内，形成战略遏制态势并防范军事冲突，完善国家军事组织和俄罗斯联邦武装力量、其他部队、军事组织和机构的应用形式和行动方法，提高动员准备水平、民防部队及设施的准备水平。

在维护国家公共安全领域，俄罗斯推行一系列加强国家作为个人安全和财产权保障者地位的措施，提高执法和情报机构在保护宪法制度基础和公民人权及公民自由的工作效率，完善统一的国家预防犯罪体系，确保有罪必惩的原则得到落实，在社会上形成对非法活动零容忍的氛围。

在信息安全领域，巩固信息空间主权，俄罗斯采取的主要手段有：提高信息基础设施的安全性及运行稳定性，发展应对信息安全威胁的体系，预防和防止信息技术犯罪和违法活动，降低非公开和个人信息泄露风险，发展用于信息对抗的力量和手段，打击对俄罗斯公民和社会实施破坏性信息影响的行为，加强国际合作，加强国内官方机构与民间社会组织协作；等等。

在经济安全领域，俄罗斯致力于推动经济结构从初级原材料和农产品出口向深加工的转变，发展技术更新、利用低碳技术等途径推动经济结构调整，提高竞争力和稳定性。实施有助于巩固俄罗斯科学、技术、生产和资源潜力的大型投资和创新计划及项目，并采用新的先进科学技术；消除经济和地区发展的不平衡，摆脱基础设施制约，构建独立的金融体系，发展创新活动，增加俄罗斯联邦的竞争优势，完善经济发展战略以及提高国家经济监管效率。俄罗斯保障经济安全在强调依靠国内潜力独立解决面临任务的同时，也注意保持与其他国家互利合作的开放性。

在科技发展安全领域，俄罗斯认为，科技发展的领先地位正成为提高竞争力和确保国家安全的关键因素之一，需要鼓励科学、技术和创新活动，增加对此类活动发展的私人投资，并加速应用其生产成果，确保国家的技术独立性和竞争力。在生态与自然资源安全领域，俄罗斯采取保持符合环境标准的空气和水的质量，复耕受损土地，恢复土壤和水体环境，增加造林面积，消除累积的环境破坏，增强公民环保意识，发展国际合作等手段措施。为保护传统精神道德价值观、文化和历史记忆，俄罗斯既鼓励与支持传承、宣传和弘扬传统精神道德价值观、文化和历史记忆的政策、行为与项目，也采取措施打击、抵御破坏性的活动，巩固大众意识中的俄罗斯传统精神道德价值观、文化和历史记忆。

为实现战略稳定与互利的国际合作，俄罗斯奉行连续、独立、多方位、开放、可预测和务实的外交政策，在遵守国际法准则的基础上确保国际关系体系的稳定，加强联合国尤其是联合国安理会在解决全球和地区问题中的核心协调作用。俄罗斯认为有必要完善维护战略稳定、军控、防止大规模杀伤性武器及其运载工具扩散的机制，遵守建立信任的措施。俄罗斯致力于使用政治手段，主要是外交与维和机制来解决国内和国际冲突。如果他国采取威胁俄罗斯主权和领土完整的不友好行为，俄罗斯认为采取对称和非对称措施反制是必要的。

四、俄罗斯国家安全战略发展趋势

通过观察分析俄罗斯近些年来的战略举动，可以看出俄罗斯在国家安全战略上的内倾化趋向，逐渐将战略关注点从外部转向内部，尤其是在实施中，意图通过稳固国内，打造安全的国家“堡垒”以对抗外部施压，以内驭外。2021 年版《俄罗斯联邦国家安全战略》中将“保障俄罗斯人民和发展人的潜力”置于战略重点首位，并将经济领域所追求的战略重点由此前的“经济增长”改为了“经济安全”，目标首先是“巩固国家经济主权，提高俄罗斯经济的竞争力及其抵御国内外威胁的能力”，其次才是“为经济增长创造条件”。俄罗斯主张“依靠国内潜力，独立解决俄罗斯面临的任务”，同时仅把“保持与其他国家互利合作的开放态度”视为保障安全的一个重要条件。[①] 普京在2021年瓦尔代国际辩论俱乐部发表讲话里强调的一个重要观点是“国际秩序是围绕民族国家构建的”，他批驳了“国家作用已经过时”的观点，并指出：“只有主权国家才能有效应对时代挑战和公民诉求。因此，任何有效的国际秩序都应该考虑到国家的利益和能力并以此为基础，而不是试图证明国家不应该存在。”面对美国为首的西方世界对俄罗斯的持续制裁打压，西方国家的敌对敌视让俄罗斯对双方之间的关系缓和不再抱有希望，对国际形势改善也不再有任何幻想，故强调“俄罗斯的长期发展和世界定位取决于其内部潜力和价值体系的吸引力”。

2022年乌克兰危机的爆发，致使俄罗斯面临的国家安全环境更加恶化，国家安全威胁和压力剧增。冲突爆发后美西方对俄制裁措施与数量呈指数增长，制裁范围涉及金融、能源、贸易、科技、资产、粮食、交通、网络、文化、人员和国防等各领域。并且，在冲突后的制裁中，西方世界表现出了空前团结与凝聚力，行动迅速，参与制裁的主体极其多样，包括众多国际组织、跨国企业、非政府组织、科教文体机构等。由于受到制裁与孤立，俄罗斯安全、经济、政治、社会等各领域均受重挫，所承受的压力急剧增大。乌克兰危机进一步激化俄美欧之间战略矛盾的同时，也强化了俄罗斯以军事手段为重要支撑推进大国复兴的决心，并为此力图巩固与中国之间的全面战略协作伙伴关系、加大其在前苏联空间的地缘战略布局。

一是战略关注点继续聚焦传统地缘斗争。由于俄罗斯遭受极限制裁打压，其综合国力和发展潜力受损严重，俄罗斯将进一步把国家安全战略重心放在巩固其国内政治、经济和社会安全及周边地缘环境安全上。俄罗斯的国家安全观具有强烈的地缘政治色彩，地理位置因素起着重要影响，其外交政策的地区优先方向有着明显的层次结构，“独联体”国家和周边始终是其第一优先方向。时至今日，在后苏联空间中，波罗的海三国与俄罗斯早已形同陌路，土库曼斯坦、格鲁吉亚、乌克兰相继退出独联体，而剩余的后苏联空间国家并不太平，俄罗斯竭力维持其控制影响力，俄罗斯依靠俄白联盟、集体安全条约、独联体及欧亚经济联盟等组织框架推动地区

---

① 2021年版《俄罗斯联邦国家安全战略》，http：//docs. cntd. ru/document/607148290。

一体化。

二是继续奉行以军事手段为主要支撑的大国战略。严峻的军事斗争形势将迫使俄罗斯加大对军事领域的资源投入占比，而这势必进一步恶化综合实力的长远发展，加大在筹划和维护国家安全时对军事手段的倚重。

三是进一步强化以美国为首要对手的战略定位。乌克兰危机彻底打破了俄罗斯对美国尚存的幻想，加深了两国的对峙。双方在国际秩序、地缘战略等一系列问题上的根本矛盾难于消解，俄罗斯将强化以美国为首要对手的战略定位。

四是进一步重视将欧亚联盟作为支撑其世界“独立一极”的战略基础。由于一部分国家因乌克兰危机导致“离心”倾向进一步上升。近些年来，欧盟及美国加大了对中亚地区的介入力度，表现出对这一地区更加浓厚的兴趣，先后出台战略文件，指出中亚地区的战略地理位置、能源、市场及地区安全利益使得其成为“欧盟日益重要的合作伙伴”，“对美国国家安全利益至关重要的地缘战略地区”。面对新形势，俄罗斯需要付出更大精力和资源，以欧亚联盟为抓手，推进独联体一体化进程。

五是更为高度重视中俄全面战略协作伙伴关系。俄罗斯清晰地认识到与中国之间的战略协作是推动建立多极化世界的必要和重要条件，将积极谋求提升双方战略协作水平，纾解自身安全和发展困境。俄罗斯认为，对于实现战略目标和完成俄罗斯外交政策的主要任务特别重要的是全面深化与位于欧亚大陆的友好的全球权力和发展主权中心的联系和协调。为确保安全、稳定和可持续发展，俄罗斯将继续积极与中国发展各领域合作，共同应对全新威胁与挑战，解决全球和地区问题。

第十章　日本国家安全战略

根据日本的通行定义，国家安全战略在内涵上特指“遏制或排除外部军事的或非军事的威胁和侵略的方略”①，在外延上特指“设定国家安全政策的基本理念、目标，并指明相关目标实现方法的综合性战略文件”②。出于战败而形成的“战争禁忌”以及“和平宪法”限制，日本在第二次世界大战后历来注重从安全角度而非单纯的军事角度筹划如何遏制或排除威胁和侵略。1957 年日本制定的《国防基本方针》的第二条强调“稳定民生、激发爱国心，以确立保障国家所需的安全基础”。1970 年的首版日本《防卫白皮书》则指出，“为了保障国家的安全，需要界定军事政策与非军事政策特别是政治与军事、外交与军事之间的关系，实施相互协调一致的政策”。与此同时，由于国家安全这一概念的“自主安全”色彩③，有违日本所标榜的“国际协调主义”立场，而且日本在安全上一直高度依赖日美同盟，日本很长时间并未出台《国家安全战略》，相关内容散见于《国防基本方针》《防卫计划大纲》《日美防卫合作指针》以及官方、半官方智库报告等战略文件中。直到 2013 年，日本才出台首份《国家安全战略》，将其定位为指导外交、防卫等政策的基本方针。2022 年，日本出台新版《国家安全战略》，将其定位为广泛指导外交、防卫、经济安全、技术、网络、海洋、太空、情报、政府开发援助、能源等政策的战略指针，而且还配套

---

① 防衛学会、『防衛用語辞典』、朝雲新聞社 1980 年版。转引自自林治远主编：《外国国家安全战略与军事战略教程》，军事科学出版社 2013 年版，第 86 页。

② 防衛大学校安全保障学研究会、『新訂第 5 版安全保障学入門』、亜紀書房 2018 年版、第 436 頁。

③ 広島市立大学広島平和研究所、『平和と安全保障を考える事典』、法律文化社 2016 年版、第 255 頁。

出台了“国防战略”，以取代《防卫计划大纲》，并将“中期防卫力量整备计划”升格为“防卫力量整备计划”，构建起一套涵盖国家、国防、军事三个层面的比较完备的战略体系。

第一节　日本国家安全战略的发展演变

从政策实践看，包括“国家安全战略”文件出台前的时期在内，日本的“国家安全战略”战后经历了从消极到积极、从静到动、从淡化军事到突出军事的以下五个演进阶段。

一、恢复主权后的“消极安全战略”（1945 年至 20 世纪 50 年代）

日本国家安全战略的原型，是作为战败国在 20 世纪 40 年代后半叶到 50 年代初的被占领期形成的①。1945 年战败后，日本被美军占领，并在美国主导下于 1946 年制定了“和平宪法”。其中，第九条规定：“日本国民衷心谋求基于正义和秩序的国际和平，永久放弃以国权发动所谓战争、武力威胁或者武力行驶作为解决国际争端的手段。为达到前项目的，不保持陆海空及其他战争力量。不承认国家的交战权。”② 对于美国在占领初期推进的“非军事化”和“民主化改革”政策，日本有选择地予以积极配合，力图存续以天皇为核心的“国体”。1947 年冷战格局形成后，日本主动提出同意美军长期驻留冲绳，并愿意提供基地的“吉田构想”。朝鲜战争爆发，日本地缘战略价值急剧上升，遂趁机以对美承诺重整军备、提供军事基地等为交换条件，与西方阵营签订了片面媾和的“旧金山和约”。1951 年 9 月 8 日，签订“旧金山和约”的同一天，日美在旧金山市的一座美军军营内签订了旧《日美安保条约》。其中，第一条规定：“在和约和本条约生效之日，由日本授予、并由美利坚合众国接受在日本国内及周围驻扎美国陆、空、海军之权利。此种军队得用以维持远东的国际和平与安全和日

---

① 日本战后 70 年编委会编：《日本战后 70 年：轨迹与走向》，中国社会科学出版社 2015 年版，第 92—106 页。

② 日本国驻华大使馆：《日本国宪法》（暂译），2020 年 4 月 1 日，https：//www.cn.emb - japan.go.jp/itpr_zh.kepo_zh.html。

本免受外来武装进攻之安全，包括根据日本政府的明显要求，为镇压由于一个或几个外国之煽动和干涉而在日本引起的大规模暴动和骚乱所给予的援助。”[①] 日本由此以部分出让主权的形式结束了被占领状态，并得以重返西方自由贸易体系。而后为了优先经济重建，同时避免过度刺激邻国，从而恶化其周边安全环境，日本又巧妙地以“和平宪法”为挡箭牌抵制来自美国的大规模军备要求。1957 年日本出台的《国防基本方针》规定：支持联合国活动，谋求国际协调，以实现世界和平；稳定民生，以建立国家安全的基础；整建有效的防卫力量；以日美安全保障体制为国防基调。[②] 这一时期，日本推行的实际是“吉田路线”[③] 的“轻军备、安全靠美”的“消极安全战略”。

二、发展优先的“协调安全战略”（20 世纪 60 年代至 70 年代）

岸信介政府 1960 年与美国签署新《日美安保条约》，删除了美军有权镇压日本国内暴动和骚乱的“戡乱条款”，明确了美军对日协防义务，并在条约附件换文中规定，涉及驻日美军的重要部署变更、重要装备变更以及由日本出发实施的作战行动，美国须与日本政府进行事前协商。[④] 日本安全主权由此部分得到恢复，但是其以基地换保护，军事上依赖美国保护的安全战略基本框架，并未改变。随后上台的池田政府，为了修复弥合因（抗议修订新《日美安保条约》而爆发的）“安保斗争”而造成的严重社会裂痕，确立了淡化安全议题、优先发展经济的“池田路线”，带动日本快速迈向经济大国。经济规模的迅速扩大，使得日本军费虽然快速增长，但军费在国民生产总值中占比却持续下降，同时也为其以经促政，恢复、改善与中韩东盟等邻国或组织的安全互动关系创造了有利条件，实际上进一步巩固了“吉田路线”所确立的安全战略基本框架。美国加大介入越战后，日本国内反美反战情绪高涨。佐藤政府一方面出台“武器出口三原

---

① 《国际条约集（1950—1952）》，世界知识出版社 1959 年版，第 393—394 页。

② 日本国防卫省：《日本防卫政策简介》，2023 年 4 月，https：//www. mod. go. jp/en/d_act/d_policy/pdf/chinese. pdf。

③ 名字源自第二次世界大战后担任日本首相长达七年，并确定日本战后政策基本发展方向的吉田茂。

④ 防衛大学校安全保障学研究会、『新訂第 5 版安全保障学入門』、亜紀書房 2018 年版、第 453 頁。

则”“无核三原则”等加以安抚民意，另一方面又通过承诺回归后不损害冲绳战略功能，签署同意美国运进核武器“密约”等方式，于 1971 年顺利收回冲绳的“行政权”。由于美国因越战失败而实行战略收缩，要求其亚洲盟友承担更大责任，日本战略自主意识抬头，尝试由消极防御走向积极防御。1970 年出台的日本首版《防卫白皮书》虽然将其安全政策正式定义为“专守防卫”，但防卫厅长官中曾根康弘公然鼓吹“自主防卫”和扩军抗苏。不过，在中美日和解、亚太安全形势一度缓和的背景下，日本的安全战略总体上仍比较克制。1976 年出台的日本首版《防卫计划大纲》提出平时仅保留可独立应对“有限小规模侵略”所需最小限度军力，当情势发生重大变化时，又可迅速加以扩充的“基础防卫力量构想”，实际上是将备战基点从“有限侵略”降低为“有限小规模侵略”，超出这一限度外的侵略事态则待美军前来协防，与其联手应对[①]。1978 年出台的首版《日美防卫合作指针》规定日美的防卫分工合作方式，规定日本负责本土防御和海峡封控，美国负责提供“核保护伞”和攻势作战。这一时期，日本实际上推行的是一方面逐步恢复安全自主性，另一方面又避免被动和深入卷入美国对外冲突的“协调安全战略”。

三、走向大国化的“综合安全战略”（20 世纪 80 年代至 90 年代初）

进入 20 世纪 80 年代，日本经济规模一度高达世界的 15%，大国化意识逐渐抬头，在大平首相的推动下，于 1980 年出台了《综合安全保障战略》报告，强调“安全是保护国民生活免遭各种威胁。为此需要从三个层次努力：旨在总体改善国际环境，根除各种威胁的努力；旨在应对威胁的自助努力；作为中间环节，旨在与理念、利益相同的国家合作守卫安全，以局部改善国际环境的努力”。该报告试图在一定程度上修正“吉田路线”的安全战略思想，但是仍然强调采取经济等非军事手段维护国家安全。与之相比，在中曾根首相推动下，和平问题研究会于 1984 年出台的《国际国家日本的综合安全保障战略》报告，大幅改变了“吉田路线”的“重经济轻军事”倾向，给予军事手段以充分重视。该报告强调：随着军事上两极化，政治和经济上多极化的发展，太平洋地区重要性日趋重要，各国对

---

① 防衛大学校安全保障学研究会、『新訂第 5 版安全保障学入門』、亜紀書房 2018 年版、第 433 頁。

本地区争夺加剧。日本应该更多地参与制定世界政治政策，发挥日本经济优势，注重加强军事能力，以综合应对国内外威胁，保证资源、能源、粮食等供应安全，维护地区和平与日本安全。在上述思潮下，铃木政府正式确认日美为"同盟关系"，提出"千（海）里海上交通线防卫"；中曾根政府提出"日本列岛不沉航母"和战后"总清算"，推动 1987 年军费预算突破 GDP 1% 上限，决定参与美国"战略防御计划"，解除对美转让武器技术限制，与美国共同研发新一代战斗机，力图构筑日美特殊同盟关系，并首次在威廉斯堡西方七国集团首脑峰会上主导中程导弹军控这一全球性安全议题。① 日美同盟的制度化、实质化进程明显加速。日本还在 1983 年版《防卫白皮书》正式提出"海上破敌"的作战思想，修改了以本土为防御重点的"刺猬战略"，强调要变"本土防空""近岸歼敌""内陆持久反击"为"广域防空""确保远海综合制权""歼敌于水际滩头"，军事政策的攻势化色彩显著加大。这一时期，日本实际上推行的是以大国化意识为背景，综合采用军事、外交、经济等手段积极维护国家安全的"综合安全战略"。

四、主动作为的"能动安全战略"（20 世纪 90 年代至 21 世纪初）

冷战结束后，日本认为其安全环境大幅改善，一度尝试适度脱美自立。然而，随着海湾战争、朝核危机、第三次"台海危机"等先后发生，日本转而积极推动日美向"地区主导型同盟""全球介入型同盟"发展，对中国战略戒备意图也日趋凸显。日本 1991 年首次将自卫队派往海外，赴海湾地区扫雷，并于 1992 年制定了《联合国维和行动合作法》，谋求以军事手段作出"国际贡献"。1995 年修订的《防卫计划大纲》虽然继续沿用"基础防卫力量构想"，但强调日本的安全不能局限于狭义的自卫，而应采取能动安全政策，运用自卫队促进"世界和平"，并为此决定协助美国应对"周边事态"，且取消了日美联手应对"对日侵略"的事态规模限制②。1997 年修订的《日美防卫合作指针》提出日美将研究制订针对对日侵略事

---

① ［日］藤原彰著，张冬等译：《日本军事史》，解放军出版社 2015 年版，第 335—346 页。

② 1976 年《防卫计划大纲》规定，局部小规模"侵略"原则上由自卫队独立应对，超过自卫队独立应对能力的"侵略"与美国协同应对；1995 年《防卫计划大纲》规定，无论何种规模的何种直接侵略事态，均会与美军联手应对。

态的联合作战计划和周边事态的协同计划，明确周边事态发生时日本将为美军提供必要的新场地设施、后方支援、情报保障、警巡、扫雷等便利和帮助。“9·11”事件发生后，以支持美国“反恐战争”为名，日本自卫队开始大步走向海外。2004年修订的《防卫计划大纲》大幅修改了“基础防卫力量构想”，除传统国土防卫外，还将“改善国际环境”列为安全战略目标，并且视国际反恐、防止大规模杀伤性武器和弹道导弹扩散等等优先安全课题，强调多能、弹性、实效地应对多元化威胁。以2004年《防卫计划大纲》为分界，日本的国家安全战略方针由自助努力与日美同盟两大支柱变更为自助努力、日美同盟、国际合作三大支柱。与此同时，日本也越来越多地渲染“中国威胁”，接连发出警戒信号、出台“岛屿防卫”等对华防范施策，并以应对“朝鲜威胁”为借口于2007年基本完成了日本的反导能力体系建设。① 这一时期，日本实际上推行的是以国际贡献和对美贡献为主要手段，主动推进大国化进程的“能动安全战略”。

五、突出军事的“积极安全战略”（21世纪前十年至今）

进入21世纪前十年，亚太地区大国博弈日趋凸显，日本与周边国家龃龉不断，日益视中国为“战略对手”。尤其是在民主党执政时期，中美日三边关系经历了急剧的亲疏分化过程。在这种背景下，2010年修订的《防卫计划大纲》彻底放弃“基础防卫力量构想”，转而提出“动态防卫力量构想”，强调静态地拥有防卫力量不足以维护国家安全，而应该从平时就注重采用情报收集、警戒监视、侦察等多个种形式动态化运用防卫力量，以展示其意图和高水平军事能力，提高威慑和防卫效果，无缝应对从大规模武装侵略到围绕领土和经济权益而发生的介于平战之间的“灰色事态”等各种事态。② 自民党重新执政后，日本于2013年效仿美国首次出台《国家安全战略》，以取代1957年制定以来延续五十六年之久的《国防基本方针》。该战略将其国家利益界定为：主权独立、领域（含领土、领海、领空）安全、国民生命身体财产安全；传承文化传统、尊重自由和民主的国

---

① 日本战后70年编委会编：《日本战后70年：轨迹与走向》，中国社会科学出版社2015年版，第92—106页。

② 防衛大学校安全保障学研究会、『新訂第5版安全保障学入門』、亜紀書房2018年版、第426頁。

家的和平、安全与存续；经济发展与国家繁荣；基于自由、民主、基本人权、法治等普遍价值和规则的国际秩序。为实现上述国家利益，日本强调将基于“国际协调主义”的“积极和平主义”，谋求强化威慑能力和处置威胁能力，确保日本自身和平与安全；强化日美同盟、与亚太域内外伙伴国的互信合作，改善地区安全环境；推动基于普遍价值和规则的国际秩序、解决争端，改善全球安全环境。[①] 日本据此一揽子出台了“新安保法”，解禁了“集体自卫权”，并且先后提出“联合机动防卫力量构想”“多域联合机动防卫力量构想”，积极推进旨在打造多层次安全合作盟友伙伴网络的“印太战略”。2022 年，日本制修订新版《国家安全战略》，并且废止了 1976 年以来延续 46 年之久的《防卫计划大纲》制度，首次效仿美国国防战略，制定威胁对抗型的《国家防卫战略》，将《中期防卫力量整备计划》升级为《防卫力量整备计划》。新版《国家安全战略》提出以“反击能力”为总抓手尽速而彻底地强化军事力量，综合发挥外交、经济、技术、情报等能力优势，主动创造有利的安全环境，威慑、处置各种威胁。[②] 可以说，2010 年以来日本实际上推行的是优先以军事手段冲刺大国化目标的“积极安全战略”。

第二节　日本国家安全战略的主要特点

作为一个蕞尔岛国，日本近代以来曾经长期领跑亚洲各国，同时也因为连绵不断的侵略战争给亚洲各国带来沉重的灾难，战后又在政治、安全上双双受制于美国。独特的地缘环境、历史经验、文化传统赋予日本国家安全战略如下四个鲜明的特点。

一、根深蒂固的“岛国根性”

岛国这一特殊地理环境下孕育的战略文化与战略传统深远塑造了日本

---

① 防衛大学校安全保障学研究会、『新訂第 5 版安全保障学入門』、亜紀書房 2018 年版、第 437—438 頁。

② 杨久成：《“历史性转折关头”的军事大国化转型——日本新国家安全战略的背景、特点与影响》，《国家安全论坛》2023 年第 1 期，第 47—61 页。

的国家安全战略。日本列岛土地狭小、资源匮乏、山川隔绝，加之相对单一的民族构成、漫长的封建统治、多神崇拜的宗教传统，日本自古以来就形成了以等级观念、集团思维、危机意识和实用主义行为模式等为突出特点的“岛国根性”，投射在安全政策领域就体现为鲜明的大国观念、结盟传统、攻势防御思想、策略的灵活多变性。而与亚洲大陆“一衣带水”、扼控大陆国家进出太平洋的地理位置，既使得日本处于一个相对有利的地缘战略位置，又为其提供“进可攻、退可守”的多种战略选择，使其“进”可以朝鲜半岛为陆桥窥探亚洲大陆，“退”可以辽阔海域为天然屏障固守列岛、交联外援。[①] 与此同时，由于经济自足性差，原材料和市场两头在外，日本对外依赖性极强，确保海上交通线攸关日本的生死存亡。

岛国特殊的战略传统、战略文化与地缘环境互为支撑、互为制约，赋予日本国家安全战略以鲜明的矛盾气质：一方面偏狭固执，另一方面又多谋善变；一方面内敛谦恭，另一方面又外向示强；一方面结交强者，另一方面又桀骜难驯。矛盾转化的关键在于日本自身实力消长和战略环境变迁。明治维新以来，日本奉行“大陆政策”，以朝鲜半岛为跳板蚕食、鲸吞大陆国家的利益，最终以惨败收场。第二次世界大战后，日本转而以“海洋国家”自居，强调以“海洋国家结盟”和“陆海对抗”为思路筹划自身的国家安全政策，并随着自身实力增长，日益将主导以海上安全秩序为主的地区秩序、参与塑造全球秩序作为自身的重要国家利益，战前回潮倾向日趋明显。

二、由“经”而“政”再“军”的大国导向

战后日本是在其压迫欺凌亚洲近邻的军事大国化路线被否定的基础上，作为经济国家而重新出发的，长期奉行比较温和的现实主义安全政策。但是，明治维新以来强调“开国进取”以确保领土狭小、资源匮乏的日本安全与发展的战略传统战后并无根本变化。无非战前重视军事手段，强调为“富国”而“强兵”，是一种直接路线的大国化，战后重视经济手段，强调“安全托美”和为“富国”而“缓兵”，是一种间接路线的大国化而已。

---

① 林治远主编：《外国国家安全战略与军事战略教程》，军事科学出版社 2013 年版，第 104 页。

从战略实践看，日本先是通过安全委身于美恢复国家主权，为经济发展创造了有利条件，并在 20 世纪六七十年代快速走向经济大国。20 世纪 80 年代，日本登上经济大国巅峰后，开始主动谋划以经济实力为后盾走向大国化，主动塑造有利的安全环境。泡沫经济破灭后，日本陷入长期萧条，转而通过强化日美同盟、释宪整军等手段走向大国化。进入 21 世纪第二个十年后，面对中国的全方位崛起，日本加速倚重军事能力、日美同盟和安全伙伴关系网络推进军事大国化进程，以维护、拓展既得利益。日本走了一条先发展经济，继而依托经济实力谋求大国化，最后回归传统的军事手段加速走向大国化进程的路径。

三、“和平宪法”与“吉田路线”双重规制

基于“和平宪法”的精神，日本战后走上了一条温和的现实主义安全路线——“吉田路线”。“和平宪法”与“吉田路线”实际上互为表里，共同规制了日本的国家安全战略的走向。战后日本的安全路线之争也主要体现为“护宪”与“修宪”，继承“吉田路线”与修正“吉田路线”之争。由于日本存在较强的和平主义倾向，修正主义势力长期以来只能通过推动“释宪”和渐进松绑军力的方式来逐步摆脱两者的限制。

但是，20 世纪 80 年代以来，在大国化目标牵引下，日本社会“总体保守化”转向明显，掀起了一轮“修宪”和修正“吉田路线”的高潮。日本政府制修订自卫队参与海外军事行动与介入周边安全事态的相关法律，逐渐突破“吉田路线”的“轻军备”原则。进入 21 世纪后，日本政府制定“修宪公投”程序法，公开推动修宪，并在 20 多年内 3 次调整《防卫计划大纲》，突破“专守防卫”限制。自安倍晋三二次上台以来，日本政府更以“积极和平主义”指导思想，两次制修订“攻势主义”色彩鲜明的《国家安全战略》，在拓展日美同盟、解禁集体自卫权、扩大防卫权限、提高“制服组”指挥权限、推动军队攻势化转型等方面不断实施重大突破。“和平宪法”被严重架空，“吉田路线”被激进的亲美民族主义的“安倍路线”所取代。

四、联合国、美国、亚洲三大核心议题

日本于 1956 年和 1957 年确定的“外交三原则”《国防基本方针》均显示日本战后国家安全战略的三大支柱是“以联合国为中心”“与自由主

义各国协调”“坚持作为亚洲一员”。由于“与自由主义各国协调”是“日美基轴”的婉转说法，三大支柱道出，日本战后希望在国家安全战略中兼顾与联合国、美国、亚洲之间的关系。然而，从政策实践看，日本并未均衡发力，而是采取打着联合国幌子、以对美关系为基轴、视亚洲为利益区的实用主义立场。

对联合国，日本的策略是重视名分、积极利用。日本多年为联合国第二大出资国，是当选联合国安理会非常任理事国次数最多的国家，在许多机构占据重要职位。借助这些“业绩”，日本提高了自身的国际地位，多次试图冲刺“入常”。但是，对于美国发动的伊拉克战争等单边主义行动，日本予以支持，并未理会《联合国宪章》精神。而且，自 1992 年参与柬埔寨维和行动起，日本习惯打着联合国幌子突破“和平宪法”第九条限制，推动军力松绑。“入常”失败后，日本又提出削减联合国会费负担。“以联合国为中心”实际是“围绕联合国做文章”。

对美国，日本经历了依附、肯定、巩固、融合的策略转变。战后初期，日本采取对美依附战略，实现了与西方国家单方面媾和与经济复兴。20 世纪六七十年代，“日美安保体制”与“和平宪法”一道对日本保驾护航的效用获得广泛肯定。20 世纪 80 年代至 21 世纪初，日本正式确认日美为“同盟关系”，强调“活用”日美同盟来实现大国地位，并通过“安保再定义”，推动其走向“地区主导型同盟”“全球介入型同盟”。进入 21 世纪前十年以后，在大国博弈不断加剧背景下，日美军事资源、体制呈现加速融合态势，成为日本走向军事大国的助推剂。

对亚洲，日本经历了恢复、改善、协调、竞争的策略转变。日本战后初期通过“赔偿外交”，恢复与东南亚国家的外交关系。20 世纪六七十年代，以不断增长的经济实力为后盾，日本改善了与东南亚国家的关系，实现日韩关系正常化，恢复中日、日越邦交，大幅改善了安全环境。20 世纪 80 年代至 21 世纪初，日本通过大规模经济援助和资本输出，一度确立东亚经济的“领头雁”地位，并进而谋求安全和政治上的主导地位，对中国的战略戒备越来越趋于明显。进入 21 世纪前十年后，中日综合国力逆转后，日本更是以“印太战略”为抓手拉拢东南亚及其他域内外国家，试图遏制中国，对中国台海、南海等问题的介入不断增强。

第三节　日本国家安全决策的机制体制

为确保政治主导、保障国民的知情监督权，与其议会内阁制政体相匹配，日本构筑了一套首相主导、各安全职能部门集体协商、相关主体积极施加影响的国家安全决策的机制体制。主要参与主体、要素及组织运行特点如下。

一、日本国家安全战略的主要决策和执行机构

（一）首相在国家安全决策中处于主导地位

首相作为内阁首长，主宰内阁会议，拥有外交、国防等重要政策的动议权，代表内阁向国会报告重要政策。外交、国防及其他部门的主管大臣、副大臣、政务官，国家安全保障会议的干事、各事态处置专门委员会委员等重要职位均由首相任命，受首相指挥监督。有关法律和政令也须首相联署后方可生效。

（二）国家安全保障会议是国家安全决策的中枢机构

国家安全保障会议审议事项包括：外交、国防等政策的基本方针、重大政策制修订，“武力攻击事态”“存立危机事态”“重要影响事态”“国际联合维和事态”等各种法定安全事态的处置，常规危机管理机制难以应对的重大紧急事态的处置等。《国家安全战略》《国防战略》《防卫力量整备计划》等战略文件的制修订，均须经过国家安全保障会议、内阁会议审议批准后才能公布实施。其他事项是否提交审议由首相视情定夺。会议通常一到两周召开一次，由首相主持，以全体一致方式作出决定。具体组织形态分为三种：一是由首相、外务大臣、防卫大臣、内阁官房长官参加的“四相会议”，审议“外交政策、国防政策的基本方针及相关重要事项”，重在“集中高效”。二是由“四相会议”成员再加上总务大臣、财务大臣、经济产业大臣、国土交通大臣、国家公安委员会委员长参加的“九相会议”，审议“四相会议”和“紧急事态大臣会议”审议事项以外的各种事项，如国家安全战略、国防战略等，重在确保“文官控制”。三是由首相、内阁官房长官和首相指定的相关大臣参加的“紧急事态大臣会议”，专门审议重大紧急事态处置措施，重在“灵敏机动”。为了提高“重要影响事态”“武力攻击事态”“存立危机事态”的审议决策效率，会议下设各事

态处置专门委员会，负责相关法定安全事态的调查分析工作。如有必要，会议有权就各种事态的紧急处置措施向首相提出建议。

（三）内阁官房是国家安全决策的主要协调机构

内阁官房长官拥有外交、国防等国家安全重大决策的综合策划协调权。首相直属的国家安全保障事务助理主要从政策层面协助策划协调重要的外交、国防等国家安全政策，可根据首相要求出席国家安全保障会议。国家安全保障局设局长一人（由内阁国家安全保障特别顾问兼任）、副局长两人（分别由内阁官房副长官外交政策助理和危机管理助理兼任），与内阁危机管理监配合，主要从事务层面策划协调重要外交、国防等国家安全政策。上述人事的任免均由首相提议或直接指定。

（四）外务省、防卫省等部门是国家安全决策的重要参与者和主要执行机构

由于专业知识储备、组织体制和情报保障等方面的优势，外务大臣、防卫大臣作为“四相会议”和“九相会议”的核心成员，是首相主持下的几乎所有国家安全决策的重要参与者和主要执行者。财务大臣、经济产业大臣、国土交通大臣等也可在各自权限范围内参与有关决策。内阁情报调查室及下属卫星情报中心、外务省国际情报统括官、自卫队情报本部、公安调查厅、国土交通省海上保安厅海洋情报部等组织则负责经由内阁官房等途径为国家安全决策提供各种情报保障。内阁官房长官和相关主管大臣须在各自官僚组织支持下贯彻执行已形成的相关安全决策，相关法律和政令也须获得主管大臣的签名才能生效。

二、影响日本国家安全战略的其他机构和力量

（一）执政党对国际战略决策具有事前审查权

执政党政策调查会尤其是下辖外交部会和国防部会对涉及外交、国防等安全政策的内阁决议具有事前审查权。非经事前审查通过，相关决议不能作为法案提交国会审查。执政党议员尤其是外交、国防领域的资深议员可据此影响国家安全决策的方向。

（二）压力集团对国家安全决策施加重要影响

日本各行各业都有维护自身利益的压力集团。尤其是经团联、经济同友会、商工会议所、全国农协联合会、遗族会等压力集团拥有雄厚财力和

强大组织动员能力，能够通过政治捐款、支持特定候选人当选等手段对国家安全决策施加重要影响。

（三）学界和媒体对国家安全决策提供一定智力支撑

东京大学、早稻田大学等高校，以及日本国际问题研究所、防卫研究所、东京财团、日本综研、中曾根和平研究所等研究机构的学者，还有《朝日新闻》《读卖新闻》等媒体的政策评论人员，通过出任公职、参加政府审议咨询、撰写研究报告、发布政策建议、引导社会舆论等方式，对相关国家安全决策的议题设置和发展走向等施加不可忽视的重要影响。

（四）立法机构对国家安全决策具有有限的审查、监督权

由于议会内阁制下的执政党与众议院多数党一致，国会仅能通过在野党议员质询等形式对国家安全决策及其执行情况实施有限审查与监督。而且，执政党往往可以通过控制国会议程、强行表决等方式逃避在野党的审查和监督。

第四节　当前日本国家安全战略及发展趋势

2013 年，日本出台首份《国家安全战略》取代执行五十六年之久的《国防基本方针》，并以此为指针出台“新安保法”，修订了外交、防卫等各种政策，正式迈入以国家安全战略引领战略走向的新阶段。2022 年乌克兰危机爆发以来，日本判断国际秩序进入“历史性转折关头”，于 2022 年底出台新版《国家安全战略》。新版《国家安全战略》公然称中国为“最大战略挑战”，强调以解禁“反击能力”（“对敌基地攻击能力”）为抓手推进军事大国化战略转型，并明确将“经济安全”纳入施策范围，政治对抗、军事冒险、对外干预等特征凸显，意味着日本决心利用变局冲刺军事大国化，从而联手盟友主导亚太安全秩序。而这势必将对亚太和平安定造成严重威胁，令人对其战略走向产生深刻担忧。

一、日本大幅调整国家安全战略的背景

新版《国家安全战略》是日本“外压应对式决策”[①] 的产物。面对变

---

① 杨伯江主编：《平成时代——日本三十年发展轨迹与前瞻》，世界知识出版社 2022 年版，第 2—32 页。

乱交织的国际局势，日本刻意渲染自身处于“战后最为严峻复杂的安全环境”，为其出台“彻底强化防卫力量”“主动创造有利安全环境”的新版《国家安全战略》提供“必要性”和“合理性”论证。

（一）国际格局加速演进

自2013年制定《国家安全战略》（以下简称旧版《国家安全战略》）以及2018年修订《防卫计划大纲》（以下简称18大纲）以来，日本对国际格局何去何从的战略判断悄然发生显著变化，迫切需要通过出台新版《国家安全战略》将其形诸文字，消除战略指导滞后于战略实践的状况。

一是关于演进原因，突出地缘政治竞争因素。旧版《国家安全战略》18大纲认为国际格局变化的主要原因是“冷战后的全球化浪潮引起主要国家力量对比的变化”“由中国等国进一步壮大国力而导致的国家力量对比的加速化、复杂化”。新版《国家安全战略》除“国家力量对比的历史性变化”外，强调“地缘政治竞争的激化”也是国际格局演变的主要原因。二是关于演进特征，有意回避美国相对衰落。旧版《国家安全战略》认为国际格局演进以“中印等国进一步发展壮大和美国影响力相对变化”为特征。18大纲和新版《国家安全战略》则删除了“美国影响力相对变化”等内容，转而强调“美国依然拥有世界最强大的综合国力”。三是关于演进方向，淡化国际多极化趋势。旧版《国家安全战略》认为“国际社会正朝着多极化方向发展”。18大纲和新版《国家安全战略》则抹去“多极化”等表述，转而强调“一部分国家加速试图通过军事非军事手段扩张势力、单方面改变现状、挑战国际秩序”。四是关于演进影响，更加强调风险挑战。旧版《国家安全战略》判断“未来数十年间世界尤其亚太地区安全和经济的不稳定化风险加大”，但是“冷战期间所担心的那种大规模武力冲突的爆发概率仍然较低”。18大纲警告围绕国际秩序的“国家间战略竞争很容易发展为武力冲突，且有较大风险演化为高强度战争”。新版《国家安全战略》则渲染“不排除东亚也可能发生俄乌冲突那样的严峻事态”。五是关于应对方针，更加重视集团对抗。旧版《国家安全战略》主张“在强化基于普遍价值和规则的国际秩序和解决纠纷中发挥主导作用”。新版《国家安全战略》则强调“联手盟友准盟友实现国际关系新平衡，强化稳定、高预见性、基于法治的自由、开放的国际秩序”。

总之，面对国际格局加速演进，日本自2013年以来危机意识显著增大，越来越倾向于将国家力量对比变化视作“挑战国际秩序”和“地缘政治竞争”，力图通过强化小多边安全合作抵制世界多极化，维护其国际秩序主导权。这是新版《国家安全战略》出台的体系性因素。[①]

（二）大国竞争长期相持化

日本对国际格局的判断之所以出现显著变化，在很大程度上是因为 2013 年以来对中美互动关系的判断出现重大变化。2013 年旧版《国家安全战略》制定之际，奥巴马政府虽然在“亚太再平衡”战略下加大对日战略纵容，但是并不希望因日本好战行动而导致中美关系失控。基辛格、布热津斯基等战略学者还倡导建立“中美共治”的 G2 构想。这导致日本认为中美关系走向具有“不确定性”，因而对华一方面在安全上强化对抗，一方面又试图改善外交关系，并于 2014 年与中国达成四点原则共识。

特朗普 2017 年上台后在其《国家安全战略》报告中将中国定位为“挑战其国际领导和优势地位的竞争对手”，从经贸到科技，再到安全，最后再到意识形态，对中国展开全方位战略竞争，导致中美矛盾迅速取代中日矛盾，成为中美日之间的主要战略矛盾。这虽然客观上使日本在中美日三边关系中处于一个相对有利的战略位置，但是鉴于特朗普“美国第一”的单边主义作风，也加剧了其被动卷入中美战略矛盾的担忧。所以，日本一方面有选择性地追随美国对中国施压，一方面又推动了中日关系“化竞争为协调”的改善进程。

2020 年新冠疫情暴发后，中美战略矛盾加速激化。尤其是 2021 年拜登上台后，拉拢北约、欧盟等相继将中国定位为“首要战略竞争对手”“制度性对手”“系统性挑战”，将对华竞争升级为聚焦政治制度、治理方式、意识形态等领域的“体系之争”。对于日本而言，这意味着“国际社会正式迈入大国竞争时代”[②]，“中美战略竞争已成为不可逆之势”[③]，虽然安全环境的严峻性仍在增大，但是中美关系走向的“不确定性”反而相对下降。这在相当程度上打消了日本对中美会否再次实施“越顶外交”、握手言和的疑虑，也不再像以往那样担心被动卷入中美冲突，因而开始主动

① 杨久成：《“历史性转折关头”的军事大国化转型——日本新安保战略的背景、特点与影响》，《国家安全论坛》2023 年第 1 期，第 47—61 页。

② 内閣府、「経済財政運営と改革の基本方針 2022について」、2022 - 06 - 07、https：//www5. cao. go. jp/keizai - shimon/kaigi/cabinet/2022/2022_basicpolicies_ja. pdf。

③ 『防衛白書 2022』、防衛省、2022、第 63 頁。

煽风点火，甘愿站到军事对峙最前沿。[①]

在日本看来，美国自特朗普以来推行的大国竞争战略为其提供了一个利用中美战略矛盾实现自身安全利益诉求的“战略机遇期”，因而随着大国竞争关系长期相持化，日本越来越倾向于在安全问题上采取强硬对抗态度，抱团施压中国。这是新版《国家安全战略》出台的结构性因素。

（三）美国对日政策调整

作为日美同盟中弱势一方，日本的安全受制于美国，具有脆弱性。在中美日国力加速逆转的背景下，这种脆弱性一度因为特朗普威胁要缩减在亚太地区的军事存在、威逼其承担更多责任、要求其出让更大利益而达到冷战结束以来最高点，以至于日本不得不推动中日关系改善加以对冲。因此，日本虽然通过制定18大纲强化安全自助和对美安全贡献，但是并未修改旧版《国家安全战略》，而是强调“当下的安全环境和安全课题总体上仍在该战略的基本判断范围内，尽管需要继续研判其中长期走向”[②]，采取一定观望态度。

拜登上台后为打造对中国“竞而胜之”战略态势，着力修复同盟关系、构筑“民主集团”。美日关系被定位为“新时代全球伙伴关系”，菅义伟成为第一位受邀访问美国与拜登举行会谈的外国首脑，带动日美同盟的相互利用和倚重达到历史新高点。从拜登政府角度看，由于中国“反介入与区域拒止能力”的提升，“美军在西太地区的军事优势快速减退”，“其他盟友要求美军介入中小规模冲突的战略需要增强”[③]，美国需要加大对日战略利用。而“日本越来越难以维持自主管控中日间安全危机的能力”[④]，也更加倚重美国为其提供的安全后盾。因此，拜登政府一方面重申对日安全承诺，加大在重要议题上对日战略协调，另一方面怂恿日本强化军力建

① 吴怀中：《“同盟困境”管理与日本对华关系变迁》，《日本学刊》2022年第5期，第15—39页。

② 「国家安全戦略」の現時点での評価について、2018－12－18、https：//www. cas. go. jp/jp/siryou/pdf/h301218hyouka. pdf。

③ 神保謙、「日本を取り巻く安全保障環境の変化—パワーバランス変化と中国・北朝鮮・ロシア3正面の構図」、『国を守る— “新冷戦” 下の防衛政策』、安全保障研究会2022年版、第1—10頁。

④ 神保謙、「日本を取り巻く安全保障環境の変化—パワーバランス変化と中国・北朝鮮・ロシア3正面の構図」、『国を守る— “新冷戦” 下の防衛政策』、安全保障研究会2022年版、第1—10頁。

设，为日美同盟作出更大贡献，在地区安全事务中承担更大责任。

由于美国的这种政策调整，日本安全担忧大为缓解，争做“一流大国”的抱负也日益被整合进美国的大国竞争战略框架内。因此，自2021年起，日本逐渐放弃观望态度，越来越激进地强化日美同盟、升级“四边机制”、插手地区安全事务。这是新版《国家安全战略》出台的诱导性因素。

（四）乌克兰危机外溢影响

在日本看来，乌克兰危机“颠覆了基于规则的国际秩序”，“彻底凸显了民主阵营与非民主阵营的‘对立与分裂’”，标志着国际秩序进入“历史性转折关头”。一方面，由于美欧未能事前阻止冲突爆发，乌克兰平民伤亡重大，且冲突不断升级甚至风言可能引发核战争，日本加强战略自主的紧迫感加大，鼓噪类似冲突在印太地区也有可能爆发。受此影响，根据《读卖新闻》2022年10月的舆论调查，高达71%的受访民众赞成增强军力，而反对者仅21%。[①]

另一方面，鉴于在美国领导下，西方国家联手干预乌克兰危机的“成效”明显，俄罗斯处境不断恶化，日本联手盟友主导国际秩序的决心显著增强。日本频繁与美欧国家及西方七国集团、欧盟、北约等组织协调彼此立场，强硬表态称：即使本国受到不利影响，也绝不会对俄动摇妥协。尤其是为了“祸水东引”，日本四处兜售“欧洲安全与印太安全密不可分”“在世界任何地方都不允许武力单方面改变现状”等观点。[②] 在日本推动下，日澳、日英签订《互惠准入协定》，日法启动签约磋商，日德启动《物资劳务相互提供协定》缔约谈判，日新（西兰）、日加商签《军事情报保护协定》。乌克兰危机成为日本推进集团对抗的又一“由头”。

除此以外，乌克兰危机也为日本提供一个检验自身安保战略得失的一个“实验平台”。日本战略界对乌克兰危机进行全方位剖析，并且将结论移植到东亚乃至台海问题上实施了模拟推演。所得出的重要“教训”是：“对手意图易变，只要拥有能力，随时可以形成相应的（侵略）意图”，因此“必须形成让对手认识到难以武力改变现状的威慑力，以对手能力为靶

---

① 「防衛力強化に“賛成”71%　財源は“国債”43%・“増税”20% ~読売世論調査」、2022-10-02、https：//www. yomiuri. co. jp/election/yoron-chosa/20221002-OYT1T50093/。

② 日本外务省：《岸田总理大臣出席北约首脑会谈》，2022年6月29日，https：//www. mofa. go. jp/mofaj/erp/ep/page4_005633. html。

标强化自身能力”①。

由此可知，借助乌克兰危机这一意外“机遇”，日本既扩大了增强军备的“民意基础”，又找到了拉拢域外势力主导亚太秩序的新“由头”，还论证了着重强化威慑能力建设的“合理性”，实现了“一箭三雕”。这是新版《国家安全战略》出台的催化性因素。

二、当前日本国家安全战略的主要内容

新版《国家安全战略》强调“在旧安保战略框架下，延续其基本原则，从实践层面推进安保政策的大转型”②。因此，虽然在制度上也不无突破，但其主要变化在于通过标定对手、解禁能力、扩军备战、拓展联盟来摆脱“和平宪法”束缚，将日本打造成“慑敌能战”的军事大国③。

（一）威胁判断

以冷战结束为分水岭，日本在威胁判断上经历了从如何防止被动卷入“两极对抗”到如何应对“多元威胁”的转变。④ 2010 年以后，日本在威胁判断上开始越来越多地强调如何防范“大国竞争”。新版《国家安全战略》渲染“日本处于战后最为复杂严峻的安全环境下”，在威胁判断上强调如何积极因应和管理“大国竞争”，主要体现为以下三个层面。

在全球层面，日本认为，冷战后扩至全球的自由开放的稳定国际秩序由于大国间力量对比的历史性变化和地缘政治竞争的激化而面临重大挑战，这充分说明，“仅靠全球化和相互依赖并不能保证国际社会的和平与发展”。由于拒绝“普遍价值”以及相应政治经济制度的国家势力增大，且加速“挑战”国际秩序，美国以及西方七国集团等国际机制越来越难以维持和推进自由开放国际秩序，导致各种国际安全风险日益凸显，包括：以军事和非军事手段试图改变领土主权现状，阻碍网络、海洋、太空、电

---

① 「防衛力の抜本的強化（防衛省提出資料）」、2022－09－30、https：//www.cas. go. jp/jp/seisaku/boueiryoku_kaigi/dai2/siryou1. pdf。

② 「国家安全戦略について」、2022－12－16、https：//www. kantei. go. jp/jp. content/000119644. pdf。

③ 「安保 3 文書」の閣議決定に抗議し、憲法理念の実現をめざす平和フォーラム声明、2022－12－16、www. peace－forum. com/semei/statement221216. html。

④ 刘世刚：《日本最新安全与防卫战略调整分析》，《国家安全论坛》2023 年第 1 期，第 26—36 页。

磁等领域行动自由，供应链、重要基础设施安全和尖端技术主导权之争，经济贸易胁迫和经济势力圈扩张，非法窃取尖端技术，全球治理体制碎片化和弱化，等等。

在地区层面，日本强调，随着全球权力中心转向印太地区，这些风险在印太地区尤为突出。究其原因是本地区拥有强大军力但拒绝“普遍价值”及相应政治经济制度的国家很多，核武器、导弹等大规模杀伤性武器军备扩张和军备扩散现象严重，以武力单方面改变现状的现象日益严峻，灰色事态、越境网络攻击、情报认知战等常态化发生，平战界限、军事非军事界限变得越来越模糊不清。

在国家层面，日本将矛头公开指向中朝俄尤其是中国。冷战结束后，日本将防御对象从苏联转向“多元威胁”，开始逐渐视朝中为周边最大“潜在威胁”。2010 年钓鱼岛“撞船”事件、2012 年非法“购岛”事件发生后，日本开始实质性地视中国为“最大威胁”。[①] 然而，尽管战略对抗活动明显加大，日本在官方表述中并未直接使用“威胁”“挑战”等字眼描述中国。同一时期的对朝措辞则是“威胁出现质的提升”和“重大而迫切的威胁”。一方面掩饰对中国的敌意，另一方面借朝鲜“威胁”推进相关对抗举措的用意明显，因为日本需要对中国实施战略对抗的同时，与中国保持一定水平的战略协调关系，以弥补对美国安全保护的信心不足、对冲美国的单边主义倾向。

在新版《国家安全战略》中，日本公然鼓吹：“对于维护日本和平安全以及国际社会和平稳定、加强基于规则的国际秩序而言，中国是迄今未有的最大战略挑战”，所谓的理由是中国“试图以实力单方面改变现状”“不放弃武力统一台湾”，并将其置于中国推进中华民族伟大复兴、建设世界一流军队、全面建成社会主义现代化强国的大背景下。对俄战略定位从旧版《国家安全战略》的希望大力拉拢的“合作伙伴”变为“欧洲重大而直接的威胁”和“印太地区安全上的强烈担忧”。对朝战略定位也升级为“更为重大而迫切的威胁”。[②] 经过半个多世纪轮回，日本重回冷战初期

---

① 杨伯江主编：《平成时代——日本三十年发展轨迹与前瞻》，世界知识出版社 2022 年版，第 110—129 页。

② 「国家安全保障戦略について」、2022 - 12 - 16、https：//www. kantei. go. jp/jp. content/000119644. pdf。

同时以东亚三个重要邻国为“敌”的态势。而促使日本做出这种转变的主要原因在于其判断世界正迈入大国竞争时代乃至“新冷战”时代，国际关系阵营化是大势所趋，日美战略利益越来越趋于一致，因此不再隐藏对中俄敌意，对朝敌意也变本加厉。

（二）国家安全战略目标

新版《国家安全战略》将日本的国家利益界定为：（1）主权独立、领土完整、国民生命身体财产安全、自由民主制度存续、国家和国民尊严；（2）经济繁荣、开放稳定的国际经济秩序、与他国共存共荣的国际环境；（3）基于自由、民主、人权和法治等“普遍价值”和国际法的国际秩序尤其是“印太地区自由开放的国际秩序”。① 与旧版《国家安全战略》相比，新版《国家安全战略》将国家和国民尊严、国际经济秩序等纳入利益范围，强调主动塑造“印太地区自由开放的国际秩序”。

与此同时，新版《国家安全战略》也将确保上述国家利益时遵循的国家安全基本原则规定为：（1）坚持以国际协调为宗旨的积极和平主义；（2）以维护自由、民主、人权和法治等“普遍价值”的方式推进国家安全施策；（3）走和平国家道路，今后继续贯彻“专守防卫”原则，不成为威胁他国的军事大国、坚持“无核三原则”等基本方针；（4）继续以提供延伸核威慑等保护的日美同盟为支柱；（5）重视与别国共存共荣、与志同道合国家相互支持、多边主义合作。与旧版《国家安全战略》的国家安全基本理念相比，基本原则突出了推进国家安全施策时维护“普遍价值”的意识形态色彩，更为重视美国提供的延伸核威慑保护和与志同道合国家相互支持。

为确保国家利益，遵循国家安全基本原则，日本将其国家安全战略的目标定义如下。

一是维护国家主权独立、确保自主决定内外政策，保护国家疆域、国民生命身体财产的安全。为此，日本将强化自身能力和作用，携手盟友美国和其他志同道合国家，威慑对手在日本及其周边“有事”及“单方面改变现状”企图。万一威胁到日本，将阻止、排除威胁，将损害降至最低，以有利方式结束事态。

---

① 「国家安全保障戦略について」、2022－12－16、https：//www. kantei. go. jp/jp. content/000119644. pdf。

二是推进经济安全施策，主动塑造有利于本国经济增长的国际环境，实现经济增长与国家安全环境改善互为支撑、相互促进，确保日本经济机构的自主性、相对其他国家的技术优越性和不可或缺性。

三是作为国际社会的主要行为体，携手同盟国和伙伴国等，实现国际力量对比尤其是印太地区力量对比的新平衡，以此防止特定国家可以轻易单方面改变现状，强化稳定、可预见性高、基于法治的“自由开放”的国际秩序。

四是在应对国际经济、气候变化、传染病等全球性问题、形成国际规则等领域推进多边主义合作，创造国际社会“共存共荣”的环境。

与旧版《国家安全战略》的本国、亚太、全球三个层次的目标相比，新版《国家安全战略》将本国安全目标拓展为本国及周边安全目标，将亚太安全目标拓展为“印太”安全目标，突出全球安全目标下国际规则的形成，增设经济安全目标，主动塑局、攻势防御、先机制敌等特征明显。①

（三）战略途径和手段

新版《国家安全战略》将维护国家的综合国力的主要要素概括为外交、防卫、经济、科技、情报五大实力，强调外交是根本，防卫是最终保障，经济是基础，科技是进步源泉，情报是必要条件。与旧版《国家安全战略》以外交、防卫为核心的战略手段相比，新版《国家安全战略》的战略手段更为综合多元、层次分明、互为依托。

外交上强调主动塑造和平稳定的国际环境，强化“自由开放的国际秩序”。主要战略举措包括：在外交、军事、经济等所有领域强化日美同盟，拴留美国介入“印太”事务；以“印太”为重点，以日美为双核，以日美澳印、日美韩、日美澳等合作机制为平台，以东盟、欧盟、北约等“印太”域内外强国为重要支撑，打造多层次盟友伙伴关系网络，推动相关国家加大对“印太”事务介入力度；加强互信、管控危机、强化交流、有选择地实施合作，推动解决与中国、韩国、朝鲜、俄罗斯等周边国家的安全矛盾，同时以继续发展“实务关系”为名积极介入台海问题；作为唯一核爆炸受害国家，积极参与核武器、生化武器、自主致命性武器等军控裁军

---

① 「国家安全戦略について」、2022－12－16、https：//www.kantei.go.jp/jp.content/000119644.pdf。

活动，改善国际安全环境；强化国际反恐合作，确保核发电站等重要设施安全；加强可再生能源、碳减排等应对气候变化领域的国际合作；灵活运用“政府开发援助”等框架，创设新的安全能力援助框架，推进“印太战略”，以推动本地区互联互通基础设施建设，强化海洋安全、法治、经济安全；加强人文交流沟通，促进国际交流和对日理解，推广日本文化；推动包括联合国安理会改革在内的联合国改革，积极参加联合国维和行动，扩大与盟国和伙伴国在解决全球性问题的国际合作，基于“人的安全”的理念推动实现联合国可持续发展目标。

防卫上强调彻底强化防卫力量，威慑、阻止、处置各种威胁，主动塑造有利安全环境。其主要战略举措包括：以对敌纵深打击的“反击能力”为抓手，尽速而彻底地强化防卫力量，提高作战行动效能，确保2027年前形成以日本为主，在盟国帮助下阻止击退外部侵略的军事能力，2032年前形成能够在更早阶段、从更远处阻止击退外部侵略的军事能力；强化能够发挥全国之力的综合防卫体制，重点强化研发、基础设施建设、网络安全和旨在提高日本及志同道合国家威慑能力的国际防卫合作；夯实军工技术研发和生产基础，推动民用技术的军事运用转化，促进先进武器装备的研发、生产；推动修改“防卫装备三原则”及其运用指针，以对外军贸军援为抓手塑造有利的安全环境；跨领域跨部门综合施策，推动主动型网络防御、海洋安全合作、海上自卫队海保厅一体化指挥、航空航天军民协作重要设施军民共用等重要施策，运用军事非军事手段，平战无缝衔接地应对灰色事态、全方位维护国家安全；加强日美实战化联合训练和跨域联合作战运用，完善同盟协调机制和互操作性，深化网络、太空等新领域合作和军事尖端技术研发合作，进一步提升以美国延伸核威慑为基础的日美同盟的威慑能力和作战能力；携手盟友、伙伴，着重强化网络、太空和海洋等安全能力建设和安全态势；强化战时国内维稳、保护国民、海外撤侨等体制；确保能源、资源、粮食安全，提高自给率，加强储备，推进国际合作。

经济上强调推进经济安全施策，提高经济自主性、技术优越性和不可或缺性，确保国家的和平安全和经济繁荣。主要战略举措包括：贯彻落实、适时改进、不断强化《经济安全保障推进法》所规定的相关经济安全施策；强化供应链安全，完善新一代半导体开发制造、确保稀土等重要物资稳定供给，降低对特定国家依存度，加强对重要民企的金融支持；规范重要基础设施的政府采购，扩大事前审查对象范围；加强尖端技术培育和保护，防止技术外泄、人才流失；反制外国经济胁迫；强化“自由、公正、基于规则的国际经济秩序”，防止遭受外国非军事手段施压；聚焦印太地区推进新型经贸合作机制，维护和加强以世贸组织为中心的多边贸易体制，高水平推进《全面与进步跨太平洋伙伴关系协定》《区域全面经济伙伴关系协定》落实落地，细化“印太经济框架”；携手盟友伙伴强化发展中国家的经济自主性，防止掉入“债务陷阱”。

科技上强调提升技术能力，官民协作推进相关研究成果运用于国家安全领域。主要战略举措包括：建立跨部门机制，对接防卫省研究需求和其他省厅的技术资源；利用经济安全重要技术培育项目等平台，推动政府研究开发资金与研究成果向安全领域流动；加大对尖端技术的情报收集、开发、培育的支持；促进民间创新，推动相关成果在安全领域得到运用；跨部门打造防卫产业充分吸收民间创新成果的生态环境。

情报上强调加强与维护民主、保障政府决策、提高外宣效果等关系密切的情报体制和情报能力的建设。主要战略举措包括：大幅强化人力情报、开源情报、电磁情报、图像情报等多源情报搜集能力，从外交、军事、经济等角度全面准确地分析国际社会动向；强化情报综合集成体制，利用人工智能等新技术提高全源情报分析能力，为决策部门提供高价值的情报产品；加强数据和信息保护的和保密机制建设，完善敏感数据管理、信息通信服务的安全许可制度；强化认知域攻防能力，防止外国虚假信息扩散，强化对外战略传播。①

（四）发展趋势

由经济而政治再到军事大国化转型是贯穿第二次世界大战后日本国家安全战略的一条主线。新版《国家安全战略》是日本利用国际秩序进入“历史性转折关头”的时机，以军事为突破口，全力冲刺大国化目标的又一标志性事件。日本试图主动配合美国，通过标定中朝俄等主要对手、解禁攻势化“反击能力”、强化先发制人和对外干预态势、打造“日美+”型联盟体系，尽快摆脱“和平宪法”束缚，将自身变成一个“慑敌能战”的军事大国，以提升自身在同盟体系内外的影响力，聚焦“印太”主导国

---

① 「国家安全戦略について」、2022－12－16、https：//www. kantei. go. jp/jp. content/000119644. pdf。

际秩序，巩固、拓展自身的战略利益。[1] 展望未来，由于发展前景悲观以及由此带来的危机意识，日本的国家安全战略将变得日趋激进，将更多地强调战术层次上的攻势以弥补战略层次的颓势，维护自身的既得利益。

一是大国化目标导向更加突出。由于国力下降，日本未来将更多趋于利益驱动型的大国化，旨在通过争夺、掌握地区秩序主导权，争取“超额”利益，延缓国力衰退的趋势。伴随这一趋势，日本以中国为“最大战略挑战”的威胁认知短期内很难改变，反而可能进一步恶化。

二是彻底突破“和平宪法”限制。由于经济疲软，日本将更多倚重军事等传统手段实现对外政策目的，在扩军备战道路上越走越远。由于“和平宪法”制约下的法无规定不可为的“军事行动正面清单制”是日本战略手段转换的最大障碍，日本将希望通过修宪、立法等方式彻底突破这一障碍。

三是全面强化“自由开放的印太战略”布局。由于亚太国家之间的力量对比日益朝着不利于日本的方向发展。日本越来越意识到，仅靠自身力量无法有效遏制对手发展壮大，其在东南亚等地区长期经营而形成的既得利益也将面临越来越大的竞争。日本将以乌克兰危机爆发后集团化政治、阵营化对抗趋势进一步凸显为“良机”，依托日美同盟，联手澳印和其他西方强国，以东南亚、南亚、南太、中东、东非等发展中国家为拉拢对象，着力推进遏制对手的“印太战略”布局，并以此为后盾，加大介入朝鲜半岛、中国南海等问题尤其是中国台海问题的力度。

四是加速打造“日美 +”型联盟体系。日美同盟是美国借以确保亚太霸权统治和日本借以分享美国全球霸权红利的核心制度安排。在大国博弈日趋激烈的大背景下，日本将进一步推动日美军事一体化进程，全方位加大与美国“印太战略”的对接和配合程度。与此同时，由于美国相对衰落而导致日本对日美同盟效能下降的隐忧增大，日本将扩大准盟友（即美国以外的“同志国”）安全合作以补强日美同盟，并在此过程中相对稀释对美依赖，在美国允许范围内通过强化“对美贡献”和“国际贡献”，渐进式地强化自身的战略自主性。

然而，日本这样做既对本地区安全稳定造成严重扰动，又无益于日本

---

① 杨久成：《“历史性转折关头”的军事大国化转型——日本新安保战略的背景、特点与影响》，《国家安全论坛》2023 年第 1 期，第 47—61 页。

的真正福祉。尤其是公然以中国为“最大战略挑战”，在中国台湾等问题上一意孤行，难免动摇中日关系根基，进而压缩日本的战略转圜空间；拉拢域内外势力打造小多边安保合作机制，将增大亚太地区陷入集团对抗的风险，进而恶化日本的总体安全环境；配合美国大国竞争战略加大对近邻的遏制打压，将使日本深陷互信赤字螺旋式下降的安全困境而难以自拔；不惜拖累本就疲软的经济财政状况也要大举扩军备战，将增加日本走向不安全感与扩军备战互为因果的激进军事大国化的风险。[①]

---

① 杨久成：《“历史性转折关头”的军事大国化转型——日本新国安保略的背景、特点与影响》，《国家安全论坛》2023 年第 1 期，第 47—61 页。

第十一章　印度国家安全战略

长期以来，印度主要实施以军事安全为核心的传统安全战略。进入21世纪，特别是“9·11”事件之后，面对国际安全形势的重大变化，为有效应对外部挑战、抓住战略机遇，印度不断对其安全战略进行调整，逐渐由以军事安全为中心的传统安全战略向全方位、多层次、内容广泛的综合安全战略转变。

第一节　印度国家安全战略基本情况

自独立以来，印度政府一直没有颁布过国家总体战略或大战略，也没有颁布国家安全战略或国家安全战略指针。因此，印度大多数战略分析家都承认，正是由于印度缺乏国家层面的战略筹划和指导，导致印度发展与安全脱节，国防和军队的发展建设缺乏预见性和前瞻性，面对重大安全问题时，国家往往处于被动应对的地位，影响了印度国家安全战略目标的实现。进入21世纪后，印度战略理论界显然加大了对战略问题的研究，要求制定国家安全战略的呼声亦日益高涨。2008年12月，孟买恐怖袭击事件之后，印度总理辛格责成国家安全委员会加快制定《国家安全战略》，但受印度固有政治安全体制和文化传统等因素的影响，截至目前，印度政府仍然没有正式颁布《国家安全战略》。虽然没有出台正式的国家安全战略文件，但印度政府、军队及民间等各种版本的战略文件和战略分析报告不断涌现。通过这些战略性文件和报告，可以对印度的国家安全战略利益、战略目标、战略措施，以及战略环境的认识和面临的挑战等作出大致的判断。尤其是，2017年印度国防部颁布《印度武装力量联合条令》，对国家安全、国家利益、国家安全政策、国家安全战略、军事战略等概念都进行了明确的定义，可以为认识和研究印度国家安全战略提供重要依据。

一、国家安全与国家利益

《印度武装力量联合条令》认为，"印度国家安全意味着，应对内部与外部威胁与挑战，以保护、维持并促进国家利益。维护国家安全至关重要，因为这样才能为我们提供必需的自由，消除我们在追求繁荣与幸福的过程中的一切恐惧与障碍。印度国家安全是其发展过程不可分割的组成部分。国家安全及支撑的战略，包括国家与国际两个层面。国家安全不仅包括军事安全，还涵盖政治外交体系、水源、经济、能源、食物、健康、教育、技术、网络、太空、核遏制以及环境等其他领域的安全"。①

该条令进一步提出，印度的国家安全目标来自国家利益，并旨在捍卫国家利益。国家安全目标与国家利益相似，影响政治、军事与经济各领域，它们为制定国家安全政策及战略提供了一个框架。印度国家安全目标包括：维持用于捍卫国家利益所需的可靠的遏制能力；确保保卫国家领土、领空、领海，以及贸易航线与网络空间的安全；防止国家统一与发展的威胁，维护一个安全的内部环境；扩大并加强与其他国家的"建设性接触"，以促进地区、全球和平和国际稳定。②

印度认为，印度国家利益源于保护和维护那些已经写入印度宪法的核心价值观。主要包括：一是保护印度国家主权、团结和领土完整；二是维护印度的民主、世俗和联邦特色；三是保护印度现有和将来与其国家战略目标一致的战略、政治、经济和军事目标；四是保护一个稳定、安全和和平的国内外环境，从而有助于实现经济不受限制的增长和繁荣；五是维护与促进世界和平与稳定。③

---

① "Indian Headquarters Integrated Defence Staff and Ministry of Defence", Joint Doctrine Indian Armed Forces, pp. 1 – 2.

② "Indian Headquarters Integrated Defence Staff and Ministry of Defence", Joint Doctrine Indian Armed Forces, p. 3.

③ "Indian Headquarters Integrated Defence Staff and Ministry of Defence", Joint Doctrine Indian Armed Forces, p. 2.

二、国家安全目标和国家安全政策

印度认为，一个国家依据国家利益来确定其国家战略目标。国家战略目标分为长期目标、中期目标和短期目标：长期目标以目前国家的可预知能力为依据，指明国家发展的方向；中、短期目标服从并服务于长期目标，并不时加以修正调整，使其与长期目标相一致。

《印度武装力量联合条令》提出，国家安全政策以国家安全目标以及各种国家实力为基础，并且与面对的主流及可预测未来的国内与全球环境相适应。印度国家安全战略的核心是，“保护我们国家，防止遭受任何形式的内部与外部威胁和侵略”。此外，印度的国家安全战略还包括：保护并加强印度的民主政体、发展进程、内部稳定以及独特的多文化统一；维护庞大人口的基本福祉、全球化及全球技术快速进步背景下的经济活力。一个和平与合作性的地区与国际环境，有助于我们维护自身的利益。尽管我们没有正式公布国家安全政策与国家安全战略，这并不意味着它们并不存在，或者没有得到充分重视。我们国家安全战略的核心是维持有效的常规与核威慑能力。①

综合来看，印度国家安全战略目标主要有：第一，维持有效的常规与战略威慑。印度认为，“国家安全战略的核心是维持有效的常规与核威慑能力”②。战略威慑是国家安全框架的基石，它可以阻止任何潜在的敌对力量威胁国家生死攸关的利益。因此，印度要确保建立对巴基斯坦的压倒性军事优势，建立在技术上可信、在经济上可负担得起的对巴基斯坦和中国的可靠威慑能力。第二，早日解决克什米尔问题，解决恐怖主义跨境问题，平息国内叛乱活动。此外，还应尽早解决同中国的领土和边界争端。第三，确保拥有良好的经济发展环境。印度的目标是在 2025 年前成为世界发达国家，印度决不能容忍任何外部势力干预这一努力。第四，解决种族、宗教冲突，确保国家免受宗教和来自邻国的激进主义和极端主义的侵扰，使公民生命财产免遭恐怖主义和反叛活动的破坏，阻

① “Indian Headquarters Integrated Defence Staff and Ministry of Defence”, Joint Doctrine Indian Armed Forces, pp. 3 – 4.

② “Indian Headquarters Integrated Defence Staff and Ministry of Defence”, Joint Doctrine Indian Armed Forces, p. 4.

止来自邻国的非法移民。第五，确保印度对周边邻国拥有影响力，促进它们与印度的和谐关系。第六，关心和保护海外印度移民的利益，保证他们在当地免受经济损失和不正当骚扰及伤害，推广印度的世俗价值观、民主观和人权观。

印度认为，国家安全政策基于国家安全目标及国家实力各组成部分，并与当前主流及可预测未来国内与全球环境相适应。这需要印度行使固有的自卫权力，拥有威慑能力，坚持战略自主、自力更生，谋求合作与安全，以及发展与其他国家的友好关系。

三、国家安全战略

印度认为，国家利益和国家战略目标决定国家的安全战略方针。国家安全战略是发展和使用国家政治、经济、军事及软实力等，保护国家目标的艺术和科学，其作用是将一个国家的全部能力转换成一种政策工具。无论战时还是平时，国家安全战略都是运用一切国家手段实现国家战略目标、捍卫国家战略利益的一系列方针、政策的总和。国家安全战略不是静态的，它必须根据对手的反应和周边的局势做出及时恰当的调整。为捍卫国家战略利益，一个国家必然要对威胁做出强烈反应，这时国家力量将扮演重要角色，而国家力量的运用则取决于国家安全战略的制定。为实现国家安全战略目标，一个国家将采取一切手段来运用国家力量。

印度军方在讨论国家安全战略时，通常采用综合国力和战略结构力两项指标来衡量，认为综合运用以上两手是实现国家安全战略目标的有效方法。综合国力，主要指包括政治、外交、经济、军事、社会、技术和心理等硬实力和软实力在内的国家资源总和，是实现国家安全战略的基本手段。其中，强大的军事能力是维护国家安全与稳定的最重要手段，可为灵活运用综合国力提供有利条件。印度认为，对于印度这样一个正在崛起，又面临多重威胁的国家，可靠的军事能力尤为重要。因此，印度强调要发展军事力量，重视通过军事手段来维护国家战略利益，实现战略目标。战略结构力指国家灵活利用国际和地区战略环境，塑造对己有利战略态势的能力。印度认为，巴基斯坦综合实力弱于印度，但其充分发挥与美国、中国和伊斯兰国家的关系，确保了其在与印度的对抗中始终处于不败的地位。因此，印度要充分发挥目前印度在国际和地区事务难得的机遇，加大对国际和地区事务的参与，加强对外合作，塑造对己有利的战略态势。

第二节 印度国家安全战略的影响因素

任何一个国家的国家安全战略都不同程度地受该国所处的地缘位置、民族发展的历史进程，以及文化传统的影响。作为一个有着悠久历史的东方文明古国，印度拥有独特的地缘位置和丰富的历史际遇，共同塑造了印度的战略文化，也深深地影响着印度国家安全战略。

一、地理因素

对于印度的地缘位置，玄奘大师在其《大唐西域记》作出了形象的描述："三垂大海，北背雪山。北广南狭，形如半月。"[①] 印度是南亚地区次大陆面积最大的国家。南亚次大陆面积约 430 万平方公里，虽然面积略小于通常意义上的大陆，但具有自成一体的地理条件，是一个相对独立的次大陆。印度不仅处于整个次大陆的中心区域，还深入印度洋 1000 多公里，扼守印度洋交通要道。南亚地缘政治不仅深刻影响了印度的历史和文化，还深刻影响了印度的战略文化和国家战略。优越的战略位置，辽阔的国土面积和庞大的人口数量，使印度人相信印度的伟大，以及印度定能在印度洋及全球发挥重要作用。正因如此，印度国家安全战略中处处透露出丰富的地缘政治思想。

（一）印度的地缘特点

综合来看，印度具有较为突出的地缘优势，主要体现在以下几个方面。

一是地处相对隔绝的次大陆。印度地处南亚次大陆。南亚次大陆的北部是喜马拉雅山脉，它不仅是世界上海拔最高的山脉，还拥有世界最高的珠穆朗玛峰。次大陆的北部，喜马拉雅山脉、喀喇昆仑山脉和兴都库什山脉及衍生的丘陵地带，共同构成了次大陆的天然屏障。喜马拉雅山的两翼，均有支脉与欧亚大陆相连。西侧是苏莱曼山，东侧是那加丘陵和若开

---

① ［唐］玄奘、辩機原著，季羡林等校注：《大唐西域记校注》，中华书局 2000 年版，第 161—164 页。

山脉。蜿蜒南下的支脉直入大海，使次大陆困于伊朗高原和伊洛瓦底江之间。次大陆与欧亚大陆之间仅有为数不多的山口或通道相连，开伯尔山口是连接中亚、西亚和次大陆的重要通道，也是中亚进入次大陆的唯一通道。乃堆拉山口是传统的交通要道，也是中印陆路贸易最便捷通道。对山口或通道的控制，尤其是常年通行的战略通道，是“依山为墙堡垒”的体现。北接高山、南临大海的半封闭的地缘政治，影响了印度社会的发展。长期以来，印度一直以山脉为抵御外界干扰和入侵的天然屏障，为印度在次大陆保留自己独特的文化提供了条件，对外部世界几乎不感兴趣，作为中东、欧洲和中国贸易集散地的印度“孤立于”亚欧大陆之外。相对支离破碎的印度一直是一个地理概念，历史上没有一个帝王越过德干高原统一印度全境。与外部交流几乎都是通过为数不多的山口或战略通道。阿拉伯人、土耳其人、希腊人、鞑靼人和突厥人等外来入侵者，也都主要通过这些山口或通道对印度发动侵略。

二是享有周边小国环绕的“众星捧月”格局。印度位于亚洲南部，占据南亚次大陆的主体部分，独立后的印度虽然不再拥有英属印度时期的疆域，但仍然占据着次大陆的中心地位。北与中国、尼泊尔和不丹接壤，西与巴基斯坦比邻，南与斯里兰卡、马尔代夫隔海相望，东接孟加拉国、缅甸。在南亚次大陆内部，南亚六国散落在印度周围，一枝独大的印度位居南亚中心，形成“众星捧月”的格局。印度不仅自然条件优越，还拥有令南亚各国都难以匹敌的综合国力。印度疆域从南到北，从东到西，直线距离均达到3000公里。总面积约298万平方公里（不包括中印边境印占区和克什米尔印度实际控制区等），接近南亚总面积的70%，是南亚第一大国，亚洲第二大国，世界第七大国。据联合国人口司统计，2023年印度人口已经超越中国，成为世界第一人口大国。此外，国民生产总值、GDP增长率、军费和军费增长率，均占绝对优势。

三是印度还扼守印度洋战略通道。印度是印度洋沿岸最大的国家，其本土由北向南伸入印度洋1600余公里，东、西、南三面环海，东临孟加拉湾，西濒阿拉伯海，海岸线长5560公里。突入印度洋的部分西临阿拉伯海，东濒孟加拉湾。其位居阿拉伯海的拉克沙群岛，是通向海湾、非洲和经由红海、苏伊士运河至地中海的必经之地；位居孟加拉湾的安达曼—尼科巴群岛则犹如坚守印度洋的门户，扼守着马六甲海峡。印度地处欧亚大陆南部边缘地区的中心位置，东南亚和西亚两大动荡带分列左右。长期以来，印度一直是东南亚与西亚两大地区之间陆路的交通要冲。印度半岛向南突入印度洋，扼守印度洋战略通道。印度西临欧洲战略侧翼的中东和素有“石油宝库”之称的波斯湾。向西可进入地中海，或者绕道非洲西南端的好望角进入大西洋，直抵欧洲。向东可以由马六甲海峡进入太平洋，直抵大洋洲。具备了扼守印度洋战略通道，管控欧洲、亚洲和非洲及大西洋地区之间国际航空及海运的战略意义。

（二）地缘位置对印度国家安全战略的影响

印度的地缘特点，既为其谋求世界大国地位提供了依据，也规定了印度谋求世界大国地位的路径，即主要通过主导南亚、控制印度洋来实现世界大国目标。地理因素对印度国家安全战略的影响主要表现在以下三个方面。

一是“世界地理中心”的臆想成为印度世界大国追求的重要支撑。印度认为，印度正处于世界东半球地图的中心，处在南非至俄罗斯、澳大利亚至英国两条连线的交叉位置。实际上印度并非东半球的中心，但是毫无疑问，印度半岛以其优越的地理位置，成为扼控东亚、澳洲、太平洋地区和连接亚洲、非洲、欧洲、大西洋地区间重要国际航空和海运的战略要冲。特殊的地理位置对印度的战略思维产生了深刻的影响，使其相信，印度是一个天然的世界大国。“印度中心论”成为印度历届政府继承英国殖民主义遗产、推行区域强权政策的思想基础，印度的国家战略目标就是在这一思想指导下确立的。

二是半封闭型的次大陆滋生了印度版的“门罗主义”。“门罗主义”是美国时任总统门罗提出来的，他宣布“美洲是美洲人的美洲”，反对欧洲列强干涉美洲事务，其核心和实质就是强调美国在美洲的主导地位。印度特殊的地理位置也滋生了印度版的“门罗主义”。印度次大陆的北面是高耸入云的喜马拉雅山脉和喀拉昆仑山脉，南面环海，形成了一个半封闭地理构造。在这个半封闭的大陆里，印度是首屈一指的大国。分布在印度周边的南亚中小国家大都互不相连，但又都与印度相邻，形成“众星捧月”之势。正因如此，印度认为南亚周边小国的安全关系到印度的安全，印度对于南亚域内各国负有首要的安全责任。1961 年，印度总理尼赫鲁在阐述使用武力将葡萄牙从果阿地区驱逐出去的重要性时就直接借用了“门罗主义”的逻辑，他指出：“即使是美国，在成为强国之后的一段时间里，都在担心欧洲列强涉足美洲的土地，这就致使门罗总统发表了著名的门罗宣言：欧洲各国的任何干涉都将被视为对美国内政的干涉。因此我认为，葡萄牙如果继续占领果阿邦，就是干涉印度当今的内政了。我便要站出来说一句，现在任何干涉都将被视为对印度内政的干涉……或许我们还不够强大，不能制止这种干涉。但是不论哪个国家想要以何种方式干涉印度，都是我们不能忍受的，都是要用实力去反抗的。这就是我所主张的门罗主义扩展化。"[①] 尽管尼赫鲁的继任者们对于这个印度版的"门罗主义"解释各异，但是，其继任者无一例外地将印度视作为地区安全的保护者，他们认为，"整个南亚地区是一个单一的战略实体，印度且只能是印度才是这一战略实体安全与稳定的保证人，在地区安全决策上拥有最大限度的独断权，因而在必要时它有权对四邻小国采取干涉主义的政策"[②]，"出于印度这个安全原则的考虑，印度不仅在周边国家采取了强有力的外交行动，甚至还直接采取有限的军事行动"[③]。

三是"印度之洋"的感知推动其谋求控制印度洋。独特的地理位置，使得印度相信，印度洋就是印度之洋。独立以来，印度逐渐意识到，要重振印度民族的雄威，必须依靠其所濒临的印度洋这一得天独厚的有利条件，印度的安危系于印度洋，民族的利益在于印度洋，来日的伟大也靠印度洋。对此，印度具有强烈民族主义意识的学者兼政治家潘尼迦指出："印度洋，对于别的国家来说，不过是许多重要海区之一，但对印度来说，却是唯一最重要的海区。印度的生命线集中在这里，它的未来有赖于保持这个海区的自由。除非印度洋常享自由，除非印度两岸充分得到保障，否则，什么振兴工业，发展商业，稳定政局等等，一切都谈不上……主宰着印度国防全盘战略的，是海洋。"因此，"印度来日的伟大，在于海洋"。[④] 潘尼迦进一步强调印度洋对于印度国家安全的重要性，他指出："考察一下印度防务的各种因素，我们就会知道，从 16 世纪起，印度洋就成为争夺制海权的战场，印度的前途不取决于陆地的边境，而取决于从三面环绕印

---

① Jawaharlal Nehru, "India's Foreign Policy: Selected Speeches", September 1946 - April 1961, Government of India, 1961, pp. 113 - 115.

② 宋德星：《印度海洋战略研究》，时事出版社 2016 年版，第 101 页。

③ James R. Holmes, Toshi Yoshihara, "India's 'Monroe Doctrine' and Asia's Maritime Future", Strategic Analysis, November 2008, Vol. 32, No. 6, p. 1000.

④ ［印］潘尼迦著，德隆、望蜀译：《印度和印度洋——略论海权对印度历史的影响》，世界知识出版社 1965 年版，第 82、96 页。

度的广阔海洋”①，“尽管从海上征服一个有基础的陆上强国不大可能，可是，印度的经济生活将要完全听命于控制海洋的国家，这个事实是不能忽视的……印度有两千英里以上开阔的海岸线，如果印度洋不再是一个受保护的海洋，那么，印度的安全显然极为可虑”②。

二、历史因素

一个国家的战略传统深深扎根于该国的历史。历史因素是印度地区霸权和扩张思想的重要来源，也是影响印度国家安全战略的重要因素。首先，悠久文明和辉煌历史成为大国目标的精神支撑。公元前300多年，孔雀王朝统一印度。孔雀王朝在阿育王统治时期，印度国土面积最大，经济、宗教、文化、科技等都取得了辉煌成就，恢复印度昔日的荣光由此成为印度上下的统一愿望。其次，屡遭域外力量征服的历史促使印度思想复杂化。马克思在研究印度历史时一针见血地指出，“既然一个社会完全建立在它的所有成员普遍的互相排斥和与生俱来的互相隔离所造成的均势上面，——这样的一个国家，这样的一个社会，难道不是注定要做侵略者的战利品吗？……所以，印度本来就逃不掉被征服的命运，而且它的全部历史，如果要算作它的历史的话，就是一次又一次被征服的历史”。③ 历史上，印度遭受了多次入侵，这些入侵对印度的影响很深。雅利安人的入侵奠定了印度历史和文化的基础，蒙古人的入侵建立了印度历史上空前强盛统一的伊斯兰教王朝——莫卧儿王朝。最后，英国殖民统治，塑造了印度现代国家，也向印度遗传了战略传统。英国的入侵和殖民统治对印度的影响最深，给印度带来了空前统一；建立了西式政治制度，尤其是现代军队；第一次有了“统一印度”“印度民族”概念；“分而治之”政策，播下了分裂的种子；加剧了各种姓、种族和教派之间的矛盾和分化。作为英国女王王冠上最为耀眼的钻石，印度独立之后继承了英国的殖民遗产，把当年英国在南亚的殖民统治区域视为其理所当然的势力范围；还继承了英国的权力政治观，以及娴熟的权力平衡手法。

---

① ［印］潘尼迦著，德隆、望蜀译：《印度和印度洋——略论海权对印度历史的影响》，世界知识出版社1965年版，第1—2页。

② ［印］潘尼迦著，德隆、望蜀译：《印度和印度洋——略论海权对印度历史的影响》，世界知识出版社1965年版，第9页。

③ 《马克思恩格斯全集》第9卷，人民出版社1961年版，第246页。

早在1899年，印度总督乔治·寇松制定了“三个缓冲区”防卫战略：一是阿富汗缓冲区，以防范沙俄南下获取印度洋出海口的威胁及中亚地区伊斯兰国家的冲击。阿富汗在英俄近百年的争夺后，沦为名副其实的缓冲国。二是缅甸缓冲区，防止缅甸成为法国进攻印度的桥头堡，确保东北边疆无虞。经过三次英缅战争之后，缅甸已经成为英国殖民体系统治下的势力范围。三是西藏缓冲区，消除俄罗斯借助在中国西藏不断增长的势力对印度东北边疆安全造成的负面影响。此外，英国还不得“三个缓冲区”防卫构想是为了维护英国在印度的殖民统治，是英国应对南亚次大陆外部和内部挑战的结果。作为印度的防卫战略，“三个缓冲区”是印度国家安全战略的原型，也是研究印度国家安全战略绕不开的历史起点。

为了构设以中国为对手的安全圈、缓冲带及分层防御体系，自独立以来，印度政府相继在中印边境采取了一系列的行动，包括：（1）逐步蚕食藏南地区。尼赫鲁政府一方面与中国政府发展关系，另一方面，派地方部队在“麦克马洪线”以南、传统习惯线以北的大片中国领土上设立据点，逐步蚕食。先“保护”尔后吞并锡金。1949年6月印度派兵进驻锡金，次年12月迫使锡金签订“和平条约”，规定锡金为印度的“保护国”，国防、外交、经济等均由印度控制，并向锡金派驻首席行政官来控制锡金，1975年更是直接出兵锡金，废黜国王，将锡金变成印度的一个邦。（2）控制不丹的对外关系和国际贸易。1949年8月与不丹签订《永久和平与友好条约》，规定不丹的对外关系接受印度的指导，实际上不准不丹同其他国家建立外交关系和进行贸易。（3）与尼泊尔建立“特殊关系”。1950年又同尼泊尔签订了长期《和平友好条约》，建立“特殊关系”，并签订贸易和商务条约，规定印度可直接、无限制地向尼泊尔出口商品。1952年派“军事团”到尼泊尔，1954年在尼泊尔设“援助团”。印度利用这三个小国对印度的依赖关系，极短的时间内将它们置于自己的控制之下，建立了针对中国的“缓冲地带”。

三、宗教文化因素

民族与宗教问题是影响印度国家安全的社会因素之一。印度是全民信教的国家，几乎每个人都有自己的宗教信仰。印度教是印度国内第一大宗教，全国约有80%的人口信奉印度教，另约有15%的人信奉伊斯兰教，还有其他民众信仰基督教、锡克教、耆那教、佛教等其他宗教。印度教既是一种宗教信仰，更是一种生活方式和生活哲学，在印度的不同领域活动中发挥着十分重要的作用。

印度教的前身是雅利安人创立的婆罗门教。产生于公元前15世纪左右的梨俱吠陀时代，8世纪吸收佛教和耆那教一些教义，经过改革而成为今天的印度教。印度教是一个由多种宗教信仰、民间习俗和生活方式相糅合的综合体，更接近于一种综合的生活方式。印度总理尼赫鲁曾这样解释印度教："作为一种信仰来看，印度教是模糊的、无定形的、多方面的，每个人都能按照自己的看法去理解。要给它下一个定义，或者用这个词的普通意义来实在明确地说出它是否是一种宗教几乎是不可能的。在它的现在体系中，甚至在过去，它包含着多种的信仰和仪式，从最高的到最低的，往往相互抵触，相互矛盾。"① 印度教中，对印度政治和社会影响最深的就是种姓制度。种姓是对印度社会、宗教阶层的划分。精通吠陀、掌管宗教事务的祭司为婆罗门种姓，掌握政权的王族和武士为刹帝利种姓，农民、手工业者和商人为吠舍种姓，从事低贱劳役者为首陀罗种姓。四种姓之外地位更低的是贱民，也被称为不可接触者或旃荼罗。种姓制度影响了印度人的文化和思维方式，也影响了其战略视野，这种等级社会观成为他们认识世界的基础。印度人习惯按照国家的大小、文化和能力将各国排序，他们相信，在一个以财富和权势为基础的等级制国家阶梯结构中，印度应居于世界等级结构的最高层。种姓等级观念成为支撑印度大国目标的重要理论基础。

印度教对印度国家安全战略影响，最为突出的是印度教民族主义。印度教民族主义诞生于19世纪印度人民反对英国殖民者的民族独立斗争。英国为巩固对印度的殖民统治，对印实行"分而治之"的政策，导致印度国内穆斯林与印度教徒相互猜疑、日益对立。19世纪末，印度教徒与穆斯林对立进一步加剧，双方斗争日益尖锐。一部分印度民族主义者将印度民族主义与印度教的宗教利益结合起来，分化形成了"印度教民族主义"，强调不仅要赶走英国殖民者、赢得民族独立，还要建立排斥穆斯林等非印度教徒的"印度教国家"。因此，"印度教民族主义的定义可以从印度教和民

① ［印］贾瓦哈拉尔·尼赫鲁著，向哲濬、朱彬元、杨寿林译：《印度的发现》，上海人民出版社2016年版，第58页。

族主义两个层面理解。在民族主义层面，该思潮产生于印度民族独立过程之中，要求英国殖民主义者撤出印度，给印度以独立；在印度教层面，印度教民族主义具有强烈的教派意味，反对穆斯林，要求建立印度教统治的国家”。[①]

综合来看，印度教民族主义认为，相较于伊斯兰教等一神论宗教，印度教过于多元复杂，不存在所有印度教徒都信仰的唯一的神，导致印度教徒无法形成合力，这是印度历史上没有能够有效抵挡住其他宗教和英国殖民者入侵的重要原因。为此，印度教民族主义者提出要通过文化重构来打造“印度教特性”，强化印度教徒的身份认同，将印度教从多元而松散的宗教转化成为基于共同宗教信条的统一和有组织的信仰，最大限度地凝聚所有的印度教徒，通过渲染外部威胁来凝聚力量，共同服务“印度母亲”。同时，通过复兴古老的印度教社会与文化，将印度建成为“印度教所统治的国家”，并奉行基于印度教信仰和文化的内外政策。总之，“印度教民族主义者所追求的是‘一个国家（印度）、一个宗教（印度教）、一个民族（信仰印度教的民族）和一种语言（印地语）’”[②]。

印度追求民族独立的过程中产生了一些印度教民族主义组织，其中最具代表性、影响最大的是国民志愿服务团[③]。该组织于1925年成立，信仰印度教的罗摩神，使用橘黄色的三角旗，基本宗旨是，“团结印度教徒，为印度教民族而奉献”，即在国家独立之前为印度民族的解放和保护印度教法规和文化而奋战，独立之后则是强化神圣的印度教法规、印度教文化和社会，为实现印度教社会的全面进步而奋斗。尽管该组织强调它不是一个政治组织，而是通过社会工作来弘扬印度教传统的文化组织，但它却公开地运用武装手段，并积极参与印度的教派冲突。国民志愿服务团创建了一种基层组织形式——沙卡。沙卡是一种日常聚会，旨在营造一个忽略种姓的印度教徒空间。其活动内容包括，每天早上或晚上组织一个小时的集

---

① 王世达：《印度教民族主义强势崛起及其影响》，《现代国际关系》2020年第2期，第31页。

② 王世达：《印度教民族主义强势崛起及其影响》，《现代国际关系》2020年第2期，第32页。

③ 有关国民志愿服务团的情况，可参见：Walter Andersen，Shridhar D. Damle，“Messengers of Hindu Nationalism：How the RSS Reshaped India”，Hurst & Company，2019。

会，进行集体操练和半军事训练，接受良好品德和准则教育。国民志愿服务团借此加强了团员之间的联系，并让每个团员相信他们集体追求的真理性和伟大性。同时，国民志愿服务团将伊斯兰教看作是外来宗教，把穆斯林看作是印度教徒的威胁和敌人，加剧了印度教徒与穆斯林之间的仇恨与矛盾。20 世纪 40 年代开始，国民志愿团活动明显政治化，活动范围不断扩大，逐渐建立起印度教群体认同意识，对印度国内政治和社会的影响不断增大。

自 20 世纪 80 年代以来，印度人民党和国民志愿服务团联手推动印度教民族主义强势崛起。印度独立之后，尼赫鲁领导的国大党政府奉行世俗主义，反对并压制印度教民族主义，导致印度教民族主义势力长期处于边缘地位。但 20 世纪 80 年代开始，随着国大党在印度政坛地位的削弱和印度国内政治生态的变化，印度教民族主义再度抬头。1980 年，具有强烈的民族主义和教派主义色彩的印度人民党成立。20 世纪 80 年代，印度人民党通过宣扬其印度教特性，并借支持和鼓动“重建罗摩神庙运动”，影响力迅速扩大。20 世纪 90 年代，该党成功地运用教派动员和联盟两手战略，在国大党优势丧失的情况下赢得了执政机会，并最终从政治边缘来到政治中心。1996 年印度大选后印度人民党超越国大党成为议会第一大党，1998 年、1999 年大选之后不仅维持了第一大党地位，还与其他党派组建了全国民主联盟政府，成为执政党，与国大党一起成为印度政坛两大主要政党。

2014 年，莫迪率领印度人民党在大选中首次获得人民院过半席位，改写了印度政坛历史，也开启了印度教民族主义强势崛起的进程。印度人民党再次执政，得益于其高举印度教民族主义大旗，上台后该党更是采取了一系列激进政策，迎合和鼓动印度教民族主义情绪，推动着印度教民族主义持续上扬。值得关注的是，随着印度人民党上台，国民志愿服务团正式走到台前，开始与印度人民党进行密切合作，由一个自称远离政治的文化、宗教组织转变为一个院外游说集团和政治动员组织。2014 年印度大选期间，国民志愿服务团大规模对以莫迪为首的印度人民党给予全面公开支持。自 2014 年以来，印度人民党与国民志愿服务团较好地实现了在人员、组织形态、政策等各方面全面协调，相互补充、互相促进，推动印度教民族主义取得了前所未有的发展。

对于印度人民党来说，国民志愿服务团为其稳定执政提供了坚实的群众基础。印度历史上，还没有哪个政党能像印度人民党这样在背后能够拥有如此强大的组织为其提供并夯实广泛的群众基础。2014 年，为确保印度人民党赢得大选，国民志愿服务团发动了大量志愿者为莫迪竞选摇旗呐喊。2019 年大选期间，国民志愿服务团更是发动了 10 万名各层领导人以及来自印度各地 5000 多个沙卡组织的 60 万—70 万志愿者帮助莫迪竞选，要求每个志愿者至少要动员 10 个家庭。除了门到门的传统宣传和动员方式外，国民志愿服务团还要求志愿者们利用网络、大众媒体等手段争取选民。正是由于国民志愿服务团的大力支持，莫迪领导的印度人民党出乎意料地以近乎压倒性的优势赢得了 2019 年大选。

综合判断印度国内政治态势，当前及未来一段时间，印度教民族主义仍将整体保持上升势头。值得注意的是，受印度教民族主义强势崛起的影响，印度国内政治生态整体呈现出强烈的民族主义倾向。国大党在遭受 2019 年大选惨败之后，政策立场日益倾向于印度教民族主义。莫迪第二任期以来，废除宪法第 370 条、裁判罗摩神庙及《公民身份法（修正案)》等一系列敏感议题都能够在印度国会两院顺利通过，很大程度上反映出印度政坛世俗主义影响力明显下降，印度教民族主义影响大幅上升并日益成为一种“政治正确”。印度政治生态的整体民族主义倾向，不可避免将对其内政外交产生更为深远而重大的影响。

四、现实主义政治传统

学界普遍认为，印度战略文化当中现实主义政治传统，对印度的国家安全战略影响很深。印度现实主义战略文化的代表就是考底利耶及其著作《政事论》（又译为《利论》[①]）。

据考证，考底利耶为恒河中游大国摩揭陀国孔雀王朝开国皇帝旃陀罗笈多的首辅大臣，为阿育王实现印度首次统一发挥了重要作用。[②] 其著作《政事论》在战乱中湮没，直到 1904 年其梵文贝叶手稿被英国学者沙玛沙斯特里再度发现。此后，《政事论》部分内容相继编译面世，1988 年《政事论》英文版三卷本由德里出版社编译发行。《政事论》以散文的形式，描述了旃陀罗笈多建立孔雀王朝前后多个小王国之间相互对抗、联合、征

① ［古印度］憍底利耶著，朱成明译注：《利论》，商务印书馆 2020 年版。

② 曾祥裕、魏楚雄：《〈政事论〉国际政治思想研究》，时事出版社 2019 年版，第 9 页。

服的多重关系。其内容涵盖了日常生活、国家治理、战争艺术及对外关系，但没有涉及具体历史事件。学界一般将《政事论》与我国的《孙子兵法》和意大利马基雅维利的《君主论》相提并论。

《政事论》的核心是现实主义权力政治观。考底利耶强调，君主必须遵循“鱼的法则”，即在一个“大鱼吃小鱼”的世界里，国王生存的唯一途径就是成为一个拥有无上权势的征服者，君主应以国家社稷作为从事内政外交的最高考虑，而不应该受到个人感情、道德伦理观和理想的左右。君主应该利用手中的权力去创造或掠夺财富，并通过对外战争来增加自己王国的领土。考底利耶认为，国家实力包括理智的力量、商谈的能力、君权的力量、殷实的国库、强大的军队、国家最主要的军事战斗能力。跟《孙子兵法》一样，《政事论》也探讨“战争科学”或“战争艺术”。虽远不及《孙子兵法》深刻，但对印度战略文化的影响却不亚于《孙子兵法》对我国战略文化的影响。该书将战争分为三类：“公开战争”“隐蔽战争”和“无声的战争”。“公开战争”是国与国之间的战争，是经过周密筹划和缜密部署的战争；“隐蔽战争”是游击战争，“是突然袭击，当敌人出现错误或灾难时的战争，是地点不断变化的战争”，也就是趁火打劫式的战争；而“无声战争”则是间谍战，“利用秘密代理人或间谍进行暗杀，主要对象是别国的重要大臣和主要领导人，并同时展开秘密宣传和散布虚假信息”，这样的战争“可以一而再、再而三地进行”，以削弱敌人。

“曼荼罗理论”是考底利耶现实主义思想中最为核心的部分。字面上理解，“曼荼罗”指拥有一个中心或核心的圈，而印度处在“曼荼罗”的中心，它的直接邻国最有可能成为其真正或潜在的敌人，而紧邻直接邻国的国家有可能成为自己的朋友，紧接着友好国家的国家可能是一个不友好国家或敌人的友好国家，再接着便是友好国家或友好国家的友好国家，以此类推。在“曼荼罗”体系当中，要想获得成功，国王的对外政策需要遵循“六策”，即六种外交政策手段：第一，和平，当一国处于劣势时，应谋求和平；第二，战争，实力占优时应发动战争；第三，中立，认为敌人无法伤害我，或者我也不够强大到足以摧毁敌人时，应保持中立；第四，进攻，拥有进攻所需的手段时，应对敌人发动进攻；第五，联盟，缺乏防护自己所需的实力时，结盟或寻求保护；第六，双重政策，如果认为需要他国帮助才能实现目的时，应与一国实现和平，对另一国发动战争。

第三节　印度国家安全战略决策机制和体制

国家安全决策体系，是国家安全战略制定、实施和评估的体制和机制的总称。大多数国家的安全决策体系，都是以最高行政领导人为核心，由少数高级幕僚组成决策和咨询机构，并执行决策和监控决策实施过程。但由于各国政治制度、历史际遇和文化传统的差异，各国安全决策体系各有不同。纵观印度独立七十多年以来的历史，虽然已经确立了国际战略决策的规则，并设立了相关的机构，但印度国家安全和国际战略决策，很多情况下随意性仍然比较大，很多情况下都是临时决策来应对突发事件或危机。国家安全和国际战略决策，往往以少数政府领导人物“小集体决策”为主，既没有建立起有效的、全面的、多元参与的决策机制，也缺乏对所处安全环境的精准评估，导致印度缺乏一个整体和长期的国家安全战略和国际战略。

一、印度国际战略决策体制演变

1947 年建国之后，印度基本上建立了国家安全和国际战略决策机构，但是，随着国内政治和国际环境的变化，印度国际战略决策的机制和体制经历了多次变化。

（一）内阁国防委员会（1947—1962 年）

作为英国在南亚地区的主要殖民地，印度在独立建国之后大部分都继承了英国殖民统治时期的国家安全和国际战略决策体制。这个体制由三个层次组成：最高层为内阁防务委员会；第二层为部长级国防委员会；第三层为参谋长联席会议。除了这三个决策层之外，印度还设立了其他机构来辅助国际战略决策，包括联合情报委员会、联合计划委员会等。虽然设立了三级决策机制，但实际运行过程中内阁总理基本上是大权独揽，印度国际战略决策带有极为浓厚的个人色彩，内阁国防委员会实际上发挥的作用有限。同时，由于缺乏有效的协调机制，印度政府在进行国际战略决策时，国防部门与情报部门之间关系不够顺畅，缺乏沟通与协调，并导致严重的战略后果。

（二）内阁紧急事务委员会（1962—1970 年）

1962 年中印边界冲突中，印度国际战略决策的错误，暴露出印度战略决策体制的严重缺陷。为提升国际战略决策的规划性和科学性，印度政府调整了战略决策体制机制，将原来的内阁国防委员会更名为内阁紧急事务委员会，提升了联合情报委员会的地位与职能，并将三军参谋长排除出最高决策体系。这个调整进一步加强了文官在国家战略决策中的地位与作用，并相应限制了军方在国际战略决策中的地位。但是，即便调整了国际战略决策的机构及功能，印度总体的国际战略决策模式并没有发生根本性变化，总理在决策中仍然处于垄断地位。

（三）内阁政治事务委员会（1970—1990 年）

1966 年英迪拉·甘地担任印度总理，采取了一系列措施改革政府机构、加强政府控制。1970 年，废除了内阁中的外交事务委员会、紧急事务委员会和内部事务委员会，并以政治事务委员会取而代之，作为印度最高的战略决策机构，总揽印度国家安全与国际战略决策。内阁政治事务委员会自成立后一直存续至今。

（四）初设国家安全委员会（1990—1999 年）

为了克服印度政府在战略政策上存在的各种问题和弊端，进一步完善国家战略决策机制，1990 年 8 月 24 日，印度总理辛格宣布设立国家安全委员会。新成立的印度国家安全委员会由三个部门构成，分别是战略核心小组、秘书处和国家安全顾问委员会。战略核心小组主席由内阁秘书兼任，其成员包括三军和有关政府部门的代表；秘书处秘书由联合情报委员会的秘书兼任；国家安全顾问委员会成员包括各邦首席部长、国会议员、学者、科学家以及部分具有行政经验或从事新闻媒体行业的人员。这次设立的国家安全委员会首次吸纳地方各邦首席部长作为国家安全顾问委员会成员，有助于实现中央与地方重大政策的协调，还首次安排民间专家学者进入国家安全重大问题的咨询与决策，并放宽了军方向战略政策提出咨询与建议的渠道。综合来看，设立国家安全委员会，是印度推进国际战略决策机构改革的一次大胆尝试，但在实际运行过程中，该委员会运行并不顺畅。辛格下台后，接任的拉奥也并不重视发挥新设立的国家安全委员会的作用，因此，虽然这个阶段印度成立了国家安全委员会，但其决策咨询和支撑作用并没有得到发挥，在印度国际战略决策过程中，发挥核心作用的仍然是内阁政治事务委员会。

（五）国家安全委员会的重设与机制化（1999 年至今）

1999 年印度重新设立国家安全委员会完全是出于应对 1998 年南亚核危机的需要。1998 年，瓦杰帕伊领导的印度人民党政府，为满足国内激进民族主义势力要求，巩固执政地位，悍然于 1998 年 5 月 11—13 日短短 3 天时间内相继举行 5 次核试验，公开宣布印度拥有核武器。核试验之后，印度面临国内外的强大压力。这种情况下，11 月 19 日印度政府宣布再次设立国家安全委员会。

通过对印度国际战略决策机制和体制发展演变的简要梳理，可以发现印度建国之后很长时间内的决策有两个突出特点：一是以个人决策或小团体决策为主，决策的制度化水平低；二是内政与外交、军事与情报等部门缺乏有效的沟通协调，国际战略决策以应急反应为主，缺乏长远筹划与设计。

二、印度现行国家安全战略决策体制

作为一个西式“民主国家”，印度实行联邦制和三权分立制。议会作为立法机关，分为联邦院（上院）和人民院（下院）。议会可以对行政机关施加某种程度的控制，因为印度宪法规定，包括总理在内的内阁成员和部长会议成员，都必须是议员，且应在担任行政职务的 6 个月内取得议员资格。内阁向议会人民院负责。印度宪法规定，行政权力主要属于总统。但是，总统要根据领导内阁会议的总理的建议或支持来采取行动。总理作为政府首脑，领导内阁委员会，是内阁会议主席，且是议会主要政党的领袖，有权选用或解除其他内阁成员，在政府内给其他成员分配职务，向议会提出立法意见等。因此，以总理为核心的联邦内阁才是印度最高的决策主体，其成员包括总理和内阁部长级成员。

综合来看，印度国际战略决策体系的核心是印度总理，其决策依托的主要机构为内阁政治事务委员会和印度国家安全委员会，同时，印度国家安全委员会也为印度国际战略决策提供咨询。

（一）政府总理和内阁秘书处

总理在印度国家政治生活和对外战略决策中处于核心地位，拥有关键的决策权力，这不仅是印度国家体制和宪法规定，也是印度独立以来政治实践不断强化的结果。实际上，印度首任总理尼赫鲁在这方面影响巨大，他在很大程度上直接负责印度对外政策的制定甚至实施。可以说，他不仅塑造了印度总理无可抗辩的决策权力，并确立了一个模板，为其后的政府总理们所秉持。总理一直是印度国际战略决策的核心。

正是由于印度总理在国际战略决策中的核心地位，总理直接领导下的内阁秘书处也在印度国际战略决策体制中发挥着重要的作用。内阁秘书处，由于在总理直接领导下工作，被列为民事机构的首位。其主要职能包括内阁和内阁委员会的辅助秘书，协助政府决策，协调处理内阁各部局之间的关系，确保部际间的协调、协调部际分歧并促进共识。

（二）内阁政治事务委员会和安全事务委员会

为处理不同事务，印度总理在组阁之后会成立一系列的内阁委员会，如内阁任命委员会、内阁协调委员会、内阁经济事务委员会、内阁政治事务委员会、内阁安全委员会等。但与国家安全和国际战略决策相关的委员会主要是内阁政治事务委员会和内阁安全委员会。前者在国大党执政期间曾拥有最高的国防暨安全上的决策权，而后者则是瓦杰帕伊领导的印度人民党上台执政之后成立的，替代同期被废止的内阁政治事务委员会，在国家安全事务和国际战略决策上拥有最高权力。

内阁政治事务委员会的前身分别是20世纪50年代的“内阁国防委员会”和20世纪60年代的“内阁紧急事务委员会”，20世纪70年代改称内阁政治事务委员会，成为印度最高行政权力机关、最高国防决策机构和最高国际战略决策机构，负责制定国家内政、外交、国防、经济政策，处理国家重大问题，成员包括总理以及国防、外交、内政、财政等主要内阁部长。1998—2004年印度人民党执政六年期间曾一度被废止，2004年国大党上台之后，辛格总理在保留内阁安全委员会职能不变的情况下，又恢复了内阁政治事务委员会。

内阁安全委员会由总理直接担任主席，成员包括国防部长、财政部部长、内政部长和外交部长等主要内阁部长，列席会议的有国防秘书和陆海空三军参谋长等，必要时其他内阁部长也可参加。内阁安全委员会下设一些咨询机构，主要有国家安全委员会、国防计划委员会和联合情报委员会等。

（三）国家安全委员会

印度国家安全委员会是一个综合研究国家政治、经济、能源及战略安全的顶层设计机构，是国防和安全事务的咨询、协调机构，主要负责研究分析国外与国内政治、军事和经济形势之间的关系，对国内和地缘战略环境做出中长期评估，为政府制定长期军事战略和国家安全战略服务。早在1990年印度首次组建国家安全委员会，但该国家安全委员会很快就形同虚设。1998年11月19日，在瓦杰帕伊总理的推动下，印度重启国家安全委员会。国家安全委员会主席由总理兼任，总理首席秘书担任国家安全委员会顾问，正式成员包括国防部长、财政部部长、内政部长、外交部长、计划委员会副主席。必要时，其他政府部门的部长也可以应国家安全委员会邀请列席会议。

印度国家安全委员会为三级结构：第一层级为战略政策小组，第二层级为联合情报委员会，第三层级为国家安全顾问委员会。作为国家安全委员会三级结构中的第一级，战略政策小组是国家安全委员会决策的核心，成员包括内阁秘书、陆海空三军参谋长、直接税中央委员会主席、情报局局长、外交部长、内政部长、国防部长、国防工业秘书长、财政部部长、国税部部长、印度储备银行行长、印度调查分析局局长、原子能部部长、国防部长科技顾问、空间部部长、联合情报委员会主席等。该小组负责定期出版《战略防御评估》报告，该报告主要是对国家短期、中期和长期安全威胁进行评估，为国家安全评估提供政策基础。

联合情报委员会的主要职责是分析由情报局、调查分析局及陆海空情报机构所提供的情报信息，拥有自己独立的秘书处，受内阁秘书处管辖。

国家安全顾问委员会由非政府的印度专业人士构成，成员主要由精通对外安全、战略分析、外交事务、国防事务、武装力量、科学技术及经济方面的专业人员构成。该委员会每月至少召开一次会议，另外还会酌情增开临时会议，向国家安全会议直接上交长期国家安全预测与分析报告，同时，根据要求对当下事态进行评估并提出政策建议。

由于国家安全委员会未被赋予任何法定责任，实践中，该委员会作用大小往往取决于与总理关系的密切程度，以及总理的决策风格。例如，印度安全领域著名鹰派人物阿吉特·多瓦尔，自2014年5月以来，一直担任莫迪政府的国家安全顾问职务，深得莫迪信任。2018年10月，还直接被任命为国家安全委员会战略政策小组主席，系首个担任该职务的国家安全顾问。正是由于莫迪信任，阿吉特·多瓦尔在情报、内部安全、国防、外交等领域都享有举足轻重的地位，被认为是印度有史以来最具权势的国家安全顾问之一，也是莫迪决策圈子的核心成员之一。

第四节　印度国家安全战略的主要内容

印度认为，国家安全是国家生存和发展的前提和基石。印度的国家安全战略是关于国家安全的重大谋划和安排，包括对安全环境的判断、国家安全战略目标，以及为维护国家安全而采取的战略途径和战略手段。虽然印度还没有正式制定和公布国家安全战略，但我们可以根据印度国内外政策来分析和判断其国家安全战略的主要内容。

一、印度的总体国家安全环境及安全威胁判断

判断国际战略环境和国家安全威胁，既是制定国家安全战略的重要前提，也是一个国家的国家安全战略的重要内容。印度认为，当前国家安全面临的威胁主要体现在以下几个方面。

（一）国际和地区安全形势判断

对于全球安全形势，印度认为，当前世界正经历迅速而难以预料的“地壳构造性的”重大变化。“快速演变的安全和技术挑战正驱动着世界的转变”，导致国际秩序重构，并推动着全球权力结构的转型。这个背景下，印度国家安全环境的主要特点是，“日益复杂、更加难以预测的地区与全球事态叠加激荡，传统与非传统安全问题相互交织”。印度认为，“恐怖主义和激进主义仍然是当前世界和平与安全面临的重大威胁”。大规模杀伤性武器及其运载系统的扩散对国际安全构成了严重威胁，恐怖分子积极谋求大规模杀伤性武器及相关技术，仍然是国际安全的潜在威胁。为此，“印度必须作出恰当的反应，以塑造有利于印度发展与安全的国际环境”。

对于地区安全形势，印度认为，南亚地区安全环境总体稳定。印度与孟加拉国、不丹、尼泊尔、斯里兰卡及马尔代夫等国的经济往来与防务合作不断加强，地区内的激进组织活动得到了有效控制，恐怖主义威胁有所减少。但印度周边安全环境仍然面临挑战，阿富汗“正处于重大的多重转变过程之中”，存在着诸多不确定因素，阿富汗国内恐怖主义威胁仍然严峻；巴基斯坦国内经济发展不平衡，导致其国内政治局势不稳。位于巴基斯坦与阿富汗边境的部落地区的冲突地带不断扩大，国内宗教极端主义势力上升。巴基斯坦大选之后，“军方地位进一步巩固”，“不顾国内经济困

难持续扩充军备，不断增强核力量及导弹能力，对印度国家安全构成威胁”。西亚地区的持续动荡威胁印度的国家安全。印度一半以上的石油能源进口来自西亚地区，因此非常关注西亚地区的安全。印度认为，西亚地区持续内战、部族冲突及伊斯兰原教旨主义的兴起影响到了印度的安全。“虽然印度国民并未受到伊斯兰意识形态的吸引，但是，激进意识形态的扩散也对国家安全与稳定构成了威胁。”印度洋方向安全面临日益增多的不稳定、不确定性。印度是印度洋周边最大的国家绝大部分的贸易总量和贸易额都经由印度洋，印度经济活力主要依靠经由印度洋的海外贸易和能源供给，因此，“维护安全的海洋环境，确保印度能够不受阻碍地进行经济活动，对于印度总体经济发展和安全至关重要”。印度认为，印度周边海洋环境面临“日益增多的不稳定因素、不断深化的地缘和种族裂痕、持续增加的军事存在，以及广泛的安全挑战”，构成了对印度的“常规和次常规威胁”。

（二）主要威胁判断

一个国家制定国家安全战略首先需要判断国家安全面临的威胁。印度认为其面临着日益复杂的国内外威胁和挑战。印度国家安全威胁主要有以下几方面。

一是将巴基斯坦视为现实威胁和主要作战对象。自从以分治方式实现独立以来，印度和巴基斯坦相互视对方为主要对手和直接威胁。印度军事战略认为，由于巴基斯坦国内政局持续动荡，巴基斯坦短期内不会对印度发动战争，但巴基斯坦仍是南亚地区唯一有实力挑战印度南亚主导地位的国家，仍然对印度采取敌视和对抗态度，继续煽动和支持克什米尔等地区的恐怖和分裂分子，对印度发动“代理人战争”，从而构成了现实威胁。印度认为，巴基斯坦至少四个方面对其构成了现实威胁，即巴基斯坦与印度争夺克什米尔、对印度发动“代理人战争”、“与中国结成针对印度的联盟”，并且奉行以印度为主要对象的核战略。

二是将中国视为战略对手和主要安全威胁。印度认为，进入21世纪之后，随着印中关系的持续改善，两国爆发武装冲突的可能性降低，但两国间的根本矛盾并未解决，随着中国实力尤其是军事现代化加速发展，中国对印度国家安全的威胁和挑战进一步增加。长远来看，随着中国综合国力持续增强，军队现代化快速发展，对南亚地区影响力不断增大，在印度洋的军事存在不断增强，有可能“在解决台湾问题后将对抗的矛头转向印度”。莫迪上台之后，印度日益突出“来自中国的威胁”。印度认为，中国不愿意寻求和解，“试图依靠实力单方面改变现状”，中印“战略利益碰撞加剧”，中国在军事上对印度“实施威胁”，经济上保持着巨额贸易顺差，外交上对印度“进行围堵”，“中国已经成为印度面临的主要外部威胁”。2020 年 4 月以来，印度更加明确地将中国作为头号敌人和作战对象。印度前国防参谋长比平·拉瓦特宣称：“目前印度头号敌人是中国，而不是巴基斯坦”。

三是印度国内还面临较为严峻的恐怖主义和分裂主义威胁。印度认为，国内恐怖主义、分裂主义等势力，破坏印度国内的安宁，“侵蚀印度国家资源”，构成了印度需要应对的“第三条战线”。近年来，印度国内仍然面临着较为严峻的恐怖主义和分裂主义威胁，但“得益于中央及各邦政府的联合努力，近年来国内安全形势总体可控”。根据印度国防部文件，印度国内恐怖主义和分裂主义威胁可以分为四类：内陆腹地的恐怖主义、“查谟－克什米尔邦”的越境恐怖主义、东北地区的叛乱，以及左翼极端主义。印度认为，自 2017 年以来，印度内陆腹地发生的恐怖主义袭击事件明显呈下降趋势，“总体形势得到控制”；越境恐怖主义仍然是印度面临的首要国内安全挑战；自 2013 年以来，印度东北地区的安全形势大幅改善，叛乱数量及其造成的人员伤亡呈明显下降趋势，一些叛乱组织相继与政府签订“暂停活动协议”或“安置备忘录”，叛乱活动得到了有效控制；自 2011 年以来，印度国内的左翼极端主义活动也呈下降趋势。

二、印度国家安全战略目标

确定国家安全战略目标是国家安全战略筹划的首要任务。在明确国家安全利益的基础上，判明安全威胁的状况，利用有限的资源，以安全目标为导向优化资源配置，谋划完整有效的国家安全战略是至关重要的。印度国家安全目标分为全球、地区和国内三个层面。在全球层面，追求“有声有色大国”的地位；在地区层面，力图维护在南亚地区的霸主地位，控制印度洋；在国内层面，维持国内经济发展，维护国内社会的总体稳定，推动实现“印度梦”。具体来说，印度国家安全战略目标包括如下。

（一）追求“有声有色大国”的地位

印度的大国情结根深蒂固、由来已久，“有声有色大国”的国际地位一直以来是印度的梦想和追求，实现世界大国的努力从未中断。印度大国意识植根于印度悠久历史、众多的人口及辽阔的国土之中。在历史上，印度与古埃及、古巴比伦和中国并称为世界四大文明古国，有着悠久的历史和辉煌灿烂的文化。从国土面积看，印度“国土总面积 298 万平方公里（不包括中印边境印占区和克什米尔印度实际控制区等）”，位居世界第 7 位，仅次于俄罗斯、加拿大、中国、美国、巴西和澳大利亚。正因如此，自独立以来，谋求世界大国地位一直是印度政府和民众共同的愿望和追求。尼赫鲁明确提出：“印度以它现在所处的地位，是不能在世界上扮演二等角色的，要么做一个有声有色的大国，要么就销声匿迹。”① 虽然 20 世纪 60 年代，中印边境冲突之后，印度世界大国的追求遭遇重大挫折。但综合来看，印度历届政府都将“有声有色大国”诉求列为国家首要战略目标。尤其是，进入 21 世纪之后，随着经济实力不断增强，印度谋求世界大国的步伐明显加快。莫迪上台之后，大国野心进一步膨胀，提出要打造“印度世纪”，实现印度的“大国梦”。莫迪明确提出，“世界已认可 21 世纪是亚洲的世纪，我们要确保它是印度的世纪，印度必须且必将在世界事务中发挥更大作用”②。

（二）维护不断拓展的国家安全和发展利益

随着印度国家安全和发展利益的拓展，印度谋求强化地区主导地位并不断扩大国际影响力。进入 21 世纪之前，印度主要利益关注集中于南亚地区和部分印度洋。为此，相继提出了“大印度联邦”“英迪拉主义”“古杰拉尔主义”等思想，强调南亚地区安全与印度国家安全密切相关，为维护国家安全，印度必须确保其在南亚的主导地位。进入 21 世纪，随着印度国力的增强，其战略定位也在进一步扩大，谋求更大的安全生存空间。2000 年 6 月，印度外长贾斯旺特·辛格首次公开宣布，“考虑到印度的实力、地理位置、贸易及专属经济区，印度所关注的安全环境显然超出它常

---

① ［印］贾瓦哈拉尔·尼赫鲁著，向哲濬、朱彬元、杨寿林译：《印度的发现》，上海人民出版社 2016 年版，第 40 页。

② Atal Vajpayee, cited in Subash Kapila, “India Defines Her Strategic Frontiers”, SAAG Paper 832, Nov. 4, 2003, www. saag. org/papers9/paper832. html; also Subhash Kapila, “Indian Ocean: Strategic Imperatives for India to Keep it Indian”, SAAG Paper 5242, Oct. 4, 2012, http://www. southasiaanalysis. org/node/1002.

规的陆上边境地理范围，而应包括从波斯湾到马六甲的广大地区”[①]。2003年，印度总理瓦杰帕依在军队高层会议上指出，“今天印度的战略边疆已经扩展到南亚以外地区……我们的安全环境从波斯湾穿过印度洋一直到马六甲海峡和东南亚。我们的战略思维也必须超越这个视野”。2004年，印度总理辛格也在同样会议上指出，“我们的战略足迹应当覆盖非洲之角、西亚、东南亚，以及印度洋的各个远角，这一事实都体现在我们的思维和防务之中”。这些讲话表明，为维护不断拓展的国家利益，印度已经从大陆型的地缘安全观转变为陆海并重型的地缘安全观，强化地区主导地位并不断扩大国际影响力，成为印度国家安全战略的重要目标，为此，印度谋求“南控”印度洋、“东进”亚太、“北上”中亚。

（三）将国内安全视为国家安全的基石

印度是民族构成多元、宗教信仰复杂，种族、宗教、种姓和阶级矛盾十分尖锐。这些因素不仅孕育着印度现代化道路上的危机，而且在一定程度上威胁着政治的稳定和国家的统一。自独立以来，印度始终被种族、宗教和种姓问题深深困扰着，这些问题已经成为印度社会的痼疾，不仅最难解决、耗时最长，而且最容易导致大规模的国内动乱和暴力冲突。国家与市民社会之间常常呈现暴力状态，种族集团和社会阶级越来越以暴力手段向国家表达它们的要求。随着伊拉克战争和阿富汗战争的久拖不决，印度成为类似“基地”组织、“伊斯兰国”等恐怖组织的袭击目标和招募基地，本土的“圣战”团伙在得到相邻的巴基斯坦和孟加拉国境内组织的培训和帮助之后也开始发动袭击。进入21世纪，印度国内存在的问题依然严峻，包括严重的社会不平等、地区发展不平衡、教派之间的冲突、印度东北部的分裂主义、克什米尔等地的恐怖袭击以及“纳萨尔派”农民运动等，这使印度政府认识到，由种族、教派、种姓冲突和社会治理失败而引发的社会暴力事件已经日益成为比国家之间的战争更为严重的安全问题。但是，宗教矛盾、种族冲突、贪污腐败、社会不公、贫富差距等问题得不到解决，恐怖暴力活动就无法从根源上减少。因此，印度将维护国家内部稳定

---

① Manmohan Singh, “PM's Address at the Combined Commander's Conference”, Oct. 24, 2004, http: //pmindia. nic. in/speech/content. asp? id1/437. Cited from David Scott, “India's Aspirations and Strategy for the Indian Ocean-Securing the Waves?”, Journal of Strategic Studies, Vol. 36, No. 4, 2013, p. 487.

提高到国家战略高度，将以军事打击为主的政策调整为综合治理的策略，从政治、经济以及国家安全等各个角度解决纳萨尔派问题，其主要内容有：一方面采取打击与防控相结合，遏制恐怖暴力活动升级。印度政府将进一步加大反恐力度，对恐怖主义实行"零容忍"政策，反对一切形式的恐怖主义，坚决扼制各种暴乱和左翼极端暴力活动。另一方面缓解国内矛盾，营造有利的国内安全环境。在加强武力打击的同时，印度政府也认识到要解决国内安全问题，必须治标与治本同时进行，彻底铲除国内安全隐患。因此，印度政府提出了建设包容型社会的战略目标，希望集中精力发展经济，不断壮大国力，缓解国内矛盾，维护国家稳定。

三、印度维护国家安全的战略途径

战略途径上，印度强调以威慑为核心，通过推动国家经济和社会发展，主导南亚、控制印度洋及扩大国际"朋友圈"来维护国家安全。

（一）以威慑为核心，主要通过"慑止威胁"来维护国家安全

长期以来，印度都将军事力量视为其实现国家安全战略目标的主要支柱，走的是"以军事谋安全"的道路。尤其是，1962 年中印边境自卫反击战惨败成为印度安全战略思想的分水岭。印度的防务专家以 1962 年的失败为教训，主张大力增强军事力量并且敢于使用武力，认为"在这个现实政治残酷的世界，没有任何东西可能代替武力"，"以军事实力为后盾而呼吁和平比之无军事实力的软弱呼吁要强有力"。"9·11"事件之后，印度认为其所处的周边环境仍不稳定，与邻国存在领土争端，军事上依然面临着威胁。因此，国家安全必须建立在军事安全基础之上，要确保国家安全，印度必须重视军队现代化建设，全面增强军事实力。印度高层普遍认为，拥有强大的军事实力，实现军事安全，是确保国家安全与发展的首要条件和根本保障。依靠军事实力确保国家安全，已经成为印度国家安全战略的核心思想。近几年，印度政府明确强调把加强军队现代化建设置于国家整体发展的战略地位，不断加大国防投入，有力地推动了军队现代化建设的快速发展。印度高度重视核武器的作用，不仅将其作为威慑对手的重要手段，还把它看作是实现世界大国目标的重要指标。印度自 20 世纪 70 年代开始大力发展核武器，但是奉行"保留核武器选择自由"的近核战略（又称"最后一根导线"核战略）。1998 年印度人民党瓦杰帕伊上台之后，放弃了禁核战略，先后进行了五次核试验，正式宣布成为实际拥有核武器的

国家。1999 年 8 月，印度正式公布了《印度核学说（草案）》，阐述了印度的基本核政策。2003 年 1 月，印度宣布组成“核指挥当局”，成立“战略部队司令部”，并正式公布了运用和发展核武器的八点“核政策”，形成了较为完整的核战略。随着印度谋求世界大国步伐的加快，印度核战略的最终目标则是以核武器为后盾，争当地区霸主和世界大国。核力量使用政策为，承诺不首先使用核武器以及不对无核国家使用核武器，但是，印度还在承诺上附加了一个条件，即“如果印度或印军遭到生物或化学武器的袭击，印度将保留使用核武器反击的权利”，这表明，印度准备用核武器慑止的，不仅是有核武器国家的攻击，还包括无核国家的生化武器攻击。核力量建设政策是建立“三位一体”核力量。印度于 2003 年 1 月宣布，计划在未来三十年内，建立一支由陆基弹道导弹、海军核动力潜艇和潜射弹道导弹、空军中远程攻击机和空地导弹构成的“三位一体”核打击力量。

印度军事战略高度重视以威慑为手段来维护国家安全，强调军事上要慑服巴基斯坦、慑阻中国。印度将巴基斯坦视为国家安全与稳定的首要威胁和谋求南亚地区霸权的最大障碍。因此，慑服巴基斯坦是印度军事战略的主要目标。印度认为，当前巴基斯坦国内矛盾突出、经济发展缓慢、与印度军事实力的差距不断拉大，没有足够的实力对印度发动重大战争，但仍然通过边境渗透的方式对印度发动“代理人战争”，甚至可能在争议地区发动有限军事行动。为维护印度国家安全，印度强调对巴基斯坦采取积极的进攻战略，以优势兵力形成对巴压迫态势，打赢核威慑背景下的局部战争。印度同时强调，对于“巴所侵占的领土或一旦遭到巴新的侵犯”，印度必须在确保领土损失最小的同时，保持发动反攻的能力，以迫使巴撤出其所“侵占”的领土，并迫使巴预备役力量投入作战，从而摧毁巴基斯坦军事能力与政治企图。印度以中国为主要战略竞争对手。近年来，其对华军事战略的进攻性更加突出，积极推动对华军事战略由“惩戒威慑”向“可靠威慑”转变。印度意识到，其综合实力与总体军事能力与中国仍然存在较大的差距，为维护安全，印度需要在不断提升核威慑能力的基础上，加强边境地区的军力部署，强化一线兵力优势，形成可靠威慑能力，以慑止中国对其发动战争。

（二）重视以经济发展为手段来解决国内矛盾与问题并推动实现世界大国战略目标

冷战结束以后，各国普遍把振兴经济作为国家安全战略的中心目标，经济因素在国际关系中的地位迅速上升，世界各大力量竞争的主战场也转向经济领域。特别是“亚洲四小龙”和中国经济的迅速发展，使印度的经济滞后显得更加突出，印度在政治、经济面临被边缘化的危险。经济危机、苏联解体、“亚洲四小龙”和中国的经济腾飞使印度拉奥政府看到了经济安全的极端重要性，深刻认识到：一个国家的存在与发展，以及它在世界上所占的地位和所发挥的作用，主要不是取决于它的军事实力的强弱，而是取决于它的综合国力；认为“国家安全意味着经济发展，没有经济发展便没有了国家安全”，并深信“未来世界将由经济和科技领先的国家支配”。印度领导人清楚地认识到，要想成为世界一等强国，仅仅依靠军事力量是远远不够的，还必须拥有强大的经济力量作为支撑。因此，拉奥政府大刀阔斧地推行经济改革，加快推进经济发展，加强对外经济联系。此后，印度历届政府都把发展经济、增强综合国力作为确保国家安全的重要途径。2004 年国大党再度上台执政，辛格总理对经济在国家安全战略中的重要性有了更新的认识，多次指出健康的经济不仅在财政上对国家安全十分重要，健康而稳定增长的经济本身就是在强化国家安全。2014 年上台的莫迪政府更是高度重视经济发展，大力推行多项改革举措，强力推动国内经济发展，以此作为巩固其执政地位，加快谋求世界大国步伐的重要支撑。

（三）强调通过主导南亚和控制印度洋来维护国家安全

“印度中心”论是印度传承性的战略遗产。印度认为，确立并巩固在南亚地区的主导地位，既是维护印度国家安全的必要要求，也是军事战略的重要目标。为实现这个目标，印度强调要利用印度地缘优势和强大国力，不断强化对巴基斯坦的综合优势，利用尼泊尔、不丹、孟加拉国等周边小国对印度的传统联系和现实依赖，通过外交示好、经济控制、军事威慑、政局监控、直接干预等多种方式，保持对南亚小国的控制，遏阻域外大国势力进入南亚。印度高度重视保持对南亚地区的主导地位，以此作为维护印度国家安全的重要平台和基础。印度认为，其国家安全特点突出表现为，安全威胁首先来自地区内相对弱小的国家：一是某个邻国不稳定，可能导致外部势力的干涉；二是某个小国成为外部势力的“代理人”，直接威胁和挑战印度的安全。着眼主导南亚的战略需要，印度政府相继提出了“英迪拉主义”“古杰拉尔主义”及“邻国优先”等政策。印度洋是印度国家安全的重要屏障，也是其拓展海外利益，维护国家经济安全的重要依托。进入 21 世纪之后，印度控制印度洋的战略目标不断扩大。2004 年，印度颁布《印度海洋学说》，以次大陆为中心，依据利益攸关程度和地理距离划分为三个海域控制区，即海岸500公里海域以内为深度控制区、500公里—1000公里为中度控制区、1000公里以外为软控制区，旨在确立印度洋地区的战略优势和排他性海上霸权。[①]《印度海洋学说》摒弃了早期印度海军的沿海防御思想，明确表示要发展应对“与区外大国冲突”的能力，并赋予海军常规威慑和战略威慑的双重使命，可视为印度海军战略由区域威慑与控制向远海攻势战略转变的起点。2015年10月，印度推出《确保海洋安全：印度海洋安全战略》，进一步扩大了印度的海洋利益范围，“主要海洋利益范围”由原来的北印度洋扩大至西南印度洋和红海，次要海洋利益范围则进一步扩大至非洲西海岸和地中海，强调积极发挥海军作用，力求扮演印度洋地区“净安全提供者”的角色，加强对出入印度洋重要咽喉要道的管控，彰显和体现印度在该地区的主导地位。[②]

（四）将国际合作视为实现国家安全的重要途径

由于历史上饱受侵略，印度在安全上主要走“自助”战略的道路，强调通过增强自身的力量，自主确保安全，而不愿过分依赖于某一个大国。冷战结束后，合作成为国际关系的趋势。印度战略理论界普遍认识到合作安全的重要性，认为它为每个国家提供了高效的安全并能够促进共赢。印度强化国际安全合作的主要内容有：一是强调通过多边和双边合作，应对共同威胁与挑战。在国际层面重视多边合作，通过全方位、各层次的安全对话与磋商，达成广泛安全共识，应对共同威胁与挑战；在地区层面重视双边合作，增信释疑，营造良好的地区安全环境；重视海上安全合作，打击海上恐怖主义，维护海上通道安全。二是强调建立军事信任机制，预防军事冲突。在战略层面通过建立安全防务磋商机制、开通政府热线电话等各种方式，推动相互间增进了解，取得共识，消除分歧，预防危机发生，遏止冲突升级；关注公开的军事活动，如核活动、军事演习、军队的调动和部署，拟制使用军事力量、降低突然袭击的可能。三是重视对外军事技术合作，增强军事实力。加强对外军事技术合作，不仅能实现武器装备的

---

① Government of India, “Indian Maritime Doctrine”, Integrated Headquarters, Ministry of Defence (Navy), 2004.

② Indian Navy, “Ensuring Secure Seas: Indian Maritime Security Strategy”, Integrated Headquarters, Ministry of Defence (Navy), 2015.

来源多元化，优化武器装备的结构，还能有力促进印度武器装备的自主研制和生产能力，加速实现武器装备现代化；加强对外军事技术合作也将有助于加快印军转型，近期，印军呼之欲出的军事改革就与其将要装备大量的多国武器装备有关。

（五）莫迪政府维护国家安全的主要政策和手段

印度国内印度教民族主义在疫情冲击之下持续上扬。面对国际战略格局急剧转变、中美战略竞争持续升级的国际背景，莫迪领导下的印度政府加快了谋求世界大国的步伐，采取了多项政策举措来维护国家安全。

1. 强化“印度教特性”，增强民族凝聚力

莫迪领导的印度人民党政府，本质上就是一个印度教民族主义政府，因此，莫迪政府高度重视通过强化“印度教特性”来增强民族凝聚力。对内全面打压伊斯兰教，不断推进印度教民族主义议程。为满足印度教民族主义崛起的需要，莫迪政府自上台起便不断推进印度教民族主义议程，对穆斯林采取了打压政策，旨在弱化穆斯林的公民身份、重建穆斯林与国家的关系，并在政治上持续边缘化穆斯林。莫迪领导的印度人民党赢得大选之后，谋求重塑“印度教徒的印度”，并提出了三大施政目标，即颁布统一民法、废除宪法第 370 条和解决阿约提亚罗摩神庙问题。第一任期，莫迪施政重点放在发展印度国内经济上，处理宗教事务相对谨慎，只采取了一些鼓励非印度教徒改宗印度教的措施，并主要依托一些地方邦出台了“禁牛肉”“禁酒”等印度教色彩比较浓厚的政策。进入第二任期之后，打经济牌的难度越来越大，莫迪政府明显加快了推进宗教议程的步伐。先是推动“穆斯林三声离婚法”入刑，促进统一民法问题；再通过废除宪法第 370 条，剥夺了穆斯林占主体的印控克什米尔的自治地位；又通过最高法院裁决的方式，推动在清真寺遗址上重建印度教的罗摩神庙；最后出台了严重歧视穆斯林的《公民身份法》修正案。

2. 深化国内改革，推进建设“新印度”

莫迪执政以来，将“发展”与“治理”作为印度政治经济改革的主题。在经济领域，莫迪相继提出“印度制造”“数字印度”等战略，推动本国转型为制造业大国，并辅之以土地、劳动力、商品服务税方面的改革来促进经济增长；在政治领域，莫迪政府出台提高官僚机构效率、加强行政权威的行政改革措施，以实现“善治”的目标。莫迪积极推进国内改革，并为建设现代化“新印度”设定了时间表，设定三大阶段性目标：力

争2022年印度独立七十五周年时基本实现脱贫；印度经济保持年均8%的增长率，2032年GDP增长三倍，达到7.25万亿美元；2047年，印度独立一百年时，建成“伟大印度”，印度经济位居世界前三。莫迪政府采取了多项改革，以推进实施“印度制造”计划。2015年9月25日，莫迪在独立日庆典演讲中首次提出“印度制造”战略。该战略重点是在经济发展的25个产业领域创造就业并提升技能。“印度制造”战略的出台是莫迪政府将印度打造为制造业大国的一项重要战略。除“印度制造”战略外，莫迪还提出“数字印度”战略，同时启动了于2017年建成一百个“智慧城市”的计划。为实施“印度制造”战略，莫迪政府推动了一系列的改革举措，包括：修改征地法案，提出土地法案修正案，放松征地条款；修改劳工法律体系，修订三部与劳动雇佣制度相关的法案，以增加管理层和雇主的灵活性；税收制度改革，推进实施商品服务税，以简化税收管理。

3. 重视国家硬实力建设，通过军事改革加快提升印度军事实力

印度人民党政府一直高度重视国家硬实力尤其是军事实力建设。为提升印度的军事实力，莫迪政府排除干扰和阻碍，强行启动了涵盖战略规划、武器采购与制造、编制体制等多个领域的综合性军事改革。经过几年的酝酿和调研之后，2017年开始，莫迪政府陆续推出了一系列的军事改革方案。综合起来，莫迪政府的军事改革措施主要有：一是强化顶层设计，提升战略规划和统筹能力。莫迪采取了多项重大举措，设立了国防规划委员会；在国家层面设立国防参谋长，并任命原陆军参谋长比平·拉瓦特为印度首任国防参谋长；军队总部层面成立联合职能机构，2019年5月开始印度正式成立隶属国防部联合国防参谋部的国防空间局、国防网络局、特种作战局，旨在统筹推进各军种相关力量建设。二是启动陆军改革，着力裁汰冗员、提升一体化作战能力。2017年8月，印度国防部宣布启动自独立以来最大规模的陆军重组计划，精简后勤和非作战机构，裁汰冗员。具体措施包括：关闭全部军队经营农场及非作战区域的军属邮政设施；优化整合陆军通信力量及各级军械维修单位；将5.7万名军官和文职人员重新部署到一线战斗岗位；对陆军所有机构、人员进行整体评估，未来五年裁撤15万人员；调整陆军总部机构设置，根据现代化战争需要新建或取消部分岗位，裁撤、合并部分职能重复的行政机构，被裁撤机构人员部分调至一线战斗岗位；改革军官晋升机制，解决中高层军官晋升难问题。为提升陆军一体化作战能力，印军正验证建设“一体化战斗群”。三是调整国防

制造与采购程序，着力提升印度国防自主能力。印度国防部的军事研发水平和国防工业能力较为落后，先进武器装备严重依赖进口，现有武器装备当中60%多都来自国外。为改变这种状况，降低对国外武器装备的依赖程度，莫迪政府将上台之后提出的“印度制造”计划引入国防工业领域，企图从内外两个方面提升国防自主能力。国内层面，降低国防工业的准入标准，鼓励和吸引国内私有企业进入国防工业领域，促进国防工业的创新与技术进步。对外层面，莫迪政府将对外资开放国防工业，印度政府承诺增加军工产业的透明度和友善度。国防部出台新修订的国防采购流程，明确为国外资本亮绿灯，将外资在印度国防工业生产企业的最高股份提升至49%。四是设立联合战区司令部，强化联合作战能力。2020年，印度进一步加快了军事改革的步伐。据报道，印度酝酿已久的战区制改革已经正式开启。为统筹规划印度国内的军事力量，提升联合作战能力，印度计划组建四个联合战区司令部，包括：负责对华作战的东部战区司令部，辖区包括从喜马偕尔邦至伪“阿鲁纳恰尔邦”的中印边境地区；负责对巴基斯坦作战的西部战区司令部；负责海上作战的海上战区司令部和负责国土防空作战的防空战区司令部。

4. 积极开展大国外交，加快谋求世界大国步伐

随着经济快速发展和综合实力增强，具有浓厚印度教民族主义色彩的莫迪政府进一步加快了谋求世界大国的步伐，力图将印度打造为“世界之上师”。为此，印度积极以大国身份开展外交活动，在国际舞台扮演世界大国的角色。印度外长苏杰生2020年出版的专著《印度的方式：不确定世界下的战略》，大致反映了莫迪政府的外交战略基本构想。该书提出，印度外交应“交好美国、应对中国、深耕欧洲、安抚俄罗斯、调动日本、整合邻国、影响更广泛的周边、扩大传统的支持者。”

一是进一步加强与美国“印太战略”的对接。2022年2月，拜登政府公布《美国印太战略》文件，大幅提升印度的战略地位，明确将印度定位为“志同道合的伙伴，南亚和印度洋地区的领导者，美日印澳‘四边机制’及其他地区论坛的驱动力量，以及地区发展和进步的引擎。”[①] 该战略宣布，美国将支持印度发挥地区领导作用，与印度合作维护南亚地区稳

① The White House, “Indo – Pacific Strategy of the United States”, February 2022, p. 16.

定、加大在网络太空等新型领域以及经济与技术领域的合作，“逐步推进与印度的‘主要防务伙伴关系’，支持印度扮演地区‘净安全提供者’角色。”① 为转移和弥补美国对其在乌克兰危机中“中立立场”的不满，印度进一步加大了与美国“印太战略”的对接。加强美日印澳“四边机制”框架下的合作，美日印澳“四边机制”已经从低级别、窄领域的对话倡议，发展为包括首脑峰会、部长级对话、工作层协调在内的宽领域对话、高级别合作机制；印美防务与安全合作进一步走深走实。

二是继续玩弄大国平衡、推行“多边结盟”战略。长期以来，印度以坚持战略自主自居。莫迪上台之后，逐渐将战略自主原则发展为以大国平衡外交为核心的“多向结盟”战略。该战略最为突出的是，以夯实印度战略自主为宗旨、以美西方为侧重进行议题式的战略合作，强调印度与美西方在战略层面和意识形态层面不断趁近，但却刻意回避在操作层面，尤其是军事操作层面的同盟化，避免被美国拖入军事冲突。与此同时，保持并发展与俄罗斯等其他非西方大国的合作，积极拓展多边外交。乌克兰危机爆发之后，莫迪政府并没有盲目跟从美国及其西方盟友的意志，而是以维护国家利益的总体需要出发，选择总体平衡的立场，努力在俄罗斯与美西方国家间保持平衡。

三是巩固“南亚后院”的同时加快推进“东向行动”。自 2014 年上台以来，莫迪政府在南亚地区奉行“邻国优先”政策，对东南亚则推进实施“东向行动”政策。新冠疫情以及乌克兰危机的外溢影响，南亚和东南亚地区出现了一些新的问题，为印度巩固“南亚后院”，扩大在东南亚地区的影响力提供了机会。为此，印度继续防范打压巴基斯坦与阿富汗，加强对南亚其他中小国家的影响与控制，在此基础上，进一步加快推动“东向行动”政策，深化与东南亚国家的经济与安全合作。东南亚是印度拓展国家利益和国际影响力的重点区域。2022 年，印度抓住美国加快推进“印太战略”的机会，进一步加快了“东向行动”步伐。利用与东盟建立对话关系三十周年的机会，将双方关系升级为“全面战略伙伴关系”。同时，积极与越南、菲律宾等重点国家强化安全与防务合作。印度将越南、菲律宾等与中国存在海洋权益争端的国家作为加强安全与防务合作的重点。

---

① The White House, “Indo - Pacific Strategy of the United States”, February 2022, p. 13.

第十二章　欧盟安全战略

欧盟成立后，其职权范围主要在经贸领域，而并无统一的安全战略。但随着一体化程度的不断加深，欧盟成员国面临的共同安全威胁增多，共同安全与防务政策协调的需求持续上升，促使各成员国开始在欧盟框架内制定共同的安全战略，以整合成员国资源形成集体安全保障能力。因此，与单一国家相比，欧盟安全战略的基本特征是“共同”，即各成员国安全利益的公约数。

第一节　欧盟“共同外交与安全政策”

一、欧盟共同安全理念的形成与发展

欧盟安全战略的形成经历了很长的过程，这既是欧盟成员国共同安全利益需求的现实，也离不开欧共体时期各成员国在安全领域不断加强磋商与协调的努力，并形成了日益深厚的共同安全理念。

第二次世界大战结束后，西欧国家为防止德国军国主义死灰复燃和抵御苏联的军事威胁，曾签署了《欧洲防务共同体条约》，准备建立一支由联邦式政治机构领导的欧洲军队，但由于不允许各国保留自己的军队而被法国等国抵制。这一尝试的失败使共同安全与防务问题在欧洲一体化事务中被长期冷落。然而，随着欧洲一体化进程的发展，各国感到有必要就外交问题进行讨论协商，各国外交部长们开始经常以会议方式讨论外交事务，并发展出了“欧洲政治合作”机制，也使欧洲的共同安全理念不断得

到深化。1993 年 11 月《欧洲联盟条约》[①] 生效，欧盟正式成立，欧洲一体化由经济领域延伸到政治领域，“共同外交与安全政策”取代“欧洲政治合作”，对欧盟成员国义务进行了规范，并引入防务政策，使欧盟共同安全机制的框架得以建立起来。1998 年 12 月，英法两国首脑在法国圣马洛会晤并发表“圣马洛声明”，宣称“欧盟需要有独立采取行动的能力，并以可靠的军事能力作为支撑”。这一声明将安全与防务问题从欧洲一体化进程的边缘带回主流，推动欧盟开启共同安全与防务建设。2009 年 12 月《里斯本条约》生效，欧盟对自身的构成和机制进行了重大调整，从机制、决策模式等方面丰富和完善了欧盟“共同安全与防务政策”，并将其确定为“共同外交与安全政策”的组成部分之一，提升了这一政策在欧盟事务中的地位和重要性。此后，安全与防务问题受到欧盟更多重视，欧盟共同安全与防务领域的机制建设取得一定进展。

一是启动“永久结构性合作”。2017 年 12 月，欧盟理事会决定，启动“永久结构性合作”，加强安全与防务能力。目前绝大部分欧盟成员国都参与了这一机制，机制下的合作项目已扩展到 60 项以上。二是打造欧洲版“军工联合体”。欧盟委员会开始介入安全与防务问题，并将促进欧洲国防工业发展列为优先任务，不仅成立“国防工业与太空总司”，还设立“欧洲防务基金”，以欧盟预算为保障推动欧盟内部科技创新、防务研发，形成防务工业的规模效应。三是启动成员国“年度防务联合评估”。由欧洲防务署负责，监督和协调成员国的年度防务预算，避免重复建设，加强多边合作。四是强化危机管理和应对。在欧盟军事参谋部内建立“军事计划与行动能力”机制，促进欧盟以更快、更有效、更团结一致的方式预防和处理危机。五是设立欧洲和平机制。设立欧洲和平机制，由欧盟成员国根据国民收入比例分摊费用，以提升欧盟预防冲突、维护和平以及加强国际安全的能力。乌克兰危机爆发后，欧盟通过该机制向乌克兰提供军事援助。

二、政策框架

冷战时期，欧共体成立后大力推进欧洲经济一体化并取得长足发展，但防务一体化建设长期处于停滞状态，西欧国家主要依靠美国及其主导下

---

① 《欧洲联盟条约》又称《马斯特里赫特条约》，由欧共体成员国外交部长和财政部部长于 1992 年 2 月 7 日在荷兰马斯特里赫特签署，1993 年 11 月 1 日正式生效。

的北约来提供安全保障。冷战的结束改变了欧洲安全环境和地缘政治结构，传统安全威胁即大规模军事入侵和政治颠覆的可能性大幅降低，但被冷战压抑的民族矛盾、领土纠纷、宗教冲突等一系列问题在欧洲大陆频繁爆发，与此同时，国际恐怖主义和大规模杀伤性武器的扩散等非传统安全威胁不断对欧洲地区的稳定带来冲击，欧洲国家迫切需要在政治、外交、安全和防务领域加强合作，以统一立场来应对国际危机。这一时期，欧洲国家在经济领域实现了前所未有的高度融合，而美国左右欧洲国家政策选择的影响力相对下降，这就为欧共体成员国进一步推进政治联合、协调共同立场打下了坚实基础。在此背景下，欧盟推出“共同外交与安全政策”，试图以统一的外交与安全政策立场来预防冲突、应对国际危机，作为协调一致的国际行为体在世界舞台发挥作用。在较长一段时期内，欧盟未出台成文的安全战略文件，“共同外交与安全政策”相当于欧盟安全战略框架。在此框架下，欧盟逐步发展出“共同安全与防务政策”，不断推进安全与防务领域的机制和能力建设，努力在维护地区和平与稳定、预防和应对国际危机方面发挥与其经济实力相适应的作用，欧洲一体化也逐步走向深入。

从 1992 年启动“共同外交与安全政策”并随后对其进行修订完善，到 1999 年提出“共同安全与防务政策”并于 2007 年正式设立了该政策专门条款，引入“永久结构性合作”，欧盟“共同外交与安全政策”框架的构建大致可分为四个阶段。

第一阶段：欧盟启动“共同外交与安全政策”

1992 年 2 月欧共体各国签署《欧洲联盟条约》（又称《马斯特里赫特条约》），将欧共体正式更名为“欧洲联盟”，同时启动了欧盟“共同外交与安全政策”，标志着欧洲在安全合作领域取得重大进展，政治合作逐步走向安全治理。《马斯特里赫特条约》规定“共同外交与安全政策”有五项目标：一是保卫联盟的共同价值、基本利益和独立；二是通过各种方式加强联盟及其成员国的安全；三是根据《联合国宪章》《赫尔辛基最后文件》的原则以及《巴黎宪章》的目标，维护和平与加强国际安全；四是促进国际合作；五是发展和巩固民主、法制，尊重人权和基本自由。[①] 欧盟

---

① 郑启荣主编：《全球视野下的欧盟共同外交和安全政策》，世界知识出版社 2008 年版，第 29 页。

将“危机管理”和“冲突预防”作为“共同外交与安全政策”的核心目标，包括最终制定一项可适时走向共同安全和防务的政策，以促进欧洲和世界的和平、安全与进步。

围绕上述目标，欧盟“共同外交与安全政策”要求成员国在国际舞台上采取共同立场，并协调在国际事务中的行动。但欧盟在此后数年的前南斯拉夫地区冲突特别是波黑战争中介入乏力，最终是美国人而非欧洲人迫使南斯拉夫危机有关各方于 1995 年 11 月签署了《波黑和平协定》（又称《代顿协定》）。

第二阶段：欧盟修订“共同外交与安全政策”

欧盟成员国于 1997 年 10 月签署《阿姆斯特丹条约》，加强并重新修订了安全与防务方面的内容，包括向欧盟提供必要的军事和决策权力，允许欧盟在“共同外交与安全政策”的框架内执行“彼得斯堡任务”，包括人道主义救援、维和、危机管理行动中的作战任务等。《阿姆斯特丹条约》首次规定，在一定条件下，欧盟理事会可以根据一致同意的原则谈判和缔结涉及“共同外交与安全政策”事项的国际协定；还首次设立了“共同外交与安全政策高级代表”一职，协助轮值主席国筹划和执行“共同外交与安全政策”，为欧盟在防务领域的进一步合作创建了一些机制性基础。[①] 然而，1998 年的科索沃危机暴露了欧盟“共同外交与安全政策”在体制上的缺陷和在行动上的无力，以及欧美军事能力上的巨大差距。

第三阶段：欧盟启动“共同安全与防务政策”建设

科索沃危机后，欧盟成员国着手推进共同安全与防务领域的建设。1998 年 12 月，法英两国领导人在法国圣马洛会晤并发表《圣马洛宣言》（又称《欧洲防务宣言》），提出要建立欧盟安全与防务联合的设想，指出联盟必须依靠一定的军事力量，决定使用这些力量的手段，以及使用军事力量的准备，以对国际危机做出反应。1999 年 6 月，欧盟科隆首脑会议认可了法英《圣马洛宣言》，并在其基础上通过了《关于加强在安全与防务领域的共同欧洲政策的宣言》，成员国政府首脑们一致决定设立欧盟共同安全与防务政策机构，明确强调欧盟必须“具有可信性的自主军事力量”，以便在“不损害北约行动能力”的情况下对国际危机进行干预，以及适时

---

① 郑启荣主编：《全球视野下的欧盟共同外交和安全政策》，世界知识出版社 2008 年版，第 56 页。

地将西欧联盟并入欧盟，以支持欧盟的自主军事行动。[①]

欧盟“共同安全与防务政策”的核心主要体现在军事危机管理、民事危机管理和冲突预防三个方面。1999 年 12 月的欧盟赫尔辛基首脑会议、2000 年 6 月的费拉首脑会议和 2001 年 6 月的哥德堡首脑会议分别对欧盟军事能力、民事能力和警察能力的发展进行了规划。[②] 随着西欧联盟在 2000 年 12 月的欧盟尼斯首脑会议后退出历史舞台，欧盟逐步成为欧洲安全与防务建设的主力。2003 年欧盟出台第一份安全战略文件《更美好世界中安全的欧洲》，明确界定了欧盟面临的安全威胁，阐述了欧盟的安全战略目标、战略手段和战略能力，并展望了欧盟在全球政治中的地位，标志着欧盟共同安全与防务建设进入一个新时期。

第四阶段：欧盟正式设立“共同安全与防务政策”条款

欧盟成员国于 2007 年 12 月签署《里斯本条约》，条约中正式设立“共同安全与防务政策”专门条款，对其目标、手段、原则等进行了明确规定。第 28 条 A 表述如下：“‘共同安全与防务政策’将是共同外交与安全政策的一个组成部分，赋予欧盟采取自主民事和军事行动的权利。联盟可依据《联合国宪章》的原则，行使其在欧洲以外地区维和、防止冲突以及巩固国际安全的权利，这些任务由成员国尽力承担”。[③] 《里斯本条约》对欧盟防务合作原则和机制进行了重要改革，首次设立“欧盟对外行动署”，在防务政策领域引入“永久结构性合作”条款，允许成员国自愿组合承担“共同安全与防务政策”任务，以及武装攻击情况下的相互援助条款和团结条款等。《里斯本条约》还把欧盟的“彼得斯堡任务”从危机管理延伸到共同解除武装行动、军事顾问与援助任务、缔造和平与冲突后稳定任务、冲突预防与冲突后稳定任务等，并强调这些任务与行动可以为打击恐怖主义，包括支持第三国在其领土打击恐怖主义作贡献。[④] 2017 年 12

---

① 王坚：《欧盟完全手册》，中央编译出版社 2010 年版，第 134 页。

② 张迎红：《欧盟共同安全与防务政策研究》，时事出版社 2011 年版，第 130 页。

③ The European Union，“Treaty of Lisbon Amending the Treaty on European Union and the Treaty Establishing the European Community”，Official Journal of the European Union C 306，December 2007，https：//eur – lex. europa. eu/legal – content/EN/TXT/PDF/? uri = OJ：C：2007：306：FULL.

④ 张茗：《摇晃的钟摆：欧盟—美国关系研究》，上海社会科学院出版社 2018 年版，第 79 页。

月，欧盟理事会决定启动“永久结构性合作”，加强联盟的安全与防务能力。

三、组织架构

欧盟“共同外交与安全政策”经过三十多年的发展，已初步形成一个制度化的体系结构，涉及主要机构和职能部门众多，主要机构包括欧洲理事会、欧盟理事会、欧盟委员会、欧盟外交与安全政策高级代表、欧盟对外行动署等，还包括一些安全与防务领域的重要职能部门，比如政治与安全委员会、欧盟军事委员会、欧盟军事参谋部、欧洲防务局等。

（一）欧洲理事会（European Council）

欧洲理事会又称欧盟首脑会议或欧盟峰会，是欧盟最高决策机构。欧洲理事会由27个成员国国家元首或政府首脑及欧洲理事会主席、欧盟委员会主席组成，一般每年举行两次正式会议。欧洲理事会主要通过欧盟理事会和欧盟委员会两条线来“发号施令”，为“共同外交与安全政策”提供总的政策指导方针。欧洲理事会在欧盟“共同外交与安全政策”机制中是指导者、决策者和最终裁决者，在“共同外交与安全政策”制定过程中发挥着重要作用。欧洲理事会设主席一职，现任主席为比利时前首相米歇尔。

（二）欧盟理事会（Council of the European Union）

欧盟理事会又称部长理事会，是欧盟立法与政策制定、协调机构。欧盟理事会在欧洲理事会确定的总的指导方针基础上，贯彻“共同外交与安全政策”，提出共同战略的草案等。欧盟理事会由每个成员国各一名部长级代表组成，按不同议事领域由相应部长组成，除外长理事会由欧盟外交与安全政策高级代表主持外，欧盟理事会主席由轮值主席国部长担任。轮值主席国由每个成员国轮流，每半年轮替一次，在准备峰会议题方面有建议权。

欧盟在理事会中建立了三个常设政治军事机构，专门负责“共同安全与防务政策”，以提供必要的政治和战略指导，之后还成立了欧洲防务局来负责欧洲联合军备建设，逐渐形成了独立的防务组织体系。

一是政治与安全委员会：由成员国大使级代表组成，隶属于欧盟理事会，其主要职责包括负责欧盟军事能力建设的政治方向，为欧盟提供政治与战略指导，向欧盟理事会提交处理国际危机的提案等。

二是欧盟军事委员会：由成员国国防部长或其代表组成，是欧盟最高军事机构，其任务是就欧盟军事问题向政治与安全委员会提供建议，向军事参谋部提供军事指导意见，并指导欧盟的独立军事行动。当涉及防务问题时，该委员会主席将出席欧盟理事会会议。

三是欧盟军事参谋部：接受欧盟军事委员会的直接指导和高级代表的领导，负责军事手段的协调，专注于军事及需要军事支持的行动任务和军事能力建设，主要包括早期预警、情势评估、战略规划、通信与信息系统、培训与教育等，执行军事委员会制定的政策和决定。

四是欧洲防务局：主要任务是加强成员国之间在防务领域的协调，促进防务研发与技术、装备合作，制定欧盟军备工业发展战略，协调成员国的军备采购和军事工业政策，整合欧洲防务工业，强化欧洲防务、技术与产业基础。

此外，还包括其他一些次级机构，如：欧盟卫星中心，提供地理空间情报产品与服务；欧盟行动中心、欧盟安全研究所、危机管理民事委员会、政治—军事工作组等。

（三）欧盟委员会（European Commission）

欧盟委员会简称欧委会，是欧盟立法建议与执行机构，也是欧盟的超国家机构。欧盟委员会在欧盟对外关系上发挥着重要作用，向一百多个国家和多个国际组织派驻了代表团。但在欧盟“共同外交与安全政策”领域，欧盟委员会虽“全面参与”但作用相对有限，主要是通过对欧盟预算的制定、审理和管理来施加影响。本届委员会共 27 人，由每个成员国派 1 名代表组成，其中主席 1 人，副主席 8 人，任期五年。现任主席为德国前国防部长冯德莱恩。

（四）欧盟对外行动署（European External Action Service）

欧盟对外行动署相当于欧盟“外交部”，由欧盟外交与安全政策高级代表（兼任欧盟委员会副主席）领导，协调成员国外交政策、处理多边事务，管理欧盟在全球派驻的外交代表团。欧盟对外行动署内有两个部门主要负责共同安全与防务政策，一个是危机管理与计划司，负责就民事及军事行动进行政治—战略评估；二是民事计划与行动力量，主要负责民事行动。现任欧盟外交与安全政策高级代表为西班牙前外交大臣博雷利。

（五）欧洲议会（European Parliament）

欧洲议会是欧盟监督、咨询和立法机构，也是欧盟的超国家机构，议员由成员国直接选举产生。在欧盟“共同外交与安全政策”领域，欧洲议会享有知情权、咨询权和质询权，可以利用其对预算的审议权对共同外交与安全政策进行间接的监督和影响。本届（第九届）议会于 2019 年 7 月正式成立，现有 705 名议员，7 个党团。现任议长是马耳他籍的梅索拉。

四、决策机制

（一）欧盟共同外交与安全决策机制

欧盟共同外交与安全决策机制是一种以政府间为主、超国家为辅的混合机制。在这一机制中，欧洲理事会和欧盟理事会这两个政府间机构对“共同外交与安全政策”的决策过程起支配作用，欧盟委员会、欧洲议会这两个超国家机构仅发挥着次要的作用，欧洲法院则行使有限的司法管辖权。①

欧盟共同外交与安全决策遵循三大原则：一是外交政策的一致性原则，要求欧盟确保其内部的一致性，在不同条款和支柱中的行动和措施保持一致；二是对外行动的灵活性原则，提倡发挥地区影响力，充分关注重要的全球或地区性问题并深入参与相关问题的解决过程；三是以多边主义为基础的软实力外交，从而确保欧盟能开展积极有效的国际行动、应对危机与促成和平，并在安全和防务领域有所成就，并达到欧洲与国际社会公认的合法性原则。②

在决策程序上，首先由欧洲理事会制定欧盟对外政策总的原则、指导方针与共同战略，欧盟理事会据此要求欧盟委员会或成员国提出动议，从而制定具体的政策，包括作出有关联合行动和共同立场的决定并确保其得到贯彻实施。在决策机制上，欧洲理事会按照成员国一致同意原则进行表决，但少数成员国弃权不妨碍决定通过，欧盟理事会在一些程序问题上也会使用特定多数表决。③

---

① 葛建华：《欧盟共同外交与安全决策机制》，社会科学文献出版社 2020 年版，第 123 页。

② 葛建华：《欧盟共同外交与安全决策机制》，社会科学文献出版社 2020 年版，第 140—142 页。

③ 余南平主编：《欧盟一体化共同安全与外交政策》，华东师范大学出版社 2009 年版，第 118—119 页。

（二）欧盟共同安全与防务决策机制

欧盟“共同安全与防务政策”属于欧盟“共同外交与安全政策”的共同安全层面，也遵循政府间主义。相关条约规定，涉及“共同安全与防务政策”，特别是含有军事与防务意义的政策，主要由欧洲理事会和欧盟理事会按照一致同意原则决定。部分成员国也能以整个欧盟的名义成立志愿者同盟来实施共同安全与防务任务。

欧盟制定并实施“共同安全与防务政策”，由欧盟理事会根据欧洲理事会的指令，对“共同安全与防务政策”做出相关的动议和必要的决定。欧盟理事会制定欧盟共同行动方案的过程中，首先向政治与安全委员会发出动议，政治与安全委员会则扮演具体落实动议的主要角色。政治与安全委员会围绕军事危机管理、民事危机管理和冲突预防三大任务，起草“意见”、拟定政策，一旦动议获委员会的认可，将向理事会秘书处发出相关动议的提案。相反，假如动议未被多数委员认可，就意味着放弃。理事会秘书处和欧盟军事参谋部分别就民事危机管理、军事危机管理向民事危机管理委员会、欧盟军事委员会发出简令，后两个委员会将分别讨论并协商联合行动等提案，以共识为基础通过相关的行动意见。欧盟理事会在制定的共同行动方案中，将明确行动目标、范围、期限、联盟所能使用的一切手段以及完成此项行动的具体条件。

“共同安全与防务政策”的决策权主要掌握在欧盟各成员国政府手中，最终决定都是在成员国之间反复磋商，各成员国没有明显的反对意见之后才做出。由于欧盟各成员国在共同安全与防务领域存在不少分歧，实力和外交态度差别较大，往往使得决策程序既复杂冗长，又暗藏矛盾或利益之争。而欧盟委员会只拥有建议权和执行权，这种局面有时不利于欧盟委员会有效地开展工作。[①]

五、能力建设

科索沃危机以后，欧盟先后出台一系列能力发展计划，逐步建立独立的军警防务力量，启动防务装备的研发和一体化建设等，来加强联盟安全与防务能力建设。

---

① 赵俊杰、高华主编：《北狼动地来？——北约战略调整与欧盟共同防务及其对中国安全环境的影响》，中国社会科学出版社 2011 年版，第 143 页。

一是欧盟启动了一系列旨在提高安全与防务能力的计划。为了实现“共同安全与防务政策”预防冲突、管理军事危机和民事危机的目标，欧盟启动了包括“赫尔辛基首要目标”（1999 年）、“欧洲能力行动计划”（2001 年）、“2010 首要目标”（2004 年）、“2010 民事首要目标”（2008 年）和“民事能力发展计划”（2012 年）等倡议和计划，组建任务部队，改进战略海空运输、战略通讯联络系统、空中加油机、精确制导弹药、卫星导航系统等，提高部队的可部署性、机动性、可持续性和有效介入能力。欧洲防务局也推出并持续更新能力发展计划以应对短期、中期及长期安全与防务挑战，包括对欧洲军事能力的盘点、现有及未来能力的评估、欧洲军事能力缺陷及优先行动的认定等。①

二是欧盟逐步建立起由军队和警察部队构成的独立防务力量。1999 年 12 月，欧盟赫尔辛基首脑会议决定，在 2003 年年底前建立一支以“欧洲军团”为核心、独立于北约的快速反应部队，重点目标是在六十天内部署五万到六万兵力，并至少维持一年的行动能力，执行各类型的彼得斯堡任务。2000 年 6 月的费拉首脑会议上，欧盟强调发展危机管理中的民事干预能力，决定与欧洲快速反应部队同步，在 2003 年年底前建立一支 5000 人的警察部队，其中 1000 人能在三十天内部署，担负缓和热点地区冲突、恢复当地法律和社会秩序以及实行人道主义救助等民事任务。2003 年 5 月，欧盟宣布其快速反应部队已基本具备行动能力，标志着欧洲第一支初步成形的独立防务力量的诞生。2004 年 5 月 17 日，欧盟东扩后的首次国防部长会议通过了《欧盟 2010 年军事能力建设总目标》，决定于 2007 年之前，分阶段组建十三支跨军种的快速反应战斗群，可在十五天内完成部署，能够单独执行任务或作为大规模行动的先遣部队，连续执行三十天的任务并可延长到三个月，提高欧盟联合作战、快速部署、后勤保障、战略运输与通信兼容能力；并另外组建一支 3000 人的宪兵部队，由 900 人的核心力量和 2100 人的后备力量组成，能在三十天内部署到指定地点，参与处理危机，维持目标国公共秩序，包括打击有组织犯罪等。2016 年 10 月，为了有效应对移民和安全挑战，欧盟边境与海岸警卫局正式启动，其主要职责包括外部边界管理、自主采购技术设备和部署边境警卫队、预防跨境犯

① 张茗：《摇晃的钟摆：欧盟—美国关系研究》，上海社会科学院出版社 2018 年版，第 82 页。

罪、参与遣返行动等。①

三是欧盟启动防务装备的投资、研发和一体化建设。为降低对美国全球定位系统以及波音 C－17、C－130 系列战略运输机的依赖，1999 年和 2001 年欧盟先后启动“伽利略”卫星导航系统和空客 A400M 战略运输机的研发。2003 年欧盟发布《走向共同军备政策文件》，2004 年成立欧洲防务局促进和提高欧洲军备合作。2007 年至 2008 年欧洲防务局相继发布三个欧洲防务产业发展战略：《欧洲防务技术与工业基地战略》②、《欧洲装备合作战略》③ 和《欧洲防务研究与技术战略》④，以实现欧盟在关键防务产业能力和技术方面的自足，扩展跨境防务合作等。欧盟先后发起多个合作项目，包括长航时无人机和军用观测卫星等。其中，自 2006 年开始建设的“海上监视”（MARSUR）项目在 2014 年达到成熟运营水平。自 2010 年 12 月启动了“根特框架”（Ghent Framework）即“汇合与共享”（P&S）倡议以来，欧洲防务局支持了近60 个“汇合与共享”项目，包括2013 年12 月确立的空中加油（AAR）、遥控飞机系统（RPAS）、政府卫星通信（GOV-SATCOM）与网络防御四个旗舰项目。2016 年10 月，欧洲防务局打响了欧盟防务研究投资的发令枪，首批 140 万欧元资助三个试点项目。⑤ 2017 年，欧盟委员会设立“欧洲防务基金”，以欧盟预算为保障，推动欧盟内部科技创新和防务研发，该基金于 2021 年 1 月开始运作。

六、行动实践

欧盟广泛参与实施维和、护航、人道主义救援等军事和民事危机管理

---

① 张茗：《摇晃的钟摆：欧盟—美国关系研究》，上海社会科学院出版社 2018 年版，第 82 页。

② The European Defence Agency，“A Strategy for the European Defence Technological and Industrial Base”，May 14，2007，https：//eda. europa. eu/docs/documents/strategy_for_the_european_defence_technological_and_industrial_base. pdf.

③ The European Defence Agency，“European Armaments Co－Operation Strategy”，Oct. 15，2008，https：//eda. europa. eu/docs/documents/European_Armaments_Cooperation_Strategy. pdf? Status = Master.

④ The European Defence Agency，“A European Defense Research & Technology Strategy”，Nov. 10，2008，https：//eda. europa. eu/docs/documents/edrt_strategy. pdf.

⑤ 张茗：《摇晃的钟摆：欧盟—美国关系研究》，上海社会科学院出版社 2018 年版，第 82—83 页。

行动，在国际政治与安全领域发挥着越来越大的作用。其中，比较重要的一些活动如下所列：

2000 年 4 月，由法德等五个国家组成的“欧洲军团”正式从北约手中接管驻科索沃国际维和部队的指挥权，这是对欧盟军事能力的首次检验。自此，欧盟开始在西巴尔干地区的重建与稳定中发挥实质性作用；

2003 年 1 月，欧盟警察团正式取代联合国特派团，开始在波黑执行维和任务，这是欧盟发展安全与防务政策启动以来的第一个“危机管理”民事行动；

2003 年 3 月，欧盟建设中的快速反应部队在马其顿接替北约执行维和任务，这是欧盟第一次军事维和行动，首次实现了不使用北约军事资源独立执行军事任务，在欧盟独立防务建设进程中具有里程碑意义；

2003 年 6 月，欧盟向非洲的刚果（金）派出军队，首次实现了欧盟以一个整体执行对欧盟以外地区的军事干预行动；

2004 年 12 月，欧盟的 7000 人部队正式接替北约多国稳定部队，开始在波黑执行维和任务，这是欧盟历史上规模最大的维和行动，被认为象征着欧盟“安全与防务政策的成熟”；①

2008 年，欧盟成员国海军以欧盟的名义在亚丁湾开展“阿塔兰塔”军事行动，保护世界粮食计划署和非盟驻索马里使团的船队以及其他商船免受索马里海盗的袭击，先后有十五个国家派出八十多艘军舰参加，包括个别非欧盟成员国；

欧盟还积极参与国际调停和人道主义援助，先后参与科索沃和平重建，介入格鲁吉亚与俄罗斯之间因南奥赛梯“独立”问题发生的军事冲突，并向因战争而流离失所的人们提供人道主义援助，还出面调停以色列与巴勒斯坦之间的冲突。②

欧盟先后在伊拉克、苏丹、索马里、摩尔多瓦、乌克兰、印度尼西亚、巴勒斯坦、阿富汗、乍得、中非、科索沃、几内亚比绍等地开展了四十余次时间、地点和目标各不相同的行动和任务，在一定程度上对维护地区和平与稳定、缓解人道主义危机作出了贡献。

---

① 王坚：《欧盟完全手册》，中央编译出版社 2010 年版，第 135—136 页。

② 张健雄：《欧洲联盟》，社会科学文献出版社 2019 年版，第 328 页。

第二节　欧盟安全战略的演进

随着欧盟内外形势的演进，欧盟“共同外交与安全政策”和“共同安全与防务政策”的发展越来越需要战略层面的引领与指导，因此欧盟安全战略的制定与出台呼之欲出。

一、2003 年版欧盟安全战略①

2003 年 12 月，欧洲理事会通过了由欧盟首任“共同外交与安全政策”高级代表索拉纳主持起草的安全战略报告。这是欧盟成立后的首份安全战略，其出台背景有四个：一是“9·11”事件同样给欧洲造成了强烈冲击；二是 2003 年的伊拉克战争导致欧洲内部及欧美之间出现较大分歧和矛盾；三是后冷战时代以来全球化加速发展，但一些国家发展也出现诸多问题，出现“失败国家”；四是欧洲一体化进入新发展阶段，欧盟启动制宪，欧元开始流通，欧盟扩大进程加快，经济一体化红利持续增长，欧洲一体化发展处于黄金时代，欧盟对自身发展模式、前景及全球角色充满信心。

欧盟首份安全战略的内容包括三大部分：第一部分是欧盟面临的安全威胁，恐怖主义、大规模杀伤性武器的扩散、地区冲突、“失败国家”和有组织犯罪等被列为主要威胁；第二部分是欧盟的战略目标，即提升应对威胁能力、构建周边地区安全和建立基于有效多边主义的国际秩序；第三部分是加强欧盟在安全领域的能力和凝聚力，包括形成各成员国共同的战略文化，以及与国际伙伴进行更有效合作等。

欧盟的首份安全战略体现出了其鲜明的特色。一是充斥后冷战时代的乐观情绪。这份安全战略开篇就指出，“欧洲从来没有如此繁荣、如此安全和如此自由，在经历了 20 世纪前半期的暴力后，欧洲历史上出现了前所未有的和平与稳定时期”。二是强调应对安全威胁的非军事性。安全战略报告称，“针对任一成员国的大规模军事入侵现在已经不可

① Council of the European Union, “European Security Strategy, A Secure Europe in a Better World”, Brussels, Dec. 8, 2003, 15895/03.

能”，“与冷战时期可见的大规模威胁形成鲜明对比的是，没有哪种新型威胁是纯粹的军事问题，也不可能仅仅由军事手段来应对”。三是阐述安全与发展的关系。文件认为“安全是发展的前提”，因为冲突不仅破坏基础设施，也带来犯罪、阻遏投资且使正常的经济活动不再可能。四是突出共同和综合的安全理念。报告提出了有效多边主义以及综合应对的概念，明显针对美国布什政府主要依靠军事手段的单边主义行为。五是主张加强国际安全合作。欧盟认为恐怖主义等是国际共同威胁，任何国家都不能单独应对，“国际合作是必要的”，并强调“跨大西洋关系不可替代”，但目标是建立欧美之间“有效和平衡的伙伴关系”；俄罗斯是欧洲安全与繁荣的一个主要因素，要“与俄罗斯建立更为紧密的关系”；重视与大国的关系，称“要特别发展与日本、中国、加拿大和印度的战略伙伴关系”。

二、2008 年版欧盟安全战略①

2008 年，欧盟计划制定新的安全战略，但英德等国态度消极，最终只形成了对 2003 年版欧盟安全战略实施情况的评估报告——《关于欧洲安全战略实施情况的报告——在一个变化的世界里提供安全》。

该报告分为三个部分。第一部分是欧盟面临的全球挑战和安全威胁。与 2003 年版欧盟安全战略不同的是，新增了网络安全、能源安全和气候变化三类威胁。第二部分是在欧洲及欧洲之外地区构建稳定。第三部分是关于欧洲在变化世界中的角色地位。报告总体延续了 2003 年版欧盟安全战略的定位和基调，进一步强化了欧洲模式。一是更加突出非传统安全问题；二是继续强调安全与发展的关系，指出“没有安全与和平，就没有可持续的发展；没有发展和贫困的消除，就不会有可持续的和平”；三是仍然重视世界的共同安全和团结，认为虽然世界在快速变化、威胁在演变、国家的权力在转移，但称欧盟仍将是“一支促进一个更加公平、更加安全和更加团结的世界的重要力量”。

---

① “Report on the Implementation of the European Security Strategy, Providing Security in a Changing World”, Brussels, Dec. 11, 2008, S407/08.

三、2016 年版欧盟安全战略[①]

2016 年 6 月，欧洲理事会通过了新版欧盟安全战略文件《共同愿景，共同行动：一个更强大的欧洲——欧洲外交和安全政策全球战略》。

该报告的出台距离欧盟首份安全战略发布已十余年，世界形势和欧洲安全背景已经发生重大变化。一是欧洲一体化发展出现重大问题，主权债务危机几乎导致欧元区解体，2014 年克里米亚事件、2015 年难民危机和 2016 年英国“脱欧”公投等重大危机事件接踵而至，使各成员国之间分歧和矛盾日益加大，欧盟凝聚力受到极大冲击；二是美国战略重心开始转向亚太地区，欧洲安全保障问题矛盾显现；三是新兴国家群体性崛起，欧盟在大幅削减军费的同时，其引以为傲的软实力大幅下降，在联合国等多边机构的影响力萎缩。

上述这些因素极大影响了新版欧盟安全战略的基调和主要内容，并体现在报告的四个部分。第一部分是“一个促进公民利益的全球战略”，阐明了欧盟对外行动的指导思想，即保障欧盟公民和领土的和平与安全、促进人民的繁荣、加强民主的韧性，以及促进一个以联合国为核心、以多边主义为关键原则的基于规则的全球秩序。第二部分是“对外行动的指导原则”，即“有原则的实用主义”。第三部分是“对外行动的优先重点”：一是强化联盟自身安全；二是加强东部及南部邻国的韧性；三是“以一体化方式应对冲突和危机”，包括“先发制人式”的和平；四是建立一个“合作性的地区秩序”，包括继续保持与俄罗斯接触并在利益重合时进行合作，深化与北约的伙伴关系并称“美国仍将是我们的核心伙伴”，“在尊重法治的基础上与中国接触……深化与中国的贸易和投资关系”等；五是关于 21 世纪的全球治理，指出“欧盟致力于一个基于国际法的全球秩序，包括《联合国宪章》的基本原则”，强调转变而不是简单维护现有体系。第四部分是“从愿景到行动”，一是建设一个可靠的联盟，认为软实力已经不够，要在情报、监控、侦察等方面加大投资，称“国防工业对实现欧盟战略自主至关重要”；二是建设一个对威胁反应更快的欧盟；三是建设一个欧盟

---

① “Shared Vision, Common Action: A Stronger Europe, a Global Strategy for the European Union’s Foreign and Security Policy”, https://eeas.europa.eu/archives/docs/top_stories/pdf/eugs_review_web.pdf.

机构和成员国及私人部门联合协作的欧盟。

该战略报告既体现了延续性，如强调全球合作和欧盟的全球角色，也有特点鲜明的创新性。一是充满危机意识。首份欧盟安全战略中的乐观情绪已荡然无存，取而代之的是“我们处在一个内忧外患的时代。我们的联盟受到威胁”，并认为欧洲一体化受到前所未有的质疑和挑战，东部与俄罗斯关系陷入僵局，南部中东、非洲面临发展困境和恐怖主义威胁，气候变化的威胁在加大。二是理想主义减少，现实性更强。该战略以实用主义而非价值观主导对外政策，表明欧盟认识到向全球输出民主化的努力已经失败。三是进攻性减少，防守性增强。报告虽名为“全球战略”，但实际重点转向内部及周边，一方面不再试图改造周边地区，另一方面更注重自身安全，不再将第一道防线放在境外。四是强调战略自主。该战略反复提到战略自主，表明欧盟不再强调软实力，开始重视硬安全，声称要发展传统安全与防务能力，加强传统领域安全，特别是实现防务工业的战略自主。

第三节　当前的欧盟安全战略

欧盟当前的安全战略是2022出台的《安全与防务战略指南针》（以下称《战略指南针》）。该战略系统规划了未来五年到十年欧盟共同防务重点及实施路径，体现了欧盟“共同外交与安全政策”的重要进展，标志着欧盟成员国对开展安全与防务合作达成了新的高度共识。

一、出台背景

2016版欧盟安全战略出台以来，欧洲和世界持续发生了一系列重大变化。一是英国“脱欧”在政治、经济和外交领域对欧盟带来重大影响；二是美国特朗普上台后对跨大西洋关系造成严重破坏，欧洲在安全上依赖美国和北约的迷梦被打破，拜登政府上台后虽努力修复美欧关系，2021年阿富汗撤军事件和美英澳核潜艇协议事件等还是给欧洲带来了强烈刺激；三是新冠疫情对供应链产业链、生物安全问题的冲击以及地缘政治的变化；四是乌克兰危机的爆发和持续激化对欧洲安全秩序造成前所未有的冲击，进一步强化了欧洲国家加大欧盟安全与防务能力建设的意愿。

基于对威胁感知的变化、对自身防务政策与行动差距的反思，2020年下半年德国担任轮值主席国期间，欧盟启动了《战略指南针》制定进程。欧盟委员会主席冯德莱恩在年度国情咨文中呼吁组建“欧洲防务联盟”，欧洲理事会主席米歇尔也宣布2022年为“欧洲防务年”。[①] 欧盟力图成为安全提供者而非“旁观者”，希望新的《战略指南针》提出合作应对外部挑战的新思路，力促欧洲共同战略文化的发展，提高其捍卫自身安全的集体能力。欧盟对外行动署于2021年11月公布了《战略指南针》草案，2022年3月法国担任轮值主席国期间，欧盟理事会最终通过并出台了正式版本。欧盟共同外交与安全政策高级代表博雷利在《战略指南针》前言中写道，面对“二战以来欧洲地区发生的最严重冲突”，欧洲必须发展出属于自己的“硬安全力量”。

二、安全环境及威胁判断

欧盟认为自身正面临多层次的威胁，总体安全形势比以往任何时候都更加动荡、复杂。《战略指南针》从三个方面对欧盟面临的威胁和挑战进行了分析。

一是强权政治的回归。《战略指南针》将“强权政治的回归”作为欧盟面临的首要问题，声称越来越多的行动者寻求扩大自身政治空间、挑战安全秩序，其中明确提到两个国家，即俄罗斯和中国。欧盟指责俄罗斯“正在粗暴违反国际法和《联合国宪章》的基本原则，损害了欧洲和全球安全与稳定”，首次将俄罗斯定位为“长期和直接的威胁”。关于中国，欧盟延续了2019年欧盟对华战略报告的三重定位，即合作伙伴、经济竞争者和制度性对手，对中国限制自己的市场开放、寻求在全球推广自己的标准、大力发展军事能力、计划在2035年前实现军队全面现代化表达关切，欧盟在制度上要确保“中国的发展有助于维护全球安全，而不是与基于规则的国际秩序及欧盟的利益与价值观相冲突”。

二是战略环境的恶化。欧盟认为自身被不稳定因素和冲突所包围，直

① European Council, “Address by President Charles Michel to the European Defence Agency Annual Conference”, https://www.consilium.europa.eu/en/press/press-releases/2021/12/07/address-by-president-charles-michel-to-the-european-defence-agency-annual-conference/.

面武装入侵、非法兼并、脆弱国家、修正主义强权和专制国家的危险混合，对其战略环境产生负面影响。在西巴尔干地区，欧盟担忧外国干预增加以及当前欧洲安全局势恶化的外溢可能影响地区安全与稳定；在东部邻国，欧盟认为乌克兰受到俄罗斯的直接攻击，严重影响了黑海地区的安全、航行自由、经济发展，并宣称摩尔多瓦、格鲁吉亚等国也面临战略威胁和冲突；北极地区受到全球气候变暖、地缘政治竞争、商业利益增加等因素的影响；在南部近邻地区，利比亚和叙利亚的危机仍未消除，该地区还受到恐怖主义、人口贩运和有组织犯罪的威胁；东地中海的紧张局势依然存在，并有迅速升级的可能。① 欧盟还密切关注非洲大陆、中东和海湾地区、印太地区以及拉美地区地缘环境的变化对自身安全环境的影响。

三是跨国威胁和挑战。欧盟认为所面临的跨国威胁和复杂安全动态对欧盟安全有直接影响。欧盟关注的跨国威胁包括：各种形式的恐怖主义和暴力极端主义，大规模杀伤性武器及其运载工具的扩散，混合战略、网络攻击、信息战及对选举和政治进程的直接干预、经济胁迫和非法移民的工具化等。欧盟认为太空、网络空间等全球战略领域的竞争日益激烈，海上、空中安全受到挑战。同时，气候变化、环境退化和自然灾害将影响未来几十年的安全格局，成为全球不稳定与冲突的驱动力量，关键供应链方面的压力以及全球卫生危机也会给社会和经济带来深刻影响。

三、安全战略目标及主要措施

欧盟以保护欧盟公民及其价值观和利益为宗旨，致力于为国际和平与安全作出贡献。面对内外挑战，《战略指南针》从行动、安全、投资、伙伴四个方面设立了目标，致力于将欧盟打造为更强大、更有能力的“安全提供者”。

一是提升应对危机的行动能力。欧盟寻求更迅速、果断、有力地采取危机应对行动。为此，欧盟表示将综合用好所有的安全政策工具，加强预先规划，最大化各项政策工具的协同性和互补性，统筹好欧盟“共同安全与防务政策”的民事及军事层面，以更好地应对危机。二是增强安全威胁的应对能力。欧盟表示将充实应对传统和非传统安全威胁的工具箱，希望

---

① 王玉静、房乐宪：《战略指南针：欧盟安全与防务新指向》，《和平与发展》2022 年第 4 期。

通过提高预测、发现和应对这些威胁的能力，确保战略领域安全，保护欧盟公民及利益。三是加强防务与创新技术投资。欧盟以军事力量和关键技术两方面为投资导向，目标是缩小在关键能力方面的差距，以增强技术主权，减少战略依赖，降低产业链脆弱性。四是深化合作伙伴关系。欧盟致力于从多边及地区层面、双边层面深化与主要合作伙伴的关系，构建伙伴关系网，应对共同威胁和挑战。

围绕上述四个方面的目标，欧盟从危机管理、威胁应对、投资导向、伙伴关系四个方面分别明确了维护安全的战略途径和手段。

一是在提升应对危机的行动能力方面，欧盟从决策与行动、军事与民事、作战能力与后勤支持等多方面着手完善自身应对危机的准备和能力。组建快速反应部队，加强实战演习。欧盟计划在 2025 年前建成一支能随时执行任务的 5000 人模块化快速反应部队，包括陆上、海上及空中人员，具备必须的战略能力，2023 年开始定期开展实战演习以提高战备状态和互操作性。强化民事与军事行动的指挥与控制结构。确保“军事计划与行动能力”机制到 2025 年能够计划和指挥两场小规模或者一场中等规模的军事行动以及实弹演习，成为欧盟理想的指挥与控制结构。强化互助原则。欧盟要更好落实《欧洲联盟条约》第 42 条的“互相援助”条款以及《欧洲联盟运行条约》第 222 条关于团结的条款。2023 年，欧盟将重新评估“共同负担”的范围和定义，以提升成员国的团结水平，鼓励成员国积极参与欧盟框架下的军事行动；大幅提升军事动员能力和军事机动性；加快投资军民两用运输基础设施，提高其支持系统网络弹性，利用人工智能和空运、海运来改善军事机动性等。

二是在增强安全威胁的应对能力方面，欧盟规划了全面多样的威胁应对手段，涉及领域比较广泛，相应举措较为具体，着力提升预防、应对与遏制能力。加强预警、重视情报和安全通信。欧盟在其“单一情报分析机制”及卫星中心的框架内，提高基于情报的相关能力，“威胁分析”将机制化、结构化；同时保障安全通信，呼吁各机构遵循关于信息网络安全及保护欧盟机密、敏感信息的标准和规则。提高应对混合威胁、网络攻击、外国信息操纵与干扰等跨国威胁的能力。欧盟针对混合威胁将开发“混合工具箱”，充分调动所有相关的民事和军事手段，创建快速反应团队；同时进一步加强“网络外交工具箱”，开发“外国信息操控和干预工具箱”，增强战略沟通和反虚假信息的能力。确保战略领域的安全。在网络空间，欧盟将进一步发展“网络防御政策”，实施新的网络韧性法案，继续推进“联合网络机构”建设；在航空领域，欧盟计划加强战略反思，确保欧洲领空安全；在航天领域，欧盟将通过一项新的“太空安全与防务战略”，以应对来自太空的威胁或对欧盟太空资产构成的威胁；在海事领域，欧盟将基于“海事安全战略”，在海上安全和全球存在方面加大投入。进一步预防和打击恐怖主义，并致力于维护裁军、防止核扩散和军备控制体系。增强对气候变化、灾害和突发事件的抵御能力。欧盟关注更频繁的极端天气事件、自然灾害可能带来的危机与冲突，全面实施“气候变化与防务路线图”，强调成员国应就武装力量应对气候变化提出国家战略，武装部队可以调动大量资产投入后勤、医疗、安全支持和基础设施领域的民间救灾工作，提高应对复杂危机的能力。

三是在加强防务与创新技术投资方面，欧盟将充分发挥其融资工具的潜力，增加并优化国防开支，提高欧盟在各领域的防御和作战能力，从而增强其防务和技术领域的战略自主。增加国防开支，加大能力建设。欧盟将大幅增加国防开支，重点关注战略缺口，推进海陆空天网“五位一体”能力建设，力图实现各领域的比较优势。大幅提升战略性军事能力。欧盟将着手开发关键的战略军事力量项目，通过“永久结构性合作”和欧洲防务基金投资于关键领域，包括空中运输、太空军事资产、两栖能力、医疗资源、网络防卫以及情报监控和侦察能力等。欧盟将采取措施鼓励成员国加强联合研发和采购。强调对创新技术投资。欧盟认识到新兴和颠覆性技术的发展是保持军事优势的关键，2022 年欧洲防务署下设防务创新中心，解决战略性科技及在安全与防务领域的依赖性问题。欧盟将贯彻民用、国防和航天工业协同行动计划，通过关键技术观察站确定可能存在的差距，推动科技创新，加大军事装备投入和高新技术武器自主研发，减少安全防务技术和价值链上的战略依赖，评估关键基础设施供应链的风险。

四是在深化合作伙伴关系方面，欧盟保持了倡导多边机制的对外政策传统，将发展伙伴关系视作支持欧盟成为全球战略参与者的重要手段，并力争通过自身安全和防务能力的强大使伙伴受益。在多边层面加强与北约、联合国的协调与合作。欧盟将继续提升与北约在既往所有互动领域的战略伙伴关系，举行更频繁、更具包容性的高层对话，组织高级别联合会议、信息共享、联合军演等。欧盟重视加强与联合国的战略伙伴关系，呼吁在早期预警、冲突预防和调解方面采取更有效的方法。欧盟还计划每两年召开一次“安全与防务伙伴关系论坛”，促进欧盟、成员国以及欧盟合作伙伴之间关于国际安全和国防的对话和战略反思。在区域层面重视与欧安组织、非盟、东盟等地区组织的对话。欧盟计划加强与它们在冲突预防、态势感知和恢复能力等领域的合作。欧盟寻求与欧安组织共同制定一份关于冲突预防和危机管理的路线图，并在具体区域采取专题行动；与非盟进行联合实地考察，并在行动规划和落实层面寻求更密切的协调；通过东盟地区论坛，进一步加强在印太地区的安全贡献和存在。在双边层面与具有相同价值观和利益的伙伴加强合作。欧盟称其与美国的伙伴关系具有战略意义，必须以互惠的方式强化与美国的安全和防务领域合作，同时深化与挪威、加拿大的建设性关系，对与英国进行广泛的安全和防务接触持开放态度，以及与土耳其、西巴尔干国家、东部邻国如乌克兰、南部邻国如地中海沿岸国家及中东和海湾国家、非洲国家、印太地区国家（如日本、韩国、印度、印度尼西亚、巴基斯坦和越南）和拉丁美洲发展量身定制的伙伴关系，对其能力建设采取更具针对性和综合性的做法。

总之，相比之前的安全战略和防务政策文件，《战略指南针》更侧重于传统安全问题，遏俄、弱俄政策成为主导，防务建设从“应对大国战略竞争”切换到了“防御外部军事进攻威胁”，强调自身军事能力建设；安全利益优先于发展利益，即使面临经济困境也要大幅提升军费开支，即使深陷能源危机也要推行“脱俄”政策；战略依赖与战略自主交叠，接受安全上依附美国和北约的现实，强调对北约进行“补充”而非“替代”，但依然不忘提升欧盟战略自主，确保在美国不愿直接参与的情况下，欧盟有能力独自处理地区危机。《战略指南针》是欧盟对安全挑战的重要回应，是对防务政策的重大升级，更加注重硬实力的竞争，并进一步寻求安全与防务的战略自主。尽管存在内容局限、资源整合困难和落实障碍，但体现了欧盟修正现有欧洲安全架构，以及增加欧洲安全秩序塑造力和话语权的强烈愿望。

第四节　欧盟战略自主及其前景

欧盟及其前身欧共体在当代国际事务和世界政治中一直具有举足轻重的地位，欧洲地区安全局势的演变也带有比较突出的传统地缘博弈色彩。

跨大西洋联盟是西欧主要国家外交和安全政策的基石，“大西洋主义”在绝大多数欧洲国家都占有主导地位。然而，自冷战结束以来，尤其是在欧洲地区极力经历几场重大危机如欧债危机、英国“脱欧”之后，跨大西洋关系发生一些重要改变，特朗普就任美国总统期间，欧美之间纷争明显增多，以法国总统马克龙为代表的欧洲政治领袖及其知识界精英关于欧洲“战略自主”的呼声和讨论受到了极大关注，甚至被视为欧盟对外政策的一个重要目标。2022 年 2 月乌克兰危机爆发，成为东欧剧变、苏联解体之后欧洲所面临的最大地缘事态，但是随后似乎很自然地华盛顿就领导了北约对冲突的应对。到目前，这场冲突没有促使欧洲国家积极寻求加强自身防务，而是强化了对美国的军事依赖。未来欧洲战略自主如何发展变化，对欧洲地区乃至欧亚大陆的安全局势都将产生深远影响。

一、跨大西洋纽带的多重影响

跨大西洋关系构成了欧美合作的支柱，也是美国长期主导欧洲局势乃至整个国际秩序的重要条件。依靠这一战略基础及其构建的美欧同盟体系，美国在欧亚大陆乃至世界的霸权才有条件得以确立和巩固；[①] 而借助和美国紧密的关系，西欧国家也获得了安全保障，并顺势推进了一体化发展，经济实力和政治影响力在战争的废墟上得到恢复和提升。随着欧洲国家和美国之间利益差异的增多，跨大西洋关系也变得复杂起来，彼此之间纽带出现松弛，尤其特朗普在任美国总统期间无视欧洲利益，欧洲大多数国家政府和民众对美国的疑惑和不满明显表现出来。

美国拜登政府上台后，积极修补与欧洲盟友关系，有选择地搁置与欧洲的贸易摩擦，回归《巴黎协定》，并通过频繁的高层互动改善跨大西洋关系。2022 年 2 月乌克兰危机爆发后，双方放下相互间的争端，加强合作提升北约军事行动能力。事实说明，欧洲对美国在安全上的依赖一直存在，许多政治家深知战略自主的重要性，但是每当重大危机出现时又往往不自觉地寻求美国的庇护。一方面欧洲国家自身能力存在缺失，另一方面在对待俄罗斯问题上欧洲不得不追随美国，自己又作不了主。

---

① 在现代历史上，盎格鲁 – 撒克逊民族的优势地位主要建立在两个基础上，即欧洲大陆的均势和全球范围内经济、金融及海军上的领先优势。参见吴征宇：《海权、陆权与大战略——地理政治学的大战略内涵》，《欧洲研究》2010 年第 1 期，第 64 页。

如果以更长的时间尺度来衡量，美国在欧洲的主导地位虽然得以长期维持，但基本走向确实趋于削弱，至少已经不能体现在全方位和全领域。目前欧洲战略紧张态势终究会得到缓解，没有战略自主的回归，欧洲就不可能真正解决自身安全关注，更难以成长为全球政治的独立的重要力量。依赖跨大西洋关系曾使欧洲国家获益，但也付出成本。然而，收益并不会永远大于成本。“当获得的利益已经不能满足国家需要时，这部分的利益的重要性可能下降，而机制不能提供、甚至可能阻碍的那部分利益则可能更显重要。”①

比如法国的情况就很典型。第二次世界大战结束后法国在维护安全和恢复经济方面面临一系列挑战，加入北约可以满足当时的迫切需要。但到了 20 世纪 50 年代后期，情况就发生了变化，法德关系已得到极大改善，苏联的威胁也不再那么迫在眉睫，法国的经济发展也取得成效。随着条件变化，参加北约给法国带来的利益正在使法国离开北约。法国要想恢复作为一个传统大国的地位和影响力，北约甚至成为了一种障碍。因为在法国看来，北约仅仅体现了西欧对美国在军事和政治上的从属关系，而法国如继续参加这样的机制，就不可避免地被看成“所谓大西洋团结的霸权主义统治下驯服的配角”。② 到 1966 年，法国宣布退出北约的军事机构，但继续保留北约成员资格。戴高乐决定退出北约军事一体化，就为法国争取到了更大的回旋空间，不论是在欧洲还是在国际事务中，法国的大国地位得到较为充分的展现。直至今天，法国仍然寻求相对独立的防务政策，拥有完整的军事工业体系。

德国历来努力在美欧之间维持必要的平衡政策。默克尔曾经是坚定的大西洋主义者，但是后来在担任多年德国总理后，还是看到了：“作为欧洲人，我们应该自己奋斗，为了我们的未来和命运”，“我们能完全依赖他人的时代已经结束”。从法国以及德国的情况也可以更好地理解欧盟的处境。对于法德等欧洲国家，跨大西洋纽带无疑是一项重要资源，但往往也是一种约束，在一些时候甚至变成了阻碍。几十年中，经济一体化及其相

---

① 唐永胜、徐弃郁：《寻求复杂的平衡——国际安全机制与主权国家的参与》，世界知识出版社 2004 年版，第 181 页。

② ［法］戴高乐：《希望回忆录》第 1 卷，上海人民出版社 1973 年版，第 174—175 页。

应政策总体上的成功为欧洲带来了繁荣，随之也提高了政治自信，进而能够在国际舞台上展现更大政治抱负。欧洲因此做出努力，将一体化范围拓展到政治领域，其中特别是公共外交与安全政策、刑事司法合作等具有强烈主权色彩的领域。与此同时，欧洲在政治与经济领域一体化的不平衡发展，也使得欧盟的各项政策、机制表现出某种碎片化特征，各领域政策难以协同发挥作用，有时甚至会相互掣肘。2008 年金融危机之后爆发的欧洲主权债务危机，就暴露出欧洲治理中存在的许多问题，一些国家甚至各行其是。欧盟自身建设尚且遇到困难重重，那么就更谈不上紧密地配合美国。

毫无疑问，欧洲已经不再像冷战时期那样紧密追随美国，即使在当前乌克兰危机，欧美在总体上的配合与协调得到加强，在制裁俄罗斯问题上欧洲配合美国行动，但事实证明欧美各自关注的目标已经不可能长期聚合。2021 年发生的法国与美国、澳大利亚之间的“潜艇危机”，以及“北溪－2”管道被炸背后的重重疑云，都说明相关国家不同的利益考虑。不论是在理念上还是在实现安全的途径上，法德等欧洲大国与美国都存在着较为显著的差异。这种差异曾在冷战中被忽视，今天在某种程度上又被乌克兰危机所掩盖，但终究不会经久持续。这里的问题在于，欧洲既要突出自己的特征又必须解决面临的诸如经济社会治理、政府之间协调、应对诸多非传统安全挑战等问题，而这些不是美国特朗普政府的重要关切，也不是拜登政府的重要关切。

美国有战略家如基辛格高度重视跨大西洋关系，在基辛格看来：“民主国家的未来取决于北大西洋两岸的民主国家是否能够在一个没有冷战的世界里重新振兴它们之间的关系，是否能战胜全球秩序提出的种种挑战。”“倘若大西洋关系再次陷入争夺之中，由此产生的危机必然会损害西方社会珍惜的价值观。”[①] 然而现实的逻辑不是单向的，美国自身习惯于将国际制度视为美国利益得以实现的工具，[②] 这从根本上限制了联盟作用持久的发挥。基辛格也承认，受目光短浅的国内政治驱使，西方民主国家里支持

① ［美］亨利·基辛格著，胡利平、凌建平等译：《基辛格美国的全球战略》，海南出版社 2012 年版，第 69 页。

② David G. Hagund, “Trouble in Pax Atlantica? The United States, Europe and the Future of Multilateralism”, In Foot Rosemary et al., eds., “US Hegemony and International Organizations”, Oxford University Press, 2003, p. 237.

长期目标的人就会越来越少，而“美国惯于把合作看作是他国是否同意美国的议程，动辄对自己的盟友适用本国的法律，对失去自己往日辉煌的国家的处境麻木不仁。”[①] 何况过于强调美欧的主导地位，已经不能适应国际局势的重大变化，国际关系的复杂性日渐突出，军事同盟和军事手段已难以有效解决国际安全的重大议题，国家之间利益错综交织，世界政治面临诸多难题，需要更具弹性和包容性的治理途径。

二、乌克兰危机的直接冲击

从 2022 年 2 月爆发乌克兰危机不仅给欧洲安全带来巨大风险，而且进一步反映出跨大西洋关系的内在逻辑，并将对欧洲自主的近期和长远变化多重作用。乌克兰危机的爆发，短期内使欧洲简单选边站队，并重新团结起来；但从长期看，原有的战略难题并未得到解决，而且还导致欧洲人产生新的分歧。

随着乌克兰危机持续展开，欧洲国家紧跟美国的步伐，但却又处处受到牵制。为了围困俄罗斯，欧美动用严厉制裁手段，欧洲因此也面临能源供应紧张危机，而美国对欧出售天然气的价格竟然达到美国国内市场的数倍价格；有越来越多的欧洲投资转向美国，欧洲面临“去工业化”的危险；而欧洲国家对于冲突应该如何结束乃至对于欧俄关系的未来走向等重大问题，存在严重分歧。尤其是中东欧和波罗的海的许多国家，也包括英国，一直对欧洲自主防务缺少热情，更希望美国保持对欧洲安全的主导地位。

冷战结束以来，欧洲安全局势多有起伏，多种力量折冲博弈，欧洲有政治家如默克尔在较早时候已认识到，“欧洲只有在俄罗斯参与的条件下才能实现持久和平”。但这种比较包容的理念并非符合美国的欧洲政策，从美国应对东欧地缘政治冲突所采取的一系列政策可以看出，美国在欧洲安全上寻求的一个重要目标就是驱逐俄罗斯，欧洲一些国家也在积极呼应，甚至采取一些更激进的行动。这种绝对化排斥性的政策目标对地区安全可能带来巨大风险，制造出更多的混乱，并严重限制了欧洲战略自主的空间。

---

① ［美］亨利·基辛格著，胡利平、凌建平等译：《基辛格美国的全球战略》，海南出版社 2012 年版，第 70 页。

乌克兰危机并不能简单归因于俄乌之间矛盾的激化，实际上反映出冷战结束后欧洲局势发展过程中沉淀和积累下来的深刻矛盾。冷战一经结束，在失去了来自苏联的威胁之后，北约不仅保留下来，还不断推进东扩进程。布热津斯基就认为，“当务之急是确保没有任何国家和国家的联合具有把美国赶出欧亚大陆，或大大地削弱美国关键性仲裁作用的能力”，“顺理成章的是，扩大的欧洲和北约将十分有助于美国实现其政策的短期和长期目标”。①

在关于北约东扩的讨论中，也曾有人主张应该照顾到欧洲国家分享北约领导权以及将俄罗斯纳入更大的地区安全框架。这无疑是有远见的认识，只可惜实行起来却是另外一回事。冷战胜利者的傲慢主导了美国和北约之后的政策。即使如布热津斯基也认为：“如果必须在一个更广泛的欧洲—大西洋体系和一个较好的对俄关系之间作出抉择的话，那么前者无疑对美国更重要。”② 结果就是，俄罗斯的安全关切被严重忽视，新老欧洲之间裂痕加深，法德代表的传统的一体化力量出现了更多的不满情绪，只是一遇到危机，往往还是要看美国的眼色。实际上，对于美国，虽然跨大西洋关系意义重大，如何整合包括俄罗斯在内的东欧地区对美国的霸权护持也具有决定性意义。而对于欧洲，如果不能把握必要的主动，在地区局势发展中就难以有效维护自身利益。

乌克兰危机持续至今仍不见结束的迹象，无论是对于俄罗斯，还是对于欧盟，这都是一种战略负担，遭受苦难最多的国家当然还是乌克兰。北约东扩有着浓重的传统地缘争夺的色彩。而时空条件的变化，要求政策选择必须把目光放更远一些，超越传统的战略思维。冷战的结束打破了原有的地缘战略结构，深刻冲击并改变着以往的安全观念，直至今天欧洲越来越需要更具包容性和开放性的安全框架。然而美国的欧洲政策表现出更多的惯性和任性，过于强调维护在欧亚大陆的绝对地缘优势，推进北约东扩就成为忽视后果的过于直接的短期行为。然而过犹不及，美国政策选择上的自负必然要付出代价，也就是透支自己的力量和声望。由此带来的地缘

---

① ［美］兹比格纽·布热津斯基著，中国国际问题研究所译：《大棋局——美国的首要地位及其地缘战略》，上海人民出版社 2015 年版，第 162 页。

② ［美］兹比格纽·布热津斯基著，中国国际问题研究所译：《大棋局——美国的首要地位及其地缘战略》，上海人民出版社 2015 年版，第 163 页。

关系的紧张和动荡，难道真的是欧洲国家需要的吗？

2008 年爆发的俄格冲突就已经说明，俄罗斯的实力虽然受到削弱，但也有其必须维护的地缘利益，且具备维护这种利益的决心和能力。同样的逻辑在之后的乌克兰再次显现，冲突撕裂了乌克兰的国土，也撕裂了东欧的地缘政治版图。而地缘争夺一经展开，往往就会循着自身的逻辑而难以收手。今天想把已经破碎的版图拼接起来已经难上加难。近年即使美国有人看到了与俄罗斯缓和关系可能带来的巨大收益，由于已有的裂痕太深，加上美国内部的政治分歧，在可见的未来美俄之间已失去了做出重大妥协的可能性。现实的逻辑是，2024 年 3 月份瑞典正式加入北约，至此北约共由欧洲和北美的 32 个国家所构成。美国和北约不断加强对乌克兰的军事援助，并利用东欧一些国家由于乌克兰局势发展变化而产生的对俄罗斯的担忧，向波兰和波罗的海三国部署多国部队强化军事存在，与俄罗斯紧张对峙。未来较长时期，北约与俄罗斯的关系都将经受严峻检验。

拥有多元化的民族构成和宗教传统本来是乌克兰的一个优势，如果利用得好可显著提升其独特的地缘枢纽地位，在欧洲地区安全中发挥桥梁作用。可惜的是，乌克兰没有能够在几大力量之间寻求有益的平衡政策，而是简单选择倒向一边，从而也就失去了回旋余地，国家反而陷入冲突旋涡。在一些特定的情况下，不做选择反而胜过简单做出选择。传统地缘争夺存在自身局限，在新的历史背景下更是如此。北约东扩在很大程度上属于“零和游戏”和冷战思维的延伸。在美国和西方强势背景下，北约沿袭了“胜者全得”的博弈定式，力图通过北约东扩对俄罗斯诱压并用来限制其发展潜力。这无疑会引发激烈的利益相冲突，也不符合国际关系现实的要求。何况，北约单凭增加成员国数量，不足以改变双方竞争规则，北约和俄罗斯双方只能深陷相互威慑和竞争的恶性循环，这种竞争不会有最终的胜利者。

北约东扩除了必然受到地缘反制之外，还存在另外一种制约，那就是过度扩张引起的效能递减。美国为了维护在欧洲的主导地位，拉住和控制不断扩大的欧盟，只能通过北约扩大的途径保持一种地域上的大致重合。而北约越是扩大，内部权力就越趋向分散，其所发挥的作用也就越不容易聚合，因而也就越难以实施大规模行动。

关于安全机制中参与国家的数量与合作效益之间的关系，早在 20 世纪 60 年代就出现了系统深入的研究，有学者认为合作相当于提供了一种公共物品，收益在总体上是有限的，因为参与者越多，单个成员可获得的收益就越少，继续合作的动力也就越小，同时为合作而进行的谈判或组织的成本也越高，集体行动因而越不可能。[①] 扩大了的北约已经不是原来意义上的北约，各成员国的需求日趋多样，能够形成一致的行动遇到阻碍，也就是“参与各方的多样性加剧了达成协议的困难”。[②] 所以在今天的美欧关系以及北约组织中，尽管美国的主导地位依然存在，但主导的内涵已经发生了很大变化，表现得更为宽泛，难以凝聚起强大的共识，不得不面对成员国多样化的需求。另外，事实的逻辑还在于，谁能承受起把先进武器和相关技术扩散到几乎整个欧洲所带来的巨大风险？

三、如何重振被严重削弱的内聚力

战略自主需要欧洲国家内聚力的增强作为基础支撑，实现战略自主的基本条件和要求是欧盟能够做到基于成员国共同利益设定政策目标与有限领域和方向。一直以来，欧盟致力于作为世界政治的主体发挥作用，欧洲一体化实际上就是成员国主权让渡的过程。但是近年反对主权让渡的呼声时有高涨，欧洲国家的一些政党和民众不愿意为了欧洲主权而牺牲自己国家的主权。欧洲一体化的历史证明，发展必须照顾到成员国各自的主权利益，在利益教会中实现必要的平衡。正因为如此，“多元一体”一直是欧盟建设的一个基本原则，并成为欧盟软实力的重要体现，也在以往的实践中有效推进了欧洲的地区整合。

欧盟东扩至今，已经覆盖了西欧、南欧、北欧和东欧的大部分国家，成为一个涵盖二十七个国家的一体化程度最高的联合体。随着欧盟东扩取得进展，成员国之间优势得以互补，竞争能力显著提升，但与此同时其内部差异和分歧也相应增多，在一些议题上达成共识的难度也随之增大。2015 年，欧洲爆发严重的难民危机，迫使欧盟不得不从扩张态势转入防守态势，成员国内部的政策协调困难增多，之后的英国“脱欧”更是给欧洲国家带来极大的反向刺激，欧盟的凝聚力受到严重削弱。而面对爆发的乌

---

① Mancur Olson, “The Logic of Collective Action”, Harvard University, 1965, p. 50.

② ［美］肯尼思·沃尔兹著，胡少华、王红缨译：《国际政治理论》，中国人民公安大学出版社 1992 年版，第 164 页。

克兰危机，自身防务力量不足的欧盟，加深了对美国在安全上的依赖，这其中有价值观因素和“政治正确”的影响，并不代表经济社会结构性问题的真正解决。

在欧洲主要国家也包括在美国，其内部经济结构已出现较为严重的失衡，2007 年美国次贷危机和随后的欧洲主权债务危机印证了这一判断，在欧美国家明显出现了财富加剧集中的趋势，并造成日益严重的经济和社会分化。法国学者托马斯·皮凯蒂的研究很有启发意义，在欧美主要国家：“不平等的程度达到前所未见的水平，并催生一个全新的不平等结构。”[①] 托马斯·皮凯蒂找到了产生分化的根本力量在于 $r > g$，其中 r 代表资本收益率，包括利润、股利、利息、租金和其他资本收入，g 代表经济增长率，即年收入或产出的增长。当资本收益率大大超过经济增长率时，在逻辑上就可得出继承财富的增长速度快于经济增长。这一研究无疑摧毁了欧美一些保守势力的信条，即人们生活在靠才能就可以成功的社会，富人的财富都是赚来的。现实是富人的大部分财富并非来自辛勤的工作，而是源于已经拥有的资产。分配严重不平等就会引发各种社会、政治和文化矛盾。而根据托马斯·皮凯蒂的预测，整个 21 世纪，r/g 这一比值很可能处于一个逐渐升高的趋势，包括美欧在内的发达国家到 2030 年可能达到 500% 左右。[②]

欧美国家的国内问题极大地增加了世界局势的不确定性，欧美关系也将随之发生深刻变化。在此背景下，美国不仅不能为欧洲提供足够的同盟红利，就连自身的困境也难以摆脱。对于欧盟，加强内部治理的重要性比过去要更加凸显出来。英国“脱欧”，是英国国内政治也是欧盟一体化建设矛盾重重没有得到有效消解的结果，是受到欧债危机、难民冲击及恐怖主义威胁的多重影响以及国内政治博弈的直接刺激，英国民众最终选择脱离欧盟。英国“脱欧”，不仅将对其自身利益及国际地位造成深刻影响，并且势必对欧洲地缘关系乃至整个欧亚大陆地缘局势带来连锁作用。由于“脱欧”，英国国内社会将进一步撕裂，对外关系也需要重新定位，富有传

---

① ［法］托马斯·皮凯蒂著，巴曙松等译：《21 世纪资本论》，中信出版社 2014 年版，第 26 页。

② ［法］托马斯·皮凯蒂著，巴曙松等译：《21 世纪资本论》，中信出版社 2014 年版，第 198—200 页。

统和引以为傲的老辣外交遭遇空前挫折，失去在美欧之间左右逢源的条件，英国的地缘影响力将明显下降。近期英国在乌克兰危机中过于积极的表现，并不能根本上扭转这样的趋势。英国原本以为，脱离欧盟带来一些直接的好处，如减少上交欧盟的费用、阻止难民的流入、消除欧盟金融和农业等政策管制对英国的负面影响，但现实却是英国与欧盟的贸易联系受到严重削弱，并且由于丧失了一个十分重要的借以发挥作用的机制或平台，英国对欧洲事务的影响力大幅下降，在美欧之间的平衡转圜能力明显削弱。

过去较长时间里，英美特殊关系主要建立在英国在美国欧洲政策和全球战略中能够发挥足够显著的作用，其中尤为重要的是英国积极促进欧洲配合美国的行动。“脱欧”无疑将降低英国这一特定作用的发挥，削弱英国对欧盟事务的影响力。当然，英国外交具有某种独特的基因，总是能够在被动中争得必要的主动。因此，英国很可能在努力维持与美国及英联邦国家关系的同时，寻求更广泛的国际联系，甚至是创造机会显示存在，以维系英国的国际影响。英国传统中老练的外交手段仍有条件发挥出来。

“脱欧”也意味着欧洲一体化遭遇严重挫折，欧盟甚至存在进一步分裂的风险。欧盟成立以来虽然出现过各种问题，但成员国一直在不断增加，一体化持续推进，而英国“脱欧”则令欧盟首次遭遇成员国减员的冲击，联合进程出现重大逆转。英国为其他欧盟国家开创了“脱欧”先例，甚至会起到某种“示范效应”。英国“脱欧”进程的发展本身也是现有国际体系危机的体现。地区治理和全球治理需求持续增加，这种趋势与国际制度供应不足的矛盾日趋突出。英国“脱欧”反映出西方国家社会内部裂痕加大乃至发展模式遭遇重大危机，甚至曾引为自豪的欧盟一体化的制度优势也表现出暗淡的一面。

事实说明，美欧在冷战胜利中所获得的巨大红利已经基本消耗殆尽，国际体系已经处于超载状态。美欧经济社会发展模式陷入困境，美国金融和军事霸权主导下的国际体系已不能为各国经济增长提供必须的空间，加上恐怖主义蔓延等非传统安全问题凸显，全球治理任务空前繁重，世界未来发展充满不确定性。亦即美欧自 2008 年金融危机爆发延续至今的经济社会动荡，绝非仅仅源于某种政策失误，也不能简单归因于周期性经济波动，而在实际上属于经济模式遭遇的深刻危机，充分说明以金融资本全球性扩张为基础和主导的国际体系发展至今已经显现出难以避免的缺陷，而英国“脱欧”更进一步验证了这种体系缺陷的严重程度。

四、变化世界中欧洲的责任担当

截至目前，欧盟仍然是世界范围最成功的区域性多边组织，以往欧盟一体化建设所取得的成就，都与坚持多边主义紧密相关。然而，在迅速变化的世界中，国际秩序面临冲击和调整，国际局势中不稳定性不确定性增强，许多国家出现战略迷茫，短时间内难以准确找到未来方向，何况乌克兰危机明显增加了欧洲国家的不安全感，保持战略上的冷静和独立就变得更加困难。根据新加坡前常驻联合国代表马凯硕的观察和分析，一些欧洲政治人物甚至形成了仰赖华盛顿的文化，“尽管有少量变现欧洲地缘政治独立性的行为，欧盟仍竭力支持不明智的美国政策，而不是引导美国调试自己，适应新的国际现实”。

世界变局深度展开，国际体系已经进入深度变迁的新阶段。就现阶段看，虽然和平发展大势难以发生根本性逆转，但与此同时全球性跨国性问题增多，大国竞争加剧，传统安全风险与非传统安全风险错综交织，国际社会对全球治理的需求日渐增强。俄罗斯科学院的研究预判的结果是，全球化形态将发生根本改变：“世界已经进入国际关系紧张、经济金融动荡、新老一体化核心间权力重组和充满不确定的长时段中。”时任德国驻美国大使的沃尔夫冈·伊申格尔较早时候就指出，世界秩序可能正在被重塑，“危机就在于旧世界正在死亡，而新世界无法诞生，在这个过渡期，各种各样的病态症状就会层出不穷”。

国际社会需要凝聚广泛共识，积极推进全球治理进程，逐步在根本上找到化解矛盾纠纷、消弭战乱冲突的途径办法，以便更好地整合全球资源、聚焦发展难题，从而实现可持续发展和可持续安全。各种跨国性问题的不断出现，无疑对国际社会的治理能力提出了强劲挑战。推动全球治理的改革和创新，实现制度供给与现实需求达成有益平衡，应该是大国之间具有潜力的合作领域，对此欧盟有自身的优势，有条件在变乱交织的世界中发挥更积极有效的作用。过去较长时间里，欧盟致力于培育一个多样化的世界，如欧元的启动、对多边主义的支持、安全与防务政策的推进等，都是这种努力的重要组成部分，尽管过程中遭遇很多困难和阻碍，欧盟的一体化建设总体上还是取得了令人瞩目的进展。欧洲有学者已经意识到，欧盟应该摆脱这样一个悖论：虽然一体化及其能力不断取得进展，但同时也更多地被捆绑到美国权力的桅杆上。在变化的力量格局中欧盟将扮演一个什么样的角色，对未来世界政治的发展演变将起到十分重要的作用，欧盟和欧洲大国应有自己的责任担当。欧盟正处在关键的解决地缘政治危机的时刻，如何发挥优势维护好自身利益对欧洲的政治家构成了严峻挑战，其中当然包括应努力避免无条件跟随美国，否则就会失去必要的主动。

近年来欧盟对华抱怨和不满增多，强化对中国“合作伙伴、竞争者和制度性对手”的三重定位，欧洲一些国家的对华政策更具保护主义色彩，努力降低所谓的“对华经济依赖”，乌克兰危机对中欧关系造成较大冲击，加深了欧洲对华负面认知。但中欧务实关系仍然在曲折中继续发展，其中在坚持多边主义、推进全球治理等领域尤其有着比较广阔的合作潜力。2022 年中欧经贸合作逆势上扬，中国与欧盟双边商品进出口额达到 8473 亿美元，同比增长 2.4%，创历史新高。这说明中欧之间紧密而复杂的利益联系，也印证了双方之间存在进一步发展关系的内在基础。

中欧关系需要长期互动才能凸显出共同利益的有效牵引作用。中欧全面投资协定将为中欧相互投资提供更大的市场准入和更高水平的市场环境，对中国有吸引力，对欧盟终究也是不可忽视的利益增量。这是一份双方互赢的协议，是双方七年谈判的成果，目前处于搁置状态。对其中的是非曲直应避免过多纠缠，如何创造条件以某种形式重启全面投资协定，应是未来一个时期中欧关系发展的一个重要牵引。

从总体上看，在欧洲方向乃至欧亚大陆，中国可以作为的空间不是减少而是有条件得到极大拓展。我国地域辽阔、实力上升，不仅是太平洋国家，同时又处于亚洲心脏地区，是对欧亚大陆地缘关系调整发挥作用的一支不可或缺的重要力量。只要运筹得当，可充分利用陆向地缘优势和交通、运输等技术优势，积极推进亚欧经济整合，经略牢固的陆上战略依托。创造条件发展更为积极的中欧关系，推进双方良性战略互动，对欧盟是一种重要的战略资源，也有利于增加中国安全布局的弹性，巩固欧亚大陆乃至全球的战略稳定，应成为中国发展对外关系的一个重点。

全球化是人类社会发展、生产力水平提升的客观途径，也是科技进步的必然结果，全球化不可能再退回到相互分割闭关锁国的状态，用去全球化和反全球化的办法解决不了全球经济发展的根本问题，以邻为壑的政策最后只能是害人害己，根本出路还是在于国际社会形成更广泛协作，找到解决问题的办法。亦即，全球化进程中的问题要靠更深入的全球化才能得到解决。而欧盟自身就是主权国家的联合体，多边协调是其存在和发展的基础。今天的欧盟仍然面临着同样的问题："没有纯粹的国别安全，而必须将综合的欧洲安全置于全盘统筹之中，否则就根本没有安全可言。"①

当今世界一个重要问题是全球治理失灵、治理赤字严重，这就需要对现有的制度进行改革、在制度实施不力的领域采取有效的措施、在制度缺失的领域进行制度建设。国际社会的治理能力正面临强劲挑战，推动全球治理改革和创新，如何在制度供给与现实需求之间达成有益平衡，应该是中美欧之间具有潜力的合作领域。美国挑起的中美竞争全面而深刻，必将是一个长期博弈的过程。在此期间，发展同欧洲的关系对于中国具有不同以往的重要价值和意义。欧洲拥有不同于美国的经济优势、社会模式以及软实力，以及在发展模式和治理模式上的探索和创新，中国从中可以多有借鉴。

① 肖元恺：《世界的防线——欧洲安全与国际政治》，新华出版社 2001 年版，第 395 页。

后　记

《国家安全战略概论》是国防大学国家安全学院在二十多年研究和教学积累基础上集体攻关的成果，力求全面反映国家安全战略的基本概念、核心原理、运作流程与国别面貌，为深入理解和有效运用国家安全战略提供理论参考和辅助教材。

本书主编为唐永胜、刘庆，副主编为沈志雄、姜磊。各章撰稿人为：唐永胜（绪论），张岩、贤峰礼、刘庆（第一章），姜磊（第二章、第七章），贤峰礼（第三章），高杨予兮、唐永胜（第四章），刘庆（第五章、第六章），高杨予兮（第八章），杨久成、郭向阔（第九章），杨久成（第十章），沈志雄（第十一章），段挺、杨阳、唐永胜（第十二章）。

由于本书题材重大，编写时间相对紧迫，加之作者水平有限，难免有疏漏和不妥之处，恳请广大读者批评指正。

编写组

2024 年 5 月

图书在版编目（CIP）数据

国家安全战略概论 / 唐永胜，刘庆主编. —北京：时事出版社，2024.9（2025.9重印）
（国家安全学学科建设工程系列丛书）
ISBN 978-7-5195-0584-4

Ⅰ.①国… Ⅱ.①唐…②刘… Ⅲ.①国家安全—国家战略—概论 Ⅳ.①D035.3

中国国家版本馆 CIP 数据核字（2024）第 103051 号

出版发行：时事出版社
地　　址：北京市海淀区彰化路 138 号西荣阁 B 座 G2 层
邮　　编：100097
发行热线：（010）88869831　88869832
传　　真：（010）88869875
电子邮箱：shishichubanshe@ sina. com
印　　刷：北京良义印刷科技有限公司

开本：787 × 1092　1/16　印张：21.25　字数：344 千字
2024 年 9 月第 1 版　　2025 年 9 月第 2 次印刷
定价：138.00 元
（如有印装质量问题，请与本社发行部联系调换）